Geschlechtsbezogenes Mindestanteilsgebot
im paritätisch mitbestimmten Aufsichtsrat
der Aktiengesellschaft

Zivilrechtliche Schriften

Beiträge zum Wirtschafts-, Bank- und Arbeitsrecht

Herausgegeben von Arnd Arnold, Dorothee Einsele, Jan Lieder und Hartmut Oetker

Begründet von Peter Kreutz und Dieter Reuter

Band 72

PETER LANG

Charlotte Evers

Geschlechtsbezogenes Mindestanteilsgebot im paritätisch mitbestimmten Aufsichtsrat der Aktiengesellschaft

PETER LANG

Bibliografische Information der Deutschen Nationalbibliothek
Die Deutsche Nationalbibliothek verzeichnet diese Publikation in der Deutschen Nationalbibliografie; detaillierte bibliografische Daten sind im Internet über http://dnb.d-nb.de abrufbar.

Zugl.: Kiel, Univ., Diss., 2018

D 8
ISSN 0941-147X
ISBN 978-3-631-77324-6
ISBN 978-3-631-77921-7 (E-PDF)
E-ISBN 978-3-631-77922-4 (EPUB)
E-ISBN 978-3-631-77923-1 (MOBI)
DOI 10.3726/b15133

Peter Lang – Berlin · Bern · Bruxelles · New York ·
Oxford · Warszawa · Wien

Diese Publikation wurde begutachtet.

www.peterlang.com

Vorwort

Die vorliegende Arbeit wurde im Sommersemester 2018 von der Rechtswissenschaftlichen Fakultät der Christian-Albrechts-Universität zu Kiel als Dissertation angenommen. Sie entstand während meiner Zeit als wissenschaftliche Mitarbeiterin am Lehrstuhl für Bürgerliches Recht, Arbeitsrecht und Wirtschaftsrecht (*Prof. Dr. Hartmut Oetker*) und befindet sich auf dem Stand vom 15. August 2018.

Mein Dank gilt an dieser Stelle zunächst meinem Doktorvater, Herrn *Prof. Dr. Hartmut Oetker*, für die Betreuung der vorliegenden Dissertation. Ich danke ihm ebenfalls für die angenehme Zeit an seinem Lehrstuhl, an dem ich zunächst als studentische Hilfskraft und während der Promotion als wissenschaftliche Mitarbeiterin tätig war.

Bedanken möchte ich mich zudem bei Herrn *Prof. Dr. Peter Kreutz* für die Übernahme und zügige Erstellung des Zweitgutachtens sowie die konstruktive Unterstützung.

Weiterhin danke ich den Herausgebern der Schriftenreihe „Zivilrechtliche Schriften" für die Aufnahme dieser Arbeit in diese Schriftenreihe.

Daneben gilt mein Dank insbesondere meinen Eltern, die mich während meines Studiums und der Promotion unterstützt haben, sowie all jenen, die mich während der Schaffensphase auf die eine oder andere Weise unterstützt haben.

Charlotte Evers
Kiel, im August 2018

Inhaltsverzeichnis

§ 1 Einleitung 21

1. Kapitel: Gleichstellungsförderung im nationalen und europäischen Kontext vor Einführung des zwingenden Mindestanteilsgebots 29

§ 2 Entwicklung der Gleichstellungsförderung auf nationaler Ebene 31

A. Förderungsansätze im Koalitionsvertrag zur 14. Legislaturperiode 31

B. Freiwillige Selbstverpflichtungen 32

C. Verschärfung der Diversity-Empfehlungen durch Ziff. 5.4.1. Abs. 2 Deutscher Corporate Governance Kodex (DCGK) 33

D. Gesetzesentwürfe und Beschlussanträge bis zur 18. Legislaturperiode 34

I. 2007 - Antrag auf Einführung einer Geschlechterquote durch Änderung des Aktiengesetzes 34

II. 2010 - Antrag auf Einführung einer Geschlechterquote für Vorstände und Aufsichtsräte 35

III. 2010 - Erster Gesetzesentwurf zur Einführung einer Mindestquote für Aufsichtsräte 35

IV. 2011 - Antrag auf Verabschiedung einer Quotenregelung für den gesamten Aufsichtsrat 36

V. 2011 - Entwurf für ein Gesetz zur Förderung der Gleichberechtigung von Frauen und Männern in Aufsichtsräten börsennotierter Unternehmen (FöGAbUG) .. 37

VI. 2012 - Entwurf für ein Gesetz zur Förderung der Chancengleichheit von Männern und Frauen in Wirtschaftsunternehmen 38

VII. 2012 – Entwurf eines Gesetzes zur Förderung gleichberechtigter Teilhabe von Frauen und Männern in Führungsgremien (GlTeilhG) ... 39

E. Gesetzgebungsverfahren zum Gesetz für gleichberechtigte Teilhabe von Männern und Frauen [...] in der Privatwirtschaft ... 41

F. Zusammenfassung ... 42

§ 3 Legislatorische Vorstöße europäischer Staaten und Richtlinienentwurf der Union ... 45

A. Nationale Quotenregelungen für privatwirtschaftliche Aufsichts- und Verwaltungsgremien in ausgewählten europäischen Staaten ... 45

I. Norwegen – Einfügung des § 6-11a Allemennaksjeloven (2003) ... 45

II. Spanien – Ley Orgánica 3/2007 para la igualidad efective de mujeres y hombres (2007) ... 47

III. Frankreich – Loi relative à la représentation équilibré des femmes et des hommes au sein des conseils d'administration et de surveillance et à l'égalité professionnelle (2011) ... 47

B. Richtlinienentwurf für eine europäische Gleichstellungsquote (COM (2012) 614 final) ... 49

C. Zusammenfassung ... 52

§ 4 Gesellschafts- und mitbestimmungsrechtliche Förderungsmöglichkeiten für Frauen in Aufsichtsräten vor Einführung des zwingenden Mindestanteilsgebots ... 55

A. Quotengestützte Gleichstellungsförderung auf Anteilseignerseite 55

I. Geschlecht als besondere persönliche Voraussetzung i.S.v. § 100 Abs. 4 AktG ... 55

1. Voraussetzungen und Grenzen für die satzungsmäßige Verankerung bestimmter persönlicher Anforderungen ... 56

2. Zulässigkeit der Anknüpfung an das Merkmal Geschlecht ... 58
a) Bezug zur Aufsichtsratstätigkeit ... 59
b) Wahlfreiheit der Hauptversammlung ... 60
aa) Hinreichende Qualifikation und Sachkunde ... 60
bb) Zwischenergebnis ... 62
3. Satzungsmäßige Geschlechterquote als positive Maßnahme i.S.v. § 5 AGG ... 63
a) Organmitgliedschaft i.S.v. § 6 Abs. 3 AGG ... 63
b) Aufsichtsratsmandat als Erwerbstätigkeit i.S.v. § 2 Abs. 1 AGG ... 64
c) Aufsichtsratswahl als Zugang zur Erwerbstätigkeit i.S.v. § 6 Abs. 3 AGG ... 65
d) Rechtfertigung als positive Maßnahme ... 67
II. Ergebnis zur quotengestützten Gleichstellungsförderung durch Satzungsvorgaben ... 67
B. Gleichstellungsförderung auf Arbeitnehmerseite ... 68
C. Geschlechterquoten zur Umsetzung von Ziff. 5.4.1. Abs. 2 DGCK ... 70
D. Zusammenfassung ... 73

2. Kapitel: Vereinbarkeit des zwingenden Mindestanteilsgebots für die Aktiengesellschaft mit dem Verfassungs- und Unionsrecht ... 75

§ 5 Verfassungsmäßigkeit des zwingenden Mindestanteilsgebots ... 77
A. Formelle Verfassungsmäßigkeit des Mindestanteilsgebots ... 77
B. Vereinbarkeit des zwingenden Mindestanteilsgebots mit dem Diskriminierungsverbot des Art. 3 Abs. 3 GG ... 78
I. Ungleichbehandlung durch Differenzierung wegen des Geschlechts ... 78
II. Rechtfertigung der Ungleichbehandlung ... 78

1. Art. 3 Abs. 2 Satz 2 GG als kollidierendes Verfassungsrecht 79
a) Tatsächliche Durchsetzung der Gleichberechtigung i.S.v. Art. 3 Abs. 2 Satz 2 GG 80
b) Inhaltliche Reichweite der tatsächlichen Gleichberechtigung im Hinblick auf Quotenregelungen 83
aa) Begriffsbestimmung und Abgrenzung von Chancen- und Ergebnisgleichheit 85
bb) Charakter und Ziel des Mindestanteilsgebots 86
2. Abwägung der kollidierenden Interessen 89
a) Mindestqualifikation bzw. Sachkunde für Aufsichtsratsmitglieder 93
aa) Funktionen und Aufgaben der Aufsichtsratsmitglieder 93
– Überwachungs- und Kontrollfunktion 94
– Beratungs- und Leitungsfunktion im Sinne eines Mitunternehmers? 95
– Personalkompetenz 96
bb) Anforderungen an die einzelnen Aufsichtsratsmitglieder 97
– Betriebswirtschaftliche und juristische Sachkunde 98
– „Führungserfahrung“ 99
– Branchenkenntnis 100
cc) Folgerungen 101
b) Zeitpunkt des Vorliegens der Qualifikation 104
c) Zwischenergebnis 105
d) Bedeutung für die Verhältnismäßigkeit des Mindestanteilsgebots 105
III. Ergebnis 106
C. Vereinbarkeit des zwingenden Mindestanteilsgebots mit dem Recht der Unternehmen (Art. 12 Abs. 1 GG) 107

I. Eingriff in den Schutzbereich ... 107
II. Verfassungsrechtliche Rechtfertigung ... 108
1. Legitimer Zweck des Mindestanteilsgebots ... 109
2. Geeignetheit des zwingenden Mindestanteilsgebots zur Förderung des Zwecks ... 109
3. Erforderlichkeit des zwingenden Mindestanteilsgebots zur Zweckerreichung ... 110
a) Alternativen zum Mindestanteilsgebot ... 110
b) Zwischenergebnis ... 113
4. Verhältnismäßigkeit ... 114
5. Fazit ... 115
III. Ergebnis ... 116
D. Vereinbarkeit des zwingenden Mindestanteilsgebots mit dem Eigentumsrecht der Aktionäre (Art. 14 Abs. 1 GG) ... 116
I. Eingriff durch das Mindestanteilsgebot ... 116
II. Verhältnismäßigkeit des Eingriffs ... 119
1. Eingriffsintensität ... 120
a) Grundsätze des Bundesverfassungsgerichts zur Mitbestimmung der Arbeitnehmer ... 120
b) Aktionärsstruktur ... 121
2. Abwägung ... 123
III. Ergebnis ... 124
E. Vereinbarkeit des sachlichen Anwendungsbereichs des zwingenden Mindestanteilsgebots mit dem Gleichheitsgebot (Art. 3 Abs. 1 GG) ... 125
I. Ungleichbehandlung ... 125
II. Sachliche Rechtfertigung ... 125
1. Anknüpfungspunkt kumulatives Vorliegen von Börsennotierung und paritätischer Mitbestimmung ... 125
2. Alleinige Anknüpfung an die paritätische Mitbestimmung ... 127
III. Ergebnis ... 128

F. Vereinbarkeit der binären Geschlechterzuordnung mit dem Gleichheitssatz (Art. 3 Abs. 1 und 3 GG) 128

G. Ergebnis 129

§ 6 Unionsrechtskonformität des Mindestanteilsgebots 131

A. Primärrechtliche Vorgaben 131

I. Grundfreiheiten des AEUV 131

II. Grundrechtecharta der EU 132

B. Sekundärrecht - Art. 14 Abs. 1 lit. a RL 2006/54/EG 132

C. Rechtfertigung im Wege einer positiven Maßnahme im Sinne von Art. 157 Abs. 4 AEUV 132

I. Spezifische Vergünstigung zur Erleichterung der Berufstätigkeit 133

II. Rechtsprechung des EuGH zur Verhältnismäßigkeit quotengestützter Maßnahmen 133

1. Kalanke 134

2. Marschall 135

3. Badeck 135

4. Lommers 137

5. Abrahamsson 137

6. Zusammenfassung 138

III. Stellungnahme 139

D. Ergebnis 141

3. Kapitel: Normexegese zum zwingenden Mindestanteilsgebot in der Aktiengesellschaft 143

§ 7 Anwendungsbereich und Voraussetzungen 145

A. Geschlecht als Anknüpfungspunkt 145

I. Geschlechtszugehörigkeit nach binärer Geschlechterzuordnung? 145

II. Einbeziehung transsexueller Personen 146

III. Einbeziehung intersexueller Personen 146
IV. Zusammenfassung 148

B. Sachlicher Anwendungsbereich 148
I. Börsennotierung 148
II. Paritätische Mitbestimmung 149
1. Geltung der Mitbestimmungsgesetze 149
2. Einbeziehung im Ausland Beschäftigter 151
III. Kumulatives Vorliegen von paritätischer Mitbestimmung und Börsennotierung 153

C. Räumlicher Anwendungsbereich 154
1. Grundsatz 154
2. Nach ausländischem Recht errichtete Aktiengesellschaften 156

D. Zusammenfassung 159

§ 8 Gesetzliche Vorgaben zur Erfüllung des Mindestanteilsgebots 161

A. Gesamt- und Getrennterfüllung 161
I. Wahl der Aufsichtsratsmitglieder unter Geltung der Gesamterfüllung 163
1. Abstimmung der Wahlvorschläge zur Einhaltung des Mindestanteilsgebots 164
2. Alternative Lösungsvorschläge 166
II. Wahl der Aufsichtsratsmitglieder unter Geltung der Getrennterfüllung 167
1. Gesetzliche Vorgaben zur Wahl der Arbeitnehmerseite 168
2. Besetzung der Sitze der Anteilseignerseite 168
III. Schlussfolgerungen 169

B. Berechnung des jeweils zur Erfüllung notwendigen Mindestanteils (§ 96 Abs. 2 Satz 4 AktG) 170
I. Anwendbarkeit der mathematischen oder kaufmännischen Rundungsregeln 170
1. Wortlaut 172

2. Systematik ... 173

3. Intention des Gesetzgebers ... 173

4. Sinn und Zweck ... 174

5. Zusammenfassung ... 176

II. Vereinbarkeit des Rundungskonzepts mit der Grundregel des § 96 Abs. 2 Satz 1 AktG ... 177

1. Verhältnis von § 96 Abs. 2 Satz 4 zu § 96 Abs. 2 Satz 1 AktG ... 177

2. Wertungswidersprüche durch rechnerische Ergebnisse 178

III. Auflösung der Berechnungsprobleme durch einen Mindestanteil von 1/3 *de lege ferenda* ... 180

IV. Einbeziehung verschiedener Personengruppen in die Berechnung des Mindestanteilsgebots ... 182

1. Entsandte Mitglieder ... 183

2. Leitende Angestellte ... 184

a) Gesetzlich normierter Grundsatz (§ 7 Abs. 3 MitbestG) ... 184

b) Problem der zwingenden Übererfüllung ... 185

c) Lösung im Wege einer teleologischen Reduktion des § 18a MitbestG ... 185

d) Zwischenergebnis ... 188

3. Neutrales Mitglied (§ 4 Abs. 1 lit. c MontanMitbestG) .. 188

a) Getrennterfüllung ... 188

b) Geltung der Gesamterfüllung ... 188

c) Zwischenergebnis ... 191

4. Intersexuelle Personen ... 191

V. Zusammenfassung ... 191

C. Möglichkeit des Widerspruchs gegen die Gesamterfüllung (§ 96 Abs. 2 Satz 3 AktG) ... 193

I. Hintergrund und Zweck des Widerspruchsrechts ... 194

II. Rechtsnatur des Widerspruchs ... 195

III. Formerfordernisse für den Widerspruch ... 196

IV. Zeitliche Wirkung des Widerspruchs ... 197

V. Zeitpunkt des Widerspruchs *vor der* Wahl ... 199
1. Einheits- oder Einzelbetrachtung der Aufsichtsratswahlen ... 199
a) Wortlaut ... 202
b) Wirkrichtung des Widerspruchs ... 202
aa) Rückwirkende Getrennterfüllung für vorangegangene Wahl ... 203
bb) Wirkung für die Zukunft und Bestandsschutz für vorangegangene Wahl ... 204
c) Ergebnis ... 205
2. Letztmöglicher Widerspruchszeitpunkt vor der zuerst stattfindenden Wahl ... 206
a) Beginn des Wahlverfahrens oder Bekanntmachung der Wahl ... 207
aa) Wahl der Anteilseignerseite ... 208
(1) Zeitpunkt der Beschlussfeststellung in der Hauptversammlung ... 209
(2) Wahl im engeren Sinne oder Beschlussfassung über die Wahlvorschläge ... 210
(3) Zusammenfassung ... 213
bb) Wahl der Arbeitnehmerseite nach dem MitbestG ... 213
cc) Wahl von Arbeitnehmervertreterinnen und -vertretern durch die Hauptversammlung ... 214
b) Zwischenergebnis ... 216
VI. Rechtsstellung der Bänke als autonome Teilorgane ... 217
VII. Ablauf des Widerspruchs „verfahrens“ ... 222
1. Beratung innerhalb der Bank ... 222
2. Beschlussfassung der Aufsichtsratsbank ... 223
a) Stimmrecht ... 225
b) Beschlussfähigkeit ... 226
c) Erstmaliger Eintritt in die Mitbestimmung ... 226
VIII. Ergebnisse ... 227

§ 9 Die Wahlnichtigkeit als Rechtsfolge bei Nichterreichen der Quote 229

A. Rechtsnatur und Systemkonformität 230

B. Einzelne Ausprägungen und Folgen der Nichtigkeitssanktion 232

I. Nichterfüllung unter Geltung der Gesamterfüllung 232

1. Existenz einer Rechtsfolge *de lege lata* 233

2. Sanktionierung der Quotenverfehlung durch analoge Anwendung der §§ 96 Abs. 2 Satz 6 AktG, 18a Abs. 1 MitbestG, 10f MitbestErgG 235

a) Vergleichbare Interessenlage 235

b) Planwidrigkeit der Regelungslücke 236

3. Bezugszeitpunkt für die Nichtigkeitsfeststellung bei Geltung der Gesamterfüllung 238

4. Zusammenfassung 240

II. Nichterfüllung unter Geltung der Getrennterfüllung 240

1. Nichtigkeitsfolge der §§ 18a MitbestG und 10f MitbestErgG 240

a) Auswahl der nicht Gewählten und Vorgaben zur Nachbesetzung 240

b) Problem der zwingenden Übererfüllung 242

c) Lösung durch eine teleologische Reduktion des § 18a Abs. 1 MitbestG 243

2. Nichtigkeitsfolge im Geltungsbereich des MontanMitbestG 244

a) Bindung der Hauptversammlung an den Wahlvorschlag 245

b) Rechtsfolgen einer Wahl trotz quotenwidrigen Wahlvorschlags 245

c) Auswahl der nicht gewählten Personen 245

d) Problem der Gesamterfüllung 246

3. Nichtigkeitsfolge auf Anteilseignerseite 247

a) Ermittlung der von der Nichtigkeit betroffenen Wahlen 247
aa) Einzelwahl 248
(1) Abstimmungsreihenfolge 249
(2) Die Rolle des Versammlungsleiters 250
(3) Bezugszeitpunkt für die Nichtigkeitsfeststellung 254
bb) Blockwahl 255
cc) Simultanwahl 257
dd) Ergebnis 259
b) Alternative zur Auswahl der nicht Gewählten 259
c) Entsandte Aufsichtsratsmitglieder 259
d) Verfassungsrechtlich gebotene Reduktion der Nichtigkeitssanktion? 260
III. Beschlüsse des fehlerhaft besetzten Aufsichtsrats 261
IV. Gerichtliche Ersatzbestellung (§ 104 AktG) 264
1. Auswahl der zu bestellenden Mitglieder durch das Gericht – Grundsatz 265
2. Fehlen geeigneter Personen passenden Geschlechts 268
a) Verfassungskonforme Auslegung 270
aa) Voraussetzungen für die aus Gründen der verfassungskonformen Auslegung gebotene Einschränkung 271
bb) Zwischenergebnis 272
b) Zwischenergebnis 273
3. Ausscheiden von Mitgliedern des überrepräsentierten Geschlechts 273
V. Nichtigkeit einer Wahl aus anderen Gründen als der Quotenverfehlung 273
VI. Folgen der Sanktion für die Bestellung von Ersatzmitgliedern 275
C. Zusammenfassung 278

4. Kapitel: Die Geltung des Mindestanteilsgebots für die Societas Europaea (SE) ... 281

§ 10 Offene Fragen zum Mindestanteilsgebot in der SE (§ 17 Abs. 2 SEAG, § 24 Abs. 3 SEAG) ... 283

A. Regelungskompetenz des deutschen Gesetzgebers ... 283

B. Problemstellungen zum Anwendungsbereich ... 284

I. Organisationsstruktur der SE ... 284

II. Art der Mitbestimmung ... 287

III. Internationale Besetzung der Arbeitnehmerbank ... 287

C. Inhaltliche Ausgestaltung ... 288

I. Berechnung ... 289

II. Erfüllungsmodus ... 290

1. Auffangregelung ... 291

2. Gleichklang mit der Beteiligungsvereinbarung ... 292

III. Rechtsfolge ... 292

1. Wahl in der Hauptversammlung ... 293

2. Anderes Wahlverfahren aufgrund einer Beteiligungsvereinbarung ... 293

D. Zusammenfassung ... 294

5. Kapitel: Ausblick und Ergebnisse ... 295

§ 11 Änderungsvorschläge ... 297

A. Anwendungsbereich ... 297

B. Rundungsregelung ... 297

C. Erfüllungsmodus ... 297

§ 12 Ausblick: Zwingendes Mindestanteilsgebot für den Vorstand börsennotierter oder paritätisch mitbestimmter Unternehmen ... 299

§ 13 Zusammenfassung der Ergebnisse 303

Literaturverzeichnis 309

Anhang 331

§ 1 Einleitung

Gut gedacht, ist nicht gleich gut gemacht. Diese Wendung beschreibt das Gesetzgebungsverfahren und die am 7.4.2015 in Kraft getretene Fassung des Gesetzes zur gleichberechtigten Teilhabe von Männern und Frauen [...] in der Privatwirtschaft sehr treffend. Mit der Einführung des zwingenden Mindestanteilsgebots für Aufsichtsräte paritätisch mitbestimmter und börsennotierter Aktiengesellschaften und Kommanditgesellschaften auf Aktien sowie inländischer europäischer Aktiengesellschaften hat der Gesetzgeber sich in bisher nur ansatzweise erforschtes rechtliches Terrain gewagt. Die quotengestützte Gleichstellungsförderung ist zum Ende des letzten Jahrtausends, spätestens durch die Einfügung von Art. 3 Abs. 2 Satz 2 in das Grundgesetz, zwar kein rein gesellschaftspolitisches Schwerpunktthema mehr. Seine juristische Aufarbeitung ist jedoch – stets beeinflusst von den gesellschaftlichen Entwicklungen – eine bis heute nicht abgeschlossene Aufgabe.

Nach 15-jähriger Diskussion gilt seit dem 1.1.2016 für rund 100 Unternehmen in Deutschland das zwingende geschlechtsbezogene Mindestanteilsgebot des § 96 Abs. 2 Satz 1 AktG, das auch als Gleichstellungs- oder Frauenquote bezeichnet wird. „Ein historischer Schritt für die Gleichberechtigung der Frauen“[1], „der größte Beitrag zur Gleichberechtigung seit Einführung des Frauenwahlrechts“[2], wurde deshalb am 6.3.2015 in der 932. Plenarsitzung des Deutschen Bundestags jubiliert. Grund für die Einführung war unter anderem das Ausbleiben nennenswerter Erfolge zweier Selbstverpflichtungen der Privatwirtschaft, die zu einer Intensivierung der Frauenförderung in Führungspositionen dienen sollten.[3] Daneben hatte der politische Druck erheblich zugenommen durch die Vorstöße einiger europäischer Länder sowie einen europäischen Richtlinienentwurf[4] im Jahr 2012. Gesellschaftlich und politisch ist die Einführung von Geschlechterquoten ein seit jeher höchst umstrittenes und polarisierendes Thema. Eine Grauzone gibt es selten. Die Meinungen und Argumente von Befürwortern und

---

1 *Heiko Maas* Plenarprotokoll v. 6.3.2015, S. 8754 (B).

2 *Christina Schröder* Plenarprotokoll v. 6.3.2015, S. 100 (C).

3 S. dazu unten Kap. 1 § 2 B.

4 Entwurf für eine Richtlinie zur Gewährleistung einer ausgewogeneren Vertretung von Frauen und Männern unter den nicht geschäftsführenden Direktoren/Aufsichtsratsmitgliedern börsennotierter Gesellschaften und über damit zusammenhängende Maßnahmen, COM (2012) 614 final.

Gegnern treffen unvereinbar aufeinander und beide Seiten beharren auf ihren Standpunkten.[5]

Gleichstellungsförderung durch Geschlechterquoten ist bisher jedoch vorwiegend aus dem Bereich des öffentlichen Dienstes bekannt. Dort vorhandene Regelungen zur bevorzugten Einstellung von Mitgliedern eines Geschlechts sind in ihren verschiedenen Ausprägungen bereits Gegenstand zahlreicher Verfahren vor dem Europäischen Gerichtshof gewesen.[6] Das Mindestanteilsgebot für Aufsichtsräte unterscheidet sich davon jedoch in zweierlei Hinsicht: Zum einen handelt es sich bei der Aufsichtsratsbesetzung nicht um eine klassische Einstellungssituation zwischen Bewerbern, sondern um eine Wahl von Vorgeschlagenen, zum anderen agiert der Gesetzgeber mit dem gesetzlichen Mindestanteilsgebot im Bereich der regulierungskritischen Privatwirtschaft.

Eine Form der zwingenden[7] Quotenregelung hatte der Gesetzgeber allerdings bereits 2001 im Bereich der Privatwirtschaft eingeführt. Für die Betriebsratswahlen gilt seitdem, dass das Geschlecht, das in der Belegschaft in der Minderheit ist, mindestens entsprechend seinem zahlenmäßigen Verhältnis im Betriebsrat vertreten sein muss, wenn dieser aus mindestens drei Mitgliedern besteht (§ 15 Abs. 2 BetrVG). Ziel der Norm ist der Schutz des Minderheitsgeschlechts bzw. dessen angemessene Repräsentation im Betriebsrat.[8] Die zuvor als Sollvorschrift ausgestaltete Regelung verfehlte ihr Ziel, weshalb sie 2001 geändert wurde.[9] Diese Vorschrift betrifft zwar sowohl Ämter, die durch eine Wahl erreicht werden, als auch private Unternehmen, sie ist mit dem 2015 verabschiedeten zwingenden Mindestanteilsgebot dennoch nicht vergleichbar. Anders als § 96 Abs. 2 Satz 1 AktG sieht die Vorschrift des § 15 Abs. 2 BetrVG keine sogenannte starre Ergebnisquote vor, sondern eine flexible Mindestquote.[10]

Darüber hinaus steht keine der vom Gesetzgeber in das Aktiengesetz und die Mitbestimmungsgesetzte eingefügten Normen unter dem Vorbehalt gleicher Qualifikation. In Verbindung mit dem Fehlen einer Ausnahmeregelung ist dies der Anknüpfungspunkt für die scharfe Kritik. Der Gesetzgeber stützte sein Vorhaben auf den in Art. 3 Abs. 2 Satz 2 GG verankerten Förderungsauftrag.

---

5 S. hierzu die verfassungsrechtliche Diskussion um die Zulässigkeit der Quoten Kap. 2 § 5 B. II. 1.

6 Dazu ausführlich unten. Kap. 2 § 6 C. II.

7 *Fitting* § 15 BetrVG Rn. 4; GK BetrVG/*Kreutz* § 15 BetrVG Rn. 4 ff.; Richardi/*Thüsing* § 15 BetrVG Rn. 2, 17.

8 ErfK/*Koch* § 15 BetrVG Rn. 2

9 BGBl. I S. 1852; BT-Drucks. 14/5741; Richardi/*Thüsing* § 15 BetrVG Rn. 2.

10 ErfK/*Koch* § 15 BetrVG Rn. 2.

Seit dessen Einführung ist jedoch umstritten, ob und in welcher Form Gleichstellungsquoten zur Verwirklichung dieses Auftrags zulässig sind.[11] Eindeutig wird konstatiert, dass jedenfalls starre Ergebnisquoten nicht mehr von Art. 3 Abs. 2 Satz 2 GG erfasst seien.[12] Verfassungsrechtlich ist deshalb zweifelhaft, ob das zwingende Mindestanteilsgebot in seiner endgültigen Fassung mit den Grundrechten der betreffenden Unternehmen und der Aktionäre vereinbar ist und ob der Verstoß gegen das Diskriminierungsverbot verfassungswidrig ist. Von besonderer Bedeutung ist in diesem Zusammenhang, ob das Mindestanteilsgebot tatsächlich vollständig auf einen Qualifikationsvorbehalt verzichtet. Die Qualifikationsanforderungen für Aufsichtsratsmitglieder müssen an dieser Stelle außerdem vor dem Hintergrund eingehender untersucht werden, dass die kritischen Stimmen das Fehlen von geeigneten Frauen als wesentliches Argument gegen das Mindestanteilsgebot in § 96 Abs, 2 AktG anführen, da die Rechte der betroffenen Grundrechtsträger dadurch erheblich beeinträchtigt würden.[13] In unionsrechtlicher Hinsicht bedarf es einer Analyse der vorhandenen Rechtsprechung des EuGH zu den verschiedenen Quotenregelungen. Die Frage der Zulässigkeit des zwingenden Mindestanteilsgebots als positive Maßnahme im Sinne von Art. 157 Abs. 4 AEUV (ex Art. 141 Abs. 4 EGV) steht im unmittelbaren Zusammenhang mit der Übertragbarkeit der Grundsätze auf die Aufsichtsratswahl.

Die verfassungs- und unionsrechtliche Zulässigkeit des Mindestanteilsgebots als zwingende Quote ist nur eine der Problematiken, die sich aus der endgültigen Fassung des Gesetzes ergeben. Der Anwendungsbereich des Gesetzes ist auf börsennotierte und paritätisch mitbestimmte Unternehmen sowie Männer und Frauen beschränkt (§ 96 Abs. 2 Satz 1 AktG). Demzufolge lässt das Gesetz außer Acht, dass über die gut 100 erfassten Unternehmen hinaus, weitere große und bekannte Unternehmen existieren, die die Regelung allein deswegen nicht erfasst, weil sie zum Beispiel bedingt durch ihre Rechtsform nicht börsennotiert sind. Das in dem Zusammenhang vorgebrachte Argument der erhöhten Sozialbindung ist erkennbar dem Urteil des Bundesverfassungsgerichts zur Mitbestimmung der Arbeitnehmer entlehnt. Dass andere große, paritätisch mitbestimmte Unternehmen dieser nicht unterliegen, ist jedoch zweifelhaft. Die Anknüpfung

---

11 S. dazu ausf. Kap. 2 § 5 B. II. 1.

12 *Isensee* NJW 1993, 2583, 2585; *Hoffmann* FamRZ 1995, 257, 261; *Laubinger* VerwArch 87 (1996) 473, 528; Maunz/Dürig/*Langenfeld* Art. 3 Abs. 2 GG, Rn. 56, 108.

13 *DAI* Stellungnahme vom 15.10.2014; *Habersack/Kersten* BB 2014, 2819, 2822 ff.; *Kempter/Koch* BB 2012, 3009, 3312 ff.; *Ossenbühl* NJW 2012, 417 ff.; *Papier/Heidebach* ZGR 2011, 305 ff.; *Spindler/Brandt* NZG 2011, 401 ff.; *Wieland* NJW 2010, 2408, 2409.

an die binäre Geschlechterzuordnung ist angesichts der neueren biologischen und medizinischen Erkenntnisse und Entwicklungen ebenfalls bedenklich.

Darüber hinaus ist die Umsetzung des ersichtlich gesellschafts- und sozialpolitischen Anliegens im Gesellschaftsrecht auch jenseits der Grundsatzfrage, ob das Aktienrecht dafür herangezogen werden darf, mit erheblichen Rechtsunsicherheiten und offenen Fragestellungen verbunden. Bereits die Anordnung, dass das Mindestanteilsgebot vom Aufsichtsrat insgesamt zu erfüllen ist (§ 96 Abs. 2 Satz 2 AktG), kann für die Praxis erhebliche Schwierigkeiten bedeuten, deren methodische Lösung anspruchsvoll ist. Bedingt durch die Tatsache, dass der Aufsichtsrat der betroffenen Unternehmen zu gleichen Teilen aus Mitgliedern der Arbeitnehmerinnen und Arbeitnehmer und Anteilseigner bzw. Anteilseignerinnen zusammensetzt ist, die in zeitlich und technisch völlig unterschiedlichen Wahlverfahren bestellt werden, ist eine konsequente Gesamtbetrachtung des Aufsichtsrats schon im Hinblick auf die Erfüllung der Quote kaum möglich. Sofern eine Seite ihre Aufsichtsratsmitglieder vor der anderen gewählt hat, wie es regelmäßig der Fall ist, kann die Erfüllung gegebenenfalls vollständig der später wählenden Seite obliegen. Es lässt sich zwar ermitteln, ob der Aufsichtsrat in seiner Gesamtheit korrekt besetzt ist: welche Folge jedoch eintritt, wenn dies nicht der Fall ist, ist unklar. Aus den gesetzlichen Wertungen der § 96 Abs. 2 Satz 6, § 250 Abs. 1 Nr. 5 AktG, § 18a MitbestG und § 10f MitbestErgG sowie der Gesetzesbegründung wird deutlich, dass gegen die Quote verstoßende Wahlen nichtig sein sollen. Eine Rechtsfolge, die dem Konzept einer konsequenten Gesamtbetrachtung entspricht, ist jedoch keiner dieser Regelungen zu entnehmen, da sie sich jeweils nur auf eine Seite beziehen. Sofern sich herausstellt, dass die Nichtigkeit bei der Gesamterfüllung stets nur die später wählende Seite trifft, ist auch dies nicht mit einer Gesamtbetrachtung bei Erfüllung und Verfehlung vereinbar, da schlussendlich wieder nach Seiten differenziert wird.

Nach der Konzeption des ursprünglichen Referentenentwurfs traten diese Probleme nicht auf, da der Aufsichtsrat von vornherein getrennt betrachtet werden sollte. Arbeitnehmer- und Anteilseignervertreterinnen bzw. -vertreter sollten den erforderlichen Mindestanteil in Höhe von 30 Prozent jeweils für sich erfüllen.[14] Daraus ergibt sich auch, warum die Rechtsfolgen für diesen Fall umfassend geregelt sind. Kurz vor dem Regierungsentwurf erfolgte jedoch eine bedeutende konzeptionelle Veränderung, die aus einer Sitzung des Koalitionsausschusses hervorging.[15] Der Gesetzgeber fügte die Gesamterfüllung und ein

14 RefE vom 20.6.2014, S. 28.
15 *Seibert* NZG 2016, 16, 19.

entsprechendes Widerspruchsrecht in § 96 Abs. 2 Sätze 2 und 3 AktG n.F. ein. Sowohl die Anteilseignerseite als auch die Arbeitnehmerseite kann demnach vor der Wahl darüber beschließen, ob das Mindestanteilsgebot durch den gesamten Aufsichtsrat erfüllt werden muss oder ob jede Seite für sich zu 30 Prozent aus Männern und Frauen zu bestehen hat. Die Eröffnung dieser Möglichkeit erscheint auf den ersten Blick ein geeigneter Kompromiss, um den unter der Gesamterfüllung drohenden Schwierigkeiten zu begegnen. Allerdings hat die Widerspruchsmöglichkeit die Problematik der ohnehin nicht möglichen Abstimmung der Wahlverfahren weiter verschärft. Es ist völlig unklar, was *vor der Wahl* im Sinne von § 96 Abs. 2 Satz 3 AktG bedeutet und bis wann der Widerspruch erklärt werden kann bzw. muss. Da der Widerspruchszeitpunkt und seine Rechtswirkungen jedoch erheblichen Einfluss auf die Wahlmöglichkeiten der jeweiligen Wahlberechtigten und auf die Wirksamkeit der Wahlen haben, ist die Klärung dieser Frage von enormer Bedeutung. Darüber hinaus hat der Gesetzgeber mit der Maßgabe, dass die Seiten über den Widerspruch mehrheitlich beschließen müssen, Unsicherheiten hinsichtlich einer daraus resultierenden autonomen Rechtsstellung der Aufsichtsratsseiten hervorgerufen. Diese müssen ebenfalls aufgearbeitet werden.

Zur Berechnung der Anzahl an Sitzen, die zu je 30 Prozent mit Mitgliedern beider Geschlechter besetzt werden müssen, sieht das Gesetz eine Rundungsregel vor (§ 96 Abs. 2 Satz 4 AktG). Der Gesetzgeber ist in diesem Punkt von seinem ursprünglichen Vorhaben abgewichen, wonach stets aufgerundet werden sollte.[16] Die Formulierung, dass die Berechnung nach mathematischen Rundungsregeln zu erfolgen habe, steht im Widerspruch zur Gesetzesbegründung. Somit ist selbst dieser eigentlich klare Aspekt irreführend und klärungsbedürftig, da beide Methoden zu abweichenden Ergebnissen führen. Darüber hinaus ist die Einbeziehung einiger gesonderter Personengruppen in die Berechnung der Quote auslegungsbedürftig: Für die entsandten Mitglieder der Anteilseignerseite existieren nur rudimentäre Regelungen. Darüber hinaus lässt das Mitbestimmungsgesetz offen, ob die leitenden Angestellten im Fall des Nichterreichens der Quote unter Geltung der Gesamterfüllung zu den gewählten Mitgliedern hinzugezählt werden dürfen. Ein vergleichbares Problem stellt sich im Hinblick auf das sogenannte neutrale Mitglied im Sinne von § 4 Abs. 1 lit. c MontanMitbestG. Die vom Gesetz unberücksichtigten Intersexuellen müssen ebenfalls Beachtung finden.

16 RefE vom 20.6.2014, S. 28.

Wie oben bereits kurz angerissen, ist die Ausgestaltung der Rechtsfolgen bei Nichterreichen des Mindestanteilsgebots ebenso problemintensiv und auslegungsbedürftig wie die anderen Vorgaben. Dass eine Verfehlung der Quote weder bei Getrennt-, noch bei Gesamterfüllung folgenlos bleiben kann, erschließt sich aus den Wertungen des Gesetzes und der Gesetzesbegründung. Im Hinblick auf die Gesamtbetrachtung ist jedoch zweifelhaft, ob *de lege lata* überhaupt eine Rechtsfolge existiert. Wenn die Quote von beiden Seiten getrennt erfüllt wird, existieren Vorschriften, die eine Verfehlung des Mindestanteilsgebots sanktionieren (§ 96 Abs. 2 Satz 6 AktG, § 18a MitbestG und § 10f MitbestErgG). Diese sehen zudem Mechanismen zur Auswahl der von der Rechtsfolge Betroffenen vor. Im Geltungsbereich des MitbestG und des MitbestErgG werden die nicht gewählten Personen anhand der Wahlergebnisse ermittelt. Dies führt jedoch ebenfalls zu Schwierigkeiten bei der Berücksichtigung bestimmter Personengruppen. Einen Sonderfall stellt die Mitbestimmung nach dem MontanMitbestG dar, weil die Wahl der Arbeitnehmervertreterinnen und -vertreter aufgrund eines bindenden Vorschlags durch die Hauptversammlung der Aktiengesellschaft erfolgt (§ 6 MontanMitbestG). Dieser ordnet in Absatz 6 an, dass ein Vorschlag an das Wahlorgan nur erfolgen kann, wenn er dem Mindestanteilsgebot entspricht. Offen ist, welche Folgen eintreten, wenn der Hauptversammlung ein den Vorgaben nicht genügender Vorschlag vorgelegt wird. Für die Anteilseignerseite bestimmt § 96 Abs. 2 Satz 6 AktG, dass Wahlen der Hauptversammlung und Entsendungen in den Aufsichtsrat nichtig sind, wenn sie unter Verstoß gegen das Mindestanteilsgebot erfolgen. Wie die von der Hauptversammlung gewählten Betroffenen zu ermitteln sind, ist indes nicht festgelegt. Dies muss sich für Wahlen nach dem jeweiligen Abstimmungsverfahren in der Hauptversammlung richten. Im Fall der von der Praxis zunehmend favorisierten Einzelwahl trägt der Versammlungsleiter dabei eine erhebliche Verantwortung, die ebenfalls untersucht wird. Darüber hinaus ist zu klären, welche Folgen die Beschlüsse eines angesichts der Nichtigkeitssanktion fehlerhaft besetzten Aufsichtsrats auslösen.

Die alternativlose Rechtsfolge der Wahlnichtigkeit ist außerdem ein wesentlicher Anknüpfungspunkt für die Kritik am zwingenden Mindestanteilsgebot. Es muss untersucht werden, ob und inwieweit die Nichtigkeitsfolge eingreift, wenn für die zu besetzende Position oder, absolut gesehen, ausschließlich ungeeignete Personen des passenden Geschlechts zur Verfügung stehen. An dieser Stelle muss deshalb die im zweiten Kapitel erörterte Frage der Verfassungsmäßigkeit wieder aufgegriffen werden, deren Schwierigkeit in dem Fehlen einer Härtefallregelung für solche Situationen liegt. Bevor das Gesetz als verfassungswidrig anzusehen ist, muss es vorrangig verfassungskonform ausgelegt werden.

Verfassungsrechtlich könnte eine Reduktion der Rechtsfolge dahin gehend geboten sein, dass ein Abweichen von der Quote unter engen Voraussetzungen möglich ist. Für die Auslegung existieren zwei Anknüpfungspunkte. Eine verfassungskonforme Auslegung könnte bereits für die Wahl notwendig oder erst bei einer gerichtlichen Ersatzbestellung verfassungsrechtlich geboten sein. Letzteres würde das Umgehungsrisiko minimieren und die Effektivität des Mindestanteilsgebots weniger gefährden.

Der Gesetzgeber hat den Anwendungsbereich des Mindestanteilsgebots nicht auf die klassischen Rechtsformen der AG und KGaA beschränkt, sondern für die Societas Europaea mittels eigener Regelungen im SEAG gleichfalls eine zwingende Quote eingeführt (§ 17 Abs. 2, § 24 Abs. 3 SEAG). Zur Vermeidung einer Flucht vor der Quote in die europäische Aktiengesellschaft ist dies nachvollziehbar. Allerdings ergeben sich aus den Besonderheiten der Rechtsform und der lückenhaften Gesetzgebung einige Schwierigkeiten: Bedingt durch die Möglichkeit, die SE auch mit einer monistischen Leitungsstruktur zu gründen, bei der kein Aufsichtsrat existiert, der dem einer AG vergleichbar wäre, wird die Anwendung des für den Aufsichtsrat gedachten Mindestanteilsgebots dem Gleichlauf von nationaler AG und SE kaum gerecht. Darüber hinaus hat der Gesetzgeber wesentliche Regelungen wie die Getrennterfüllung und die Rechtsfolge nicht in das SEAG aufgenommen. Es ist deshalb klärungsbedürftig, ob und wie diese Regelungen dennoch gelten müssen. Probleme bereitet in diesem Zusammenhang, dass die Mitbestimmung über eine Beteiligungsvereinbarung verhandelt werden kann und dass die Arbeitnehmerseite international zu besetzen ist. Je mehr Länder also vertreten sind, desto schwieriger wird die Berücksichtigung des Mindestanteilsgebots.

Die vorliegende Untersuchung setzt sich mit den aufgezeigten rechtlichen Schwierigkeiten und Gesetzeslücken sowie den damit zusammenhängenden Fragestellungen eingehend auseinander und zeigt methodisch vertretbare Lösungswege auf. Daneben legt die Untersuchung dar, dass der vom Gesetzgeber gewählte Weg zur Umsetzung des Ziels einer Gleichstellungsförderung zwar ein effektives und grundsätzlich auch ein tragfähiges Konzept ist, in seinen einzelnen Ausprägungen jedoch mit dem eingangs formulierten Leitgedanken „Gut gedacht, schlecht gemacht" zusammengefasst werden muss. Einige der Mängel des Gesetzes lassen sich jedoch durch punktuelle Veränderungen beheben. Im letzten Kapitel befinden sich dazu entsprechende Änderungsvorschläge.

1. Kapitel: Gleichstellungsförderung im nationalen und europäischen Kontext vor Einführung des zwingenden Mindestanteilsgebots

Die vorwiegend auf gesellschaftspolitischer Ebene geführte Debatte um quotengestützte Frauenförderung reicht bis in die zweite Hälfte des 20. Jahrhunderts zurück.[17] Ein wichtiger Schritt auf nationaler Ebene war die Einfügung von Art. 3 Abs. 2 Satz 2 in das Grundgesetz. Im Bereich des öffentlichen Dienstes sind nationale Geschlechterquoten bereits zur Zeit der Jahrtausendwende Gegenstand mehrerer Verfahren vor dem EuGH gewesen. Der bis heute polarisierenden und emotional gefärbten gesellschaftlichen Grundsatzdebatte über das Für und Wider von Quoten zur Förderung eines Geschlechts folgten kurz nach der Jahrtausendwende erste konkrete gesetzgeberische Ansätze für die Privatwirtschaft. Der norwegische Vorstoß im Jahr 2003 hatte zur Folge, dass auch der internationale Druck auf den deutschen Gesetzgeber zunahm. Es folgten diverse weitere europäische Staaten dem Beispiel Norwegens, eine Quote für das Aufsichtsgremium von Unternehmen festzulegen, die in einer der Aktiengesellschaft ähnlichen Rechtsform firmieren. Ein knappes Jahr vor Unterzeichnung des Koalitionsvertrages zur 18. Legislaturperiode legte die Kommission der EU zudem einen entsprechenden Richtlinienentwurf vor. Daneben gab es bereits vor Einführung des „Gesetzes für die gleichberechtigte Teilhabe von Frauen und Männern in Führungspositionen in der Privatwirtschaft und im öffentlichen Dienst" Vorschriften, die zur Förderung der Gleichstellung der Geschlechter im Aufsichtsrat herangezogen werden konnten. Sowohl aus der Entwicklung

---

17 S. nur exemplarisch die Beiträge und Monographien zu geschlechtsbezogenen Quoten von *Däubler-Gmelin* u.a. (Hrsg.), Mehr als nur gleicher Lohn!, 1985; *Hessische Landesregierung* (Hrsg.), Quotierung, 1985; *Hohmann-Dennhardt* Ungleichheit, 1982; *Pfarr* Quoten und Grundgesetz, 1988; *Raasch* DuR 1985, 319–334.

der Reformdebatte als auch aus den bereits existierenden Möglichkeiten der Gleichstellungsförderung im Aktien- wie im Mitbestimmungsrecht lassen sich wertvolle Erkenntnisse für die Untersuchung der Problemfelder des seit 2015 geltenden zwingenden Mindestanteilsgebots gewinnen.

§ 2 Entwicklung der Gleichstellungsförderung auf nationaler Ebene

A. Förderungsansätze im Koalitionsvertrag zur 14. Legislaturperiode

Für die 14. Legislaturperiode nahm die Bundesregierung unter Punkt VIII. erstmals das Vorhaben in den Koalitionsvertrag vom 20.9.1998 auf, ein effektives Gleichstellungsgesetz zu verabschieden. Es sollten verbindliche Regelungen zur Frauenförderung eingeführt werden, die auch in der Privatwirtschaft gelten.[18] Am 8.9.2000 stellte die damalige Ministerin *Bergman* Eckpunkte für ein Gleichstellungsgesetz vor.[19] Ein solches sollte jedoch nicht zur Verschärfung von bereits bestehenden Regelungen zur Chancengleichheit führen, sondern deren effektive Umsetzung im Betrieb sicherstellen.[20] Es sollte eine Stufenregelung enthalten, die zunächst freiwillige Regelungen der Tarif- oder Betriebspartner im Rahmen gesetzlicher Mindeststandards vorsah. Dazu sollten im Bereich der Gleichstellung von Männern und Frauen unter anderem Vereinbarungen zur Erhöhung des Frauenanteils in Führungspositionen, Mentoring und Fortbildungs- und Qualifizierungsmaßnahmen gehören.[21] Sofern dies nicht zum Erfolg führte, sollten die gesetzlichen Mindeststandards und weitere Maßnahmen wie ein verpflichtender Gleichstellungsplan als zweite Stufe eingreifen.[22] Die Beantwortung einer kleinen Anfrage zu diesen Eckpunkten[23] ging ebenfalls von einer gesetzlichen Regelung aus.[24] Ein entsprechender Entwurf aus dem Jahr 2001 gelangte jedoch nicht in das Kabinett, da der Protest aufseiten der Wirtschaft gegen weitere Einschränkungen nach der Reform des Betriebsverfassungsrechts immens war.[25]

---

18 Koalitionsvertrag zwischen SPD und Bündnis 90/Die Grünen vom 20.9.1998, dort unter VIII.

19 *Pfarr* Gesetz zur Gleichstellung, S. 6; Abdruck der Eckpunkte ebd. im Anhang, S. 135 – 139 ff.

20 Punkt 1 der Eckpunkte, abgedruckt bei *Pfarr* Gesetz zur Gleichstellung, S. 135.

21 Punkt 8 der Eckpunkte, abgedruckt bei *Pfarr* Gesetz zur Gleichstellung, S. 137.

22 Punkt 6 der Eckpunkte, abgedruckt bei *Pfarr* Gesetz zur Gleichstellung, S. 136.

23 BT-Drucks. 14/4685.

24 BT-Drucks. 14/5009, S. 3.

25 *Pfarr* Gesetz zur Gleichstellung, S. 6.

B. Freiwillige Selbstverpflichtungen

Am 2.7.2001 unterzeichneten die Bundesregierung und die Spitzenverbände der deutschen Wirtschaft stattdessen eine Vereinbarung zur Förderung der Chancengleichheit von Frauen und Männern in der Privatwirtschaft.[26] Diese enthielt keine Absichtserklärungen für eine Frauenquote, sondern für sogenannte betriebliche Maßnahmen zur Verbesserung der Chancengleichheit von Frauen und Männern. Dazu gehörten zum Beispiel Weiterbildungs- und Mentoringprogramme für Frauen in Führungspositionen. Unter Punkt V. der Vereinbarung verpflichtete sich die Bundesregierung, so lange von einer gesetzlichen Regelung abzusehen, wie die Vereinbarung eingehalten würde.[27] Die Vereinbarung wurde in den Jahren 2003, 2006, 2008, 2011, 2013 evaluiert, und zwar mit dem Ergebnis, dass sie hinreichend Erfolg erziele.[28] Bemerkenswert ist an dieser Vereinbarung, dass sich damit nur die Verbände zu Empfehlungen an die Unternehmen, nicht jedoch die Unternehmen selbst zur Förderung von Frauen verpflichteten.

Eine solche Verpflichtung erfolgte erst zehn Jahre nach der ersten Vereinbarung: Im Jahr 2011 gaben die DAX 30-Unternehmen eine gemeinsame Erklärung ab, in der sie sich zur „Intensivierung der Erhöhung ihrer Anstrengungen zur Erhöhung des Frauenanteils in Führungspositionen“ bekannten.[29] Darin verpflichteten sie sich, „die systematische Förderung und Beteiligung von Frauen noch stärker als bisher in der Personalentwicklung und bei der Weiterentwicklung der Unternehmenskultur zu verankern.“[30] Favorisiert wurden unternehmensspezifische, flexible Zielsetzungen und Maßnahmen. Die Erklärung schließt mit sieben Punkten, die unter anderem eine auf Chancengleichheit ausgerichtete Personalplanung und -entwicklung, auf die Förderung weiblicher Talente ausgerichtete Maßnahmen zur Sensibilisierung und Qualifizierung von Führungskräften, verstärkte Aktivitäten in den MINT-Bereichen und flexiblere Arbeitszeitmodelle umfassen.[31]

Im Oktober 2011 stellten die Vorstände ihre Ziele vor. Diese sahen prozentuale Erhöhungen des Anteils an weiblichen Führungskräften um bzw. auf zwischen

26 Abdruck in *Pfarr* Gesetz zur Gleichstellung, S. 145 ff.

27 *Pfarr* Gesetz zur Gleichstellung, S. 148.

28 Tabellarische Zusammenfassung *Lange* Gleichstellungsbericht 2017, S. 9.

29 Abrufbar unter http://www.arbeitgeber.de/www/arbeitgeber.nsf/res/DAX30.pdf/$file/DAX30.pdf (zuletzt aufgerufen 30.6.2018).

30 Gemeins. Erkl. d. DAX 30-Unternehmen v. 30.3.2011, S. 1.

31 Gemeins. Erkl. d. DAX 30-Unternehmen v. 30.3.2011, S. 3.

13-15 und 32-35 Prozent vor.[32] Teilweise wurde darauf allerdings unter Hinweis auf einen absoluten Qualifikationsvorrang verzichtet.[33] Der Statusbericht von 2014, der die Entwicklung bis zum 31.12.2014 und damit bis unmittelbar vor der Verabschiedung des Gesetzes zum Mindestanteilsgebot erfasst, zeigte eine leichte positive Tendenz.[34] Allerdings reichten die Steigerungen des Frauenanteils nicht immer, um die Ziele erreichen zu können, außerdem wurden die Ziele teilweise nach unten korrigiert.[35] Darüber hinaus ist nicht bei allen Unternehmen erkennbar, welche Führungspositionen erfasst wurden und welche Personen in die Statistiken mit eingeflossen sind. In der Gesamtschau zeichnete sich in den DAX 30-Unternehmen zwar eine positive Tendenz ab, die Entwicklung blieb jedoch in vielen Fällen erkennbar hinter den Zielen zurück.

C. Verschärfung der Diversity-Empfehlungen durch Ziff. 5.4.1. Abs. 2 Deutscher Corporate Governance Kodex (DCGK)[36]

Mit Beschluss der Kodex-Kommission vom 26.5.2010 wurden die *Diversity*-Empfehlungen unter 5.1.2. und 5.4.1. DCGK für Vorstand und Aufsichtsrat verschärft. Ziff. 5.4.1. Abs. 2 DCGK wurde um die Empfehlung ergänzt, dass der

32 Adidas 32-35 Prozent bis Ende 2015; E.ON 14 Prozent bis 2016; Linde-Group 13-15 Prozent bis Ende 2018, nachzulesen in „Frauen in Führungspositionen" – Status quo und Zielsetzung der 30 Dax-Unternehmen von 2011, https://www.bmfsfj.de/blob/76392/0125e67650c41b54a0d978e699f818a3/frauen-in-fuehrungspositionen-status-quo-und-zielsetzungen-data.pdf (zuletzt aufgerufen am 30.6.2018).

33 So zB. Fresenius, nachzulesen in „Frauen in Führungspositionen" – Status quo und Zielsetzung der 30 Dax-Unternehmen von 2011.

34 Erhöhungen zB. Adidas um 2 Prozent auf 28 Prozent; BASF um 4,7 Prozent auf 14,5 Prozent; Commerzbank um 4,2 Prozent auf 27,2 Prozent; Deutsche Post 4,1 Prozent auf 21,1 Prozent; Heidelberg Cement um 1,2 Prozent auf 8 Prozent; infineon um 1,3 Prozent auf 12 Prozent; RWE um 3,5 Prozent auf 14,3 Prozent weltweit; Lufthansa um 0,5 Prozent auf 16 Prozent; Siemens um 2 Prozent auf 12 Prozent, nachzulesen in Entwicklung und Zielsetzungen der 30 Dax-Unternehmen von 2014, https://www.arbeitgeber.de/www/arbeitgeber.nsf/res/Dax-30_Frauen_inProzent20Fuehrungspositionen.pdf/$file/Dax-30_Frauen_inProzent20Fuehrungspositionen.pdf (zuletzt aufgerufen am 30.6.2018).

35 Adidas 2011: 32–35 Prozent bis 2015, Adidas 2014: 32-35 Prozent in 2017; Heidelberg Cement 2010 und 2014: 15 Prozent bis 2020, aber nach der Hälfte nur 1,2 Prozent Steigerung; infineon 2010 und 2014: 15 Prozent bis Ende 2015, aber Steigerung nur um 1,3 Prozent; RWE 2011: 22 Prozent bis Ende 2016, aber 2014: nur 14,3 Prozent, nachzulesen in Entwicklung und Zielsetzungen 2014.

36 S. dazu ausf. unten Kap. 1 § 4 C.

Aufsichtsrat konkrete Ziele zu seiner Zusammensetzung festlegen muss, und zwar insbesondere konkrete Ziele für die angemessene Beteiligung von Frauen im Aufsichtsrat. Dies sollte eine gesetzliche Quote zunächst verhindern, deren Einführung die Kommission allerdings in Aussicht stellte, sofern die Empfehlung keine Wirkung zeigen würde.[37]

D. Gesetzesentwürfe und Beschlussanträge bis zur 18. Legislaturperiode

I. 2007 – Antrag auf Einführung einer Geschlechterquote durch Änderung des Aktiengesetzes

Ungeachtet der Vereinbarung von 2001 brachte die Fraktion Bündnis 90/Die Grünen im Jahr 2007 einen Antrag zur Änderung des Aktiengesetzes in den Bundestag ein, der dort eine Geschlechterquote verankern sollte.[38] Der Vorschlag sah eine Quote i.H.v. 40 Prozent für deutsche Aktiengesellschaften vor, die bis zum Jahr 2012 erreicht werden sollte. Unternehmen, die die Quote verfehlen, sollten Sanktionen bis hin zur Entziehung der Börsenzulassung drohen. Darüber hinaus sah der Antrag die Einrichtung einer Datenbank mit Kandidatinnen für Aufsichtsratsmandate vor und zielte darauf ab, die Übernahme von Aufsichtsratsmandaten auf maximal fünf zu begrenzen.[39] Dieser Antrag war in seiner inhaltlichen Ausgestaltung erkennbar an die seit 2006 in Norwegen verbindlich geltende Regelung angelehnt. Der Rechtsausschuss empfahl die Ablehnung des Antrags,[40] welche in der 100. Sitzung des Deutschen Bundestags erfolgte.[41]

Im Februar 2010 stellte dieselbe Fraktion einen erneuten Antrag, der dem Ersten im Wesentlichen glich.[42] Dieser wurde entsprechend der Beschlussempfehlung des Rechtsausschusses[43] ebenfalls abgelehnt.[44]

---

37 S. dazu *Ringleb/Kremer/Lutter/v. Werder* NZG 2010, 1161, 1165 Rn. 1025e und 1025i.
38 BT-Drucks. 16/5279.
39 BT-Drucks. 16/5279, S. 2.
40 BT-Drucks. 16/12140.
41 Plenarprotokoll 16/100, S. 10246C – 10253A.
42 BT-Drucks. 17/797.
43 BT-Drucks. 17/1274.
44 Plenarprotokoll 17/234, S. 29193A – 29220B.

II. 2010 – Antrag auf Einführung einer Geschlechterquote für Vorstände und Aufsichtsräte

Am 25.2.2010 stellten die Abgeordnete *Christel Humme* und weitere Abgeordnete zusammen mit der Fraktion der SPD im Bundestag einen Beschlussantrag zur Gleichstellungsförderung. Unter anderem wurde die Bundesregierung aufgefordert, ein umfassendes Gleichstellungsgesetz für die Privatwirtschaft vorzulegen und eine gesetzliche Geschlechterquote in Höhe von 40 Prozent für Vorstände und Aufsichtsräte einzuführen.[45] Der Ausschuss für Familie, Senioren, Frauen und Jugend empfahl dessen Ablehnung,[46] unter anderem, weil die Selbstverpflichtungen durchaus positive Veränderungen bewirken würden und man die weitere Entwicklung noch abwarten müsse.[47] Die Ablehnung des Antrags erfolgte in der Bundestagssitzung vom 12.11.2010.[48]

III. 2010 – Erster Gesetzesentwurf zur Einführung einer Mindestquote für Aufsichtsräte

Im Oktober 2010 brachte die Fraktion Bündnis 90/Die Grünen schließlich einen Entwurf für ein Gesetz zur geschlechtergerechten Besetzung von Aufsichtsräten ein.[49] Dieser sah eine Mindestquote von 40 Prozent je Geschlecht für Aufsichtsräte vor, die bis zum 1.1.2017 erreicht werden sollte. Zwischenziel sollte eine Quote in Höhe von 30 Prozent bis zum 1.1.2015 sein (§ 409 AktG-E). Die Regelung sollte in § 101 AktG verankert werden. Das Geschlecht wäre demnach eine Wahlvoraussetzung für Aufsichtsratsmitglieder geworden. In den Anwendungsbereich sollten Unternehmen fallen, die börsennotiert und mitbestimmt sind. Im Gegensatz zu den Voraussetzungen von § 96 Abs. 2 Satz 1 AktG n.F. sollte das dort vorgeschlagene Mindestanteilsgebot also auch auf nach dem DrittelbG mitbestimmte Unternehmen Anwendung finden (vgl. Art. 2 des Entwurfs).

Verstöße gegen das Mindestanteilsgebot sollten mit der Nichtigkeit der Wahl nach § 250 AktG sanktioniert werden (§ 250 Abs. 1 Nr. 5 AktG-E). Darüber hinaus enthielt der Gesetzesentwurf in § 255a AktG-E eine Regelung zu den Rechtsfolgen für Beschlüsse, die von einem quotenwidrig zusammengesetzten

---

45 BT-Drucks. 17/821, S. 8.

46 BT-Drucks. 17/1486, S. 3.

47 BT-Drucks. 17/1486, S. 7.

48 Plenarprotokoll 17/72, S. 7923.

49 BT-Drucks. 17/3296.

Aufsichtsrat gefasst werden. Jene sollten ausnahmslos nichtig sein. Dies hätte schlimmstenfalls zur Handlungsunfähigkeit des Aufsichtsrats führen können.

Im Bereich des MitbestG und des MontanMitbestG sollten die Mitglieder der Arbeitnehmerseite entsprechend ihres zahlenmäßigen Verhältnisses im Unternehmen im Aufsichtsrat vertreten sein, (§ 4 Abs. 4 DrittelbG-E, § 7 Abs. 5 MitbestG-E, § 4 Abs. 4 MontanMitbestG-E). Demnach sollte das aus § 4 Abs. 4 DrittelbG und § 15 Abs. 2 BetrVG 2001 bereits bekannte Repräsentationsprinzip auch im Aufsichtsrat paritätisch mitbestimmter Unternehmen angewendet werden. Darüber hinaus sah der Entwurf für die europäische Aktiengesellschaft sowie für Unternehmen, die in den Anwendungsbereich des MgVG fallen, eine Quotierung von Sitzen der Arbeitnehmer vor. Auch danach sollten Männer und Frauen entsprechend ihrem zahlenmäßigen Verhältnis im Unternehmen zu wählen sein (§ 36 Abs. 3 Satz 3 SEBG-E und § 36 Abs. 3 Satz 3 SEBG-E sowie § 25 Abs. 3 Satz 3 MgVG-E). Der Gesetzesentwurf wurde jedoch in der Bundestagssitzung vom 2.12.2011 entsprechend der Beschlussempfehlung des Rechtsausschusses[50] abgelehnt.[51]

Ein Vergleich mit der geltenden Regelung zeigt, dass die fixe Mindestquote im Aufsichtsrat durch die Einführung in § 101 AktG nur für die von der Hauptversammlung zu bestellenden Mitglieder gelten sollte. Für die Mitglieder der Arbeitnehmer sollte eine flexiblere Regelung gelten. Die Anteilseignerseite von Unternehmen in der Rechtsform der SE und in aus grenzüberschreitenden Verschmelzungen hervorgegangenen Unternehmen sollte indes unberührt bleiben. Die im Entwurf vorgesehene Rechtsfolge der Nichtigkeit ist in die heute geltende Regelungssystematik übernommen worden. Die vorgesehene Höhe der Quote und ihr Geltungsbereich sollten indes weiter reichen. Außerdem sah der Entwurf die Anordnung einer Rechtsfolge für Beschlüsse des quotenwidrig zusammengesetzten Aufsichtsrats vor. Eine solche fehlt heute und führt zu weiteren offenen Fragen.[52]

IV. 2011 – Antrag auf Verabschiedung einer Quotenregelung für den gesamten Aufsichtsrat

Auch ein Beschlussantrag der SPD-Fraktion vom 9.2.2011,[53] der eine gesetzliche Quote in Höhe von 40 Prozent für Anteilseigner- und Arbeitnehmerseite in allen

50 BT-Drucks. 17/6527, S. 2.

51 Plenarprotokoll 17/147, S. 17611.

52 S. unten Kap. 3 § 9 B. III.

53 BT-Drucks. 17/4683.

mitbestimmten Aufsichtsräten forderte, scheiterte.[54] Dies lag vermutlich an dem fast zeitgleich eingebrachten Entwurf des Landes Nordrhein-Westfalen.

V. 2011 – Entwurf für ein Gesetz zur Förderung der Gleichberechtigung von Frauen und Männern in Aufsichtsräten börsennotierter Unternehmen (FöGAbUG)

Das Land Nordrhein-Westfalen brachte im Februar 2011 einen Entwurf für ein Gesetz zur Förderung der Gleichberechtigung von Frauen und Männern in Aufsichtsräten börsennotierter Unternehmen (FöGAbUG) in den Bundesrat ein.

Dieser sah die Ergänzung des Aktiengesetzes um einen § 96a AktG-E vor, der die Zusammensetzung des Aufsichtsrats nach Geschlechtern vorschreiben sollte. Der durch die neue Norm vorgesehene Mindestanteil sollte bei 30 Prozent pro Geschlecht liegen und bis 2017 erreicht werden (§ 96a Satz 1 AktG-E).[55] In Satz 2 waren Ausnahmen für die Fälle vorgesehen, in denen die Verfehlung der Quote entweder auf dem Nachrücken eines Ersatzmitglieds (Nr. 1) oder darauf beruht, dass sich kein geeignetes Mitglied passenden Geschlechts findet (Nr. 2). Für Aufsichtsräte, die aus mehr als drei Personen bestehen, sah der Entwurf zudem einen Mindestanteil von 40 Prozent vor, der ab 2022 eingehalten werden musste.[56] Darüber hinaus sollte das passende Geschlecht Voraussetzung für die Wahl in den Aufsichtsrat werden (§ 101 Abs. 1a S. 1 AktG-E). Allerdings sah § 101 Abs. 1a Satz 3 AktG-E vor, dass die Hauptversammlung einen Härtefall feststellen und somit eine begründete Ausnahme zulassen kann (§ 101 Abs. 1a Satz 4 AktG-E). Ansatzpunkt für die Quote war demnach der Wahlakt an sich, sodass das jeweilige Mitglied nur dann gewählt werden können sollte, wenn die Wahl nicht zur Verfehlung der Quote geführt hätte. Mit der Regelung sollte unmittelbar Rechtssicherheit über die Zusammensetzung des Aufsichtsrats und die Nichtigkeit der Wahlen erreicht werden.[57] Darüber hinaus sollte die Hauptversammlung die Möglichkeit erhalten, unmittelbar eine andere Person vorzuschlagen und zu wählen. Sogenannte „leere Stühle"[58] wären dementsprechend nicht entstanden.

Der Entwurf sah folglich eine Quote ohne Qualifikationsvorbehalt, aber mit Härtefallklausel vor.[59] Außerdem sollte das Mindestanteilsgebot für sämtliche

54 Plenarprotokoll 17/72, S. 7923.
55 BR-Drucks. 87/11, S. 11.
56 BR-Drucks. 87/11, S. 11.
57 BR-Drucks. 87/11, S. 20.
58 Begr. RegE, BT-Drucks. 18/3784, S. 121.
59 So auch *Brandt* Gleichstellungsquote, S. 46.

Aufsichtsratsmitglieder gelten und damit das in § 4 Abs. 4 DrittelbG und § 6 Abs. 2 SEBG verankerte Repräsentationsprinzip ablösen.[60]

Die Justizministerkonferenz begrüßte die Gesetzesinitiative im Frühjahr 2011 mehrheitlich.[61] Dennoch beschloss der Bundesrat in seiner 890. Sitzung, den Antrag nicht in den Bundestag einzubringen.[62]

Im Vergleich zur geltenden Regelung sollte das Mindestanteilsgebot für alle Aufsichtsratsmitglieder gelten, ohne dass eine getrennte Erfüllung möglich wäre. Die Bestellung der Mitglieder sollte mit der Verankerung in § 101 AktG und den Verweisungen in § 5a MontanMitbestG-E vom passenden Geschlecht der Vorgeschlagenen abhängig sein. Der Entwurf sah im Gegensatz zu § 96 Abs. 2 AktG n.F. eine Härtefallklausel vor. Aufgrund der Tatsache, dass die Hauptversammlung über das Vorliegen eines Härtefalls entscheiden konnte, war eine Sanktion überflüssig. Die vorgeschlagene Regelung wäre jedoch durch diese Möglichkeit leicht zu umgehen gewesen.

VI. 2012 – Entwurf für ein Gesetz zur Förderung der Chancengleichheit von Männern und Frauen in Wirtschaftsunternehmen[63]

Die SPD-Fraktion brachte auch im Jahr 2012 zunächst einen eigenen Entwurf für ein Gesetz zur Förderung der Chancengleichheit von Männern und Frauen in Wirtschaftsunternehmen in den Bundestag ein. Dieser sah sowohl für den Vorstand, als auch für den Aufsichtsrat von börsennotierten oder mitbestimmten Unternehmen eine Geschlechterquote vor.

Eine Quote von 20 Prozent sollte für den Vorstand von Unternehmen gelten, die börsennotiert sind und der paritätischen Mitbestimmung unterliegen, vgl. § 76 Abs. 4 und 5 AktG-E. Die Bestellung als Vorstandsmitglied sollte ausgeschlossen sein, wenn die Quote nicht eingehalten wird (§ 76 Abs. 4 Satz 2 AktG-E). Für den Aufsichtsrat sah der Entwurf vor, dass jedes Geschlecht mindestens 30 Prozent der Sitze besetzt (§ 96 Abs. 4 AktG-E). Er enthielt in § 96 Abs. 3 Satz 2 AktG-E zudem eine Bezeichnung für die Aufsichtsratsseiten. Sie wurden in dem Entwurf als „Teilgremien“ bezeichnet. In mitbestimmten Gesellschaften sollten Anteilseigner und Arbeitnehmer die Quote je für sich erfüllen (Getrennterfüllung) (§ 96

---

60 BR-Drucks. 87/11, S. 19 f.

61 Beschluss der 82. Justizministerkonferenz, https://www.justiz.nrw/JM/jumiko/beschluesse/2011/fruehjahrskonferenz11/I_7.pdf (zuletzt aufgerufen am 30.6.2018).

62 Bundesrat, 890. Sitzung am 25.11.2011, Sten. Protokoll, S. 548 A.

63 BT-Drucks. 17/8878.

Abs. 3 Satz 2 AktG-E). Das nach § 4 Abs. 1 MontanMitbestG bzw. § 5 Abs. 1 lit. c MitbestErgG zu bestellende weitere Mitglied sollte unberücksichtigt bleiben (§ 96 Abs. 4 Satz 2 AktG-E). Das Geschlecht sollte zusätzlich auch Wählbarkeitsvoraussetzung werden (§ 101 Abs. 1a AktG-E).

Anders als in den vorangegangenen Entwürfen sollte die Mindestquote systematisch gesehen keine Bestellungsvoraussetzung sein, sondern eine Vorschrift zur Zusammensetzung des Aufsichtsrats gem. § 96 AktG. Dies hat der Gesetzgeber in die geltende Regelung übernommen. Auch die Höhe des Anteils von 30 Prozent ist nunmehr gesetzlich festgelegt. Darüber hinaus bezog der Entwurf sämtliche Aufsichtsratsmitglieder mit ein, die den Mindestanteil jedoch getrennt erfüllen sollten. Die Bezeichnung der Mitgliedergruppen als Teilgremien und die Vorschrift, dass das weitere Mitglied nach § 4 Abs. 1 MontanMitbestG bzw. § 5 Abs. 1 lit. c MitbestErgG nicht einbezogen werden sollte, nahm der Gesetzgeber jedoch nicht in die heute geltenden Regelungen auf. Wie diese beiden Aspekte rechtlich zu beurteilen sind, ist deshalb ungeklärt.

VII. 2012 – Entwurf eines Gesetzes zur Förderung gleichberechtigter Teilhabe von Frauen und Männern in Führungsgremien (GlTeilhG)[64]

Im Oktober 2012 brachten die Fraktionen SPD und Bündnis 90/Die Grünen[65] sowie wenige Tage später der Bundesrat[66] im Wortlaut gleiche Entwürfe für ein Gesetz zur Förderung gleichberechtigter Teilhabe von Frauen und Männern in Führungsgremien in den Bundestag ein.

Die Entwürfe sahen eine zweistufige Quote vor, die in § 96 Abs. 3–7 AktG-E eingefügt werden sollte. Sie gingen von einer Grundstruktur aus, die die konkrete Pro-Kopf-Besetzung für kleine Gremien und eine prozentuale Sitzverteilung für große Aufsichtsräte vorschrieb (§ 96 Abs. 3 Satz 4 AktG-E). Beide Seiten des Aufsichtsrats wurden in § 96 Abs. 3 Satz 2 AktG-E als Teilgremien legal definiert. Sie sollten die Quote getrennt erfüllen. Die Erfüllung durch den Aufsichtsrat als Gesamtgremium sollte zudem unbedingt ausgeschlossen sein.[67] Das weitere Mitglied, das dem Aufsichtsrat nach MontanMitbestG und MitbestErgG angehört, sollte wie im vorangegangenen Entwurf aus dem März 2012 unberücksichtigt bleiben (§ 96 Abs. 3 Satz 5 AktG-E). Darüber hinaus beinhaltete der

---

64 BT-Drucks. 17/11139; BT-Drucks. 17/11270.

65 BT-Drucks. 17/11139.

66 BT-Drucks. 17/11270.

67 BT-Drucks. 17/11270, S. 33.

Entwurf zwei Ausnahmeklauseln: Zum einen sollte das Mindestanteilsgebot für die Arbeitnehmerseite nicht gelten, wenn die Belegschaft 90 Prozent oder mehr Arbeitnehmer eines Geschlechts beschäftigt (§ 96 Abs. 3 Satz 7 AktG-E). Zum anderen sah § 96 Abs. 4 AktG-E eine Härtefallklausel bei Vorliegen eines wichtigen Grundes vor, welcher insbesondere dann gegeben sein sollte, wenn sich trotz erheblicher Anstrengungen nur ungeeignete Personen fänden (§ 96 Abs. 4 Satz 2 AktG-E). Die Regelung sollte in Unternehmen gelten, die börsennotiert oder mitbestimmt sind (§ 96 Abs. 5 AktG-E). Weiterhin sahen die neu einzufügenden Absätze 6 und 7 vor, dass das Bundesjustizministerium Bescheide über die Erfüllung der Quote ausstellt und dass es außerdem eine Liste derjenigen Unternehmen erstellt, die dem Mindestanteilsgebot nicht entsprechen.

Als Sanktion für Verstöße auf Anteilseignerseite sah der Entwurf ein Abzugsverbot für sämtliche Aufsichtsratsvergütungen gem. § 10 Nr. 5 KStG-E sowie umfassende Berichtspflichten gem. § 289b HGB-E vor. Verstöße auf Arbeitnehmerseite sollten durch eine Anpassung der Wahlmechanismen präventiv verhindert werden.[68] Sofern die Sanktion keine Wirkung zeigen würde, sollte der Weg zu einer gesetzlichen Verschärfung durch zum Beispiel die Nichtigkeit der Wahlen offen stehen.[69] Die Beschlussfähigkeit des Aufsichtsrats sollte hingegen von der konkreten Zusammensetzung völlig unberührt bleiben (§ 108 Abs. 2a AktG-E).

Nach Auffassung der Entwurfsverfasser sollte auch die Entscheidung über das Vorliegen eines Härtefalls dem Bundesjustizministerium als bundeseinheitlicher Behörde obliegen. Die für eine Beurteilung notwendigen Kenntnisse sollte es durch die Lageberichte der Gesellschaft erhalten.[70] Neben der gestaffelten Höhe der Quote[71] war eine lange Übergangsfrist vorgesehen: Sechs Jahre nach Verkündung des Gesetzes sollte die erste Stufe der Quote mit geringeren Vorgaben für kleine Gremien und der 20-Prozent-Quote für große Gremien in Kraft treten. Erst fünf Jahre später sollte die zweite Stufe gelten (Art. 14 des Entwurfs).

Die Bundesregierung nahm zum Entwurf des Bundesrats Stellung, sprach sich wegen einer erkennbaren positiven Entwicklung des Frauenanteils in Führungsebenen jedoch gegen eine gesetzliche Regelung aus.[72] Entsprechend der

68 BT-Drucks. 17/11270, S. 28.
69 BT-Drucks. 17/11270, S. 30.
70 BT-Drucks. 17/11270, S. 29.
71 Vgl. Art. 1 und 2 des Entwurfs.
72 BT-Drucks. 17/11270, S. 47.

Empfehlung des Rechtsausschusses[73] wurden die Entwürfe von März und Oktober 2012 in der Sitzung vom 13.4.2013 abgelehnt.[74]

E. Gesetzgebungsverfahren zum Gesetz für gleichberechtigte Teilhabe von Männern und Frauen [...] in der Privatwirtschaft[75]

Zu Beginn der 18. Legislaturperiode nahmen CDU/CSU und SPD das Ziel in den Koalitionsvertrag auf, eine Mindestquote in Höhe von 30 Prozent für Aufsichtsräte und die Verpflichtung zur Festlegung von Zielgrößen für die Geschlechterverteilung in den oberen Managementebenen gesetzlich festzulegen.[76]

Der erste Referentenentwurf sah in drei wesentlichen Bereichen eine andere Struktur vor als der schließlich verabschiedete Regierungsentwurf vom 20.1.2015. Nach § 96 Abs. 2 Satz 2 AktG-RefE war die Getrennterfüllung als Regelfall vorgesehen. Außerdem sollte gem. § 96 Abs. 2 Satz 3 AktG-RefE bei der Berechnung zwingend auf volle Personenzahlen aufzurunden sein.[77] Darüber hinaus sollte die Quote im Anwendungsbereich des MgVG nur für die Anteilseignerseite gelten (§ 96 Abs. 3 AktG-RefE). Mit Blick auf die Zielgrößen sah der Referentenentwurf vor, dass jene nicht mehr unter 30 Prozent fallen dürfen, sobald dieser Prozentsatz erreicht wurde (§ 111 Abs. 5 Satz 3 AktG-E). Zudem war die Frist mit drei Jahren deutlich kürzer bemessen (§ 111 Abs. 5 Satz 5 AktG-E).

Für die europäische Aktiengesellschaft war das Mindestanteilsgebot lediglich in Form einer Sollvorschrift vorgesehen (§ 17 Abs. 2 und § 24 Abs. 3 SEAG-E). Außerdem sollte die Beteiligungsvereinbarung für die SE-Mitbestimmung ebenfalls von der Quote erfasst sein (§ 21 Abs. 5 SEBG-E). Auch für die Auffangregelung sah das SEBG-E eine Regelung vor (§ 36 Abs. 3 Satz 3 SEBG-E). Der zweite Referentenentwurf unterschied sich vom ersten bis auf einige redaktionelle Änderungen in einem wesentlichen Punkt: Statt die Zusammensetzung eines Aufsichtsrats und Vorstands im DrittelbG zu regeln, wurden nun entsprechende

---

73 BT-Drucks. 17/12784, S. 3.

74 Plenarprotokoll 17/234, S. 29216.

75 Ausführlich und kritisch zur Entstehung des Gesetzes *Seibert* NZG 2016, 16 – 20.

76 Koalitionsvertrag zwischen CDU/CSU und SPD vom 16.12.2013, S. 102, https://www.bundesregierung.de/Content/DE/_Anlagen/2013/2013-12-17-koalitionsvertrag.pdf?__blob=publicationFile (zuletzt aufgerufen am 30.6.2018).

77 RefE vom 20.6.2014, S. 28.

Änderungen in den betreffenden Gesetzen vorgenommen (vgl. Art. 9, 17, 18, 19, 21 RefE).[78]

Eine einschneidende Kehrtwende erfolgte im weiteren Gesetzgebungsfahren nach Zusammenkunft des Koalitionsausschusses am 25.11.2014.[79] Das Gremium entschied sich dafür, die zwingende Quote auf die SE zu erstrecken und gegen die bisher vorgesehene Getrennterfüllung. Bedingt durch die Kürze der verbleibenden Zeit sah sich das BMAS wohl nicht mehr in der Lage, die Folgen der Nichtigkeit für die Arbeitnehmerseite unter Geltung der Gesamterfüllung zu regeln.[80]

Der anschließend ausgefertigte Entwurf[81] enthält im Wesentlichen die Regelungen, die der Bundestag am 6.3.2015 beschloss. Allerdings wurde der Empfehlung des Rechtsausschusses folgend noch ein Mehrheitserfordernis für den Beschluss über den Widerspruch gegen die Gesamterfüllung in § 96 Abs. 2 Satz 3 und § 96 Abs. 2 Satz 7 AktG-E eingefügt. Die Angaben zur Quote müssen zudem gem. § 124 Abs. 2 Satz 1 AktG n.F. in der Bekanntmachung und nicht wie im RegE vorgesehen im Wahlvorschlag erfolgen.[82] Im weiteren Verfahren wurden noch die Vorschläge gemacht, die Quote auf 40 Prozent anzuheben, die Kumulierung von Börsennotierung und paritätischer Mitbestimmung aufzuheben und die Quote auf sämtliche börsennotierten Unternehmen zu erstrecken.[83] Diesen kam der Gesetzgeber jedoch nicht nach.

F. Zusammenfassung

Zahlreiche Beschlussanträge und in den Bundestag eingebrachte Gesetzesentwürfe haben in den zehn Jahren vor Einführung des Mindestanteilsgebots dazu beigetragen, dass das Thema stets auf der Tagesordnung der Legislative blieb. Die im Ergebnis als gescheitert anzusehenden Selbstverpflichtungen haben indes gezeigt, dass eine flexible Quote voraussichtlich keinen Erfolg gehabt hätte. Dafür sprechen auch die Auswertungen der auf der neuen Regelung beruhenden

---

78 RefE vom 9.9.2014.

79 S. dazu *Seibert* NZG 2016, 16, 19.

80 So jedenfalls *Seibert* NZG 2016, 16, 19; zum Problem selbst s. unten Kap. 3 § 9 A. I. 1.

81 BR-Drucks. 636/14.

82 Beschl. Empf., BT-Drucks. 18/4227, die weiteren Änderungen waren vorwiegend klarstellender Natur.

83 BR-Drucks. 636/1/14, S. 2 und 5 f.

Zielsetzungen für die oberen Führungsebenen.[84] Diese Erkenntnis ist für die verfassungsrechtliche Beurteilung von Bedeutung. Die eingebrachten Gesetzesentwürfe weisen deutliche Unterschiede zur verabschiedeten Regelung auf, enthielten aber auch Vorschläge, die schließlich umgesetzt wurden. Insbesondere die Anknüpfung des Mindestanteilsgebots an die Zusammensetzung des Aufsichtsrats und die Möglichkeit der Getrennterfüllung als Alternative oder alleinigem Erfüllungsmodus wurden aus den Entwürfen die Jahres 2012 übernommen. Die mehrfach verwendete Bezeichnung der Bänke als Teilgremien[85] hat hingegen keinen Eingang in die gesetzliche Regelung gefunden. Einige der Vorschläge zur Einbeziehung von Mitgliedergruppen in die Berechnung[86] sowie zu den Erfüllungsmechanismen hätten die bestehenden Auslegungsprobleme des Gesetzes vermindert. Das Gesetzgebungsverfahren der 18. Legislaturperiode war – sofern man den sehr deutlichen Äußerungen von *Seibert*[87] uneingeschränkt Glauben schenken darf – eines, das enormem politischen Handlungsdruck geschuldet war und in einem kurzen Zeitfenster zum Abschluss kommen musste. Dies führte zu vermeidbaren Mängeln bei der konkreten Ausgestaltung und hinterlässt den Eindruck, dass insbesondere die letzten wesentlichen Änderungen nicht hinreichend durchdacht und die Regelungen entsprechend lückenhaft sind. Insbesondere der Systemwechsel zur Gesamterfüllung, der drei Monate vor Abschluss des Verfahrens erfolgte, hat einige klärungsbedürftige Fragen für Wissenschaft und Praxis gleichermaßen hinterlassen, auch wenn das BMAS und die Gewerkschaften annahmen, die Aufsichtsräte würden sich in der Regel für die Getrennterfüllung entscheiden.[88]

84 S. hierzu zB. *Hall* Zielgröße: Null Frauen, https://www.lto.de/recht/kanzleien-unternehmen/k/frauenquote-gesetz-gleichberechtigung-zielgroesse-spielraum-fuehrungsposition/#, zuletzt aufgerufen am 30.6.2018.

85 S. Entwürfe unter Kap. 1 § 2 D. VI. und VII.

86 S. Entwurf unter Kap. 1 § 2 D. V.

87 *Seibert* NZG 2016, 16–20.

88 *Seibert* NZG 2016, 16, 19; *DGB* Stellungnahme, S. 2.

§ 3 Legislatorische Vorstöße europäischer Staaten und Richtlinienentwurf der Union

A. Nationale Quotenregelungen für privatwirtschaftliche Aufsichts- und Verwaltungsgremien in ausgewählten europäischen Staaten[89]

I. Norwegen – Einfügung des § 6-11a Allemennaksjeloven (2003)

Norwegen war das erste Land weltweit, das 2003 nach langer Diskussion eine Quote zur Gleichstellung von Frauen und Männern im Führungsgremium verabschiedete. Sie gilt für die *Allemennaksjeselskap (ASA)*, die der deutschen Aktiengesellschaft ähnelt. Zunächst erstreckte sich die Regelung auf Unternehmen in Staatsbesitz und gewährte den privaten Gesellschaften eine Schonfrist bis zum 1.1.2006. Während dieser hatten sie die Gelegenheit, das Mindestanteilsgebot freiwillig zu erfüllen.[90] Seit Ende der Übergangsfrist bis zum 1.1.2008 gilt die Quote umfassend.[91]

Wie in der deutschen Aktiengesellschaft haften die Gesellschafter der ASA nicht persönlich (§ 1-1 Abs. 2 Nr. 1 *Allemennaksjeloven*). Es handelt sich zudem um eine Publikumsgesellschaft.[92] Allerdings ist die Unternehmensführung nicht dualistisch, sondern monistisch angelegt. Ein Gremium, das dem deutschen Aufsichtsrat vergleichbar ist, existiert zwar (§ 6-35 Abs. 1 *Allemennaksjeloven*), steht jedoch zur Disposition von Gewerkschaften und Unternehmen (§ 6-35 Abs. 2 *Allemennaksjeloven*). Das Leitungsorgan, *Styre* genannt, besteht aus mindestens drei Mitgliedern und leitet die Geschäftsführung[93], welche für das Tagesgeschäft verantwortlich ist (§ 6-1 Abs. 1 *Allemennaksjeloven*). Für dieses Organ hat der norwegische Gesetzgeber in § 6-11a *Allemennaksjeloven* eine Frauenquote normiert. Sie gilt für börsennotierte Unternehmen (§ 6-11a Abs. 1 *Allemennaksjeloven*). Der Anwendungsbereich der Quote umfasst im Gegensatz zur deutschen Regelung deshalb deutlich mehr Aktiengesellschaften, da die

---

89 Es existieren noch Quotenregelungen in weiteren europäischen Staaten. Dies sind: Belgien, Griechenland, die Niederlande, Österreich und Italien.

90 *Brandt* Gleichstellungsquote, S. 50; *Frost/Linnainmaa* AG 2007, 601, 604; *Raasch* ZfRV 2009, 216, 218; *Körner* FS Pfarr 2009, S. 218, 221.

91 *Brandt* Gleichstellungsquote, S. 51.

92 *Storvik/Teigen* Experiment, S. 4.

93 *Daglig leder* (Geschäftsführer) wird vom *Styre* ernannt § 6-2 Abs. 2 *Allemennaksjeloven*.

Börsennotierung das einzige Kriterium ist. Die der deutschen GmbH ähnliche AS ist vom Anwendungsbereich ausgenommen.[94] Die Quote gilt außerdem nicht für die Mitglieder der Arbeitnehmer (§ 6-11a Abs. 2 Satz 1 *Allemennaksjeloven*) und nicht, wenn ein Geschlecht mit einem Anteil von weniger als 20 Prozent in der Belegschaft vertreten ist (§ 6-11a Abs. 2 Satz 4 *Allemennaksjeloven*). Für kleinere Verwaltungsgremien bestimmt die Regelung eine Mindestzahl an Personen beider Geschlechter und für Gremien ab neun Vertretern gilt der Prozentsatz von 40 je Geschlecht (§ 6-11a Abs. 1 *Allemennaksjeloven*).

Nach deutschem Rechtsverständnis haben sämtliche Mitglieder im Aufsichtsrat die gleichen Rechte und Pflichten. Deshalb ist die vom norwegischen Vorbild abweichende Erstreckung des zwingenden Mindestanteilsgebots auf Mitglieder der Arbeitnehmerseite konsequent.[95] Allerdings ist eine Ausnahmeregelung, wie sie § 6-11a Abs. 2 Satz 4 *Allemennaksjeloven* vorsieht, aus zwei Gründen nicht erforderlich:[96] Zum einen dient der Aufsichtsrat der Aktiengesellschaft gerade nicht der Repräsentation der Belegschaft, sondern der effektiven Kontrolle der Unternehmensführung, zum anderen muss das Mindestanteilsgebot nicht ausschließlich durch belegschaftsangehörige Arbeitnehmervertreterinnen bzw. -vertreter erfüllt werden. Darüber hinaus soll die Quote eine Ausstrahlungswirkung auf die Belegschaft haben[97], sodass eine Ausnahme im schlimmsten Fall zu einer Zementierung des Status quo beitragen könnte. Die Anträge der Fraktion Bündnis 90/Die Grünen aus den Jahren 2007 und 2010 sowie der Gesetzesentwurf der SPD-Fraktion aus dem Jahr 2012 orientieren sich erkennbar an der norwegischen Regelung. Eine Verfehlung der Quote wird in Norwegen mit der Auflösung der Gesellschaft sanktioniert (§ 16-15 Abs. 1 Nr. 2 *Allemennaksjeloven*). Diese gegenüber der deutschen Nichtigkeitsregelung deutlich schärfere Sanktion ist im norwegischen Aktienrecht allerdings nicht außergewöhnlich. Darüber hinaus existieren auch Ausnahmeregelungen.[98] Im Zuge der Einführung der norwegischen Quotenregelung wurde unter anderem eine Datenbank für potenzielle Kandidatinnen eingerichtet und ein Weiterbildungsprogramm für weibliche Führungskräfte entwickelt.[99] Insgesamt erfasst die Quote in Norwegen mehr Unternehmen als ihr deutsches Pendant und sanktioniert auf den ersten Blick auch schärfer.

---

94 *Frost/Linnainmaa* AG 2007, 601, 604.
95 So auch *Werthmüller* Staatliche Eingriffe, S. 229.
96 A.A. *Werthmüller* Staatliche Eingriffe, S. 230.
97 Begr. RegE, BT-Drucks. 18/3784, S. 121.
98 *Frost/Linnainmaa* AG 2007, 601, 604 f.
99 *Brandt* Gleichstellungsquote, S. 51 f.

Interessant ist vor allem, dass die norwegische Regelung in monistisch ausgerichteten Gesellschaften und für das Leitungsorgan gilt. Die Erstreckung auf die monistisch ausgerichtete Societas Europaea wurde hierzulande scharf kritisiert. Allerdings existiert neben dem Leitungsorgan noch eine Geschäftsführung. Im Aufsichtsrat gilt die Quote hingegen nicht. Kritisiert wurde, dass der Erfolg der Regelung sich in Grenzen halte, da die quotierten Positionen durch einen beschränkten Kreis von Frauen besetzt würden und zudem einige Unternehmen sich der Quote durch einen Rechtsformwechsel entzogen hätten.[100] Das sogenannte *golden skirt*-Phänomen kann in Deutschland aber wegen der Vorgabe des § 100 Abs. 3 Nr. 1 AktG nur abgeschwächt auftreten.

II. Spanien – Ley Orgánica 3/2007 para la igualidad efective de mujeres y hombres (2007)

Im März 2007 verabschiedete Spanien in Art. 75 „*Ley Orgánica 3/2007 para la igualidad efective de mujeres y hombres*" eine Regelung zur ausgewogenen Repräsentanz von Frauen und Männern in Aufsichtsräten. Sie sieht eine Mindestquote von 40 Prozent vor, Titulo VIII, Articulo 78: „[...] *no supren el sesenta por ciento ni sean menos del cuarenta por ciento*". Kleinere Unternehmen mit weniger als 250 Mitarbeitern sind von der Regelung jedoch nicht betroffen.[101] Neben der Mitarbeiterzahl wird der Anwendungsbereich auch durch eine Umsatzuntergrenze in Höhe von 20,8 Millionen Euro oder eine Bilanzsumme in Höhe von mindestens 11,4 Millionen Euro beschränkt.[102] Die Umsetzungsfrist betrug acht Jahre.[103]

III. Frankreich – Loi relative à la représentation équilibré des femmes et des hommes au sein des conseils d'administration et de surveillance et à l'égalité professionnelle (2011)

Im Jahr 2011 verabschiedete auch Frankreich eine Gleichstellungsquote in Höhe von 40 Prozent, die in Art. L. 225-17, Art. L. 225-18-1 und Art. L. 225-69-1 *Code de Commerce* verankert ist. Zuvor wurde der dem deutschen Corporate Governance Kodex ähnliche französische AEFP-MEDEF-Kodex im Jahr 2010

---

100 *Buschmann* NZG 2011, 87, 91.

101 *Brandt* Gleichstellungsquote, S. 53 mit Verweis auf den Abschlussbericht der Länderarbeitsgruppe 2011, Teilhabe von Frauen in Führungs- und Kontrollgremien der Wirtschaft.

102 *Werthmüller* Staatliche Eingriffe, S. 237.

103 *Brandt* Gleichstellungsquote, S. 53; *Werthmüller* Staatliche Eingriffe, S. 237.

um Art. 15.3 ergänzt, der eine Zusammensetzung des Aufsichtsgremiums aus unabhängigen Mitgliedern und die Herstellung eines Gleichgewichts zwischen Männern und Frauen empfiehlt.[104] Gem. Art. 6.3 AEFP-MEDEF-Kodex sollte ein Frauenanteil von 40 Prozent binnen sechs Jahren erreicht werden. Auch im französischen Corporate Governance-System gilt das dem deutschen Kodex ähnliche *comply-or-explain*-Prinzip (Art. 22 AEFP-MEDEF-Kodex).[105]

Im Unterschied zum deutschen Aktiengesetz folgt das französische Aktienrecht dem sogenannten monistischen System mit einem einheitlichen Verwaltungsgremium als Grundmodell. Es besteht jedoch die Möglichkeit, stattdessen das dualistische Modell zu wählen.[106] Die verbindliche Quote in Höhe von 40 Prozent gilt für börsennotierte Aktiengesellschaften und KGaA beider Leitungsmodelle und somit sowohl für den Verwaltungsrat als auch für den Aufsichtsrat, sofern er vorhanden ist (Art. L. 225-17 *Code de Commerce*).[107] Vom Anwendungsbereich ausgenommen ist die vereinfachte Aktiengesellschaft „*SAS*" unter anderem deshalb, weil sie nicht börsennotiert ist.[108] Auch in Frankreich ist der Anwendungsbereich durch eine bestimmte Bilanzsumme und eine Mindestbeschäftigtenzahl eingegrenzt. Die Quote gilt demnach nur für Unternehmen mit einer Bilanzsumme von mehr als 50 Millionen Euro und einer Mitarbeiterzahl von mindestens 500.

Wie in Norwegen sind die Arbeitnehmervertreterinnen und Arbeitnehmervertreter von der Regelung ausgenommen (Art. L. 225-27 *Code de Commerce*). Allerdings müssen die Beschäftigten paritätische Wahlvorschläge aufstellen.[109] Darüber hinaus gilt die Quote nicht für die vom Verwaltungs- und Aufsichtsrat zu unterscheidenden Vorstände.[110] Wird die Quote verfehlt, ist das betreffende Organ unwirksam besetzt. Eine gegen das Mindestanteilsgebot verstoßende Bestellung ist demnach nichtig.[111] Dies hat zur Folge, dass den Mitgliedern keine Aufwandsentschädigung aus dem Bestellungsverhältnis zusteht.[112] Darüber hinaus hat eine unwirksame Bestellung jedoch, anders als im deutschen

---

104 *François-Poncet/Deilmann/Otte* NZG 2011, 450, 451.

105 *François-Poncet/Deilmann/Otte* NZG 2011, 450, 451.

106 S. dazu *Arlt* Französische Aktiengesellschaft, S. 75 ff.; 171 ff.

107 *François-Poncet/Deilmann/Otte* NZG 2011, 450, 452; *Werthmüller* Staatliche Eingriffe, S. 236.

108 *François-Poncet/Deilmann/Otte* NZG 2011, 450, 452.

109 *Werthmüller* Staatliche Eingriffe, S. 220.

110 *François-Poncet/Deilmann/Otte* NZG 2011, 450, 452.

111 *François-Poncet/Deilmann/Otte* NZG 2011, 450, 453.

112 *Werthmüller* Staatliche Eingriffe, S. 236.

Aktienrecht, keinen Einfluss auf die Wirksamkeit von Beschlüssen gegenüber Dritten (vgl. Art. L. 225-21 a.E. und Art. L. 235-1 *Code de Commerce*).[113]

Um die Verfassungsmäßigkeit der Quote zu gewährleisten, wurde Art. 1 Abs. 2 der französischen Verfassung neu gefasst.[114] Zur Umsetzung gewährte die «*Loi relative à la représentation équilibré des femmes et des hommes au sein des conseils d'administration et de surveillance et à l'égalité professionnelle*» eine Frist von sechs Jahren (Art. 5 Abs. 1 des Umsetzungsgesetzes).

B. Richtlinienentwurf für eine europäische Gleichstellungsquote (COM (2012) 614 final)

Das am 2.6.2010 vorgelegte Grünbuch der Europäischen Union „Corporate Governance in Finanzinstituten und Vergütungspolitik"[115] sieht die Erhöhung des Anteils von Frauen in gesellschaftsrechtlichen Gremien als ein Instrument der Krisenprävention vor.[116] Am 14.11.2012 legte die EU-Kommission sodann einen Richtlinienentwurf für eine europäische Gleichstellungsquote vor.[117] Danach sollen die EU-Mitgliedstaaten verpflichtet werden, spätestens zwei Jahre nach Inkrafttreten der geplanten Richtlinie eine gesetzliche Quotenregelung einzuführen. Ziel war es, bis zum 1.1.2020 einen Geschlechteranteil von je 40 Prozent der Aufsichtsratsmitglieder bzw. der nicht geschäftsführenden Mitglieder in den Verwaltungs- und Leitungsgremien zu erreichen.

Erfasst sein sollen EU-Unternehmen, die am regulierten Markt in einem oder mehreren Mitgliedsstaaten zugelassen sind. Unternehmen mit weniger als 250 Mitarbeitern und nicht mehr als 50 Mio. Euro Jahresumsatz oder einer niedrigeren Bilanzsumme als 43 Mio. Euro sollen nicht erfasst werden. Dementsprechend sollen sogenannte *small and medium-sized enterprises* (SME), also börsennotierte kleine und mittelgroße Unternehmen, nicht in den Anwendungsbereich fallen. Der Geltungsbereich beschränkt sich folglich auf börsennotierte Unternehmen ab einer bestimmten Größenordnung. Außerdem sollen die Mitgliedstaaten Unternehmen von den Verpflichtungen der geplanten Richtlinie ausnehmen, wenn dort der Anteil von Frauen in der Belegschaft weniger als 10 Prozent beträgt.

---

113 *François-Poncet/Deilmann/Otte* NZG 2011, 450, 453.
114 *François-Poncet/Deilmann/Otte* NZG 2011, 450, 452.
115 KOM (2010) 285 endg.
116 KOM (2010) 284 endg., S. 7, 13.
117 COM (2012) 614 endg.

Der Entwurf sieht jedoch vor, dass die Bestellung weiblicher Personen an einen Vergleich der Qualifikation anhand klarer, neutral formulierter Kriterien geknüpft ist (Art. 4 Abs. 1 RL-E). Diese Kriterien müssen sich auf die Eignung, Leistung und Befähigung der Bewerber beziehen.[118] Frauen sollen demnach bevorzugt werden, wenn sie die vergleichsweise beste Qualifikation besitzen.[119] Sie sind ebenfalls dann zu bevorzugen, wenn sie als Bestqualifizierte genauso qualifiziert sind wie die Gegenkandidaten (Art. 4 Abs. 3 RL-E). Dadurch, dass der Entscheidung eine objektivierte Beurteilung zugrunde liegen soll, bei der sämtliche, die einzelnen Personen betreffenden Kriterien berücksichtigt werden, soll im Einzelfall von den Vorgaben der durch die Richtlinie umzusetzenden Quotenregelung abgewichen werden dürfen.[120] Im Hinblick auf diese Vorgabe der sogenannten Bestenauswahl haben die Mitgliedsstaaten keinen Umsetzungsspielraum. Sie können jedoch entscheiden, in welcher Phase des Bestellungsprozesses die Auswahl erfolgen soll, solange dies auf geeigneter Stufe erfolgt.[121] Art. 4 Abs. 4 RL-E sieht vor, dass die Qualifikationsanforderungen und das Ergebnis des Vergleichs den unterlegenen Kandidatinnen und Kandidaten zugänglich gemacht werden müssen. Dies gilt allerdings nur für den Fall, dass eine Person des überrepräsentierten Geschlechts bestellt wurde.[122] Der Richtlinienentwurf sieht auch Regelungen zur Beweislastverteilung vor. So ist der unterlegene Kandidat bzw. die unterlegene Kandidatin bezüglich der besseren Qualifikation beweispflichtig. Das Unternehmen muss hingegen beweisen, dass es die Richtlinie bei seiner Auswahlentscheidung nicht missachtet hat (Art. 4 Abs. 5 RL-E). Der Richtlinienentwurf enthält keine Vorgaben zur Sanktionierung von Verstößen gegen die Vorgaben. Die Mitgliedsstaaten sollen dazu eigenständige Regelungen treffen, die „wirksam, verhältnismäßig und abschreckend" sind (Art. 6 Abs. 2 RL-E). In Art. 5 des Richtlinienvorschlags finden sich weiche[123] Zielvorgaben für den Vorstand bzw. die Geschäftsführung.

Erwartungsgemäß ist der Vorschlag kritisiert worden. Die grundlegende Kritik bezieht sich darauf, dass das EU-Recht zur Durchsetzung politischer Ideologie instrumentalisiert werde und die unternehmerische Freiheit ohne sachliche Rechtfertigung einschränke.[124] Darüber hinaus wird die Kompetenz

---

118 *Jung* BB 2013, 387, 389; Erwägungsgrund 26 der Richtlinie.

119 *Jung* BB 2013, 387, 389.

120 *Jung* BB 2013, 387, 390.

121 *Jung* BB 2013, 387, 389 und Erwägungsgrund 27 der Richtlinie.

122 Vgl. auch Erwägungsgrund 29 des Richtlinienentwurfs; anders die englische und französische Fassung, die neutral gehalten sind.

123 *Jung* BB 2013, 387, 389.

124 *Sohn/Czuratis* CEP Analyse, S. 1, 3.

der EU zur Einführung der Quote bestritten. Art. 157 Abs. 3 AEUV gewährt der Union zwar eigene Kompetenzen, zweifelhaft ist jedoch, ob sie auch dazu befugt ist, sogenannte positive Maßnahmen zu ergreifen. Anders als Art. 157 Abs. 4 AEUV stellt die von der Kommission gewählte Ermächtigungsgrundlage in Art. 157 Abs. 3 AEUV auf Chancengleichheit und Gleichbehandlung ab und nicht auf Gleichstellung.[125] Vertreten wird in diesem Zusammenhang, dass der Wortlaut sich zwar auf die Gewährleistung von Chancengleichheit beziehe, sich dies allerdings auf die Anwendung des Gleichheitsgrundsatzes beschränke und diesen nicht inhaltlich ausgestalten könne.[126] Positive Fördermaßnahmen sollen demnach nicht erfasst sein. Außerdem haben diverse Staaten einen Verstoß gegen das Subsidiaritätsprinzip des Art. 5 Abs. 3 EUV gerügt, wovon die Literatur ebenfalls ausgeht.[127] Ein Tätigwerden der Union ist nur statthaft, sofern und soweit die Mitgliedstaaten die Ziele der in Betracht gezogenen Maßnahme weder auf zentraler noch auf regionaler oder lokaler Ebene selbst ausreichend verwirklichen können. Sie müssen wegen ihres Umfangs oder ihrer Wirkung auf Unionsebene besser zu verwirklichen sein. Die Mitgliedstaaten seien jedoch aufgrund der zuvor getroffenen Maßnahmen sowohl bestrebt, als auch in der Lage, den Anteil an Frauen in Führungspositionen effektiv zu erhöhen.[128] Darüber hinaus lagen zum Zeitpunkt des Entwurfs in mehreren europäischen Staaten Gesetzesinitiativen zur Einführung einer zwingenden Quote vor.[129] Weiterhin sei kein Mehrwert der Richtlinie gegenüber den Vorstößen der EU-Staaten zu erkennen.[130]

Aus deutscher Sicht sei außerdem problematisch, dass das Aktienrecht den Vergleich von Aufsichtsratskandidatinnen und -kandidaten anhand ihrer Qualifikation nicht kenne.[131] Dies gelte auch für die qualifikationsabhängige Auswahl

---

125 Zutreffend *Stöbener/Böhm* EuZW 2013, 371, 372.

126 *Koch* ZHR 175 (2011) 827, 834 ff.; Calliess/Ruffert/*Krebber* Art. 157 AEUV Rn. 92; *Stöbener/Böhm* EuZW 2013, 371, 372; a.A. ErfK/*Schlachter*[17] Art. 157 AEUV Rn. 29.

127 Stellungnahmen der mitgliedstaatlichen Parlamente, insb. des niederländischen Senats und Abgeordnetenhauses v. 18.12.2012, des schwedischen Parlaments v. 20.12.2012, des britischen House of Lords v. 20.12.2012, Nr. 8 ff., des polnischen Senats v. 9.1.2013 und des polnischen Sejms v. 4.1.2013 sowie des dänischen Parlaments v. 14.12.2012, abrufbar unter http://www.ipex.eu, letzter Aufruf am 30.6.2018; *Bachmann* ZIP 2011, 1131, 1135; *Buschmann* NZG 2011, 87, 90; *François-Poncet/Deilmann/Otte* NZG 2011, 450, 454; *Sohn/Czuratis* CEP Analyse, S. 4; *Stöbener/Böhm* EuZW 2013, 371, 373 ff.

128 *Stöbener/Böhm* EuZW 2013, 371, 374.

129 *Buschmann* NZG 2011, 87, 91 mwN in Fn. 41.

130 *Stöbener/Böhm* EuZW 2013, 371, 374.

131 Zutreffend *Jung* BB 2013, 387, 389.

von Aufsichtsratsmitgliedern.[132] Das Prinzip der „Bestenauslese" gelte nur im öffentlichen Recht. Die Vorgabe eines Qualifikationsvergleichs bedeute deshalb einen erheblichen Eingriff in die Aufsichtsratsbestellung nach deutschem Aktienrecht.[133] Es trifft zu, dass dem deutschen Aktienrecht die sogenannte Bestenauslese fremd ist und eine bestimmte Qualifikation von Aufsichtsräten nicht gesetzlich gefordert wird. Diese Argumente stehen jedoch im Kontrast zu der intensiven Debatte über die fehlende Qualifikation der potenziellen weiblichen Aufsichtsratsmitglieder. Darüber hinaus gibt die Richtlinie nicht vor, welche Kriterien als „Qualifikation" heranzuziehen sind, sodass auch andere Anforderungen als zum Beispiel Fachwissen, beruflicher Hintergrund und Erfahrung herangezogen werden könnten. Im Ergebnis ist die Argumentation mit Qualifikationsvergleichen in beide Richtungen jedoch wenig zielführend, solange keine einheitlichen Qualifikationsprofile für Aufsichtsräte vorhanden sind.[134]

Das EU-Parlament billigte den Richtlinienentwurf im Jahr 2013, änderte ihn allerdings dahin gehend ab, dass die Möglichkeit einer Ausnahmeklausel für Unternehmen mit geringem Frauenanteil unter den Mitarbeitern gestrichen werden soll.[135] Im Europäischen Rat wurde dem Entwurf mit ablehnender Haltung begegnet.[136] Das Gesetzgebungsverfahren ist bis heute nicht abgeschlossen. Diverse Kompromissvorschläge scheiterten. Seit 2015 wurde über den Vorschlag nicht weiter beraten.[137] Er ist jedoch noch nicht endgültig abgelehnt worden, sondern weiterhin auf der Agenda geblieben.[138]

C. Zusammenfassung

Die ausgewählten geschlechtsbezogenen Regelungen anderer europäischer Staaten lassen einige Ähnlichkeiten, aber insbesondere im Hinblick auf die

---

132 *Jung* BB 2013, 387, 389.

133 Zutreffend *Jung* BB 2013, 387, 389.

134 S. dazu unten Kap. 2 § 5 B. II. 2. a) cc) und c).

135 Parlament, Entschließung v. 20.11.2013, P7_TA(2013)0488, Abänderung 53, http://www.europarl.europa.eu/sides/getDoc.do?pubRef=-//EP//TEXT+TA+P7-TA-2013-0488+0+DOC+XML+V0//DE, zuletzt aufgerufen am 30.6.2018.

136 *Brouwer* NZG 2014, 201, 202; *Verse/Wiersch* EuZW 2013, 375, 381; *Wettich* AG 2014, 534, 542.

137 *Bayer/Schmidt* BB 2016, 1923, 1927.

138 Achtzehnmonatsprogramm des Rates (Vorsitze Niederlande, Slowakei und Malta, 1.1.2016–30.6.2017) (sog. Trio-Programm), Dok. 15258/15, S. 5, https://www.eu2017.mt/Documents/Trio%20Programme/Trio%20Programme_DE.pdf, zuletzt aufgerufen am: 30.6.2018.

Rechtsfolge und den Anwendungsbereich deutliche Unterschiede erkennen. Die Gesetzgeber haben sich durchweg zu einem festen Mindestanteil entschlossen. Die Nichtigkeit der Wahl bei Verfehlung der Quote (§ 250 Abs. 1 Nr. 5 AktG) ist im europäischen Vergleich auch nicht so scharf, wie es auf den ersten Blick scheint. Einschränkend muss jedoch festgestellt werden, dass die Folgen der Unwirksamkeit in den betrachteten Ländern nicht so gravierend sind (Frankreich) oder eine Ausnahmeregelung existiert (Norwegen). Im Hinblick auf das nationale Mindestanteilsgebot in der europäischen Aktiengesellschaft ist bemerkenswert, dass das Verwaltungsgremium monistischer Systeme im europäischen Ausland durchaus von den Quotenregelungen betroffen ist. Allerdings ist dieses nicht stets mit dem Leitungsgremium im Sinne eines Vorstands bzw. Geschäftsführers vergleichbar. Darüber hinaus sehen die in den Blick genommenen Regelungen ausnahmslos längere Umsetzungsfristen vor. Der Vorstoß der Europäischen Union sieht eine insofern mildere Quotenregelung vor, indem die Bestellung von einem Qualifikationsvergleich abhängig sein soll. Die Regelung ist in dieser Hinsicht weniger eingriffsintensiv, steht aber im Widerspruch zum deutschen Aktienrecht. Daher würden die Maßgaben der Richtlinie zur Qualifikation von Aufsichtsratsmitgliedern den nationalen Gesetzgeber vor die Aufgabe stellen, das Aktienrecht damit in Einklang zu bringen. Dies könnte durch eine richtlinienkonforme Auslegung der persönlichen Voraussetzungen erfolgen. Das deutsche Aktienrecht setzt bereits jetzt jedenfalls eine Mindestqualifikation voraus.

Die mit dem Richtlinienentwurf einhergehenden unionsrechtlichen Problematiken können an dieser Stelle nicht weiter vertieft werden.

Ein erweitertes Verständnis für die Frage, warum eine solche Quote in Deutschland bzw. Europa überhaupt eingeführt werden kann, bietet ein rechtsvergleichender Blick in die USA. Zwar existiert dort kein einheitliches Gesellschaftsrecht, allerdings sind einige Staaten, wie insbesondere Delaware, prägend für das Recht der mit der Aktiengesellschaft vergleichbaren *public corporation.*[139] Das Leitbild der *corporation* folgt dem monistischen System.[140] Das U.S. Aktienrecht ist zudem am sogenannten *shareholder value* ausgerichtet, wohingegen das deutsche Verständnis auch die sogenannten *stakeholder* berücksichtigt. Staatlichen Eingriffen wird deshalb in den USA mit erheblicher Skepsis begegnet. Eine gesetzliche Geschlechterquote existiert dementsprechend nicht. Gleichwohl gibt es Initiativen zur Förderung von Frauen im *boardroom.*[141] In Item 407(c)

139 *Merkt* US-amerikanisches Gesellschaftsrecht, Rn. 216.

140 *Merkt* US-amerikanisches Gesellschaftsrecht, Rn. 324.

141 ZB. Women-on-board 2020.

of Regulation S-K, welches die SEC 2009 einführte, sowie in den Börsenzulassungsvoraussetzungen wurden außerdem verschiedene geschlechtsspezifische *Corporate Governance* Aspekte aufgenommen. Wie der Delaware Corporate Code (8 DE Code § 141 (b) (2017)) zeigt, besteht das *board of directors* allerdings oftmals nur aus einem oder zwei Mitgliedern, sodass sich neben den angedeuteten Unterschieden in der Unternehmenskultur auch technische Probleme bei der Einführung einer Geschlechterquote ergeben können.

Offen ist, ob und in welcher Form sich Regularien zur Förderung der Geschlechtergleichstellung im US-amerikanischen Raum implementieren ließen. Eine Option könnten die moderateren Zielgrößen sein. Darüber hinaus bietet eine Untersuchung des in den USA anders geprägten *Corporate Governance* Verständnisses Ansatzpunkte für weitere oder andere Regelungen in Deutschland. Eine eingehende Analyse der Frage würde dem Umfang und Schwerpunkt der vorliegenden Arbeit jedoch nicht gerecht.[142]

---

142 Ergebnisse einer zu diesen Fragen rechtsvergleichenden Untersuchung (Forschungsaufenthalt (Visiting Foreign Student and Research Fellows Program) an der Fordham University School of Law in New York) werden deshalb gesondert publiziert.

§ 4 Gesellschafts- und mitbestimmungsrechtliche Förderungsmöglichkeiten für Frauen in Aufsichtsräten vor Einführung des zwingenden Mindestanteilsgebots[143]

Bereits vor Einführung des zwingenden Mindestanteilsgebots hatte die Privatwirtschaft gesetzlich legitimierte Möglichkeiten, um den Frauenanteil in Aufsichtsräten zu erhöhen. Von Bedeutung ist insbesondere, ob das Geschlecht als persönliche Voraussetzung i.S.v. § 100 Abs. 4 AktG in die Satzung aufgenommen werden kann. Daneben gehört die Förderung von Frauen zu den Grundsätzen guter Unternehmensführung, der sogenannten *Corporate Governance* (vgl. Ziff. 5.4.1. DCGK 2010). Beides gilt zunächst für die Anteilseignerseite. Die Förderung aus *Corporate Governance* Gesichtspunkten betrifft aber auch die Seite der Arbeitnehmer. Für drittelparitätisch mitbestimmte Unternehmen und die SE sind außerdem sogenannte Sollbestimmungen zur Frauenförderung vorhanden. Der folgende Abschnitt setzt sich mit den genannten Optionen auseinander.

A. Quotengestützte Gleichstellungsförderung auf Anteilseignerseite

I. Geschlecht als besondere persönliche Voraussetzung i.S.v. § 100 Abs. 4 AktG

Die Hauptversammlung kann für die durch sie gewählten oder aufgrund einer Satzungsregelung entsandten Aufsichtsratsmitglieder persönliche Voraussetzungen in die Satzung aufnehmen (§ 100 Abs. 4 AktG). Wenn das Geschlecht als eine solche persönliche Voraussetzung zulässig ist, kann die Hauptversammlung ein bestimmtes Geschlechterverhältnis für den Aufsichtsrat in der Satzung verankern. Ob das Geschlecht persönliche Voraussetzung i.S.v. § 100 Abs. 4

143 Dieser Abschnitt bezieht sich bewusst auf Möglichkeiten der Frauenförderung, da jedenfalls vor Einführung des Gesetzes weniger Frauen als Männer in den Aufsichtsräten saßen.

AktG sein kann, ist allerdings umstritten.[144] Mittels einer Darstellung der bisher als zulässig bzw. unzulässig anerkannten Merkmale werden deshalb zunächst Anknüpfungspunkte für die Zulässigkeit einer persönlichen Voraussetzung herausgearbeitet. Daran anschließend wird das Merkmal Geschlecht im Lichte dieser Kriterien analysiert.

1. *Voraussetzungen und Grenzen für die satzungsmäßige Verankerung bestimmter persönlicher Anforderungen*

Literatur und Rechtsprechung haben bisher keine greifbaren Abgrenzungskriterien für die Zulässigkeit persönlicher Merkmale entwickelt, sondern zählen lediglich Einzelfälle für als zu- bzw. unzulässig angesehene persönliche Voraussetzungen auf.

Bestimmungen zur Vorstrafenfreiheit,[145] einer Tätigkeit für ein Konkurrenzunternehmen,[146] der zeitlichen und zahlenmäßigen Beschränkung weiterer Aufsichtsratsmandate[147] sowie zu beruflichen und fachlichen Qualifikationen[148] werden für zulässig gehalten.

Ein Höchst- bzw. Mindestalter wird ebenfalls überwiegend für zulässig gehalten.[149] Allerdings sind diesbezüglich auch kritische Stimmen vorhanden.[150]

---

144 Dafür zB. MünchKomm AktG/*Habersack* § 100 AktG Rn. 41; KölnKomm AktG/*Mertens/Cahn* § 100 AktG Rn. 47; Hölters/*Simons* § 100 AktG Rn. 45; nur mit besonderem sachlichen Grund GroßKomm AktG/*Hopt/Roth* § 100 AktG Rn. 104.

145 K.Schmidt/Lutter/*Drygala* § 100 AktG Rn. 36; GroßKomm AktG/*Hopt/Roth* § 100 AktG Rn. 104.

146 *Dreher* FS Boujong 1996, S. 71, 74; MünchKomm AktG/*Habersack* § 100 AktG Rn. 54; GroßKomm AktG/*Hopt/Roth* § 100 AktG Rn. 104; Bürgers/Körber/*Israel* § 100 AktG Rn. 11; KölnKomm AktG/*Mertens/Cahn* § 100 AktG Rn. 46; Semler/v. Schenck/*M-utter* § 100 AktG Rn. 73.

147 K.Schmidt/Lutter/*Drygala* § 100 AktG Rn. 36; MünchKomm AktG/*Habersack* § 100 AktG Rn. 54; GroßKomm AktG/*Hopt/Roth* § 100 AktG Rn. 104; Bürgers/Körber/*Israel* § 100 AktG Rn. 11; KölnKomm AktG/*Mertens/Cahn* § 100 AktG Rn. 46; Semler/v. Schenck/*Mutter* § 100 AktG Rn. 73.

148 *Dreher* FS Boujong 1996, S. 71, 74; K.Schmidt/Lutter/*Drygala* § 100 AktG Rn. 36; GroßKomm AktG/*Hopt/Roth* § 100 AktG Rn. 104; MünchKomm AktG/*Habersack* § 100 AktG Rn. 54; Bürgers/Körber/*Israel* § 100 AktG Rn. 11; Semler/v. Schenck/*Mutter* § 100 AktG, Rn. 73.

149 MünchKomm AktG/*Habersack* § 100 AktG Rn. 54; GroßKomm AktG/*Hopt/Roth* § 100 AktG Rn. 104; KölnKomm AktG/*Mertens/Cahn* § 100 AktG Rn. 46; Semler/v. Schenck/*Mutter* § 100 AktG Rn. 73.

150 Bürgers/Körber/*Israel* § 100 AktG Rn. 10.

Insbesondere vor dem Hintergrund der stetig steigenden Lebenserwartung kann eine Altershöchstgrenze im Einzelfall sogar diskriminierend wirken. Uneinigkeit besteht zudem hinsichtlich der Zugehörigkeit zu einer bestimmten Familie[151] oder der Inhaberschaft bestimmter Aktien[152] sowie einer bestimmten Staatsbürgerschaft.[153] Die Familienzugehörigkeit als Voraussetzung für eine Mitgliedschaft wird, ebenso wie die Inhaberschaft von Aktien, weitgehend jedoch für unzulässig gehalten.[154]

In Abgrenzung zu den für unzulässig gehaltenen Kriterien fällt auf, dass die für zulässig gehaltenen Voraussetzungen einen direkten Mandatsbezug aufweisen oder im Zusammenhang mit der Gewährleistung einer einwandfreien Funktion des Aufsichtsrats stehen. Die Kriterien sind dementsprechend sachbezogen.[155]

Die Hauptversammlung muss ihr – bis auf die gesetzlichen Ausnahmen – unabdingbares Recht zur Bestellung der Aufsichtsratsmitglieder (§ 101 Abs. 1 AktG) jedoch auch bei Bestehen einer Satzungsregelung über persönliche Voraussetzungen noch tatsächlich ausüben können. Zweite Voraussetzung für eine Satzungsregelung gem. § 100 Abs. 4 AktG ist folglich die hinreichende Wahrung der Wahlfreiheit der Hauptversammlung. Eine Satzungsregelung ist unzulässig, wenn sie die Wahlfreiheit soweit einschränkt, dass im Ergebnis nur noch bestimmte Personen wählbar sind.[156] Die für zulässig erachteten

151 Differenzierend Bürgers/Körber/*Israel* § 100 AktG Rn. 10; abl. K.Schmidt/Lutter/*Drygala* § 100 AktG Rn. 36; MünchKomm AktG/*Habersack* § 100 AktG Rn. 54; KölnKomm AktG/*Mertens/Cahn* § 100 AktG Rn. 46; Semler/v. Schenk/*Mutter* § 100 AktG Rn. 72.

152 Abl. K.Schmidt/Lutter/*Drygala* § 100 AktG Rn. 36; MünchKomm AktG/*Habersack* § 100 AktG Rn. 54; GroßKomm AktG/*Hopt/Roth* § 100 AktG Rn. 105; Semler/v. Schenck/*Mutter* § 100 AktG Rn. 74.

153 Abl. mit Verweis auf Art. 56 AEUV K.Schmidt/Lutter/*Drygala* § 100 AktG Rn. 36; a.A. Heidel/*Breuer/Fraune* § 100 AktG Rn. 17; MünchKomm AktG/*Habersack* § 100 AktG Rn. 54; Bürgers/Körber/*Israel* § 100 AktG Rn. 11; KölnKomm AktG/*Mertens/Cahn* § 100 AktG Rn. 46; Semler/v. Schenk/*Mutter* § 100 AktG Rn. 73; zustimmend bei Vorliegen eines besonderen sachlichen Grundes GroßKomm AktG/*Hopt/Roth* § 100 AktG Rn. 104.

154 GroßKomm AktG/*Hopt/Roth* § 100 AktG Rn. 105.

155 So auch Grigoleit/*Grigoleit/Tomasic* § 100 AktG Rn. 23.

156 So auch K.Schmidt/Lutter/*Drygala* § 101 AktG Rn. 4; MünchKomm AktG/*Habersack* § 101 Rn. 10; MünchHdB AG/*Hoffmann-Becking* § 30 Rn. 12a; GroßKomm AktG/*Hopt/Roth* § 101 AktG Rn. 21; KölnKomm AktG/*Mertens/Cahn* § 101 AktG Rn. 24; Spindler/Stilz/*Spindler* § 101 AktG Rn. 19; MünchHdB AG/*Hoffmann-Becking* § 30 Rn. 12a.

Voraussetzungen beschränken den wählbaren Personenkreis zwar, dies entspricht allerdings dem Sinn und Zweck der Norm, die es ermöglichen soll, Personen von der Wahl in den Aufsichtsrat auszuschließen, die die Voraussetzung nicht erfüllen. Die Wahlfreiheit wird in allen anerkannten Fällen nicht auf ein Minimum reduziert, sondern lediglich eingeschränkt und bleibt deshalb weiterhin in ausreichendem Maße bestehen. Darüber hinaus lässt sich die Beschränkung der Wahlfreiheit sowohl durch die Sachbezogenheit der Kriterien als auch durch das Unternehmensinteresse rechtfertigen. Die für unzulässig gehaltenen Kriterien stehen hingegen nicht im Zusammenhang mit den Aufgaben und der Funktionsweise des Aufsichtsrats. Sie dienen allein dazu, ganz bestimmten Personen den Zugang zu einem Aufsichtsratsmandat zu eröffnen bzw. *vice versa* die meisten grundsätzlich infrage kommenden Personen von einer Mitgliedschaft auszuschließen. Dadurch entsteht in der Regel ein faktisches Entsendungsrecht.

Die Analyse der Kriterien zeigt also, dass das Recht der Hauptversammlung, Anforderungen an die Aufsichtsratsmitglieder zu stellen, die über die gesetzlich normierten Voraussetzungen hinausgehen, nicht grenzenlos gilt. Die Wahlfreiheit der Hauptversammlung muss stets gewährleistet bleiben. Sie darf durch die satzungsmäßige Verankerung persönlicher Voraussetzungen nicht faktisch ausgehebelt werden.[157] Der Kreis der wählbaren Personen darf entsprechend nicht soweit eingeschränkt werden, dass eine Wahl im eigentlichen Sinne nicht mehr möglich ist.[158] Darüber hinaus muss das jeweilige Kriterium hinreichend sachbezogen sein.

2. *Zulässigkeit der Anknüpfung an das Merkmal Geschlecht*[159]

Vor dem Hintergrund des vorstehenden Zwischenergebnisses ist demnach entscheidend, ob die Anknüpfung an das Merkmal Geschlecht als persönliche Voraussetzung im Zusammenhang mit der Funktionsweise und den Aufgaben des Aufsichtsrats steht, also hinreichenden Sachbezug aufweist, und ob die Wahlfreiheit der Hauptversammlung bei satzungsmäßiger Festlegung eines Geschlechteranteils über ein vertretbares Maß hinaus eingeschränkt wird.

---

157 Heidel/*Breuer/Fraune* § 100 AktG Rn. 17; K.Schmidt/Lutter/*Drygala* § 100 AktG Rn. 36; MünchKomm AktG/*Habersack* § 100 AktG Rn. 54; Bürgers/Körber/*Israel* § 100 AktG Rn. 10; Spindler/Stilz/*Spindler* § 100 AktG Rn. 47.

158 K.Schmidt/Lutter/*Drygala* § 100 AktG Rn. 36.

159 Sie scheitert nicht schon grds. daran, dass eine Voraussetzung nur für einen Teil der Mitglieder statuiert werden soll, zu Recht KölnKomm AktG/*Mertens/Cahn* § 100 AktG Rn. 47.

a) Bezug zur Aufsichtsratstätigkeit

Auf den ersten Blick erscheint es jedenfalls fragwürdig, dem Vorhandensein eines bestimmten Geschlechts Einfluss auf Funktionsweise des Aufsichtsrats und Erfüllung seiner Aufgaben zuzuschreiben. Es ist nicht belegt, dass Mitglieder des einen oder anderen Geschlechts diese Aufgaben grundsätzlich besser oder schlechter ausüben können. Von den Kritikern geschlechtsbezogener Mindestanteilsgebote ohne ausdrücklichen Qualifikationsvorbehalt wird befürchtet, dass zu wenige Frauen mit den erforderlichen gesetzlichen und gegebenenfalls satzungsmäßig festgelegten persönlichen Voraussetzungen verfügbar seien.[160] Bestritten wird jedoch nicht, dass Frauen grundsätzlich hinreichend qualifiziert sein können. Entscheidend ist in diesem Zusammenhang die Gesamtbetrachtung des Gremiums, da die Aufsichtsratsmitglieder gemeinsam die zur Wahrnehmung seiner Aufgaben erforderlichen Qualifikationen vorweisen müssen. Verschiedene Studien sind zu dem Ergebnis gekommen, dass eine möglichst diversifizierte Zusammensetzung von Gremien sich positiv auf deren Funktionsweise auswirkt.[161] Ein bestimmter Anteil an Mitgliedern jeden Geschlechts kann also der Funktionsweise und Erfüllung der Aufgaben des Gremiums zugutekommen. Es ist demzufolge jedenfalls nicht auszuschließen, dass ein Sachzusammenhang zwischen einem angeglichenen Geschlechterverhältnis im Aufsichtsrat und dessen Effizienz besteht. Es ist außerdem nicht eindeutig bewiesen, dass eine Angleichung der Geschlechteranteile sachfremd wäre oder negative Effekte hätte. Neben dem sogenannten *business case* steht insbesondere vor dem Hintergrund von Art. 3 GG auch der sogenannte *equality case*. Weibliche Investoren achten zudem verstärkt auf das *Diversity*-Verständnis von Unternehmen, sodass auch der sogenannte *investment case* an Bedeutung gewinnt.

---

160 So zB. *BDA/BDI* Stellungnahme, S. 2 f.; *Habersack/Kersten* BB 2014, 2819, 2828; *Peltzer* NZG 2011, 281, 283; *Redenius-Hövermann* ZIP 2010, 660, 665; *Rotsch* Stellungnahme, S. 7; *Schladebach/Stefanopoulou* BB 2010, 1042, 1046; *Teichmann/Rüb* BB 2015, 259, 261 f.; *Windthorst* Stellungnahme, S. 4 ff.

161 Catalyst (2004) The Bottom Line Connecting Corporate Performance and Gender Diversity. New York, http//www.catalyst.org/system/files/The_Bottom_Line_Connecting_Corporate_Performance_and_Gender_Diversity.pdf; McKinsey (2008) Women Matter 2 – Female Leadership, a Competing Edge for the Future. Chicago McKinsey, https//www.mckinsey.de/files/Women_Matter_2_brochure.pdf, zuletzt aufgerufen am 30.6.2018; World survey on the Role of Women in Development 2009, S. 23, http//www.un.org/womenwatch/daw/public/WorldSurvey2009.pdf; *Redenius-Hövermann* Frauenquote, S. 2: positive Korrelation zwischen Unternehmenserfolg und gelebter *Diversity*.

b) *Wahlfreiheit der Hauptversammlung*

Probleme bereitet die Tatsache, dass selbst eine Vorgabe mit Rücksicht auf Qualifikationen *de facto* dazu führen würde, dass in der Regel bis zum Erreichen des jeweiligen Prozentsatzes ausschließlich Frauen in den Aufsichtsrat gewählt werden könnten. Wie sehr eine Satzungsregelung die Wahlfreiheit der Hauptversammlung einschränkt, hängt deshalb davon ab, wie viele geeignete Mitglieder dieses Geschlechts überhaupt vorhanden sind. Die Frage der Geeignetheit – d.h. Qualifikation – ist auch einer der zentralen Kritikpunkte an jeglicher Art von Quoten, die sich an einem festen Prozentsatz orientieren. Das oftmals angeführte Argument lautet, es gäbe nicht ausreichend Frauen, die hinreichend qualifiziert seien. Die Hauptversammlung wäre deshalb im schlimmsten Fall gezwungen, ein ungeeignetes Mitglied zu wählen, nur weil es das passende Geschlecht habe.[162] Eine Entscheidung über die Zulässigkeit einer Quote ohne Vorbehalt eines Qualifikationsvergleichs hängt folglich von der Vorfrage ab, ob und welche (Mindest-)Qualifikation ein Aufsichtsratsmitglied besitzen muss.

aa) Hinreichende Qualifikation und Sachkunde

An erster Stelle steht die Frage, welche Fähigkeiten und Kenntnisse ein Aufsichtsratsmitglied zur ordnungsgemäßen Wahrnehmung seines Mandats benötigt. Die Kritik an der mangelnden Qualifikation von Aufsichtsratsmitgliedern im Allgemeinen lebte durch die Finanzkrise wieder auf[163] und ging einher mit der Forderung nach Professionalisierung.[164]

Das Aktiengesetz schreibt lediglich vor, dass nur natürliche, unbeschränkt geschäftsfähige Personen Aufsichtsratsmitglied werden können (§ 100 Abs. 1 Satz 1 AktG).[165] Darüber hinaus enthält § 100 Abs. 2 AktG einige Ausschlussgründe, die sich ebenfalls auf formelle Kriterien hinsichtlich weiterer organschaftlicher Mandate im eigenen oder in anderen Unternehmen beschränken. Die einzige inhaltliche Bestimmung findet sich in § 100 Abs. 5 AktG, der für kapitalmarktorientierte Unternehmen das Vorhandensein eines Mitglieds mit

---

162 S. oben Fn. 13.

163 Dazu *Bihr/Blättchen* BB 2007, 1285 ff.; *Cahn* Professionalisierung, S. 139, 143 ff.; *Hopt* Professionalisierung, S. 175 ff.; *Lutter* DB 2009, 775, 777 f.; *Rieder/Holzmann* AG 2010, 570, 572 ff.; *Weber-Rey* Professionalisierung, S. 161, 162 ff.

164 S. dazu u.a. *Bernhardt* ZHR 159 (1995) 310 – 321; *Lutter* AG 1994, 176 f.; gegen diese Bestrebungen KölnKomm AktG/*Mertens/Cahn* vor § 95 AktG Rn. 7.

165 Die spezialgesetzlichen Regelungen für Kredit- und Versicherungsunternehmen bleiben an dieser Stelle unbeachtet.

Sachverstand auf den Gebieten Rechnungslegung und Abschlussprüfung (sog. *financial expert*) fordert. Ein weiteres Kriterium findet sich in § 105 AktG, der die Inkompatibilität zwischen zeitgleicher Ausübung eines Vorstands- und Aufsichtsratsmandats desselben Unternehmens vorschreibt.

Mit Ausnahme des Erfordernisses eines *financial expert,* lassen sich inhaltliche Voraussetzungen in Bezug auf Kenntnisse, Fähigkeiten und einschlägige Erfahrung aus dem Gesetzestext nicht entnehmen. Allerdings unterliegen die Aufsichtsratsmitglieder der Pflicht zur sorgfältigen Wahrnehmung ihrer Organfunktion (§ 116 Satz 1 AktG). Der DCGK empfiehlt zudem in Ziff. 5.4.1., den Aufsichtsrat so zusammenzusetzen, dass seine Mitglieder insgesamt über die zur ordnungsgemäßen Wahrnehmung der Aufgaben erforderlichen Kenntnisse, Fähigkeiten und fachlichen Erfahrungen verfügen. Dafür sollen konkrete Ziele benannt und ein Kompetenzprofil für das Gesamtgremium erarbeitet werden, das unter anderem im Rahmen der unternehmensspezifischen Situation die internationale Tätigkeit des Unternehmens berücksichtigt. Die Empfehlungen des Kodex gehen zwar weiter als das Aktiengesetz, bieten jedoch ebenfalls keine Anhaltspunkte für die erforderliche Qualifikation. Dennoch lassen sich folgende Erkenntnisse gewinnen: Der Aufsichtsrat muss insgesamt über die erforderlichen Fähigkeiten, Kenntnisse und fachlichen Erfahrungen verfügen. Dies bedeutet, dass nicht zwingend jedes einzelne Mitglied alle Anforderungen in gleicher Ausprägung erfüllen muss. Für die Konkretisierung der Anforderungen sind die Aufgaben des Aufsichtsrats maßgeblich. Die jeweiligen Anforderungen stehen außerdem im Zusammenhang mit Größe und Struktur des Unternehmens.

In der Rechtsprechung setzte die *Hertie*-Entscheidung vom 15.11.1982[166] den entscheidenden Maßstab für die Mindestanforderungen an die Aufsichtsratsmitglieder. Demnach muss jedes einzelne Mitglied „diejenigen Mindestkenntnisse und -fähigkeiten besitzen oder sich aneignen […], die es braucht, um alle normalerweise anfallenden Geschäftsvorgänge auch ohne fremde Hilfe verstehen und sachgerecht beurteilen zu können. Damit ist es nicht vereinbar, dass ein Aufsichtsratsmitglied seine Aufgaben oder einen wesentlichen Teil davon laufend einem Außenstehenden zur selbstständigen Erledigung überträgt oder auch nur bei ihrer Wahrnehmung jeweils einen ‚ständigen Berater‘ einschaltet."[167] Aus dieser Formel, die bis heute für die sogenannte Mindestqualifikation sämtlicher Aufsichtsratsmitglieder herangezogen wird,[168] ergibt sich, dass der BGH

166 BGHZ 85, 293 ff.

167 BGHZ 85, 293, 295.

168 Die Formel wird i.d.R. wörtlich zitiert, vgl. nur exempl. MünchKomm AktG/*Habersack* § 116 AktG Rn. 24.

bereits 1982 von einer gesetzlich vorausgesetzten Sachkompetenz für Aufsichtsratsmitglieder ausging.[169] Der Verweis auf Verständnis für die sowie das Urteilsvermögen hinsichtlich der normalerweise anfallenden Geschäftsvorgänge deutet darauf hin, dass der BGH die erforderlichen Mindestkenntnisse und Fähigkeiten aus den Aufgaben des Aufsichtsrats ableitet. Außerdem beschränken sich die Anforderungen an die sogenannte Mindestqualifikation nach diesem Urteil auf die *normalerweise* anfallenden Geschäftsvorgänge. Die erforderliche Qualifikation muss also nicht zwingend fachliche Expertise für außergewöhnliche Geschäftsvorfälle bedeuten. Darüber hinaus variieren die normalerweise anfallenden Geschäftsvorgänge je nach Branche und Unternehmensstruktur, sodass sich in dieser Formulierung bereits ein Hinweis darauf findet, dass die Anforderungen unternehmensspezifisch sind.

bb) Zwischenergebnis

Die Anforderungen an die Fähigkeiten, Kenntnisse und Erfahrungen des Aufsichtsrats und seiner Mitglieder ergeben sich aus dessen Funktion und Aufgaben sowie aus dem Haftungsmaßstab des § 116 S. 1 AktG. Rechtsprechung und Literatur gehen von einer sogenannten Mindestqualifikation für jedes einzelne Aufsichtsratsmitglied aus, deren jeweilige Ausprägung unternehmensspezifisch ist. Die Hauptversammlung kann eine entsprechende Satzungsregelung außerdem unter den Vorbehalt einer Qualifikation stellen, flexible Zielsetzungen einrichten oder eine den Unternehmensverhältnissen angepasste Mindestquote mit einer Ausnahmeklausel festlegen, sofern dies zur Wahrung der Wahlfreiheit notwendig erscheint. Dementsprechend ist es möglich, eine satzungsmäßige Quotenregelung so auszugestalten, dass die Wahlfreiheit der Anteilseigner in jedem Fall hinreichend gewahrt ist. Sofern nur ein bestimmter Anteil je Geschlecht vorgesehen ist oder die Regelung die Bevorzugung des jeweiligen Geschlechts bei vergleichbarer Eignung vorsieht, steht einer Satzungsklausel folglich nichts entgegen.[170] Sofern die Hauptversammlung der Ansicht ist, die jeweilige Ausgestaltung der Quote (zwingend, mit Ausnahmeregelung o.ä.) beeinträchtige ihre Wahlfreiheit nicht unverhältnismäßig, ist sie zulässig.

---

169 BGHZ 85, 293, 296.

170 Ebenso MünchKomm AktG/*Habersack* § 100 AktG Rn. 15.

3. *Satzungsmäßige Geschlechterquote als positive Maßnahme i.S.v. § 5 AGG*

Werden Personen eines Geschlechts durch von weiteren Kriterien unabhängige Quoten bevorzugt, können die Personen des jeweils anderen Geschlechts im Einzelfall aufgrund ihres Geschlechts als eines der in § 1 AGG genannten Gründe unzulässig benachteiligt sein (§ 7 AGG). Der Anwendungsbereich von § 7 AGG ist jedoch grundsätzlich auf Beschäftigte i.S.v. § 6 AGG beschränkt. Gemäß § 6 Abs. 3 AGG gelten die §§ 6 – 18 AGG allerdings auch für Organmitglieder und damit unter Umständen ebenfalls für Aufsichtsratsmitglieder, soweit der Zugang zur Erwerbstätigkeit oder zum beruflichen Aufstieg im Sinne von § 2 Abs. 1 Nr. 1 AGG betroffen ist.[171] Entscheidend ist deshalb, ob die Aufsichtsratstätigkeit in den betreffenden Unternehmen als vergütete Erwerbstätigkeit im Sinne des § 6 Abs. 3 AGG zu verstehen ist. Ist das der Fall, kommt es darauf an, ob eine durch die Satzungsregelung betroffene Wahl in den Aufsichtsrat als Zugang zur Erwerbtätigkeit bzw. zum beruflichen Aufstieg anzusehen ist. Selbst wenn beide Voraussetzungen erfüllt sind, kann eine Quote jedoch als positive Maßnahme i.S.v. § 5 AGG gerechtfertigt sein.[172]

a) *Organmitgliedschaft i.S.v. § 6 Abs. 3 AGG*

Der Aufsichtsrat ist zwar ein Organ der Gesellschaft, § 6 Abs. 3 AGG nennt als Beispiele für Organe jedoch Vorstand und Geschäftsführer. Dementsprechend stellt sich zunächst die Frage, ob die Aufsichtsräte überhaupt in den Anwendungsbereich dieser Regelung fallen. Erfasst sind nämlich Organmitglieder, die typischerweise zusätzlich zu ihrem korporationsrechtlichen Verhältnis mittels eines Dienstvertrages bei der Gesellschaft beschäftigt sind.[173] Aufsichtsräte sind jedoch nicht bei der Gesellschaft angestellt.[174] Sie können zwar gemäß § 113 AktG für ihre Tätigkeit vergütet werden, allerdings steht ihnen *ipso jure* kein

171 Dafür *Eßer/Baluch* NZG 2007, 321, 322; *Olbrich/Krois* NZA 2015, 1288, 1289; *Reufels/Molle* NZA-RR 2011, 281, 281.

172 Auf die Frage, ob eine positive Maßnahme eine Diskriminierung bereits tatbestandlich ausschließt oder eine Ausnahme vom Gleichbehandlungsgebot darstellt, kommt es im Ergebnis nicht an, da die Benachteiligung bei Vorliegen einer solchen Maßnahme nicht unzulässig ist, Däubler/Betzenberger/*Hinrichs/Zimmer* § 5 AGG Rn. 5.

173 BeckOK BGB/*Fuchs* § 6 AGG Rn. 5.

174 Grigoleit/*Grigoleit/Tomasic* § 101 AktG Rn. 27, § 113 AktG Rn. 4; MünchKomm AktG/*Habersack* § 101 AktG Rn. 67, § 113 AktG Rn. 27; Henssler/Strohn/*Henssler* § 101 AktG Rn. 1, § 113 AktG Rn. 2; *Henssler*, FS 50 Jahre BGH 2000, S. 387, 416; Hüffer/Koch/*Koch* § 101 AktG Rn. 2.

Anspruch auf eine solche Vergütung zu (§ 113 Abs. 1 Satz 2 AktG). Rechtsgrund für die Vergütung ist einzig das korporationsrechtliche Verhältnis, zu dem der Zugang ausschließlich durch die Bestellung erfolgt.[175] Grundsätzlich können Aufsichtsratsmitglieder aber trotzdem als Organ i.S.v. § 6 Abs. 3 AGG erfasst sein, sofern ihre Tätigkeit als Erwerbstätigkeit ausgestaltet ist und entsprechend entlohnt wird.[176]

b) Aufsichtsratsmandat als Erwerbstätigkeit i.S.v. § 2 Abs. 1 AGG

Eine Erwerbstätigkeit liegt vor, wenn für die Tätigkeit als Beschäftigter, Organmitglied oder Selbstständiger i.S.v. § 6 AGG eine Gegenleistung gewährt wird, die zur Schaffung und Erhaltung der Lebensgrundlage dient.[177] Es kommt demnach darauf an, ob die Aufsichtsratstätigkeit der Schaffung einer Lebensgrundlage dient. In der Praxis werden jedenfalls die Aufsichtsratsmitglieder der großen, börsennotierten Gesellschaften in aller Regel vergütet.[178] Zweifelhaft ist allerdings, ob bereits diese Praxis die Aufsichtsratstätigkeit in den Stand einer Erwerbstätigkeit zur Schaffung einer Lebensgrundlage erhebt.

Die Aufsichtsratstätigkeit ist wegen des erforderlichen Zeitaufwands und der Möglichkeit, mehrere Mandate zu übernehmen bislang als Nebenamt ausgestaltet.[179] Berufsaufsichtsräte kennt das deutsche Aktienrecht bisher nicht. Daran ändert auch die Forderung nach solchen nichts.[180] Die Gesetzesbegründung zum KonTraG lautet zwar: „Ein Aufsichtsratsmandat, vor allem aber ein Vorsitzmandat, ist kein Ehrenamt, sondern eine verantwortungsvolle und hohen Einsatz fordernde Aufgabe."[181] Es heißt jedoch weiter: „Es wäre wünschenswert, und im Einzelfall kann es sogar geboten sein, dass der Aufsichtsratsvorsitzende zumindest bei börsennotierten Gesellschaften sich diesem Amt hauptberuflich widmet." Wünschenswert bedeutet aber, dass die hauptberufliche Ausübung des Aufsichtsratsmandats nicht die Regel ist. Zudem bezieht sich die Gesetzesbegründung auf den Aufsichtsratsvorsitzenden und nicht auf jedes Mitglied. Es

175 Grigoleit/*Grigoleit/Tomasic* § 113 AktG Rn. 4; Henssler/Strohn/*Henssler* § 113 AktG Rn. 2; Hüffer/Koch/*Koch* § 113 AktG Rn. 2; Hölters/*Simons* § 113 AktG Rn. 4.

176 ErfK/*Schlachter* § 6 AGG Rn. 7; *Wilsing/Meier* DB 2011, 341.

177 BVerfG NJW 1958, 1035, 1036; BVerfG, NJW 1979, 699, 707; ErfK/*Schlachter* § 2 AGG Rn. 5.

178 Beispiele siehe MünchKomm AktG/*Habersack* § 113 AktG Rn. 7.

179 Ausdrückl. Spindler/Stilz/*Spindler* § 116 AktG Rn. 1; zustimmend *Brandt/Thiele* AG 2011, 580, 584; im Ergebnis Hölters/*Simons* § 100 AktG Rn. 3

180 ZB. *Bihr/Philippsen* DStR 2011, 1133, 1135.

181 Begr. RegE, BT-Drucks. 13/9712, S. 16.

sprechen außerdem auch beachtliche Argumente gegen eine derartige Professionalisierung der Aufsichtsräte.[182] Teilweise wird dennoch angenommen, dass die Vergütung in den meisten Fällen als dauerhafte Erwerbsquelle diene.[183] Darüber hinausgehend muss die Vergütung eine solche Höhe erreichen, dass sie einen erheblichen Beitrag zum Lebensunterhalt ausmacht.[184] Dies ist vor dem Hintergrund schwierig zu beurteilen, dass die individuellen Lebensverhältnisse des Einzelnen in der Regel nicht bekannt sind. Da das Aufsichtsratsmandat weiterhin als Nebenamt verstanden wird, leistet die Vergütung wohl eher selten einen erheblichen Beitrag zum Lebensunterhalt. In der Regel haben die Aufsichtsratsmitglieder zudem einen anderen eigentlichen Beruf. Allerdings liegt die Vergütung in den betreffenden Unternehmen teilweise im fünf- bis sechsstelligen Bereich und trägt damit, wenn auch nicht ausschließlich, zur Schaffung der Lebensgrundlage bei. Darüber hinaus ist nicht davon auszugehen, dass die betreffenden Personen ein Aufsichtsratsmandat ausschließlich aus Prestige- und Einflussgründen wahrnehmen. Der finanzielle Anreiz wird als Gegenleistung für die Tätigkeit durchaus eine – wenn auch im Einzelfall untergeordnete – Rolle spielen.

Die geringe Anzahl an Aufsichtsratssitzungen könnte gegen eine Einordnung als Erwerbstätigkeit sprechen. Darüber hinaus soll die für die Erwerbstätigkeit erforderliche Gegenleistung auf einem Dienstvertrag beruhen, der für Aufsichtsratsmitglieder jedoch unüblich ist.[185] Zweifelhaft ist die Einordnung als Erwerbstätigkeit zudem auch vor dem Hintergrund, dass die Berufung über eine Wahl der Hauptversammlung aus vom Aufsichtsrat ausgewählten oder von den Aktionären gewünschten Personen erfolgt. Es liegt also keine „Eins-zu-eins"-Auswahlsituation zwischen Bewerbern vor. Ändern sich zum Beispiel die Mehrheitsverhältnisse in der Hauptversammlung, kann es sogar zu einer vorzeitigen Abwahl kommen. Dennoch kann im Einzelfall nicht ausgeschlossen werden, dass die Aufsichtsratstätigkeit eine Erwerbstätigkeit im Sinne des AGG darstellt.

c) Aufsichtsratswahl als Zugang zur Erwerbstätigkeit i.S.v. § 6 Abs. 3 AGG

Je nach Ausgestaltung der Satzungsregelung kann die Wiederwahl für einen bestimmten Teil (derzeit) männlicher Aufsichtsratsmitglieder unmöglich sein, wenn dadurch das angestrebte Quorum verfehlt würde. Es sollen also nicht die

182 KölnKomm AktG/*Mertens/Cahn* vor § 95 AktG Rn. 8.
183 *Redenius-Hövermann* S. 9; aA. KölnKomm AktG/*Mertens/Cahn* § 100 AktG Rn. 47.
184 So KölnKomm AktG/*Mertens/Cahn* § 100 AktG Rn. 47.
185 *Krause* AG 2007, 392, 394.

Vertreter des jeweiligen Geschlechts vor Beendigung ihres Mandats geschützt werden, sondern davor, dass sie nicht wiedergewählt werden können, weil sie das notwendige persönliche Merkmal nicht aufweisen.

Als Zugang zur Erwerbstätigkeit für Organmitglieder schützt § 2 Abs. 1 Nr. 1 AGG sowohl den schuldrechtlichen Anstellungsvertrag als auch die Bestellung.[186] Dies ist bereits durch die extensiven europarechtlichen Vorgaben der Antidiskriminierungsrichtlinie geboten.[187] Jedenfalls die Bewerbung um eine Ersteinstellung fällt deshalb unter das Kriterium Zugang.[188] Dasselbe gilt dementsprechend auch für die Erstwahl oder -bestellung als Aufsichtsratsmitglied.[189] Im Hinblick auf die Wiederbestellung oder -wahl gehen die Meinungen auseinander. Mit Verweis auf den Willen des Gesetzgebers, Organmitglieder nicht durch das AGG vor Entlassungen zu schützen[190], wird die Anwendbarkeit des AGG gem. § 6 Abs. 3 AGG für diese Fälle verneint.[191] Andere legen den Schwerpunkt auf die Entscheidung gegen eine erneute Bestellung und sehen somit auch in Fällen der Wiederbestellung einen Zugangstatbestand.[192] Betrachtet man die Argumente derjenigen, die sich gegen die Anwendbarkeit bei Wiederbestellung aussprechen, so geht es dort in der Regel um Abberufungen und automatische Beendigungen, nicht jedoch um den Akt der Wiederbestellung an sich.[193] Die nicht erfolgte Wiederbestellung wegen des unpassenden Geschlechts betrifft auch keine Entlassungen, sondern den erneuten Zugang, der ohne Quote möglich wäre. Sofern man die Aufsichtsratsmitgliedschaft als Erwerbstätigkeit ansieht, ist das AGG im Hinblick auf die Wahl von Aufsichtsratsmitgliedern anwendbar. Eine Satzungsbestimmung, die das passende Geschlecht zur Voraussetzung erklärt, muss dementsprechend als positive Maßnahme i.S.v. § 5 AGG gerechtfertigt sein.

---

186 ErfK/*Schlachter* § 2 AGG Rn. 4; MünchKomm BGB/*Thüsing* § 2 AGG Rn. 5 ff.

187 *Wilsing/Meyer* DB 2011, 341, 342.

188 ErfK/*Schlachter* § 2 AGG Rn. 4.

189 *Eßer/Baluch* NZG 2007, 321, 329; *Reufels/Molle* NZA-RR 2011, 281, 282.

190 *Eßer/Baluch* NZG 2007, 321, 329.

191 *Bauer/Krieger/Günther* § 6 AGG Rn. 31; *Bauer/Arnold* ZIP 2008, 993, 999; *Eßer/Baluch* NZG 2007, 321, 329; *Krause* AG 2007, 392, 394; *Lutter* BB 2007, 725, 728.

192 *Däubler/Bertzbach* § 6 AGG Rn. 76; *Horstmeier* GmbHR 2007, 125, 126; so auch OLG Köln NJW 2011, 211.

193 *Lutter* BB 2007, 725, 728.

d) *Rechtfertigung als positive Maßnahme*

Die Ungleichbehandlung der männlichen Kandidaten durch die Vorgabe der Zusammensetzung nach Geschlechtsanteilen kann grundsätzlich eine positive Maßnahme im Sinne von § 5 AGG sein.[194] Durch eine Solche soll es möglich sein, bestehende Nachteile auszugleichen und die zukünftige Entstehung von Nachteilen präventiv zu verhindern.[195] § 5 AGG selbst ist eine Maßnahme i.S.v. Art. 157 Abs. 4 AEUV.[196] Demnach wird für die Einordnung einer Maßnahme der unionsrechtliche Maßstab zugrunde gelegt, welcher Gegenstand von Kapitel 2 § 6 ist. Sofern eine Quote danach zulässig ist, gilt dies auch für die Zulässigkeit als Maßnahme i.S.v. § 5 AGG.[197]

II. Ergebnis zur quotengestützten Gleichstellungsförderung durch Satzungsvorgaben

Eine Satzungsregelung, die einen bestimmten Anteil an Personen jeden Geschlechts als persönliche Voraussetzung i.S.v. § 100 Abs. 4 AktG festlegt, ist vorbehaltlich des Ergebnisses zu § 5 AGG jedenfalls dann zulässig, wenn sie so ausgestaltet ist, dass die Wahlfreiheit der Hauptversammlung nicht übermäßig beschränkt wird. Dem kann entweder durch einen niedrigen Prozentsatz oder einen Qualifikationsvorbehalt sowie Ausnahmeregelungen hinreichend Rechnung getragen werden. Die Einschränkung der Wahlfreiheit hängt im Ergebnis davon ab, wie viele geeignete Personen des passenden Geschlechts vorhanden sind. Die Geeignetheit lässt sich anhand der gesetzlichen Vorgaben und den Maßgaben der Rechtsprechung nur anhand eines Mindestmaßes festlegen, sofern das Unternehmen selbst keine weiteren Anforderungen stellt. Diese Erkenntnisse sind auch im Hinblick auf das Mindestanteilsgebot des § 96 Abs. 2 AktG sehr wertvoll. Sie zeigen, dass die Wahlfreiheit der Hauptversammlung auch durch die gesetzliche Mindestquote nicht übermäßig eingeschränkt werden darf. Abhängig von der konkreten Ausgestaltung der Mindestqualifikation, auf die noch einzugehen ist, wird sie dies jedoch auch nicht dadurch, dass zu wenige geeignete Personen des passenden Geschlechts vorhanden sind.

---

194 Oder eine Diskriminierung von vornherein ausschließen, s.o. 3.

195 BT-Drucks. 16/1780, S. 34; *Burg* Positive Maßnahmen S. 201 ff.

196 Calliess/Ruffert/*Krebber* Art. 157 AEUV Rn. 76.

197 S. dazu unten Kap. 2 § 6 D.

B. Gleichstellungsförderung auf Arbeitnehmerseite

Eine Satzungsregelung über die Anforderungen an Aufsichtsratsmitglieder der Arbeitnehmer würde die Wahlfreiheit der Arbeitnehmer beeinträchtigen. Aus diesem Grund findet § 100 Abs. 4 AktG keine Anwendung auf die Arbeitnehmerseite.[198] In § 4 Abs. 4 DrittelbG und § 36 Abs. 3 i.V.m. § 6 Abs. 2 SEBG sind jedoch für die Arbeitnehmerseite sogenannte Sollbestimmungen zur Geschlechterverteilung normiert. Anders als in § 15 Abs. 2 BetrVG handelt es sich dabei allerdings nicht um zwingende Quotenregelungen.

§ 4 Abs. 4 DrittelbG ist anwendbar auf inländische[199] Unternehmen einer in § 1 Abs. 1 DrittelbG aufgezählten Rechtsform, die in der Regel mehr als 500 Arbeitnehmer beschäftigen.[200] Die Aufzählung der Rechtsformen ist abschließend.[201] Darüber hinaus haben die übrigen Mitbestimmungsgesetze Vorrang.[202] Frauen und Männer sollen entsprechend ihrem zahlenmäßigen Verhältnis im Unternehmen im Aufsichtsrat vertreten sein. Ziel der Vorschrift ist es, dass die Geschlechterverteilung unter den Arbeitnehmervertreterinnen bzw. -vertretern im Aufsichtsrat diejenige in der Belegschaft widerspiegelt (Repräsentationsprinzip).[203] Bezugsgröße ist dabei die Gesamtzahl der Arbeitnehmerinnen und Arbeitnehmer im Unternehmen.[204] Sie werden unabhängig von ihrer Wahlberechtigung mit einbezogen, und zwar auch bei an der Wahl für die Konzernmutter beteiligten Konzernunternehmen.[205] Für die Zusammensetzung der

---

198 BGHZ 39, 116, 122 f.; GroßKomm AktG/*Hopt/Roth* § 100 AktG Rn. 100; ErfK/*Oetker* § 100 AktG Rn. 5.

199 MünchKomm AktG/*Gach* § 1 DrittelbG Rn. 1; UHH/*Habersack* § 1 DrittelbG Rn. 5; WKS/*Kleinsorge* § 1 DrittelbG Rn. 1; ErfK/*Oetker* Einl. DrittelbG Rn. 3 f.; HWK/*Seibt* § 1 DrittelbG Rn. 2 ff.; RVJ/*Veil* § 1 DrittelbG Rn. 14.

200 MünchKomm AktG/*Gach* § 1 DrittelbG Rn. 11; WKS/*Kleinsorge* § 1 DrittelbG Rn. 71; ErfK/*Oetker* § 1 DrittelbG Rn. 26; HWK/*Seibt* § 1 DrittelbG Rn. 1; RVJ/*Veil* § 1 DrittelbG Rn. 1, 15.

201 WKS/*Kleinsorge* § 1 DrittelbG Rn. 1; ErfK/*Oetker* § 1 DrittelbG Rn. 2; RVJ/*Veil* § 1 DrittelbG Rn. 1.

202 MünchKomm AktG/*Gach* § 1 DrittelbG Rn. 1; UHH/*Habersack* § 1 DrittelbG Rn. 2, 7; WKS/*Kleinsorge* § 1 DrittelbG Rn. 62; ErfK/*Oetker* § 1 DrittelbG Rn. 2; HWK/*Seibt* § 1 DrittelbG Rn. 51; RVJ/*Veil* § 1 DrittelbG Rn. 17.

203 UHH/*Henssler* § 4 DrittelbG Rn. 16; WKS/*Kleinsorge* § 4 DrittelbG Rn. 37; ErfK/*Oetker* § 4 DrittelbG Rn. 11.

204 NK-GA/*Heither/v. Morgen* § 4 DrittelbG Rn. 12; UHH/*Henssler* § 4 DrittelbG Rn. 16; ErfK/*Oetker* § 4 DrittelbG Rn. 11; RVJ/*Veil* § 4 DrittelbG Rn. 14.

205 UHH/*Henssler* § 4 DrittelbG Rn. 16; WKS/*Kleinsorge* § 4 DrittelbG Rn. 37; ErfK/*Oetker* § 4 DrittelbG Rn. 11; RVJ/*Veil* § 4 DrittelbG Rn. 14.

Arbeitnehmerseite kommt es nicht darauf an, ob die unternehmensangehörigen oder erst externen Mitglieder zur Einhaltung des Geschlechterverhältnisses beitragen.[206] Sanktionen für den Fall einer Unterschreitung des Geschlechterverhältnisses sind nicht vorgesehen. Insbesondere ist die Wahl nicht deshalb anfechtbar.[207]

Die Anteilseignerseite könnte eine ähnliche Regelung in die Satzung aufnehmen. Grundsätzlich steht ihr dies frei. Die Wahlfreiheit der Hauptversammlung muss aber weiterhin hinreichend gewahrt bleiben. Die Anteilseignerseite hat zudem nicht die Funktion, das Geschlechterverhältnis der Belegschaft abzubilden. Dementsprechend wäre eine solche Satzungsregelung zu Recht dem Vorwurf eines fehlenden Sachgrundes ausgesetzt.

Die Bestimmung in § 36 Abs. 3 i.V.m. § 6 Abs. 2 SEBG ist mit § 4 Abs. 4 DrittelbG vergleichbar.[208] Sie soll auch dann gelten, wenn die gesetzlichen Auffangregelungen für die Mitbestimmung eingreifen und nach der Aufteilung der Sitze auf die Mitgliedstaaten durch den SE-Betriebsrat feststeht, dass deutsche Arbeitnehmervertreter in den Aufsichts- oder Verwaltungsrat zu bestellen sind.[209] Wird das Geschlechterverhältnis nicht eingehalten, bleibt dies wegen der Ausgestaltung als Sollvorschrift folgenlos.[210]

Auch auf der Arbeitnehmerseite gab es somit bereits vor der Einführung der Geschlechterquote Regelungen, die eine größere Beteiligung von Frauen im Aufsichtsrat fördern sollten. Allerdings galten diese Sollvorschriften nicht für die vom gesetzlichen Mindestanteilsgebot erfassten börsennotierten und voll mitbestimmten Gesellschaften, weil die Mitbestimmungsgesetze gegenüber § 4 Abs. 4 DrittelbG vorrangig anzuwenden sind. Die Sollvorschriften, die gem. § 36 Abs. 3 i.V.m. § 6 Abs. 2 SEBG für die mitbestimmte SE gelten, behalten ihre Geltung trotz der Einführung des Mindestanteilsgebots, weil sich dieses nur auf die Hauptversammlung als Wahlorgan bezieht.[211]

---

206 ErfK/*Oetker* § 4 DrittelbG Rn. 11.

207 MünchKomm AktG/*Gach* § 4 DrittelbG Rn. 6; NK-GA/*Heither/v. Morgen* § 4 DrittelbG Rn. 13; UHH/*Henssler* § 4 DrittelbG Rn. 17; ErfK/*Oetker* § 4 DrittelbG Rn. 11; HWK/*Seibt* § 4 DrittelbG Rn. 14; RVJ/*Veil* Rn. 15.

208 *Kraft/Redenius-Hövermann* AG 2012, 28, 30.

209 *Kraft/Redenius-Hövermann* AG 2012, 28, 30.

210 Manz/Mayer/Schröder/*Evers* § 6 SEBG Rn. 2; KölnKomm AktG/*Feuerborn* § 6 SEBG Rn. 5; UHH/*Henssler* § 6 SEBG Rn. 2; Habersack/Drinhausen/*Hohenstatt/Müller-Bonanni* § 6 SEBG Rn. 3; MünchKomm AktG/*Jacobs* § 6 SEBG Rn. 2, § 36 SEBG Rn. 7; *Kraft/Redenius-Hövermann* AG 2012, 28, 30; LHT/*Oetker* § 6 SEBG Rn. 11; AKRR/*Rudolph* § 6 SEBG Rn. 2.

211 MünchKomm AktG/*Jacobs* § 36 SEBG Rn. 7.

C. Geschlechterquoten zur Umsetzung von Ziff. 5.4.1. Abs. 2 DGCK

Ziel der vorstehend[212] angesprochenen Erweiterung der Empfehlung in Ziff. 5.4.1. DCGK (2010) war es, mehr qualifizierte Frauen und internationale Experten in die Aufsichtsräte wählen zu lassen.[213] Die Empfehlung richtete sich an den Aufsichtsrat insgesamt, sodass davon auszugehen war, dass die gemeinsame Zielsetzung beider Seiten zu einer praktischen Umsetzung führen würde.[214] Durch die Aufnahme des Wortes „konkret" in die Empfehlung sollten allgemeine, floskelartige Formulierungen zudem nicht mehr reichen, wenngleich die Ausgestaltung der Zielsetzung im Ermessen des Aufsichtsrats liegen sollte.[215] Teilweise wurde „konkret" auch mit der Einführung von Quoten gleichgesetzt.[216] Andere hielten dies nicht für erforderlich.[217] Jedenfalls sollte eine zeitliche Vorgabe zur Konkretisierung zwingend erforderlich sein, um dem Ziel einer Erhöhung des Frauenanteils nachzukommen und nicht den Status quo auf unbestimmte Zeit weiterzupflegen.[218] Darüber hinaus sollte die konkrete Zielsetzung ein messbares, quantitatives Element enthalten, um die Erreichung des Ziels nachprüfbar zu machen.[219] Die Formulierung „angemessen" hat allerdings zu Unklarheiten

212 Kap. 1 § 2 C.

213 Pressemitteilung Regierungskommission Deutscher Corporate Governance Kodex vom 27.05.2010, S. 1, www.dcgk.de/de/presse/deteilansicht/pressemitteilung-25.html?file=files/dcgk/usercontent/de/download/2010/PM_Plenarsitzung_20100526.pdf, zuletzt aufgerufen am 30.6.2018.

214 *Deilmann/Albrecht* AG 2010, 727, 730; *Ringleb/Kremer/Lutter/v. Werder* NZG 2010, 1161, 1165 Rn. 1025f; *Weber-Rey/Handt* NZG 2011, 1, 4; Wilsing/*Wilsing* Ziff. 5.4.1 Rn. 4; krit. *Ihrig/Meder* ZIP 2010, 1577, 1578.

215 *Hecker/Peters* BB 2010, 2251, 2254; *Ringleb/Kremer/Lutter/v. Werder* NZG 2010, 1161, 1165 Rn. 1025h; Bürgers/Körber/*Runte/Eckert* § 161 AktG Rn. 76; *Schulz* BB 2010, 2390 f.; Wilsing/*Wilsing* Ziff. 5.4.1 Rn. 4.

216 *Mense/Rosenhäger* GWR 2010, 311, 312; *Schubert/Jacobsen* WM 2011, 726, 728 f.; s. auch *Langenbucher* DB 2010, S43.

217 *Kocher* BB 2010, 264, 265; *Sünner* CCZ 2009, 185, 186; Wilsing/*Wilsing* Ziff. 5.4.1 Rn. 4, 11.

218 Zutreffend *Deilmann/Albrecht* AG 2010, 727, 729 f.; *Ringleb/Kremer/Lutter/v. Werder* NZG 2010, 1161, 1166 Rn. 1025j; a.A. Wilsing/*Wilsing* Ziff. 5.4.1 Rn. 4.

219 *Deilmann/Albrecht* AG 2010, 727, 730; *Frost/Linnainmaa* AG 2007, 601, 609; *Osterloh/Littmann-Wernli* „Gläserne Decke" S. 259 ff.; *Schubert/Littmann-Wernli* Stereotype, S. 44 ff.; Wilsing/*Wilsing* Ziff. 5.4.1 Rn. 4.

geführt.[220] In der Literatur wurde deshalb empfohlen, dass der Aufsichtsrat sich bei der Festlegung der Ziele an unternehmensspezifischen Kennzahlen orientiert und zudem den politischen Erwartungsdruck bei seinen Erwägungen berücksichtigt.[221]

Die Einführung der Empfehlung zur Setzung von konkreten zeitlichen und quantitativen Zielen zur angemessenen Beteiligung von Frauen in Ziff. 5.4.1. Abs. 2 DCGK (2010) ist dementsprechend eine der bereits vor Inkrafttreten des § 96 Abs. 2 Satz 1 AktG n.F. vorhandenen Möglichkeiten zur Frauenförderung im Aufsichtsrat. Im Gegensatz zur Entscheidung für eine Satzungsregelung erfordert der DCGK keine rein intrinsische Motivation, sondern übt wegen der Erklärungspflicht gem. § 161 Abs. 1 AktG Druck von außen aus.[222] Der Corporate Governance Kodex ist jedoch keine Rechtsnorm i.S.v. § 2 EGBGB.[223] Er ist auch weder eine Rechtsverordnung noch ein Handelsbrauch oder Gewohnheitsrecht, sondern unverbindlich und damit sogenanntes *soft law*.[224] Vorstand und Aufsichtsrat[225] sind gerade nicht zur Befolgung der Empfehlungen verpflichtet.[226] Dies beeinträchtigt die Effektivität seiner Durchsetzung.

Beide Organe sämtlicher inländischen börsennotierten und anderer am organisierten Markt teilnehmenden Gesellschaften[227] müssen gem. § 161 Abs. 1

220 *Deilmann/Albrecht* AG 2010, 727; so auch Hölters/*Hölters* § 161 AktG Rn. 28a; Bürgers/Körber/*Runte/Eckert* § 161 AktG Rn. 76.

221 *Deilmann/Albrecht* AG 2010, 727, 730; *Ringleb/Kremer/Lutter/v. Werder* NZG 2010, 1161, 1165 Rn. 1025h.

222 In die Richtung auch Spindler/Stilz/*Bayer/Scholz* § 161 AktG Rn. 7; Grigoleit/*Grigoleit/Zellner* § 161 AktG Rn. 5; Wilsing/*Wilsing* § 161 AktG Rn. 2.

223 allgM Spindler/Stilz/*Bayer/Scholz* § 161 AktG Rn. 16; MünchKomm AktG/*Goette* § 161 AktG Rn. 22; Grigoleit/*Grigoleit/Zellner* § 161 AktG Rn. 4; Hüffer/Koch/*Hüffer* § 161 AktG Rn. 3; Bürgers/Körber/*Runte/Eckert* § 161 Rn. 3; *Tödtmann/Schauer* ZIP 2009, 995, 996; Wilsing/*Wilsing* § 161 AktG Rn. 11.

224 Spindler/Stilz/*Bayer/Scholz* § 161 AktG Rn. 16; MünchKomm AktG/*Goette* § 161 AktG Rn. 23; Hüffer/Koch/*Hüffer* § 161 AktG Rn. 3; Henssler/Strohn/*Vetter* § 161 AktG Rn. 4, 7; Wilsing/*Wilsing* § 161 AktG Rn. 11 (aber krit. zum Begriff *soft-law*).

225 Pflichtadressat ist nicht die Gesellschaft selbst Spindler/Stilz/*Bayer/Scholz* § 161 AktG Rn. 35; Grigoleit/*Grigoleit/Zellner* § 161 AktG Rn. 8; Hölters/*Hölters* § 161 AktG Rn. 8; Semler/v. Schenck/*Mutter* § 161 Rn. 13; Bürgers/Körber/*Runte/Eckert* § 161 Rn. 5; Henssler/Strohn/*Vetter* § 161 AktG Rn. 8; Wilsing/*Wilsing* § 161 AktG Rn. 4; a.A. *Schürnbrand* FS Schneider 2011, S. 1197, 1202.

226 Hölters/*Hölters* § 161 AktG Rn. 41 ff.; Wilsing/*Wilsing* § 161 AktG Rn. 1.

227 Zur SE *Hoffmann-Becking* ZGR 2004, 355, 364.

Satz 1 AktG eine Erklärung über die Einhaltung der Empfehlungen[228] abgeben und negative Abweichungen begründen (*comply or explain*). Rechtsfolgen löst aber nur die Fehlerhaftigkeit oder das Fehlen der Entsprechenserklärung aus.[229] § 161 AktG erfasst also nur die korrekte Information über das „Ob" der Befolgung und das „Warum" im Fall der Nichtbeachtung. Eine regulatorische Wirkung versprach sich die Regierungskommission über eine Reaktion des Kapitalmarkts bei negativen Erklärungen.[230] Eine solche ist jedoch nicht im erwarteten Umfang eingetreten.[231] Die Befolgungsrate liegt zwar bei über 80 Prozent[232], allerdings haben die Gremien teilweise auch in 2014 noch erklärt, dass sie keine konkreten Ziele zur Erhöhung des Frauenanteils gesetzt haben.[233] Viele der DAX 30-Konzerne gaben an, nicht von Ziff. 5.4.1 Abs. 2 DCGK abzuweichen; allerdings lassen sich die einzelnen Zielsetzungen nicht ermitteln.

---

228 Nicht über die Anregungen MünchKomm AktG/*Goette* § 161 AktG Rn. 32; Hüffer/Koch/*Hüffer* § 161 AktG Rn. 3; Henssler/Strohn/*Vetter* § 161 AktG Rn. 10; Wilsing/*Wilsing* § 161 AktG Rn. 13.

229 *Bachmann* WM 2002, 2137; Spindler/Stilz/*Bayer/Scholz* § 161 AktG Rn. 90, 100; Grigoleit/*Grigoleit/Zellner* § 161 AktG Rn. 29 ff.; Hölters/*Hölters* § 161 AktG Rn. 45 ff.; Semler/v. Schenck/*Mutter* § 161 Rn. 57 ff.; Bürgers/Körber/*Runte/Eckert* § 161 Rn. 43 ff.; Henssler/Strohn/*Vetter* § 161 AktG Rn. 25 ff.; Wilsing/*Wilsing* § 161 AktG Rn. 57 ff.

230 Spindler/Stilz/*Bayer/Scholz* § 161 AktG Rn. 7; Hölters/*Hölters* § 161 AktG Rn. 1; *Nowak/Rott/Mahr* ZGR 2005, 252, 256.

231 *Bernhardt* BB 2008, 1686, 1690 f.; MünchKomm AktG/*Goette* § 161 AktG Rn. 1 mwN in Fn. 5; Hölters/*Hölters* § 161 AktG Rn. 1; *Nowak/Rott/Mahr* ZGR 2005, 252, 273 ff.; K.Schmidt/Lutter/*Spindler* § 161 Rn. 2; *Böcking/Böhme/Gros* AG 2012, 615 ff.; Empirische Daten zu „Totalverweigerern" bei *Bayer/Hoffmann* AG 2012, R 291 ff.; in die Richtung auch Semler/v. Schenck/*Mutter* § 161 AktG Rn. 11.

232 81,9 Prozent in 2013 *v. Werder/Bartz* DB 2013, 885, 886; knapp 80 Prozent in 2014 *v. Werder/Bartz* DB 2014, 905, 907; *v. Werder/Turkali* DB 2015, 1357, 1359.

233 ZB. BayWa https//www.baywa.com/fileadmin/media/relaunch/Downloads/Investor_Relations/Entsprechungserklaerung/2014-11-05_Entsprechenserklaerung.pdf, zuletzt aufgerufen am 30.6.2018; MOLOGEN AG http//www.mologen.com/fileadmin/user_upload/Corporate_Governance/140520_Erkl_DCGK_2014_MOLOGEN_AG.pdf, zuletzt aufgerufen am 30.6.2018; STRABAG http//www.strabag.de/databases/internet/_public/content30.nsf/web30?Openagent&id=34E27EBE99876328C12580260044C65B, zuletzt aufgerufen am 30.6.2018.

D. Zusammenfassung

Bereits vor Einführung des Mindestanteilsgebots war es der Privatwirtschaft aufgrund der geltenden Gesetzeslage und des DCGK möglich, die gleichberechtigte Besetzung der Aufsichtsratssitze mit Männern und Frauen zu fördern. Die vorgestellten Maßnahmen erwiesen sich jedoch als unterschiedlich effektiv. Dies ist darauf zurückzuführen, dass Gesellschaften eine Satzungsregelung nach § 100 Abs. 4 AktG nur verabschieden, wenn Unternehmensleitung und Aktionäre von ihrer Zweckmäßigkeit und dem Thema Gleichstellung überzeugt sind. Dass diese intrinsische Motivation äußerst gering ist, zeigt sich darin, dass entsprechende Satzungsregelungen zu persönlichen Voraussetzungen grundsätzlich eher selten beschlossen werden. Zudem haben auch die unverbindlichen Empfehlungen in Ziff. 5.4.1 Abs. 2 DCGK nicht zu einem nennenswerten Anstieg der Beteiligung von Frauen im Aufsichtsrat geführt. Insbesondere § 4 Abs. 4 DrittelbG hat hingegen die Zunahme des Frauenanteils auf Arbeitnehmerseite bewirkt. Darüber hinaus hatte dies auch Ausstrahlungswirkung auf Unternehmen, die den weiteren Mitbestimmungsgesetzen unterliegen.[234] Dass eine mit § 4 Abs. 4 DrittelbG vergleichbare Regelung für die Anteilseignerseite effektiv genug gewesen wäre, ist indes zweifelhaft.[235]

234 *Weckes* Report Mitbestimmungsförderung Nr. 10/2015, S. 13 ff.

235 S. dazu unten Kap. 2 § 5 C. II. 3.

2. Kapitel: Vereinbarkeit des zwingenden Mindestanteilsgebots für die Aktiengesellschaft mit dem Verfassungs- und Unionsrecht

§ 5 Verfassungsmäßigkeit des zwingenden Mindestanteilsgebots

Der Einführung einer zwingenden Quote für den Aufsichtsrat wurden erhebliche verfassungsrechtliche Bedenken entgegnet.[236] Diese beziehen sich vor allem auf sogenannte qualifikationsunabhängige Ergebnisquoten ohne Ausnahmeregelung bzw. Öffnungs- oder Härtefallklausel für den Fall, dass kein hinreichend qualifiziertes Mitglied des passenden Geschlechts zu finden ist. Auf die im Gesetzgebungsverfahren zum zwingenden Mindestanteilsgebot geäußerte Kritik an dessen konkreter Ausgestaltung und die alternativ vorgeschlagenen Lösungsansätze ist der Gesetzgeber nicht eingegangen, sondern hat eine zwingende Quote ohne Ausnahmeregelung verabschiedet. Aus diesem Grund beschäftigt sich der folgende Teil mit den daraus folgenden Eingriffen in die Rechte der Aktionärinnen und Aktionäre, der Unternehmen und einem Verstoß gegen das Diskriminierungsverbot. Da der Schwerpunkt dieser Arbeit in der Auslegung der gesellschaftsrechtlichen Normen liegt, beschränkt sich die verfassungsrechtliche Untersuchung auf jeweils ein prägnantes Grundrecht. Untersucht wird die Verfassungsmäßigkeit der Regelung bezogen auf das die Wahlfreiheit der Aktionäre gewährleistende Eigentumsrecht gem. Art. 14 GG, die Organisationshoheit als Ausprägung der von Art. 12 GG geschützten Berufsfreiheit des Unternehmens sowie das in Art. 3 Abs. 3 GG normierte Diskriminierungsverbot. Außerdem wird die Verfassungsmäßigkeit des sachlichen Anwendungsbereichs des Mindestanteilsgebots analysiert. Die Argumentation zur verfassungsmäßigen Rechtfertigung der Eingriffe in weitere betroffene Grundrechte ist im Übrigen in der Sache vergleichbar und lediglich in einen anderen Kontext eingebettet.[237]

A. Formelle Verfassungsmäßigkeit des Mindestanteilsgebots

Der Gesetzgeber hat von seiner Kompetenz aus Art. 74 Nr. 11 i.V.m. Art. 72 Abs. 2 GG[238] Gebrauch gemacht, als er die Geschlechterquote in § 96 Abs. 2

---

236 *DAI* Stellungnahme vom 15.10.2014, S. 6; *Habersack/Kersten* BB 2014, 2819, 2822 ff.; *Kempter/Koch* BB 2012, 3009, 3312 ff.; *Ossenbühl* NJW 2012, 417 ff.; *Papier/Heidebach* ZGR 2011, 305 ff.; *Spindler/Brandt* NZG 2011, 401 ff.; *Wieland* NJW 2010, 2408, 2409.

237 Siehe dazu eine vorausschauende Darstellung bei *Brandt* Gleichstellungsquote, S. 193 ff.

238 *Brandt* Gleichstellungsquote, S. 78; *Papier/Heidebach* ZGR 2011, 305, 313.

Satz 1 AktG einführte. Die formelle Verfassungsmäßigkeit der Regelung muss deshalb nicht weiter vertieft werden.

B. Vereinbarkeit des zwingenden Mindestanteilsgebots mit dem Diskriminierungsverbot des Art. 3 Abs. 3 GG

Die Anwendung der Quote in ihrer heutigen Ausprägung kann im Einzelfall dazu führen, dass eine (ggf. gleich oder besser qualifizierte) Person nicht gewählt werden kann bzw. ihre Wahl nichtig ist, weil die für ihr Geschlecht zur Verfügung stehenden Sitze bereits besetzt sind. Darin könnte ein Verstoß gegen das Diskriminierungsverbot liegen. Als natürliche Personen sind die wegen unpassenden Geschlechts nicht Gewählten vom Schutzbereich des Art. 3 Abs. 3 GG erfasst.[239]

I. Ungleichbehandlung durch Differenzierung wegen des Geschlechts

Gem. Art. 3 Abs. 3 Satz 1 GG darf niemand unter anderem wegen seines Geschlechts benachteiligt oder bevorzugt werden. Darüber hinaus schreibt Art. 3 Abs. 2 Satz 1 GG die Gleichberechtigung von Frauen und Männern vor. Nach heutigem Verständnis liegt eine Ungleichbehandlung bereits dann vor, wenn jemand durch eine staatliche Maßnahme aufgrund seines Geschlechts bevorzugt oder nachteilig behandelt wird.[240] Da das zwingende Mindestanteilsgebot im Einzelfall zu einer Benachteiligung wegen des Merkmals Geschlecht führt, liegt eine Differenzierung und mithin eine Ungleichbehandlung i.S.v. Art. 3 Abs. 3 GG vor.[241]

II. Rechtfertigung der Ungleichbehandlung

Die festgestellte Ungleichbehandlung kann jedoch gerechtfertigt sein, wenn sie entweder aufgrund biologischer Unterschiede erfolgt oder auf kollidierendem Verfassungsrecht beruht.[242] Da Frauen und Männer grundsätzlich gleichermaßen geeignet sind, Aufsichtsratsämter wahrzunehmen,[243] scheidet eine

---

239 Statt aller Dreier/*Heun* Art. 3 GG Rn. 43; BeckOK GG/*Kischel* GG Art. 3 Rn. 6.
240 BVerfGE 85, 191, 206.
241 So auch *Brandt* Gleichstellungsquote, S. 171.
242 BVerfGE 6, 389, 422 f.; BVerfGE 12, 54, 52 f.; BVerfGE 31, 1, 4.
243 S. oben Kap. 1 § 4 A. I. 1.

Rechtfertigung durch biologische Unterschiede aus.[244] Es verbleibt deshalb die Rechtfertigung der Ungleichbehandlung durch kollidierendes Verfassungsrecht.

1. Art. 3 Abs. 2 Satz 2 GG als kollidierendes Verfassungsrecht

Das Diskriminierungsverbot ist verfassungsimmanenten Schranken unterworfen.[245] In Betracht kommt das in Art. 3 Abs. 2 Satz 2 GG normierte Staatsziel der tatsächlichen Durchsetzung der Gleichberechtigung von Männern und Frauen.[246] Das Verhältnis von Art. 3 Abs. 3 und Art. 3 Abs. 2 Satz 2 GG ist jedoch insbesondere im Hinblick auf Quoten zur Förderung eines Geschlechts seit seiner Einführung im Jahr 1994 höchst umstritten, auch wenn beide Normen auf die Beseitigung bestehender Nachteile hinwirken sollen.[247] Teilweise wird ein absoluter Vorrang von Art. 3 Abs. 2 Satz 2 GG angenommen,[248] es gibt jedoch auch Stimmen, die eine Einschränkung von Abs. 3 durch Abs. 2 Satz 2 vollständig ausschließen wollen.[249] Vermittelnde Ansätze werden im Wege der praktischen Konkordanz gesucht.[250] Auch das Bundesverfassungsgericht macht die Verfassungsmäßigkeit von Einschränkungen des Diskriminierungsverbots zugunsten von Fördermaßnahmen des Art. 3 Abs. 2 Satz 2 GG von der Beachtung des Verhältnismäßigkeitsgrundsatzes abhängig.[251] Die unbedingte Förderung des jeweils benachteiligten Geschlechts in sämtlichen Lebensbereichen bis zur paritätischen Gleichstellung kann nicht das Ziel der Norm sein.[252] Andererseits wäre Art. 3 Abs. 2 Satz 2 GG aber praktisch ohne Bedeutung, wenn man jegliche Art von Ungleichbehandlung durch Fördermaßnahmen ausschließen wollte.[253] Folglich

---

244 So auch *Werthmüller* Staatliche Eingriffe, S. 134 f.

245 Dreier/*Heun* Art. 3 GG Rn. 31; Sachs/*Nußberger* Art. 3 GG Rn. 254.

246 Dreier/*Heun* Art. 3 GG Rn. 113; *Sackofsky* Gleichberechtigung, S. 374 ff.; *Schweizer* Gleichberechtigungssatz, S. 104, 117 f.; a.A. *Sachs* ZG 2012, 52, 57.

247 Vgl. nur *Sackofsky* Das Grundrecht auf Gleichberechtigung, S. 179 ff.; *Raasch* Frauenquoten und Männerrechte, S. 142 ff., 147 ff., 150; v. Mangoldt/Klein/Starck/*Starck*[6] Art. 3 GG Rn. 313; Maunz/Dürig/*Langenfeld* Art. 3 Abs. 3 GG Rn. 59 ff., 63, 108 ff.; *Schumann* Faktische Gleichberechtigung, S. 86 ff., 97 ff.

248 *Raasch* Frauenquoten und Männerrechte, S. 142 ff.; *Sackofsky* Gleichberechtigung, S. 347.

249 V. Mangoldt/Klein/*Starck*[6] Art. 3 GG Rn. 313.

250 *Benda* Notwendigkeit, S. 156 f.; *Pfarr* Quoten, S. 82; so i.E. auch *Brandt* Gleichstellungsquoten, S. 179.

251 BVerfGE 85, 191, 207.

252 So auch *Ebsen* JURA 1990, 515, 517.

253 So auch *Brandt* Gleichstellungsquote, S. 179.

muss der Staat Maßnahmen ergreifen dürfen, die darauf abzielen, tatsächliche Gleichberechtigung zu gewährleisten.[254] Die jedenfalls zeitweilig diskriminierende Wirkung solcher Maßnahmen kann ein unvermeidlicher Nebeneffekt sein, wenn dadurch dem bisher benachteiligten Geschlecht der Zugang zu bisher vom anderen Geschlecht dominierten Bereichen ermöglicht wird. Die Ungleichbehandlung könnte deshalb bereits objektiv legitimiert sein.[255] Umstritten ist aber, ob das Ziel von Art. 3 Abs. 2 Satz 2 GG auch Ungleichbehandlungen durch zwingende Quotenregelungen ohne Härtefallregelung erfasst oder ob diese über das Ziel der tatsächlichen Durchsetzung von Gleich*berechtigung* hinausgehen. Dies hängt unmittelbar davon ab, was die tatsächliche Durchsetzung von Gleichberechtigung im Sinne von Art. 3 Abs. 3 Satz 2 GG meint. Entweder ist die Norm lediglich auf formelle Gleichberechtigung und damit formelle Chancengleichheit im Sinne gleicher Ausgangschancen gerichtet oder sie kann darüber hinaus im Einzelfall auch diskriminierende Gleichstellungsmaßnahmen erfassen (sog. *affirmative actions*), die die Gleichstellung der Geschlechter im Ergebnis bewirken soll. Nach Ermittlung der inhaltlichen Reichweite von Art. 3 Abs. 2 Satz 2 GG wird in einem weiteren Schritt herausgearbeitet, ob das Mindestanteilsgebot des § 96 Abs. 2 Satz 1 AktG in der geltenden Fassung Gleichberechtigung im Sinne formeller Chancengleichheit oder Gleichstellung bezweckt.

a) Tatsächliche Durchsetzung der Gleichberechtigung im Sinne von Art. 3 Abs. 2 Satz 2 GG

Im allgemeinen Sprachgebrauch werden die Begriffe „Gleichberechtigung", „Chancengleichheit" und „Gleichstellung" teilweise synonym verwendet.[256] Die Grenzen zwischen den Begriffsbedeutungen sind fließend. Der 1994 in Art. 3 Abs. 2 GG eingefügte Satz 2 sieht die tatsächliche Durchsetzung von Gleichberechtigung vor. Dieses Ziel geht über eine rein rechtliche Gleichstellung hinaus. Das ergibt sich bereits aus dem systematischen Zusammenhang mit Art. 3 Abs. 2 Satz 1 und Art. 3 Abs. 1 GG. Ob Gleichberechtigung im Sinne von Art. 3 Abs. 2 Satz 1 als formelle Chancengleichheit zu verstehen ist und die in Satz 2 eingefügte Formulierung „tatsächliche Durchsetzung von Gleichberechtigung" darüber hinausgeht oder ob bereits Gleichberechtigung i.S.v. Satz 1 inhaltlich

---

254 BVerfGE 85, 191, 207; Maunz/Dürig/*Langenfeld* Art. 3 Abs. 3 GG Rn. 56, 108.

255 BVerfGE 109, 64, 83; *Brandt* Gleichstellungsquote, S. 79; *Wieland* NJW 2010, 2408, 2409; krit. Maunz/Dürig/*Langenfeld* Art. 3 Abs. 3 GG Rn. 56, 108.

256 Vgl. Duden, Stichworte „Gleichberechtigung", „Chancengleichheit", „Gleichstellung"; so auch *Maidowski* Umgekehrte Diskriminierung, S. 36 f.

weiter zu verstehen ist, ergibt sich jedoch nicht aus dem systematischen Zusammenhang. Die Rechtsprechung des BVerfG zum Verständnis von Gleichberechtigung im Sinne von Art. 3 Abs. 2 a.F. GG (jetzt Art. 3 Abs. 2 Satz 1 GG) änderte sich im Jahr 1992 maßgeblich.[257] Zuvor setzte das Gericht den Bedeutungsgehalt von Art. 3 Abs. 2 a.F. und Abs. 3 GG gleich. Differenzierungen wegen des Geschlechts waren nach ständiger Rechtsprechung des BVerfG nur durch biologische Unterschiede zu rechtfertigen.[258]

Mit der Entscheidung zum Nachtarbeitsverbot[259] erkannte das BVerfG erstmals einen eigenen Regelungsgehalt von Art. 3 Abs. 2 a.F. GG an, der über den von Abs. 3 hinausgeht. Das in Art. 3 Abs. 2 a.F. GG enthaltene Gleichberechtigungsgebot sollte sich demnach auf die gesellschaftliche Wirklichkeit erstrecken.[260] Sofern nicht bereits zwingende biologische Gründe die Ungleichbehandlung rechtfertigen, kann sich ihre Rechtfertigung aus kollidierendem Verfassungsrecht ergeben; insbesondere aus Art. 3 Abs. 2 a.F. GG. Damit erkannte das BVerfG bereits vor der Grundgesetzänderung im Jahr 1994[261] einen aus Art. 3 Abs. 2 a.F. folgenden Verfassungsauftrag an. In einer späteren Entscheidung[262] formulierte das Gericht diesen Auftrag inhaltlich aus. Demnach gewährte bereits Art. 3 Abs. 2 a.F. GG dem Gesetzgeber die Möglichkeit, faktische Nachteile durch begünstigende Regelungen zu vermindern bzw. zu beseitigen.[263] Die Norm konnte somit bereits in ihrer alten Fassung als Rechtfertigung für Ungleichbehandlungen herangezogen werden.[264] Vor diesem Hintergrund stellt sich die Frage, ob Art. 3 Abs. 2 Satz 2 GG überhaupt eine weitergehende Bedeutung hat oder ob die Einfügung des Satzes lediglich die vom BVerfG herausgearbeitete Bedeutung des Abs. 2 a.F. und heutigen Abs. 2 Satz 1 klarstellen soll. Die folgende Skizzierung zum Gesetzgebungsverfahren geht dieser Frage nach.

Die Verfassungsänderung im Jahr 1994, im Zuge derer der Satz 2 in Art. 3 Abs. 2 GG eingefügt wurde, erfolgte nach einer höchst kontroversen Debatte in der Verfassungskommission des Bundesrats und in der von Bundestag und

257 BVerfGE 85, 191 ff.

258 Seit BVerfGE 3, 225, 242; 6, 389, 422; 10, 59, 63; S. dazu *Sackofsky* Grundrecht, S. 23 ff.; *Dies* in: Arioli, Quoten und Gleichstellung, S. 23 ff.

259 BVerfGE 85, 191 ff.

260 BVerfGE 83, 238, 338 f.

261 BGBl. I, S. 3146.

262 BVerfGE 92, 91 ff.

263 BVerfGE 92, 91, 109.

264 So auch *Sackofsky* Grundrecht, S. 389.

Bundesrat eingesetzten Gemeinsamen Verfassungskommission.[265] Nachdem die zunächst eingesetzte Kommission des Bundesrats eine kaum ernst zu nehmende Änderung in Form der Umstellung der Worte Männer und Frauen vorschlug,[266] wurde die Arbeit der Gemeinsamen Verfassungskommission von großer, öffentlichkeitswirksamer Beteiligung begleitet.[267] Das Ziel der Ergänzung von Art. 3 Abs. 2 GG um einen weiteren Satz fand recht schnell breite Zustimmung. Allerdings wurde – vorwiegend politisch motiviert – über die konkrete Ausgestaltung gestritten.[268] Insbesondere ging es um die Frage, ob „Gleichstellung" oder „Gleichberechtigung" als Terminus in Satz 2 aufgenommen werden sollte.[269] Zur Gleichstellung wurde auf konservativ-liberaler Seite vertreten, dass diese den Frauen lediglich eine am Mann zu messende Stellung gewähren und damit ihre Eigenständigkeit herabsetzen würde.[270] Allerdings sollte die Formulierung eigentlich im Sinne tatsächlicher Gleichberechtigung verstanden werden.[271] Darüber hinaus wurde ursprünglich eine sogenannte Kompensationsklausel[272] gefordert, um die Zulässigkeit positiver Maßnahmen eindeutig im Gesetz festzuhalten.[273] Die konservativen und liberalen Kräfte sahen darin jedoch die Gefahr, dass starre Ergebnisquoten durch eine solche Klausel ebenfalls zulässig würden. Gesetzgeberisches Ziel der schließlich verabschiedeten Änderung ist die effektivere Durchsetzung des Gleichbehandlungsgebots in der gesellschaftlichen Realität und somit die Herstellung tatsächlicher Gleichberechtigung.[274] Dementsprechend beauftragt Art. 3 Abs. 2 Satz 2 Hs. 2 GG den Gesetzgeber, bestehende Nachteile in der sozialen Wirklichkeit auszugleichen, die nicht auf rechtlichen Normen beruhen.[275] Um diese Nachteile auszugleichen, ist eine Änderung der gesellschaftlichen Lebenswirklichkeit notwendig. Dies kann jedoch nicht ohne Einschränkung der Rechte der bisher dominierenden Gruppe erfolgen.

---

265 S. dazu ausf. *Limbach/Eckertz-Höfer* Frauenrechte, S. 249 ff.

266 BR-Drucks. 360/92, S. 17.

267 Waschkörbe voller Eingaben erreichten die Kommission vgl. *Limbach/Eckertz-Höfer* Frauenrechte, S. 25 und 82; *Sackofsky* Grundrecht, S. 395.

268 Dazu ausführlich *Sackofsky* Grundrecht, S. 396 mwN.

269 BT-Drucks. 17/6000, S. 50 ff.

270 Dazu die Äußerungen von *Berghofer-Weichner, Schoppe* und *Maihofer*, s. *Limbach/Eckertz-Höfer* Frauenrechte, S. 44, 51, 200.

271 *Peschel-Gutzeit, Vogel* Sten. Bericht der 23. Sitzung der GVK am 27.5.1993, S. 5, 18.

272 Begriff bei *Sackofsky* Grundrecht, S. 397.

273 *Sackofsky* Stellungnahme GVK, S. 98; *Dies.* Grundrecht, S. 397.

274 *Sackofsky* Grundrecht, S. 398.

275 *Sackofsky* Grundrecht, S. 399.

Den weiteren Umfang des Förderungsauftrags ließ die Gemeinsame Verfassungskommission indes offen. Vertreten wurde sowohl, dass das andere Geschlecht bevorzugende Ungleichbehandlungen eines Geschlechts zulässig seien, als auch, dass Art. 3 Abs. 2 Satz 2 GG nur Chancengleichheit im Sinne gleicher Ausgangschancen und keine Ergebnisgleichheit gewähren könne.[276] Gleichberechtigung sollte demnach nicht als vollständige Gleichstellung verstanden werden. Chancengleichheit ist folglich als Ausprägung von Gleichberechtigung zu verstehen. Die Vertreterinnen und Vertreter aller Meinungsströmungen waren sich jedoch darin einig, dass sogenannte starre Ergebnisquoten nicht von der Neuregelung und auch nicht von einer Kompensationsklausel erfasst sein könnten und sollten.[277] Versteht man das zwingende Mindestanteilsgebot als eine solche Quote, wäre es nach dem Willen des historischen Gesetzgebers nicht von Art. 3 Abs. 2 Satz 2 GG erfasst. Ob die Regelung des § 96 Abs. 2 Satz 1 AktG eine starre Ergebnisquote ist, wird deshalb im weiteren Verlauf erörtert.

b) Inhaltliche Reichweite der tatsächlichen Gleichberechtigung im Hinblick auf Quotenregelungen

Zur Lösung der Frage, ob Art. 3 Abs. 2 Satz 2 GG als kollidierendes Verfassungsrecht zur Rechtfertigung des zwingenden Mindestanteilsgebots herangezogen werden kann, ist zunächst der Begriff der Gleichheit i.S.v. Art. 3 GG von entscheidender Bedeutung. Dieser birgt ein komplexes dogmatisches Problem[278], dessen Erörterung für die Frage nach der Legitimität der Förderung von Ergebnisgleichheit erforderlich ist. Unterschieden wird zwischen Rechtsgleichheit und materieller bzw. faktischer Gleichheit.[279] Unter Rechtsgleichheit ist Gleichheit vor dem Gesetz zu verstehen, wie Art. 3 Abs. 1 GG es vorsieht.[280] Sie gewährleistet lediglich die rechtliche Gleichbehandlung ohne Berücksichtigung tatsächlich ungleicher Verhältnisse, die dadurch sogar verstärkt werden könnten.[281] Faktische Gleichheit bedeutet hingegen nicht nur gleiche rechtliche Verhältnisse, sondern Gleichheit im Ergebnis. Rechtliche Ungleichbehandlungen sind dafür

276 *Sackofsky* Grundrecht, S. 399.

277 *Benda* Stellungahme GVK, S. 183; *Sackofsky* Stellungnahme GVK, S. 211; *Dies.* Grundrecht, S. 397 f.; *Simon* Stellungnahme GVK, S. 233 f.; *Vogel* Verfassungsreform, S. 408.

278 So treffend BeckOK GG/*Kischel* Art. 3 GG Rn. 99.

279 *Kempter/Koch* BB 2012, 3009.

280 ZB. Maunz/Dürig/*P. Kirchhof* Art. 3 Abs. 1 GG Rn. 72.

281 Siehe dazu die Ausführungen zur Armenrechtsentscheidung des BVerfG (BVerfGE 2, 336 ff.) in: *Alexy* Theorie der Grundrechte, S. 377 f.

in Kauf zu nehmen.[282] Problematisch ist dabei, dass das eine das andere naturgemäß ausschließt: Geht man von der rein rechtlichen Gleichheit aus, so liegt faktisch eine Ungleichbehandlung vor und umgekehrt.[283] Deshalb ist es unausweichlich, dieses Paradox aufzulösen und festzulegen, ob der in Art. 3 Abs. 1 GG normierte Auftrag zur Gleichbehandlung und in Art. 3 Abs. 2 GG konkretisierte Auftrag zur tatsächlichen Gleichberechtigung ausschließlich rechtliche oder auch faktische Gleichheit ermöglichen kann. Wie dargelegt, beinhaltet der Verfassungsauftrag nicht nur das Ziel, Männer und Frauen formal rechtlich gleichzustellen, sondern bestehenden Nachteilen entgegenzuwirken, die von Art. 3 Abs. 2 Satz 2 GG anerkannt werden.[284] Allerdings wird überwiegend davon ausgegangen, dass die Herstellung faktischer Gleichheit nicht damit gemeint sei.[285] Bloße Rechtsgleichheit führt aber wegen der Verschiedenheit der Menschen dazu, dass bestehende Ungleichheiten nicht aufgehoben, sondern sogar teilweise verstärkt werden.[286]

Chancengleichheit im Sinne der Gleichheit von Ausgangssituationen muss deshalb im Einzelfall über die rein rechtliche Gleichstellung hinausgehen dürfen, um die tatsächliche Durchsetzung von Gleichberechtigung zu fördern.[287] Kritiker dieser Ansicht stellen indes auf den Wortlaut und die Erwägungen der Kommission ab und kommen zu dem Ergebnis, dass die Wahl des Terminus Gleichberechtigung anstelle von Gleichstellung keinen Platz für eine ergebnisorientierte Angleichung lässt.[288] Dem steht jedoch entgegen, dass die bloße Herstellung rechtlich gleicher Ausgangschancen nicht (immer) reicht, um das Staatsziel zu verwirklichen.[289] Darüber hinaus hätte Art. 3 Abs. 2 Satz 2 GG auch keinen Neuheitswert gegenüber der bis kurz vor der Änderung des Gesetzes ständigen Rechtsprechung des BVerfG zu Art. 3 Abs. 2 und 3 GG geboten.[290] Für die Möglichkeit der sachlichen Rechtfertigung des oft als „starre Ergebnisquote“

282 *Alexy* Theorie der Grundrechte, S. 379.

283 *Alexy* Theorie der Grundrechte, S. 379.

284 S. auch Maunz/Dürig/*Langenfeld* Art. 3 Abs. 1 GG Rn. 59.

285 *Brandt* Gleichstellungsquote, S. 81 Fn. 334.

286 *Alexy Theorie* der Grundrechte, S. 378 mit Fn. 65; auf die konkrete Situation bezogen *Brandt*, Gleichstellungsquote, S. 81.

287 *Engels* Chancengleichheit und Bundesstaatsprinzip, S. 22, 23; so auch *Brandt* Gleichstellungsquote, S. 80 f.

288 *Isensee* NJW 1993, 2583, 2585; *Hoffmann* FamRZ 1995, 257, 261; *Laubinger* VerwArch 87 (1996) 473, 528; Maunz/Dürig/*Langenfeld* Art. 3 Abs. 2 GG Rn. 56, 108.

289 *Vogel* FS Benda 1995, S. 395, 419.

290 *Vogel* DVBl 1994, 497, 500.

bezeichneten Mindestanteilsgebots ist deshalb im nächsten Schritt die Herausarbeitung der Bedeutung von Chancengleichheit und Ergebnisgleichheit erforderlich, um die Grenze des Art. 3 Abs. 2 Satz 2 GG zu bestimmen. Anschließend lässt sich feststellen, ob das Mindestanteilsgebot vor diesem Hintergrund eine „Ergebnisquote" ist. Zudem müssen die tatsächlichen Voraussetzungen und Ziele der Geschlechterquote ermittelt werden. Nur so kann man feststellen, ob sie eine starre Ergebnisquote im Sinne einer nicht von Art. 3 Abs. 2 GG erfassten Maßnahme ist oder der tatsächlichen Durchsetzung von Gleichberechtigung dient.

aa) Begriffsbestimmung und Abgrenzung von Chancen- und Ergebnisgleichheit

Ergebnisgleichheit wird in Bezug auf Geschlechterquoten dahin gehend verstanden, dass es nur auf das Erreichen eines bestimmten Geschlechterverhältnisses ankommt.[291] Der Begriff wird auch mit Zielvorgaben gleichgesetzt.[292] Allerdings wird Ergebnisgleichheit in der Literatur zu Art. 3 Abs. 2 Satz 2 GG vielfach als paritätische Vertretung beider Geschlechter in allen Bereichen verstanden.[293] Chancengleichheit geht hingegen von der Gewährleistung gleicher Ausgangschancen der Geschlechter aus.[294] Auswahlentscheidungen können demnach trotzdem zu einem unausgewogenen Geschlechterverhältnis führen. Das Verständnis von Chancengleichheit folgt dabei oft dem der formellen Gleichheit, wohingegen Ergebnisgleichheit mit materieller Gleichheit gleichgesetzt wird.[295] Diese Einteilung unterliegt jedoch einem Fehlverständnis des Begriffs der Chancengleichheit.[296] Jene reicht bereits über die reine formelle Gleichheit hinaus, indem sie jedem die Möglichkeit gewährt, seinen Wünschen und Fähigkeiten entsprechend zu handeln.[297] Chancengleichheit lässt sich außerdem in eine formelle und eine materielle bzw. substantielle Ausprägung untergliedern. Formelle Chancengleichheit beschränkt sich auf Normen, die gleiche Ausgangspositionen für die persönliche Entfaltung bieten, jedoch eigene Leistung und Anstrengung

---

291 *Pfarr* in: Arioli, Quoten und Gleichstellung, S. 3, 17.

292 *Pfarr* in: Arioli, Quoten und Gleichstellung, S. 3, 17.

293 *Maidowski* Umgekehrte Diskriminierung, S. 37; *Pfarr* Quoten, S. 251; *Sackofsky* Grundrecht, S. 399; *Slupik* Parität, S. 123.

294 *Maidowski* Umgekehrte Diskriminierung, S. 38; *Raasch* Frauenquoten, S. 159; *Sackofsky* Grundrecht, S 399.

295 *Engler* Diskriminierung, S. 46 dort in Fn. 30 und S. 68 ff.

296 S. dazu auch v. Mangoldt/Klein/Starck/*S.Baer/N.Markard* Art. 3 Abs. 2 GG Rn. 372.

297 *Engler* Diskriminierung, S. 68.

voraussetzen.[298] Davon profitieren allerdings nur die Stärksten, die den erforderlichen „Machtinstinkt“ besitzen.[299] Die soziale Realität bleibt folglich durch die rein formelle Chancengleichheit unverändert. Vorgelagerte Ungleichheiten durch soziale Rahmenbedingungen können dadurch nicht behoben werden.[300] Dem soll durch die Gewährleistung substantieller Chancengleichheit entgegengewirkt werden. Jene stellt darauf ab, dass die Voraussetzungen, die als zweckmäßig oder vernünftig angesehen werden, selbst so beschaffen sein müssen, dass Menschen aus allen Gesellschaftsschichten die gleichen Chancen haben, sie zu erreichen.[301] Die sozialen Rahmenbedingungen müssen demnach ebenfalls berücksichtigt werden.[302] Substantielle Chancengleichheit begünstigt in Abgrenzung zur formellen Chancengleichheit dementsprechend diejenigen, „die gerade aufgrund ihrer strukturell schwächeren Position nicht zu leisten vermögen, damit sie in Zukunft leisten können“.[303] Auch die substantielle Chancengleichheit findet ihre Grenze jedoch in der Ergebnisgleichheit, weil diese individuelle Eigenschaften vollständig außer Acht lässt.[304] Damit der Verfassungsauftrag in Art. 3 Abs. 2 Satz 2 GG verwirklicht werden kann, muss Chancengleichheit als materielle (substantielle) Chancengleichheit verstanden werden.

bb) Charakter und Ziel des Mindestanteilsgebots

Entscheidend ist folglich, ob das Mindestanteilsgebot substantielle Chancengleichheit gewährt oder Ergebnisgleichheit zum Ziel hat. Auf den ersten Blick liegt die Einordnung der Quote als Instrument zur Gewährleistung von Ergebnisgleichheit nahe. Durch die Vorgabe, dass der Aufsichtsrat zu je 30 Prozent aus Frauen und Männern bestehen muss, soll das Ziel einer mindestens 30-prozentigen Teilhabe beider Geschlechter an der Überwachung der Unternehmensleitung erreicht werden. Eine vollständige Gleichstellung im Sinne einer paritätischen Besetzung sieht das Gesetz hingegen nicht vor. Beschränkt sich Ergebnisgleichheit auf paritätische Teilhabe, hat das Mindestanteilsgebot keine Ergebnisgleichheit zum Ziel. Naheliegender ist jedoch, dass die von Art. 3 Abs. 2 GG nicht erfasste Ergebnisgleichheit sich auch auf die Art und Weise der Zielerreichung beziehen soll.

---

298 *Ladwig* in: Konzeption, 1999, S. 365, 367.

299 *Engler* Diskriminierung, S. 68 f.

300 *Engler* Diskriminierung, S. 69.

301 Übersetzt nach: *Williams* in: Equality, 1988, S. 4 f.

302 *Engler* Diskriminierung, S. 69; so auch *Lautmann* S. 38 f.; *Raasch* Frauenquoten, S. 156.

303 *Engler* Diskriminierung, S. 69.

304 *Engler* Diskriminierung, S. 70.

Quoten können verschieden ausgestaltet sein.[305] Die sogenannten starren Quoten verzichten vollständig auf jede Qualifikation, wohingegen Quoten mit Mindestvoraussetzungen eine Besetzung unabhängig von der konkreten Qualifikation fordern, sofern die betreffende Person eine bestimmte Mindestqualifikation erfüllt.[306] Des Weiteren gibt es Quoten mit dem Vorbehalt gleicher oder jedenfalls gleichwertiger Qualifikation. Letztere wurden bisher im Bereich des öffentlichen Rechts breit diskutiert. Im Hinblick auf die Verfahren zum Erreichen der durch die Quote vorgesehenen Geschlechterverteilung ist zwischen Ergebnis- und Entscheidungsquoten zu differenzieren.[307] Während die Ergebnisquote einen bestimmten Anteil für die Geschlechterverteilung vorgibt, sehen Entscheidungsquoten daneben Vorschriften vor, die für den Entscheidungsprozess gelten, dessen Ergebnis also an bestimmte Voraussetzungen geknüpft ist. Entscheidend sind demnach Art und Ansatz der gesetzlichen Mindestquote für Aufsichtsratsmitglieder.

Die vom Gesetzgeber eingeführte Quote wird als starre Ergebnisquote bezeichnet.[308] Keine der Normen zum Mindestanteilsgebot verlangt ausdrücklich eine bestimmte, gleiche oder gleichwertige Qualifikation der zu wählenden Personen. Darüber hinaus ist keine Ausnahmeregelung für den Fall vorgesehen, wenn sich kein geeignetes Mitglied des passenden Geschlechts findet. Das Mindestanteilsgebot unterliegt deshalb nicht dem Vorbehalt gleicher oder gleichwertiger Qualifikation. Verfehlt ist es jedoch, von diesen Tatsachen ausgehend darauf zu schließen, dass die anteilsmäßige Zusammensetzung des Aufsichtsrats ohne jegliche Rücksicht auf irgendeine (Mindest-)Qualifikation erfolgen soll. Dafür spricht zwar, dass eine Ausnahme- oder Härtefallregelung fehlt. Die Hauptversammlung müsste augenscheinlich im Zweifel eine völlig ungeeignete Person des passenden Geschlechts wählen, um den Aufsichtsrat vollständig zu besetzen, weil jegliche andere Wahl nichtig ist (§§ 96 Abs. 2 Satz 6, 250 Abs. 1 Nr. 5 AktG). Der Wortlaut des § 96 Abs. 2 AktG bezieht sich jedenfalls nicht auf irgendeine (Mindest-)Qualifikation. Allerdings muss die Norm in ihrem systematischen Kontext ausgelegt werden. In § 96 AktG ist festgelegt, aus welchen Personengruppen der Aufsichtsrat besteht. Die Norm bestimmt also nur die Personalstruktur, nicht jedoch die persönlichen Voraussetzungen. Die an die Mitglieder

---

305 Ausführlich dazu *Pfarr* Quoten, S. 202 ff.

306 *Pfarr* Quoten, S. 203.

307 *Pfarr* Quoten, S. 205 ff.

308 S. zB. *BDA/BDI* Stellungnahme S. 2; ErfK/*Oetker* § 96 AktG Rn. 2; Hölters/*Simons* § 96 AktG Rn. 44 (fix), *Teichmann/Rüb* BB 2015, 898, 906.

zu stellenden Anforderungen ergeben sich aus § 100 AktG und indirekt aus den Haftungsmaßstäben der §§ 116, 93 AktG. Sie gelten für sämtliche Mandatsträger, deren gruppenmäßige Zusammensetzung § 96 AktG vorschreibt.[309] Selbst diese Normen weisen kaum inhaltliche Anforderungen aus. Gleichwohl ist zu Recht anerkannt, dass jedes Mitglied eine gewisse Mindestqualifikation besitzen muss, die aber keine Bestellungsvoraussetzung ist.[310] Auch wenn § 96 Abs. 2 AktG keine notwendige Qualifikation vorschreibt, gilt die Mindestqualifikation für alle in der Norm genannten Mitglieder, unabhängig davon, welcher Seite, Gruppe oder welchem Geschlecht sie angehören. Folglich gilt die Mindestqualifikation auch für Personen, die einen quotierten Sitz erhalten sollen. Der Gesetzgeber hat das Mindestanteilsgebot also nicht ohne Rücksicht auf jegliche Qualifikation eingefügt. Es war bereits aus gesetzessystematischen Gründen nicht erforderlich, die Voraussetzung der Mindestqualifikation in die Regelung des § 96 Abs. 2 AktG aufzunehmen. Das Mindestanteilsgebot ist dementsprechend keine starre, von jeglicher Qualifikation unabhängige Quote und somit grundsätzlich einer Rechtfertigung durch Art. 3 Abs. 2 Satz 2 GG zugänglich.

Klärungsbedürftig ist dennoch, ob die Quote Chancen- oder Ergebnisgleichheit gewährleisten soll, da sie in letzterem Fall nicht von Art. 3 Abs. 2 Satz 2 GG erfasst ist. Das Hauptproblem des Mindestanteilsgebots besteht darin, dass es nicht bei der (Aus-)Wahl der Vorgeschlagenen ansetzt, sondern bei dem Wahlergebnis. Die Beschränkung auf formelle Chancengleichheit würde jedoch das Problem nicht beheben, dass subjektive Vorurteile die Entscheidung sowohl bei Aufstellung des Wahlvorschlags, als auch bei der Wahl selbst verdeckt beeinflussen.[311] Die bestehenden Nachteile würden demnach nicht beseitigt. Dem Prinzip der substantiellen Chancengleichheit folgend müssen diese Rahmenbedingungen einer verdeckten strukturellen Diskriminierung berücksichtigt werden. Dass eine solche vorliegt, indizieren die zahlreichen Studien und Statistiken, die trotz des zunehmenden öffentlichen und politischen Drucks auf die Unternehmen eine sehr verzögerte, teilweise stagnierende Entwicklung aufzeigen.[312]

Das Mindestanteilsgebot stellt auf das Gesamtergebnis der Zusammensetzung des Organs Aufsichtsrat ab, um die strukturell nicht vorhandene Chancengleichheit bei der (Aus-)Wahl der Mitglieder herzustellen. Dies folgt dem Prinzip der Chancen wahrenden Auswahlbeeinflussung.[313] Die Gleichheit der

---

309 Zur Mindestqualifikation s. bereits oben Kap. 1 § 4 A. I. 2. b) aa).

310 S. oben Kap. 1 § 4 A. I. 2. b) aa).

311 *Ossenbühl* NJW 2012, 417, 419.

312 ausf. dazu: *Brandt* Gleichstellungsquote, S. 28 ff. mwN.

313 *Ossenbühl* NJW 2012, 417, 419.

individuellen Ausgangschancen kann erst durch die Anknüpfung am Ergebnis gewährleistet werden. Die gesetzliche Festlegung des Geschlechterverhältnisses setzt einen gesellschaftlichen Gewöhnungsprozess[314] in Gang bzw. intensiviert diesen, um die auf der Grundlage formeller Chancengleichheit nicht vorhandene individuelle Chancengleichheit herzustellen. Dabei werden die gesellschaftlichen Rahmenbedingungen in Form von struktureller Diskriminierung und darauf beruhender Unterrepräsentanz sowie Unbekanntheit geeigneter Personen berücksichtigt. Die Quote knüpft zwar an einer Mindestzielgröße an, die im Ergebnis erreicht werden muss, allerdings sollen sich dadurch die Auswahlchancen der Mitglieder des unterrepräsentierten Geschlechts erhöhen. Art. 3 Abs. 2 Satz 2 GG soll außerdem Maßnahmen ermöglichen, die geschlechtsbedingte Nachteile ausgleichen. Dazu gehört auch eine Unterrepräsentanz von Frauen in Führungspositionen aufgrund gewachsener Strukturen[315] trotz gestiegener Qualifikationen.[316] Erst durch die Quote in Form einer konkreten Zielvorgabe haben die derzeit unterrepräsentierten Frauen die Chance, ihre Fähigkeiten in Führungspositionen unter Beweis zu stellen und ist durch das Aufbrechen der Strukturen durch eine sogenannte *critical mass* langfristig tatsächliche Gleichberechtigung und Gleichheit der Ausgangschancen zu erreichen. Ferner darf nicht übersehen werden, dass eine ergebnisorientierte Quote in Höhe von 30 Prozent keine faktische Gleichheit im Sinne einer paritätischen Beteiligung bewirkt. Dementsprechend folgt das Mindestanteilsgebot dem Prinzip der substantiellen Chancengleichheit. Das vom Gesetzgeber mit dem Mindestanteilsgebot in Form einer ergebnisorientierten Quote verfolgte Ziel ist damit von Art. 3 Abs. 2 Satz 2 GG erfasst, sodass die Regelung grundsätzlich eine zulässige Maßnahme ist. Die Verfassungsmäßigkeit der konkreten inhaltlichen Ausgestaltung wird im Rahmen der Abwägung untersucht.

2. *Abwägung der kollidierenden Interessen*

Der Ausgleich kollidierender Verfassungsbelange erfolgt im Wege der praktischen Konkordanz. Abzuwägen ist die Schwere der Verletzung des Diskriminierungsverbots durch das Mindestanteilsgebot mit dessen Förderungsziel der tatsächlichen Durchsetzung von Gleichberechtigung von Frauen und Männern.

---

314 Begriff bei *Schumann* Gleichberechtigung, S. 103.

315 Zu den Studien und Erklärungsmodellen siehe eingehend *Brandt* Gleichstellungsquote, S. 36 ff. mwN.

316 *Holst/Busch* Führungskräftemonitor 2010, S. 13; *Brandt* Gleichstellungsquote, S. 35 mwN.

Das Mindestanteilsgebot ist demnach verhältnismäßig, wenn dem mit der Regelung beabsichtigen Zweck der Förderung der Mitglieder des unterrepräsentierten Geschlechts ein größeres Gewicht beizumessen ist, als dem durch die Quotierung der Aufsichtsratssitze nach § 96 Abs. 2 Satz 1 AktG festgestellten Verstoß gegen das Diskriminierungsverbot in Art. 3 Abs. 3 GG.

Vielfach werden die in der Rechtsprechung des EuGH entwickelten Leitsätze zu Quotenregelungen als Maßstab für die Schwere des Verstoßes herangezogen.[317] Diese ergeben sich hauptsächlich aus den Urteilen des EuGH in Sachen *Kalanke*[318], *Marschall*[319] *und Badeck*[320]. Alle Entscheidungen betrafen landesgesetzliche Regelungen zur Frauenförderung im öffentlichen Dienst. In der *Kalanke*-Entscheidung urteilte der EuGH, dass qualifikationsabhängige Quoten unzulässig sind, die Frauen absoluten Vorrang gewähren, ohne besondere Umstände zu berücksichtigen, die bei männlichen Gegenbewerbern vorliegen.[321] Diese Rechtsprechung setzte der Gerichtshof in der *Marschall*-Entscheidung fort. Gegenstand der Entscheidung war eine Quotenvorgabe, die im Gegensatz zu der Regelung aus dem vorigen Verfahren eine Öffnungsklausel vorsah. Diese Norm hielt der Gerichtshof für zulässig.[322] Im Ergebnis gleich gelagert fiel die Entscheidung in Sachen *Badeck* aus, weil die Quotenvorgabe auch dort eine Öffnungsklausel enthielt.[323] Darüber hinaus urteilte der EuGH im Rahmen dieser Entscheidung, dass Sollvorschriften zur paritätischen Besetzung von Gremien ebenfalls zulässig sind.[324] Zusammenfassend ergeben die Leitentscheidungen, dass landesrechtliche Vorschriften zur Frauenförderung im öffentlichen Dienst dann mit dem Gemeinschaftsrecht vereinbar sind, wenn sie qualifikationsabhängig ausgestaltet sind und über hinreichende Ausnahmen verfügen, die Härtefälle angemessenen berücksichtigen.[325]

Die vom EuGH entwickelten Grundsätze lassen sich jedoch nicht vollständig auf die Beurteilung des zwingenden Mindestanteilsgebots übertragen. Gestaltet der Gesetzgeber die Quote qualifikationsabhängig, gefährdet dies die Erreichung

---

317 *Habersack/Kersten* BB 2014, 2819, 2822 ff.; *Kempter/Koch* BB 2012, 3009, 3312 ff.; *Ossenbühl* NJW 2012, 417 ff.; *Wieland* NJW 2010, 2048, 2049.

318 EuGH Urt. v. 17.10.1995 – C-450/93 (Kalanke), Slg. 1995, I 3051-3080.

319 EuGH Urt. v. 11.11.1997 – C-409/95 (Marschall), Slg. 1997, I-6363-6395.

320 EuGH Urt. v. 28.03.2000 – C-158/97 (Badeck), Slg. 2000, I-1875-1933.

321 EuGH Urt. v. 17.10.1995 – C-450/93 (Kalanke), Slg. 1995, I 3051-3080, Tz. 22.

322 EuGH Urt. v. 11.11.1997 – C-409/95 (Marschall), Slg. 1997, I-6363-6395, Tz. 23 ff.

323 EuGH Urt. v. 28.3.2000 – C-158/97 (Badeck), Slg. 2000, I-1875-1933, Tz. 18.

324 EuGH Urt. v. 28.3.2000 – C-158/97 (Badeck), Slg. 2000, I-1875-1933, Tz. 64 ff.

325 So auch *Brandt* Gleichstellungsquote, S. 185; *Brandt/Thiele* AG 2011, 580.

des mit ihr verfolgten Zwecks. Die Voraussetzung einer absolut gleichen oder gleichwertigen Eignung könnte zu einer Aushöhlung der Quotenregelung führen. Teilweise wird umfassende Erfahrung auf Vorstandsebene als Voraussetzung für die Aufsichtsratstätigkeit gefordert.[326] Aufgrund der bestehenden Strukturen in den Führungsetagen werden viele Frauen den männlichen Kandidaten in diesem Punkt unterliegen.[327] Eine Beschränkung der Qualifikationsanforderungen auf eine Mindestqualifikation entschärft dieses Problem. Einschlägige Vorstandserfahrung kann als Mindestqualifikation jedenfalls nicht von jedem einzelnen Mitglied gefordert werden.[328]

Zweitens betrafen die Entscheidungen des EuGH stets Quoten, die für Einstellungsentscheidungen im Sinne von Eins-zu-Eins-Auswahlentscheidungen geschaffen wurden und nicht für Wahlen.[329] Die Aufsichtsratswahl erfolgt jedoch mehrheitlich durch den Willen der Hauptversammlung, gegebenenfalls eines einzelnen Mehrheitsaktionärs bzw. einer einzelnen Mehrheitsaktionärin. Wer die Mehrheit der Anteile hält, kann eine Person in den Aufsichtsrat bestellen, die im Vergleich zu möglich anderen deutlich geringer qualifiziert ist, aber sein oder ihr Vertrauen hat. Einzige Grenze ist die völlige Ungeeignetheit der Person. Wie zuvor ausführlich dargelegt, bleibt der Charakter der Wahl außerdem auch unter Geltung des Mindestanteilsgebots erhalten.[330] Alle Personen haben in Höhe von 30 Prozent die gleichen Chancen, in den Aufsichtsrat gewählt zu werden. Die Mitglieder des überrepräsentierten Geschlechts haben zu Beginn der Wahl oder bei vollständiger Neubesetzung des Aufsichtsrats sogar grundsätzlich eine 70-prozentige Chance, dass ihre Wahl erfolgreich ist. Außerdem ist dem Aktienrecht ein Qualifikationsvergleich fremd.[331]

Darüber hinaus sind Aufsichtsratsmandate ihrer gesetzlichen Konzeption entsprechend nach wie vor als Nebenamt ausgestaltet und dienen nicht ausschließlich der Sicherung des Lebensunterhalts.[332] Dies zeigt sich unter anderem in § 113 Abs. 1 Satz 1 AktG, wonach im Unterschied zu § 76 AktG die

326 S. *Weber-Rey* Professionalisierung, S. 160, 169.

327 So i.E. auch *Brandt* Gleichstellungsquote, S. 185.

328 S. oben Kap. 1 § 4 A. I. 2. b) aa).

329 S. auch Maunz/Dürig/*Langenfeld* Art. 3 Abs. 2 GG Rn. 109.

330 So auch mit konkretem Bezug auf die Verfassungsmäßigkeit *Bachmann* ZIP 2011, 1131, 1135; *Brandt* Gleichstellungsquote, S. 186.

331 S. oben Kap. 1 § 3 B.

332 *Lutter/Krieger/Verse* Rechte und Pflichten, Rn. 894; *Lutter* FS Canaris 2007, S. 245, 252; *Ders.*, ZHR 145 (1981) 224, 235; *Butzke* FS Hoffmann-Becking 2013, S. 229, 230; *Lutter* NJW 1995, 1133: „Ehrenamt".

„angemessene Vergütung“ als Kann-Vorschrift ausgestaltet ist. Für die Charakterisierung als Nebenamt spricht zudem die geringe Anzahl an verpflichtenden Sitzungen (§ 111 AktG). Außerdem gehen die Mandatsträger in der Regel einer anderweitigen hauptberuflichen Tätigkeit nach, die zumeist Grund für den Vorschlag der Wahl in den Aufsichtsrat ist, wegen der bei ihrer Ausübung erworbenen Qualifikationen, Kenntnisse und Erfahrungen. Bisher gibt es das Berufsbild des Aufsichtsrats nicht und es ist zweifelhaft, ob ein solches trotz oder gerade wegen der Professionalisierungsbestrebungen sinnvoll wäre.[333] Aus diesem Grund wird einer vorgeschlagenen Person im Fall der Nichtwahl wegen des Geschlechts in der Regel nicht die einzige oder hauptsächliche Existenzgrundlage entzogen.[334] Die Leitlinien der bisherigen unionsrechtlichen Rechtsprechung sind deshalb für die verfassungsrechtliche Entscheidung zum Mindestanteilsgebot für Aufsichtsräte in der Privatwirtschaft ungeeignet. Dementsprechend lassen sich die Grundsätze der oben skizzierten Urteile des EuGH auf das hier betreffende Mindestanteilsgebot nicht übertragen.[335] Damit gehen die Annahmen vieler Kritiker des Mindestanteilsgebots in diesem Punkt fehl, was ihre Argumentation wesentlich schmälert.

Angesichts der derzeitigen Geschlechterverteilung und der in Deutschland verbreiteten Konstellation der *staggered boards* ist trotzdem davon auszugehen, dass die Ungleichbehandlung der derzeit überrepräsentierten Männer im Einzelfall erheblich sein kann. Momentan kann bei Unterschreitung des Mindestanteils durch das Ausscheiden männlicher Mitglieder die Situation eintreten, dass diese zu 100 Prozent nicht wiedergewählt werden können. Würde die Quote dadurch verfehlt, wäre die Wahl nach Maßgabe des § 96 Abs. 2 Satz 6 gem. § 250 I Nr. 5 AktG nichtig. Die Intensität des Eingriffs wird jedoch dadurch gemindert, dass es sich um ein Mandat für ein prestigeträchtiges Nebenamt handelt. Diejenigen, die nicht oder nicht wiedergewählt werden, verlieren in der Regel nicht ihre hauptsächliche Existenzgrundlage. Darin liegt der wesentliche Unterschied zu den für unzulässig gehaltenen Einstellungsquoten. Darüber hinaus haben die männlichen Kandidaten bei Eintreten der gegenteiligen Situation dieselben Chancen wie momentan die weiblichen. Zudem ist die Privatwirtschaft, anders als der öffentliche Dienst, nicht an die Vorgabe des Art. 33 Abs. 2 GG und damit das Prinzip der Bestenauslese gebunden.[336] Dementsprechend erlangt das Gebot

---

333 KölnKomm AktG/*Mertens/Cahn* vor § 95 AktG Rn. 8.

334 Zutreffend *Brandt* Gleichstellungsquote, S. 187.

335 So auch zutreffend *Brandt* Gleichstellungsquote, S. 189.

336 Zutreffend *Brandt* Gleichstellungsquote, S. 188.

des Art. 3 Abs. 2 Satz 2 GG in diesem Fall auch für eine Förderung auf „Kosten" möglicherweise qualifizierterer Gegenkandidaten mehr Gewicht.

Allerdings darf die Frage der Qualifikation nicht vollständig außer Acht gelassen werden, weil sie von Kritikern immer wieder als Argument gegen das von einem Qualifikationsvergleich unabhängige Mindestanteilsgebot herangezogen wird. Wie herausgearbeitet, ist die Aufsichtsratstätigkeit jedenfalls haftungsrechtlich an das Vorliegen einer Mindestqualifikation geknüpft, welche auch für die quotierten Sitze gilt. Für die Abwägung kommt es darauf an, ob es wirklich kaum oder keine geeigneten Kandidatinnen gibt, die diese Qualifikation erfüllen, sodass im Zweifel völlig ungeeignete Frauen in den Aufsichtsrat gewählt werden müssten.

a) Mindestqualifikation bzw. Sachkunde für Aufsichtsratsmitglieder

Die Beantwortung der Fragen, was die Mindestqualifikation inhaltlich bedeutet, wer eine solche besitzt und wann sie vorliegen muss, lässt sich – soweit abstraktionsfähig – aus den Aufgaben und Pflichten, sowie der Haftung der Aufsichtsratsmitglieder ableiten. Diese ergeben sich aus den §§ 95 ff. AktG sowie den Sorgfalts- und Haftungsmaßstäben bei fehlender Qualifikation.

aa) Funktionen und Aufgaben der Aufsichtsratsmitglieder

Zunächst wurden Aufsichtsratsmitglieder nicht als „Träger speziellen Fachwissens" angesehen,[337] sondern als Vertreter der „ausschlaggebenden ökonomischen Hauptinteressen."[338] In den späten 1920er bis frühen 1930er Jahren wurden die Aufsichtsräte als unternehmerisches Mitentscheidungsorgan verstanden.[339] Die dem heutigen Verständnis zugrunde liegende Regelung wurde mit der Reform von 1965 in das Aktiengesetz eingefügt. Hauptaufgabe des Aufsichtsrats ist gem. § 111 Abs. 1 AktG die Überwachung der Tätigkeit des Vorstands. Der Aufsichtsrat muss kontrollieren, ob der Vorstand seinen in § 93 AktG normierten Pflichten nachkommt, ihn dazu anhalten, dies zu tun, und gegebenenfalls einschreiten.[340] Die Überwachung bezieht sich nicht nur auf abgeschlossene Sachverhalte und das laufende Geschäft, sondern erfolgt auch zukunftsgerichtet. Der

---

337 *Weber* Sozialökonomik, S. 675.

338 *Weber* Sozialökonomik, S. 675.

339 Dazu *Hommelhoff* ZGR 1983, 551, 559.

340 ZB. durch die Geltendmachung von Ersatzansprüchen gegenüber Vorstandsmitgliedern, vgl. statt aller: Spindler/Stilz/*Spindler* § 116 AktG Rn. 58 m. zahlr. Nachw. in Fn. 246.

Aufsichtsrat hat somit in engen Grenzen auch eine Beratungsfunktion.[341] Darüber hinaus ist der Aufsichtsrat für die Bestellung und Abberufung des Vorstands sowie für den Abschluss der Anstellungsverträge mit den Vorstandsmitgliedern zuständig (§ 84 Abs. 1 S. 1 AktG).

- **Überwachungs- und Kontrollfunktion**
Der Aufsichtsrat kontrolliert die Rechnungslegung, also gem. § 171 AktG den Jahresabschluss und den Lagebericht, selbstständig[342] und nimmt dazu Stellung. Darüber hinaus prüft er die Vorstandsberichte nach § 90 Abs. 1 Nrn. 2 und 3 AktG und nimmt gegebenenfalls eine weitere stichprobenartige Prüfung einzelner Angelegenheiten vor.[343] Grundsätzlich trifft den Aufsichtsrat aber keine Pflicht zu weiteren eigenen Untersuchungen, es sei denn, er zweifelt an der Verlässlichkeit der Informationsversorgung durch den Vorstand.[344] Die einzelnen Mitglieder des Aufsichtsrats müssen dementsprechend in der Lage sein, die Vorstandsberichte kritisch zu würdigen, den Jahres- und Konzernabschluss mithilfe des Prüfberichts zu verstehen und die Angemessenheit bilanzpolitischer Maßnahmen zu prüfen.[345] Nicht erforderlich ist hingegen die Prüfung, ob die Buchhaltung ordnungsgemäß ist.[346] Die Mitglieder sollen vor allem in der Lage sein, die richtigen (also auch unbequemen) Fragen zu stellen und so gegebenenfalls Mängel aufzudecken.[347] Darüber hinaus hat der Aufsichtsrat die Aufgabe, das gem. § 91 Abs. 2 AktG erforderliche Risikomanagementsystem, die interne Revision und die Compliance-Organisation hinsichtlich Vorhandensein und Funktionalität zu überwachen, sofern diese vorhanden ist.[348]

Die zukunftsbezogene Überwachung umfasst neben der kritischen Prüfung der Planungsberichte des Vorstands (§ 90 Abs. 1 Nrn. 1 und 4 AktG) vor allem die Zustimmungsvorbehalte (§ 111 Abs. 4 Satz 2 AktG). Sie bezieht sich damit

---

341 BGHZ 114, 127, 129 f.; BGHZ 135, 181, 182; KölnKomm AktG/*Mertens/Cahn* § 111 AktG Rn. 35; Heidel/*Breuer/Fraune* § 116 AktG Rn. 8.

342 *Cahn* Professionalisierung, S. 140, 144.

343 Grigoleit/*Grigoleit/Tomasic* § 111 AktG Rn. 17; MünchKomm AktG/*Habersack* § 111 AktG Rn. 44 ff.; GroßKomm AktG/*Hopt/Roth* § 111 AktG Rn. 310 ff.

344 KölnKomm AktG/*Mertens/Cahn* § 111 AktG Rn. 16.

345 MünchKomm AktG/*Habersack* § 111 AktG Rn. 29; GroßKomm AktG/*Hopt/Roth* § 111 AktG Rn. 281; *Mertens* AG 1980, 67; *Semler* Leitung und Überwachung, Rn. 162 ff.

346 Heidel/*Breuer/Fraune* § 111 AktG Rn. 12.

347 *Thienel* Teamplayer, S. 119, 123.

348 *Cahn* Professionalisierung, S. 140, 145; K. Schmidt/Lutter/*Drygala* § 111 AktG Rn. 9; *Lutter* DB 2009, 775, 776; KölnKomm AktG/*Mertens/Cahn* § 116 AktG Rn. 7.

auf Fragen der Unternehmensplanung, insbesondere der Finanz-, Investitions- und Personalplanung sowie wirtschaftlich bedeutende Maßnahmen. Die Aufsichtsratsmitglieder müssen dementsprechend die Bedeutung eines Zustimmungsvorbehalts kennen und in der Lage sein, die Vorhaben des Vorstands nachzuvollziehen und unter rechtlichen und wirtschaftlichen Gesichtspunkten kritisch zu würdigen. Die Überwachung erstreckt sich in allen Bereichen nicht allein auf die Rechtmäßigkeit, sondern auch auf die Ordnungsgemäßheit, Zweckmäßigkeit und Wirtschaftlichkeit des Vorstandshandelns.[349] Ihre Reichweite erschöpft sich aber in der Prüfung, ob der Vorstand die unternehmensinternen Entscheidungsprozesse ausreichend koordiniert und kontrolliert sowie nachgeordnete Entscheidungsträger sorgfältig auswählt.[350]

– **Beratungs- und Leitungsfunktion im Sinne eines Mitunternehmers?**
Im Zusammenhang mit der zukunftsgerichteten Überwachung wird häufig der Umfang diskutiert, in dem der Aufsichtsrat in die Planung einbezogen werden soll. Dass der Aufsichtsrat nicht nur Kontrolleur im Sinne eines Rechnungshofs sein soll, sondern die präventive Kontrolle unternehmerisch verantwortlich ausüben soll, ist allgemein anerkannt.[351] Damit geht auch eine begrenzte Beratung des Vorstands einher.[352] Allerdings bezieht sich diese ausschließlich auf die strategische Unternehmensführung und ausdrücklich nicht auf das operative Geschäft.[353] Der Aufsichtsrat ist weder Führungsorgan, noch hat er Leitungsbefugnisse. Dies legt § 111 Abs. 4 AktG ausdrücklich fest. Damit ist es nicht vereinbar, die Unternehmensplanung zur gemeinsamen Aufgabe von Vorstand und Aufsichtsrat zu erklären.[354] Eine Beratungs- und Leitungsfunktion in Sinne eines Mitunternehmers hat der Aufsichtsrat deshalb nicht. Der Aufsichtsrat

---

349 Statt aller BGHZ 114, 127, 129 f.; Lutter/Krieger/Verse/*Lutter/Krieger/Verse* Rechte und Pflichten, Rn. 73; KölnKomm AktG/*Mertens/Cahn* § 111 AktG Rn. 14.

350 K.Schmidt/Lutter/*Drygala* § 111 AktG Rn. 13; *Lutter/Krieger/Verse* Rechte und Pflichten, Rn. 70 ff.

351 Heidel/*Breuer/Fraune* § 116 AktG Rn. 8; K.Schmidt/Lutter/*Drygala* § 111 AktG Rn. 19; MünchKomm AktG/*Habersack* § 100 AktG Rn. 12, 100; KölnKomm AktG/*Mertens/Cahn* vor § 95 AktG Rn. 1, § 111 AktG Rn. 32; Spindler/Stilz/*Spindler* § 111 AktG Rn. 10.

352 K.Schmidt/Lutter/*Drygala* § 111 AktG Rn. 18; MünchKomm AktG/*Habersack* § 111 AktG Rn. 12, 100; Spindler/Stilz/*Spindler* § 111 AktG Rn. 10.

353 K.Schmidt/Lutter/*Drygala* § 111 AktG Rn. 13; Spindler/Stilz/*Spindler* § 111 AktG Rn. 10.

354 So aber *Lutter* DB 2009, 775; wie hier KölnKomm AktG/*Mertens/Cahn* vor § 95 AktG Rn. 11.

haftet auch nicht für die Fehler des Vorstands, sondern für seine mangelhafte Kontrolle des Vorstandshandelns.

- **Personalkompetenz**

Die in § 84 Abs. 1 Satz 1 AktG normierte Personalkompetenz für den Vorstand verleiht dem Aufsichtsrat eine tragende Rolle in Bezug auf die Unternehmenspolitik und das „Wohl und Wehe“[355] der Gesellschaft. Er hat in dieser Zuständigkeit unternehmerisches Ermessen und darf deshalb in seiner Entscheidungsfreiheit nicht eingeschränkt werden.[356] Weder Vorstand noch Aktionäre haben aus diesem Grund einen Anspruch auf ein Vorschlagsrecht. Sie dürfen aber unverbindlich die Initiative ergreifen.[357] Auch Ziff. 5.1.2. Abs. 1 S. 3 DGCK empfiehlt, dass Aufsichtsrat und Vorstand in dieser Angelegenheit zusammenarbeiten. Dies wird im Schrifttum begrüßt[358] und scheint in der Praxis üblich,[359] da der Vorstand in der Regel einen besseren Überblick über potenzielle Mitglieder hat. Da heute weniger Vorstände aus dem Unternehmen selbst rekrutiert werden, ist die Aufgabe anspruchsvoll[360] und setzt Kenntnisse des Unternehmens, seiner Zukunftsperspektiven und des Marktes für Vorstandsmitglieder voraus.[361] Darüber hinaus ist die zwingende Zuständigkeit des Aufsichtsrats für den Abschluss von Anstellungsverträgen gem. §§ 84 Abs. 1 Sätze 1, 5 AktG eine komplexe Aufgabe, bei der sich die Aufsichtsratsmitglieder nicht ohne Weiteres auf den Vergütungsberater verlassen dürfen, sondern die Vorgänge eigenständig nachvollziehen müssen.[362] Demnach muss der Aufsichtsrat zwar die Personalentscheidung treffen, darf sich zur Entscheidungsfindung aber beraten lassen.

355 *Götz* AG 1995, 337, 348.

356 Ganz hM Henssler/Strohn/*Dauner-Lieb* § 84 AktG Rn. 6; Spindler/Stilz/*Fleischer* § 84 AktG Rn. 10; Hüffer/Koch/*Koch* § 84 AktG Rn. 5; GroßKomm AktG/*Kort* § 84 AktG Rn. 27; K.Schmidt/Lutter/*Seibt* § 84 AktG Rn. 11; MünchKomm AktG/*Spindler* § 84 AktG Rn. 15.

357 Hüffer/Koch/*Koch* § 84 AktG Rn. 5; GroßKomm AktG/*Kort* § 84 AktG Rn. 28; MünchKomm AktG/*Spindler* § 84 AktG Rn. 15; krit. Spindler/Stilz/*Fleischer* § 84 AktG Rn. 10.

358 Spindler/Stilz/*Fleischer* § 84 AktG Rn. 10; K.Schmidt/Lutter/*Seibt* § 84 AktG Rn. 12; MünchKomm AktG/*Spindler* § 84 AktG Rn. 15.

359 So jedenfalls MünchKomm AktG/*Spindler* § 84 AktG Rn. 15; *Cahn* Professionalisierung, S. 140, 143.

360 *Lutter* DB 2009, 775, 776.

361 *Cahn* Professionalisierung, S. 140, 143; Hölters/*Weber* § 84 AktG Rn. 8.

362 *Cahn* Professionalisierung, S. 140, 143; *Lutter* DB 2009, 775, 776.

Dementsprechend muss auch nicht jedes Mitglied umfassende Erfahrung in Personalangelegenheiten nachweisen können.

Der Aufsichtsrat nimmt nach heutigem Verständnis also die Rolle eines unternehmerisch verantwortungsvollen und kritischen Kontrolleurs ein. Je größer und internationaler das Unternehmen aufgestellt ist, desto komplexer werden die einzelnen Aufgaben.

bb) Anforderungen an die einzelnen Aufsichtsratsmitglieder[363]

Die verschiedenen Aufgabenbereiche, mit denen der Aufsichtsrat betraut ist, erfordern vom Aufsichtsrat insgesamt verschiedene Kompetenzen. Insbesondere juristische und betriebswirtschaftliche Expertise, Leitungserfahrung und Branchenkenntnis werden neben Persönlichkeitsmerkmalen, wie Problemlösungsfähigkeit und Veränderungskompetenz, gefordert.[364] Dabei dürfen jedoch, entsprechend den vorstehenden Ausführungen, einige wesentliche Aspekte nicht außer Acht gelassen werden: Zum einen ist der Aufsichtsrat kein Mitunternehmer bzw. Übervorstand, sondern ein Kontrollorgan, das die Handlungen und Planungen der Unternehmensleitung nachvollziehen und kritisch bewerten soll. Zum anderen ist das Aufsichtsratsamt nach der Konzeption des Gesetzes als Nebenamt ausgestaltet, sodass die Anforderungen stets im Lichte dieser Maxime betrachtet werden müssen. Darüber hinaus ist Konsens, dass der Aufsichtsrat insgesamt als Gremium über die notwendigen Fähigkeiten verfügen muss, um seine Aufgaben sachgerecht wahrzunehmen. Spezielle Fähigkeiten in allen Kompetenzbereichen muss hingegen nicht jedes einzelne Mitglied gleichermaßen vorweisen können.[365]

Für das einzelne Mitglied hat der BGH in der *Hertie*-Entscheidung deshalb nur auf das Vorhandensein einer Mindestqualifikation abgestellt. Der Aufsichtsrat muss in der Lage sein, seine Aufgabe der ordnungsgemäßen Überwachung des Vorstands grundsätzlich selbstständig wahrzunehmen.[366] Die Frage ist also, in welchem Maß jedes einzelne Mitglied die herausgearbeiteten Kompetenzen besitzen muss, damit es der Mindestanforderung an die Qualifikation genügt.

---

363 Aus Platzgründen wird hier nur auf fachliche Kompetenzen und Erfahrungen eingegangen. Weitere soft-skills müssen daher unbeachtet bleiben.

364 K.Schmidt/Lutter/*Drygala* § 100 AktG Rn. 32.

365 So bereits zur Hertie-Entscheidung *Hommelhoff* ZGR 1983, 551, 571; ebenso Heidel/*Breuer/Fraune* § 100 AktG Rn. 2a; *Cahn* Professionalisierung, S. 140, 145; *Dreher* FS Hoffmann-Becking 2013, S. 313, 317; *Lutter* DB 2009, 775, 778; KölnKomm AktG/*Mertens/Cahn* § 116 AktG Rn. 5; Spindler/Stilz/*Spindler* § 100 AktG Rn. 64.

366 BGHZ 85, 293, 295; zum sog. „Autarkiegebot" *Hommelhoff* ZGR 1983, 551, 553.

– Betriebswirtschaftliche und juristische Sachkunde

Der Aufsichtsrat muss in seiner Gesamtheit über betriebswirtschaftliche und juristische Expertise gleichermaßen verfügen, um sowohl die Recht- und Zweckmäßigkeit des Handelns der Geschäftsführung beurteilen zu können, als auch die Vorhaben des Vorstands kritisch zu würdigen. Da die Entscheidungen mehrheitlich getroffen werden und die Mitglieder zur persönlichen Wahrnehmung des Mandats verpflichtet sind, muss jedes einzelne Mitglied jedenfalls betriebswirtschaftliche und juristische Grundkenntnisse besitzen.[367] Die Mitglieder sollen demnach Kenntnisse in den Gebieten Aktienrecht, Wirtschaftsrecht, Corporate Governance, Compliance, Risikomanagement, strategische Unternehmensführung und -planung haben.[368] Es wird gefordert, dass sie grundlegende Zusammenhänge der Finanzierung eines Unternehmens kennen und in der Lage sind, die Berichte des Vorstands nach § 90 Abs. 1 Satz 1 AktG sowie Konzern- und Jahresabschlüsse zu verstehen und kritisch zu beurteilen. Sie sollten die Marktstellung des Unternehmens kennen und mit den aktienrechtlichen Grundsätzen des Verhältnisses von Vorstand und Aufsichtsrat zueinander vertraut sein.[369] Spezialkenntnisse in diesen Bereichen sind jedoch nicht von jedem Mitglied zu fordern.[370] Das indiziert bereits § 100 Abs. 5 AktG, der in den betreffenden Gesellschaften nur ein Mitglied mit Sachverstand auf den Gebieten der Rechnungslegung oder Abschlussprüfung fordert. Im Umkehrschluss ließe sich aus dem Wortlaut der Norm sogar lesen, dass ausschließlich er in diesem Bereich entsprechend vertiefte Kenntnisse besitzen muss und die anderen Mitglieder nicht. So eng kann die Grenze der Mindestanforderung aufgrund der vorstehenden systematischen Erwägungen jedoch nicht gezogen werden: Jedes Aufsichtsratsmitglied muss so viel Sachverstand im Bereich der Rechnungslegung haben, dass es sich gegebenenfalls anhand der Erläuterungen des Abschlussprüfers ein eigenes Urteil bilden kann.[371]

---

367 So auch Heidel/*Breuer/Fraune* § 100 AktG Rn. 1.

368 *Thienel* Teamplayer, S. 119.

369 Hüffer/Koch/*Koch* § 100 AktG Rn. 25 f.; Spindler/Stilz/*Spindler* § 100 AktG Rn. 62; zu den aktienrechtlichen Kenntnissen auch KölnKomm AktG/*Mertens/Cahn* § 116 AktG Rn. 7; Semler/v. Schenck/*Mutter* § 100 AktG Rn. 90.

370 Spindler/Stilz/*Spindler* § 100 AktG Rn. 63; KölnKomm AktG/*Mertens/Cahn* § 116 AktG Rn. 7; a.A. *Prühs* AG 1970, 352 f.; *Wardenbach* Interessenkonflikte, S. 225 ff., 241 f.

371 *Cahn* Professionalisierung, S. 140, 146.

– „Führungserfahrung"

Gefordert wird von den einzelnen Mitgliedern zudem Leitungserfahrung.[372] Zweifelhaft ist bereits, ob diese sich *de lege lata* ableiten lässt oder lediglich ein Wunsch der Praxis ist.[373] Es kommt darauf an, aus welchen Aufgaben sich dieses Kriterium ergibt und was demnach unter „Führungserfahrung" zu verstehen ist. Die Erfahrung wird als wesentlich für die sachgerechte Teilnahme an Erörterungen zur Überwachung der unternehmerischen Geschäftstätigkeit des Vorstands angesehen.[374] Für die Beratung des Vorstands und für die Wahl desselben wird „Führungserfahrung" in einem wirtschaftlich geprägten Unternehmen gemeint sein. Sinnvoll ist es ebenfalls, unternehmerische Erfahrung als einen Teil des für den Aufsichtsrat als Gesamtgremium geltenden Kompetenzprofils anzusehen. Der Begriff „Führungserfahrung" selbst ist indes sehr intransparent und schwer zu greifen. Aus den wenigen inhaltlichen Auseinandersetzungen im Schrifttum folgt, dass Leitungserfahrung die Befähigung zu wesentlichen Personalentscheidungen umfassen soll[375] und jedenfalls durch eine Tätigkeit erworben sein soll, die mit der Abwägung von Chancen und Risiken verbunden war.[376] Diese Konkretisierung findet ihre Entsprechung in der Personalkompetenz des Aufsichtsrats und jedenfalls in der präventiven Kontrolle. Es bleibt jedoch offen, auf welcher Unternehmensebene die Erfahrung gesammelt werden muss, wie viele Mitarbeiter geführt werden müssen, wie groß das Unternehmen sein muss und wie lange der oder die Betreffende die jeweilige Position innehaben muss. Teilweise wird angedeutet, dass die Praxis mit „Führungserfahrung" eine Tätigkeit im Vorstand oder Aufsichtsrat meint.[377]

Es ist aber nicht klar, warum beispielsweise jemand, der wegen seiner fachlichen Kenntnisse in den Tätigkeitsbereichen des Unternehmens oder entsprechender Geschäftserfahrung in den Aufsichtsrat berufen wurde, zwingend „Führungserfahrung" auf höchster Ebene mitbringen muss. Auch in der Praxis gilt das Auswahlkriterium „Führungserfahrung" teilweise nur für eine bestimmte Anzahl von Mitgliedern.[378] Vor dem Hintergrund, dass der Aufsichtsrat sich aus

---

372 Semler/v. Schenck/*Mutter* § 100 AktG Rn. 91; *Schiessl* AG 2002, 593, 598; dagegen GroßKomm AktG/*Hopt/Roth* § 100 AktG Rn. 26.

373 Dahin gehend GroßKomm AktG/*Hopt/Roth* § 100 AktG Rn. 26.

374 Semler/v. Schenck/*Mutter* § 100 AktG Rn. 91.

375 Spindler/Stilz/*Spindler* § 100 AktG Rn. 62.

376 Semler/v. Schenck/*Mutter* § 100 AktG Rn. 91.

377 *Weber-Rey* Professionalisierung, S. 160, 169.

378 S. zB. Merck, Ziele des Aufsichtsrats für seine Zusammensetzung aus 2014, http://gb2014.merck.de/corporate-governance/ziele-des-aufsichtsrats-fuer-seine-zusammensetzung (zuletzt aufgerufen am 30.6.2018).

einem breit aufgestellten, den Anforderungen des konkreten Unternehmens gerecht werdenden Kompetenzprofils zusammensetzen soll, kann „Führungserfahrung" im Sinne von Erfahrung in den oberen Managementebenen nicht für die Mindestqualifikation eines jeden Aufsichtsratsmitglieds zwingend erforderlich sein. Darüber hinaus hat der Gesetzgeber selbst bei den Regelungen im Banken- und Versicherungsrecht davon abgesehen, Sachkunde im Sinne eines Geschäftsleiters zu fordern.[379] Außerdem gelten dieselben Mindestanforderungen für die Aufsichtsratsmitglieder der Arbeitnehmer, wie für die Anteilseignervertreterinnen und -vertreter.[380] „Führungserfahrung" auf Vorstandsniveau kommt für diese in der Regel nicht in Betracht. Ungeachtet der grundlegenden Kritik an der Mitbestimmung[381] kann die Mindestanforderung an jedes einzelne Mitglied hinsichtlich dessen „Führungserfahrung" vor diesem Hintergrund nicht so streng sein.

De lege lata kann deshalb das Vorhandensein umfassender „Führungserfahrung" – gegebenenfalls im Sinne von Vorstandserfahrung – im Aufsichtsrat nicht aus dessen Funktion abgeleitet werden. Wichtiger und zugleich zweckmäßiger erscheint es, einschlägige praktische Erfahrung für besondere Kenntnisse zu fordern, aufgrund derer das einzelne Mitglied ausgewählt wurde. So könnten zum Beispiel Berufsanfänger ausgeschlossen werden. Dem Gedanken der Mindestqualifikation zur sachgerechten Aufgabenwahrnehmung wird damit eher Rechnung getragen.

- **Branchenkenntnis**

Für die ordnungsgemäße unternehmerische Überwachung der Vorstandstätigkeit in vergangenheits- wie zukunftsgerichteter Hinsicht wird es zudem für erforderlich gehalten, dass die Mitglieder des Aufsichtsrats mit dem Zielpublikum, den Märkten und den Produkten vertraut sind.[382] Das Erfordernis der Branchenkenntnis für Aufsichtsratsmitglieder bestimmter Unternehmen ergibt sich aus § 100 Abs. 5 AktG a.E. Dementsprechend müssen die Mitglieder in ihrer Gesamtheit mit dem Sektor vertraut sein, in dem die Gesellschaft tätig ist. Der Wortlaut fordert nicht von jedem einzelnen Mitglied entsprechend vertiefte

379 *Kruchen* ZCG 2011, 21, 22; BaFin Merkblatt, S. 11 ff.

380 ZB. *Edenfeld/Neufang* AG 1999, 49, 50 ff.; *Götz* AG 1995, 337, 345; MünchKomm AktG/*Habersack* § 100 AktG Rn. 49; ErfK/*Oetker* § 100 AktG Rn. 1; *Säcker* AG 2004, 180, 284 f.; *Schwark* FS Werner 2009, S. 841, 850.

381 Dazu zB. *Säcker* AG 2004, 180 ff.

382 Heidel/*Breuer/Fraune* § 100 AktG Rn. 2c; *Cahn* Professionalisierung, S. 140, 144; *Weber-Rey* Professionalisierung, S. 160, 170.

Kenntnisse. Dies stimmt auch mit Ziff. 5.4.1 DCGK überein und entspricht somit dem in Deutschland geltenden Verständnis von guter Unternehmensleitung. Die Regelung beschränkt sich in systematischer Hinsicht allerdings auf § 100 Abs. 5 AktG und damit auf Aufsichtsratsgremien kapitalmarktorientierter Unternehmen. Einerseits kann dies als verschärfte Anforderung, als *lex specialis*, für diese Unternehmen angesehen werden, die deshalb bei anderen Unternehmen nicht zu fordern ist. Dem Sinn und Zweck des Zusammenspiels von § 111 und § 116 AktG und insbesondere der Verweisung auf § 93 AktG entspricht es jedoch, dass jedes Mitglied zur sachgerechten und pflichtgemäßen Wahrnehmung seines Amtes mit den Gegebenheiten des Unternehmens und der Branche vertraut ist. Die Aufsichtsratsmitglieder sind an das Unternehmensinteresse gebunden und damit an die Verpflichtung auf die Funktionsfähigkeit und den Erfolg des Unternehmens.[383] Folglich müssen sie sowohl das Unternehmen als auch die Branchengegebenheiten kennen bzw. verstehen, um das Handeln des Vorstands nachvollziehen und beurteilen zu können. Dieser Gedanke findet sich auch in der allgemein anerkannten Formel zur Mindestqualifikation, die voraussetzt, dass die Mitglieder alle normalerweise anfallenden Geschäftsvorfälle ohne fremde Hilfe verstehen und beurteilen können. Ein Überblick über die Besonderheiten der jeweiligen Branche sowie des Unternehmens und dessen Stellung am Markt ist dafür erforderlich. Es kann allerdings als Mindestmaß nur so viel Kenntnis gefordert werden, wie für die Beteiligung an den gem. § 107 Abs. 3 Satz 3 AktG dem Plenum vorbehaltenen Beschlüssen gegebenenfalls nach Erläuterung eines vorbereitenden Ausschusses erforderlich ist.

cc) Folgerungen

Anhand der Funktion und den sich daraus ergebenden Aufgaben konnten die grundlegenden Mindestanforderungen herausgearbeitet werden. Weiterhin klärungsbedürftig ist, wer diese Anforderungen erfüllt und wann die entsprechenden Kenntnisse und Fähigkeiten vorliegen müssen.

Weitgehend herrscht Einigkeit darüber, dass Sachkunde keine Bestellungsvoraussetzung für die Aufsichtsratsmitgliedschaft ist.[384] Bereits der BGH erkannte

383 KölnKomm AktG/*Mertens/Cahn* vor § 95 AktG Rn. 12.

384 *Dreher* FS Boujong 1996, S. 71, 73; MünchKomm AktG/*Habersack* § 100 AktG Rn. 5, 13; GroßKomm AktG/*Hopt/Roth* § 100 AktG Rn. 20 ff.; Hüffer/Koch/*Koch* § 100 AktG Rn. 2; KölnKomm AktG/*Mertens/Cahn* § 100 AktG Rn. 10; Hölters/*Simons* § 100 AktG Rn. 13; Spindler/Stilz/*Spindler* § 100 AktG Rn. 39; a.A. *Säcker* AG 2004, 180, 181 ff.; *Wardenbach* Interessenkonflikte, S. 262 ff.; zu Kredit- und Versicherungsunternehmen *Kruchen* ZCG 2011, 21, 22.

an, dass die Mitglieder sich die entsprechenden Fähigkeiten grundsätzlich aneignen können.[385] Sogar das erforderliche Mindestmaß an betriebswirtschaftlichen und juristischen Kenntnissen müsste das betreffende Mitglied demnach nicht zwingend bei der Wahl besitzen. Die BaFin gewährt für die aufsichtsrechtlich geforderte Sachkunde eine Frist von sechs Monaten, binnen derer die Mitglieder sich die entsprechenden Fähigkeiten aneignen können.[386] Dennoch muss beachtet werden, dass das Mitglied stets für das Fehlen der Mindestqualifikation haftet. Dies gilt auch bezogen auf weitere Fähigkeiten, für die es bestellt wurde.[387] Vor diesem Hintergrund sollten die Mindestvoraussetzungen spätestens bei Amtsantritt vorliegen, da ihr Fehlen ansonsten ein Übernahmeverschulden begründet.[388] Zur Vermeidung eines Auswahlverschuldens wird mit Blick auf die Wahlvorschläge des Aufsichtsrats gem. § 124 Abs. 3 AktG gefordert, dass diese nur qualifizierte Mitglieder enthalten dürfen.[389] Begründet wird dies damit, dass die Hauptversammlung zwar von den Vorschlägen abweichen kann, es in der Regel aber nicht tut (*de facto* Kooptation).[390]

Da heute häufig unternehmens- und auch branchenfremde Personen in den Aufsichtsrat gewählt werden, liegt zumindest die Branchenkenntnis nicht zwingend zum Zeitpunkt der Kandidatur vor.[391] Darüber hinaus soll der Aufsichtsrat aus Mandatsträgern unterschiedlichen Hintergrunds bestehen, die nicht Teil des Tagesgeschehens sind und deren Blick deshalb unbefangen ist.[392] Auch branchenfremde Aufsichtsratsmitglieder dienen demnach der Funktionsweise des Aufsichtsrats. Sie müssen sich aber zeitnah in die spezifischen Gegebenheiten der Branche einarbeiten.

Im Hinblick auf die „Führungserfahrung" ist jedenfalls teilweise Vorstandserfahrung gemeint.[393] Unter Berücksichtigung der vorstehenden Erkenntnisse

385 BGHZ 85, 293, 295.

386 *Kruchen* ZCG 2011, 21, 22 mwN.

387 K.Schmidt/Lutter/*Drygala* § 116 AktG Rn. 7; MünchKomm AktG/*Habersack* § 116 AktG Rn. 22.; Henssler/Strohn/*Henssler* § 116 AktG Rn. 4; Hüffer/Koch/*Koch* § 116 AktG Rn. 4.

388 KölnKomm AktG/*Mertens/Cahn* § 100 AktG Rn. 49; Semler/v. Schenck/*Mutter* § 100 AktG Rn. 93.

389 *Lutter* ZIP 2003, 417, 419; *Semler* FS K.Schmidt 2009, S. 1489, 1495; Spindler/Stilz/*Spindler* § 100 AktG Rn. 61.

390 *Hommelhoff* ZGR 1983, 551, 568 f.

391 *Lutter* DB 2009, 775, 778; KölnKomm AktG/*Mertens/Cahn* vor § 95 AktG Rn. 6.

392 KölnKomm AktG/*Mertens/Cahn* vor § 95 AktG Rn. 7; *Kruchen* ZCG 2011, 21, 22 sog. *balanced board*.

393 *Weber-Rey* Professionalisierung, S. 160, 163.

muss jedoch auch jemand geeignet sein, der das fachliche Grundverständnis mitbringt und anderweitig „Führungserfahrung“ in einem wirtschaftlich ausgerichteten Unternehmen gesammelt hat. Abhängig vom Einzelfall sind bestimmte Grenzen nach unten erforderlich. Es kann aber nicht der Fall sein und ist überdies impraktikabel, dass Erfahrung auf Vorstandsebene das Mindestmaß darstellt. Dies könnte bereits am zahlenmäßigen Vorhandensein entsprechender männlicher Personen scheitern. Es ist überdies nicht klar, warum jedes Mitglied eines Kontrollgremiums, das nicht zur Geschäftsführung befugt ist, führungserfahren im Sinne von Vorstandstätigkeit oder vergleichbar sein muss. Zudem scheint der Aufsichtsrat bei der Vorstandsbestellung in der Praxis auf die Vorschläge des Vorstands zurückzugreifen oder seine eigenen zumindest mit diesem abzustimmen.[394] Es sind deshalb auch für die Personalkompetenz des Aufsichtsrats keine zwingenden Argumente vorhanden, warum jedes einzelne Aufsichtsratsmitglied eigene Leitungserfahrung auf höchster Ebene besitzen muss. In der Praxis scheint außerdem eine Karriere als Profisportler, Forstwissenschaftler oder Sozialpädagoge für Aufsichtsratstätigkeiten im Sport-, Automobil- oder Baustoffkonzern bereits auszureichen.[395] Vielfach sitzen zudem Anwälte, Wirtschaftsprüfer und Controller in Aufsichtsräten. Auch mit Blick auf den DCGK muss beachtet werden, dass der Aufsichtsrat nur in seiner Gesamtheit alle Fähigkeiten einschließlich besonderer Kompetenzen besitzen muss. Es kann also nicht zwingend von jedem einzelnen Mitglied eine so weitreichende, jahrelange „Führungserfahrung“ erwartet werden.

Die BaFin spricht die notwendigen Mindestvoraussetzungen außerdem jedem zu, der sich entsprechend weiterbildet.[396] Im Einzelnen erforderliche vertiefte Kenntnisse oder spezielle Fähigkeiten dürfen deshalb nicht verallgemeinert und von jedem Aufsichtsratsmitglied gefordert werden. Der Aufsichtsrat soll gerade kein reines Expertengremium sein, sondern durch das Zusammentreffen von Vielfalt in jeder Ausprägung diverse Kompetenzen bündeln.

394 So jedenfalls *Cahn* Professionalisierung, S. 140, 143.

395 *Mayer* Stellungnahme DAV, S. 7, die auf die Aufsichtsratstätigkeit von Alexander Popow bei Adidas, Hrn. Hüttl bei BMW und Tobias Merkle bei Heidelberg Cement verweist.

396 *Kruchen* ZCG 2011, 21, 22.

b) Zeitpunkt des Vorliegens der Qualifikation

Die herrschende Meinung geht davon aus, dass das Fehlen einer bestimmten Qualifikation jenseits der spezialgesetzlich normierten Ausnahmen[397] kein Bestellungshindernis ist.[398] Normiert ist lediglich die Haftung des Aufsichtsratsmitglieds nach §§ 116, 93 AktG. Vorliegen sollten die Mindestvoraussetzungen deshalb grundsätzlich bei Amtsantritt.[399] Zudem kann ein Mitglied abberufen werden, wenn ein wichtiger Grund vorliegt (§ 103 Abs. 3 AktG). Als ein solcher wird unter anderem das Fehlen hinreichender Sachkunde genannt.[400] Aus diesem Grund wird im Ergebnis Sachkunde von den Mitgliedern gefordert, deren Fehlen zwar der Bestellung nicht schadet, aber zur Haftung des Aufsichtsratsmitglieds wegen Übernahmeverschuldens und der übrigen Mitglieder wegen Auswahlverschuldens führt und die Abberufung des Mitglieds gem. § 103 Abs. 3 Satz 1 AktG zur Folge haben kann. Auch der BGH hat in seiner *Hertie*-Entscheidung anerkannt, dass es reicht, wenn das jeweilige Mitglied sich diese Fähigkeiten aneignet.[401] Dass es dies zeitnah tun muss, ist selbstverständlich.

Dies bedeutet für die betreffenden Personen jedenfalls nicht zwingendermaßen jahrelange Leitungs- oder Vorstandserfahrung, welche das Kriterium ist, das angesichts der Geschlechterverteilung in den Vorständen, den meisten Kandidatinnen fehlt. Um es überspitzt zu formulieren, müsste für ein Aufsichtsratsmandat grundsätzlich auch jemand mit einem abgeschlossenen BWL-Studium und einigen Jahren Praxiserfahrung im Controlling geeignet sein. Wenn sogar eine sportliche Karriere und mutmaßlicherweise ein paar einschlägige Fortbildungen

---

397 Zu nennen sind hier §§ 18 Abs. 4 S. 1, 119 Abs. 3 S. 1, 147 Abs. 3 S. 1 KAGB; § 25d Abs. 1 KWG § 7a Abs. 4 VAG

398 *Dreher* FS Boujong 1996, S. 71, 73; MünchKomm AktG/*Habersack* § 100 AktG Rn. 5, 13; MünchHdB AG/*Hoffmann-Becking* § 30 Rn. 2a; Großkomm AktG/*Hopt/Roth* § 100 AktG Rn. 20 ff.; *Hüffer/Koch/Koch* § 100 AktG Rn. 2; KölnKomm AktG/*Mertens/Cahn* § 100 AktG Rn. 10; *Semler* FS K.Schmidt 2009, S. 1489, 1490; Hölters/*Simons* § 100 AktG Rn. 13; Spindler/Stilz/*Spindler* § 100 AktG Rn. 39; *Wirth* ZGR 2005, 327, 336 ff.; a.A. *Wardenbach* Interessenkonflikte S. 262 ff.; ebenso mit Blick auf die Kredit- und Versicherungsunternehmen *Kruchen* ZCG 2011, 21, 22.

399 KölnKomm AktG/*Mertens/Cahn* § 100 AktG Rn. 49; Semler/v. Schenck/*Mutter* § 100 AktG Rn. 93; im Ergebnis auch bereits *Hommelhoff* ZGR 1983, 551, 575.

400 BGHZ 85, 293, 295 f. – Hertie; MünchKomm AktG/*Habersack* § 100 AktG Rn. 5, § 116 Rn. 22; Großkomm AktG/*Hopt/Roth* Rn. 29; KölnKomm AktG/*Mertens/Cahn* § 100 AktG Rn. 10.

401 BGHZ 85, 293, 295.

ausreichen, um die erforderliche „Führungserfahrung" zu erwerben, erweitert sich der Kreis der wählbaren Personen nochmals enorm.[402]

c) Zwischenergebnis

Aufsichtsratsmitglieder müssen ein Grundverständnis für die im Zusammenhang mit der Tätigkeit und Funktion des Gremiums auftretenden rechtlichen und betriebswirtschaftlichen Fragen haben. Darüber hinaus muss das Gesamtgremium über die im Zuge der Professionalisierungsdebatte weitergehenden aber bisher wenig konkretisierten Anforderungen an spezielle Sachkenntnisse verfügen.[403]

Die konkreten Anforderungen sind abhängig von der Größe und Struktur des Unternehmens. Ein allgemeingültiges Idealprofil kann es deshalb nicht geben. Deshalb sollten die Unternehmen entsprechend den Empfehlungen des DGCK Kompetenzprofile für die Zusammensetzung des Aufsichtsrats aufstellen. Wie diese aussehen, geht aus den veröffentlichten Unterlagen nur selten hervor.[404] Sofern keine Profile vorhanden sind und die Anforderungen nicht konkretisiert sind, gibt es keine konkrete Mindestqualifikation für die Aufsichtsratstätigkeit, die über die genannten Anhaltspunkte hinausgeht. Mithin müssen sich die Unternehmen im Zweifel auf die Mindestqualifikation für das einzelne Mitglied und eine den Aufgaben gerecht werdende Gesamtkompetenz des Aufsichtsrats beschränken. Aus diesem Grund ist der Pool an geeigneten Personen deutlich größer, als offensichtlich bisher angenommen. Die Unternehmen sind deshalb gehalten, auch jenseits der bekannten Netzwerke zu suchen.

d) Bedeutung für die Verhältnismäßigkeit des Mindestanteilsgebots

Betrachtet man die Vielfalt der im gesamten Aufsichtsrat benötigten Qualifikationen und Fähigkeiten, ist eine Bestenauslese aufgrund allgemeingültiger Kriterien bereits nicht möglich. Es kommt gerade auf eine Bandbreite unterschiedlicher fachlicher Qualifikationen und weiterer Fähigkeiten an.[405] Liegt die Mindestqualifikation vor oder kann sie in angemessener Zeit erworben werden, sind alle Kandidatinnen und Kandidaten aus Sicht des Aktienrechts zunächst gleich geeignet.

---

402 So auch *Grobe* AG 2015, 289, 295.

403 So auch *Cahn* Professionalisierung, S. 140, 145.

404 Mit gutem Beispiel *Merck* Ziele des Aufsichtsrats für seine Zusammensetzung aus 2014 s. oben Fn. 141.

405 S. eingehend oben Kap. 1 § 4 A. I. 2. b) aa).

Nur eine Ungleichbehandlung durch den absoluten Vorrang einer völlig ungeeigneten Person würde die Intention des Förderauftrags des Art. 3 Abs. 2 Satz 2 GG überschreiten. Dann dient die Regelung nicht mehr dazu, dem unterrepräsentierten Geschlecht die gleiche Ausgangschance zu geben, seine Fähigkeiten unter Beweis zu stellen und einzusetzen sowie als sogenannte *critical mass* einen Kulturwandel zu fördern, sondern nur noch der Förderung um ihrer selbst Willen und der Verdrängung des überrepräsentierten Geschlechts.

Bei Berücksichtigung aller vorgenannten Umstände ist die Ungleichbehandlung grundsätzlich vom Auftrag des Art. 3 Abs. 2 Satz 2 GG gedeckt.[406] Nur wenn im Einzelfall trotz der sorgfältigen Einschätzung des Gesetzgebers, es wären genügend geeignete Frauen[407] vorhanden, für den konkret vakanten Sitz keine den (Mindest-)Anforderungen gerecht werdende Person zur Verfügung steht, wiegt die Ungleichbehandlung so schwer, dass die Interessen des Gesetzgebers an einer Förderung unterliegen. Grund dafür ist, dass die Normen zum Mindestanteilsgebot keine Ausnahmeregelung vorsehen. Aus diesem Grund folgt aber nicht unmittelbar, dass die zwingende Quote ohne Öffnungsklausel nicht mit dem Grundgesetz vereinbar ist. Das ist nur der Fall, wenn die aktien- und mitbestimmungsrechtlichen Regelungen nicht durch verfassungskonforme Auslegung eingeschränkt werden können.

III. Ergebnis

Mit dem zwingenden Mindestanteilsgebot für Aufsichtsräte hat der Gesetzgeber eine Ungleichbehandlung wegen des Merkmals Geschlecht gesetzlich verankert. Die Argumentation der Kritiker überzeugt nicht, dass sich die Ungleichbehandlung nicht rechtfertigen lasse, da das Mindestanteilsgebot eine starre Ergebnisquote sei, die nach Art. 3 Abs. 2 Satz 2 GG unzulässig ist und die Wahl ungeeigneter Frauen zulasten der qualifizierten Männer fördere. Darüber hinaus ist dem Aktienrecht, anders als dem öffentlichen Recht, eine Bestenauswahl aufgrund eines Qualifikationsvergleichs fremd. Einziges sachliches Kriterium ist eine Mindestqualifikation, solange nicht die Unternehmen sachlich nachvollziehbare Qualifikationsanforderungen aufstellen. Selbst diese würden nicht für jedes einzelne Mitglied gelten, sondern spezielle Kriterien für einzelne Mitglieder. Die Anforderungen an die Mindestqualifikation erweisen sich bei

406 Vollständige Verfassungsmäßigkeit bejahend: Schmidt-Bleibtreu/*Krieger* Art 3 GG Rn. 76a.

407 Für Männer wird das Fehlen von Qualifikationen zur Erreichung der Quote nicht angesprochen.

eingehender Betrachtung als so rudimentär, dass das Argument nicht überzeugt, es gäbe zu wenige geeignete Frauen. Tatsächliche Gleichberechtigung lässt sich nicht ohne Einschränkungen der Rechte der anderen Geschlechtsgruppe realisieren. Die diskriminierende Wirkung unterliegt bei Berücksichtigung aller Umstände in der Interessenabwägung deshalb grundsätzlich dem Förderungsanliegen des Gesetzgebers. Dennoch kann wegen einer fehlenden Übergangsphase und der derzeitigen Zusammensetzung der Aufsichtsräte im Einzelfall ein anderes Ergebnis eintreten. Eine mögliche verfassungskonforme Auslegung steht jedoch der Verfassungswidrigkeit des Mindestanteilsgebots entgegen.

C. Vereinbarkeit des zwingenden Mindestanteilsgebots mit dem Recht der Unternehmen (Art. 12 Abs. 1 GG)

I. Eingriff in den Schutzbereich

Der persönliche Schutzbereich von Artikel 12 Abs. 1 GG erfasst zunächst die Berufsfreiheit deutscher und europäischer Staatsbürger.[408] Er bezieht sich wegen der Vielfalt an Möglichkeiten beruflicher und gewerblicher Betätigung über Artikel 19 Abs. 3 GG zudem auf alle inländischen juristischen Personen des Privatrechts.[409] Somit ist Art. 12 Abs. 1 GG auf die betroffenen Aktiengesellschaften anwendbar. Artikel 12 Abs. 1 GG gewährt die Freiheit der Berufswahl und die Freiheit der Berufsausübung.[410] Im Hinblick auf juristische Personen gewährt Art. 12 Abs. 1 GG die freie Gründung, Organisation, Planung, Entwicklung und autonome Führung des Unternehmens.[411]

Damit die Regelungen zum Mindestanteilsgebot überhaupt einen Eingriff in die Rechte der Unternehmen bedeuten, muss ihr Erlass als staatliches Handeln den einzelnen Aktiengesellschaften ein Verhalten ganz oder teilweise unmöglich machen, das in den Schutzbereich von Art. 12 Abs. 1 GG fällt. In Betracht kommt eine Beeinträchtigung der Entscheidungsfreiheit des Aufsichtsrats über die Aufstellung der Wahlvorschläge sowie der Hauptversammlung über die Besetzung des Aufsichtsrats als Überwachungsorgan. Die Regelungen zur Geschlechterquote könnten so in die von Art. 12 Abs. 1 GG geschützte Organisationshoheit der Gesellschaft eingreifen.[412] Nach dem Drei-Stufen-Modell des

---

408 BeckOK GG/*Ruffert* Art. 12 GG Rn. 33; Maunz/Dürig/*Scholz* Art. 12 GG Rn. 103, 105.
409 BVerfGE 30, 292, 312; BVerfGE 50, 290, 363; Maunz/Dürig/*Scholz* Art. 12 GG Rn. 106.
410 Maunz/Dürig/*Scholz* Art. 12 GG Rn. 1.
411 BVerfGE 50, 290, 363.
412 So auch *Brandt* Gleichstellungsquote, S. 75; *Spindler/Brandt* NZG 2011, 401, 402.

Apothekenurteils von 1958[413] wird staatliches Handeln in drei Stufen eingeteilt, auf denen ein Eingriff erfolgen kann. Die Berufswahlregelungen betreffen den Zugang zu einem Beruf bzw. einer Erwerbstätigkeit, wohingegen die Berufsausübungsregelungen lediglich das „Wie" betreffen.[414]

Ein erhöhter Anteil an Frauen im Aufsichtsrat führt nicht nachweislich zu einer Verminderung der wirtschaftlichen Leistungsfähigkeit des Unternehmens. Dies wäre jedoch Voraussetzung für eine Berufswahlregelung.[415] Der Aufsichtsrat ist zudem überwachendes und nicht leitendes Organ der Gesellschaft. Deshalb wird die Fortführung des Erwerbszwecks des Unternehmens an sich auch nicht unmöglich oder erheblich erschwert, wenn der Aufsichtsrat nicht vollständig besetzt ist, weil die Quote verfehlt wurde. In Hinblick auf die Kompetenz zur Bestellung des Vorstands und zustimmungspflichtige Geschäfte ist ein Eingriff auf dieser Stufe jedenfalls so lange nicht gegeben, wie der Aufsichtsrat beschlussfähig ist. Die Vorgaben zur Zusammensetzung beschränken jedoch die Organisationshoheit des Unternehmens im Sinne der Entscheidungsfreiheit in Personalangelegenheiten, ohne einen unmittelbaren (negativen) wirtschaftlichen Einfluss zu haben.[416] Sie sind somit als Berufsausübungsregelungen anzusehen.[417] Diese stehen auf erster Stufe und stellen somit die mildeste Eingriffsform dar.[418] Das Gesetz zum Mindestanteilsgebot greift demnach in die von Art. 12 Abs. 1 GG geschützte Organisationshoheit der betroffenen Unternehmen ein.

II. Verfassungsrechtliche Rechtfertigung

Besonders groß sind die Bedenken hinsichtlich der verfassungsrechtlichen Rechtfertigungsmöglichkeiten für eine Geschlechterquote, wie sie in § 96 Abs. 2 AktG verankert ist.[419] Die Prüfung der verfassungsrechtlichen Rechtfertigung von Eingriffen erfolgt nach der sogenannten neuen Formel des BVerfG zur Verhältnismäßigkeitsprüfung.[420] Sie ist dementsprechend an Zweck, Erforderlichkeit und Angemessenheit ausgerichtet. Das Mindestanteilsgebot ist mit Art. 12 Abs. 1 GG vereinbar, wenn der Eingriff in die Berufsfreiheit einen legitimen

---

413 BVerfGE 7, 377, 397.

414 Zur Stufentheorie des BVerfG eingehend: Maunz/Dürig/*Scholz* Art. 12 GG Rn. 335 ff.

415 BVerfGE 30, 292, 314.

416 Tendenziell haben mehr Frauen lt. einschlägiger Studien einen positiven Einfluss auf das Unternehmensergebnis, vgl. oben Fn. 160.

417 So auch *Brandt* Gleichstellungsquote, S. 75.

418 BVerfGE 7, 377, 378 f.

419 Vgl. die in Fn. 13 genannten.

420 St. Rspr. seit BVerfGE 55, 72, 88; s. auch BVerfGE 102, 41, 54.

Zweck verfolgt und dieser durch die geschaffenen Normen zumindest gefördert wird, zur Zweckerfüllung also tatsächlich geeignet ist. Darüber hinaus dürfen keine gleich gut geeigneten, weniger eingreifenden Maßnahmen vorhanden sein, die das vom Gesetzgeber verfolgte Ziel ebenso effektiv durchsetzen können, und die Regelung muss verhältnismäßig im engeren Sinne sein.

1. Legitimer Zweck des Mindestanteilsgebots

Einen legitimen Zweck verfolgt der Gesetzgeber bereits dann, wenn die betreffende Regelung aus Gründen des Allgemeinwohls erfolgt.[421] Im Regierungsentwurf heißt es, das Gesetz solle dazu beitragen, dass „der verfassungsrechtliche Auftrag zur gleichberechtigten Teilhabe von Frauen und Männern an Führungspositionen"[422] erfüllt wird. Der im Regierungsentwurf erwähnte verfassungsrechtliche Auftrag findet sich in Art. 3 Abs. 2 Satz 2 GG und lautet: „Der Staat fördert die tatsächliche Durchsetzung der Gleichberechtigung von Frauen und Männern (…)". Dementsprechend ergibt sich der legitime Zweck aus dem Bestreben des Gesetzgebers, seinen Auftrag aus Art. 3 Abs. 2 Satz 2 GG zu erfüllen und die Gleichberechtigung von Frauen und Männern in diesem Bereich tatsächlich durchzusetzen. Wie vorstehend dargelegt, steht dem insbesondere nicht entgegen, dass das Erfordernis einer Mindestqualifikation nicht in § 96 Abs. 2 AktG aufgenommen wurde. Diese müssen sämtliche Aufsichtsratsmitglieder nachweisen können und somit auch von denjenigen, die die quotierten Sitze besetzen. Im Ergebnis dient die Quote dazu, die Gleichberechtigung von Frauen und Männern im Aufsichtsrat als Belang des Allgemeinwohls tatsächlich durchzusetzen.[423]

2. Geeignetheit des zwingenden Mindestanteilsgebots zur Förderung des Zwecks

Das Mindestanteilsgebot muss zudem geeignet sein, den vom Gesetzgeber verfolgten Zweck zu fördern. Es genügt bereits, wenn der Gesetzgeber das Mindestanteilsgebot bei sachgerechter Beurteilung für abstrakt geeignet hält, den Zweck zu fördern.[424] Auf die Frage, ob tatsächlich genügend hinreichend qualifizierte Personen des derzeit unterrepräsentierten weiblichen Geschlechts zur

---

421 BVerfGE 81, 15, 170.

422 RegE, BT-Drucks. 18/3784, S. 1.

423 S. oben Kap. 2 § 5 B. II. 1. a) bb).

424 BVerfGE 67, 157, 175; BVerfGE 30, 250, 263.

Verfügung stehen, kommt es hier deshalb nicht an.[425] Darüber hinaus beschränkt sich die Kontrolle darauf, ob das Mittel nicht völlig untauglich zur Erreichung des Zwecks ist, da der Gesetzgeber auch Gesetze erlassen darf, deren Auswirkungen in einer ungewissen Zukunft er noch nicht vollständig absehen kann, sofern sie nicht evident ungeeignet sind.[426] Die Quote ist ein geeignetes Mittel, um den Frauenanteil im Aufsichtsrat zu erhöhen. Das hat der Erfolg in den anderen EU-Staaten[427] und in Deutschland gezeigt.[428]

3. *Erforderlichkeit des zwingenden Mindestanteilsgebots zur Zweckerreichung*

Ob die Quote in ihrer geltenden Fassung erforderlich war, um den Zweck zu erreichen, hängt davon ab, ob sie das mildeste aller verfügbaren, gleich effektiven Mittel war. Diese Beurteilung unterliegt der Einschätzungsprärogative des Gesetzgebers.

a) Alternativen zum Mindestanteilsgebot

Es existiert eine ganze Reihe von Alternativen zur Quote, die weniger intensiv in die Rechtsposition der betroffenen Unternehmen eingreifen. Die Selbstverpflichtungen der Spitzenverbände der deutschen Wirtschaft gegenüber der Bundesregierung aus 2001 und 2011[429] haben sich jedoch als wenig wirkungsvoll erwiesen.[430] Auch die Einfügung von Ziff. 5.4.1. Abs. 2 Satz 2 in den DCGK 2010 brachte keine wesentliche Steigerung der Teilhabe von Frauen in Aufsichtsräten.[431] Grund dafür ist die fehlende Rechtsverbindlichkeit des als *soft-law* ausgestalteten Kodex, der nach dem *comply-or-explain*-Prinzip lediglich eine Entsprechenserklärung gem. § 161 AktG verlangt. Die Missachtung der Kodex-Empfehlungen bleibt bei hinreichender Begründung dieser Erklärung folgenlos.[432] Selbst wenn der DCGK empfehlen würde, den Aufsichtsrat zu einem bestimmten Anteil je Geschlecht zu besetzen, wäre dies nicht genauso

---

425 Zutreffend *Brandt* Gleichstellungsquote, S. 90; a.A. aber *Redenius-Hövermann* ZIP 2010, 660, 665.

426 BVerfGE 20, 290, 333 f.

427 S. zB. *Raasch* ZfrV 2009, 216, 218.

428 *BMJV* Pressemitteilung vom 26.7.2017.

429 S. oben Kap. 1 § 2 B.

430 Vgl. ausführlich dazu *Brandt* Gleichstellungsquote, S. 93 ff.; s. auch Maunz/Dürig/*Langenfeld* Art. 3 Abs. 2 GG Rn. 116.

431 *Kersten* Projektauswertung, S. 21 ff.

432 S.o. Kap. 1 § 4 C.

effektiv, wie die gesetzliche, zwingende Vorschrift. Aus diesem Grund scheidet die Erweiterung der handelsrechtlichen Berichtspflichten in § 289f Abs. 2 HGB ebenfalls als gleich geeignete Alternative aus. Lediglich die fehlende oder falsche Ausfertigung des Lageberichts ist sanktionsbewährt. Dementsprechend könnten die Unternehmen den niedrigen Frauenanteil einfach darlegen und begründen. Ähnlich wie § 161 AktG übt dies zwar einen gewissen Rechtfertigungsdruck aus, entsprechend zu § 161 AktG würde dieser aber ebenfalls keine einer zwingenden Quote gleichzustellende Wirkung erzielen.[433]

Die Vorgabe, dass jedes Geschlecht zu mindestens 30 Prozent im Aufsichtsrat vertreten sein muss, ist bei einer Mindestgröße des Aufsichtsrats von 11 Mitgliedern (§ 11 MontanMitbestG)[434] auch praktisch umsetzbar. Sie greift angesichts der im politischen Diskurs ebenfalls vorgeschlagenen Höhe von 40 Prozent[435] außerdem weniger intensiv in die Grundrechtsposition ein als mögliche Alternativen. Eine Drittelparität wäre indes genauer und hätte Unterschiede zwischen den einzelnen Aufsichtsratsgrößen bezüglich des tatsächlichen Frauenanteils vermindert.[436] Eine Anknüpfung an das Repräsentationsprinzip (§ 15 Abs. 2 BetrVG) wurde indes bereits in einem früheren Entwurf[437] nur für die Arbeitnehmerseite in Erwägung gezogen. Für die Kapitalseite wäre die Übertragung dieses Prinzips nicht umsetzbar, weil ein geeigneter, sachlicher Anknüpfungspunkt fehlt. In Betracht käme nur das Geschlechterverhältnis unter den Anteilseignern, welches jedoch jedenfalls bei Inhaberaktien nicht zu ermitteln ist und sich zudem ständig ändern kann. Auch bei Namensaktien ist das Geschlechterverhältnis nicht zwingend repräsentativ, da sogenannte Legitimationsaktionäre im Aktienregister eingetragen sein können (vgl. § 129 Abs. 3 AktG). Darüber hinaus können juristische Personen ebenfalls Anteilseigner sein. Sie haben kein Geschlecht und würden das Ergebnis deshalb verzerren. Weitere denkbare Anknüpfungspunkte wären das Verhältnis der Beschäftigten oder die Repräsentation von Frauen in der jeweiligen Branche. Hinsichtlich beider Kriterien fehlt jedoch der Bezug zur Kapitalseite, da auch die Repräsentation von Frauen in einer Branche an den Beschäftigtenzahlen gemessen werden müsste. Außerdem dürfte

---

433 Zutreffend *Brandt* Gleichstellungsquote, S. 103. Auch der Gesetzgeber hat dies erkannt und die Angaben zur Erfüllung der Quote zwar in § 289f Abs. 2 HGB aufgenommen, allerdings eben als Nebenpflicht und nicht als Alternative zum Mindestanteilsgebot.

434 Der 11-köpfige Aufsichtsrat nach § 4 Abs. 1 MontanMitbestG ist das kleinste Gremium der vom Mindestanteilsgebot erfassten Aufsichtsräte.

435 S. die Entwürfe oben Kap. 1 § 2 D.

436 Vgl. Tabelle zu den Besetzungen im Anhang.

437 BT-Drucks. 17/3296, S. 7.

es schwierig sein, hinreichend verlässliche Zahlen zu ermitteln. Darüber hinaus kann eine von der Geschlechterverteilung in der Branche positiv abweichende Geschlechterverteilung im Aufsichtsrat auch Effekte auf das Verhältnis von Frauen und Männern in der jeweiligen Branche haben. Würde aber ausschließlich bezogen auf die Arbeitnehmervertreterseite an das Geschlechterverhältnis in der Belegschaft angeknüpft, führte das zu einem erheblichen Ungleichgewicht zwischen den Seiten. Darüber hinaus lässt sich eine solche Regelung nicht mit dem Regelfall vereinbaren, dass der Aufsichtsrat insgesamt die Quote erfüllen muss (§ 96 Abs. 2 Satz 2 AktG). Im Gegensatz zum Betriebsrat soll der Aufsichtsrat außerdem nicht die Interessen der Belegschaft vertreten und repräsentieren, sondern die Arbeit des geschäftsführenden Organs aus u.a. der Arbeitnehmerperspektive kontrollieren.[438] Er ist deshalb auch nicht ausschließlich mit Belegschaftsangehörigen besetzt (vgl. § 4 MontanMitbestG, § 7 MitbestG).

Eine weitere Alternative zur zwingenden Quotierung der Aufsichtsratssitze wäre die Quotierung der gem. § 124 Abs. 3 AktG aufzustellenden Wahlvorschläge gewesen.[439] Damit würden der Hauptversammlung der Mindestqualifikation entsprechende Personen vorgeschlagen und trotzdem wäre es ihr möglich, die Person zu wählen, der sie das Vertrauen ausspricht, selbst wenn diese dem überrepräsentieren Geschlecht angehört. Der Aufsichtsrat hätte die Wahlvorschläge um entsprechend viele Personen des unterrepräsentierten Geschlechts erweitern können. Dem steht auch nicht entgegen, dass die Hauptversammlung in der Regel den Vorschlägen des Aufsichtsrats folgt (faktische Kooptation). Die Bestellung der Aufsichtsratsmitglieder liegt allein in der Verantwortung der Hauptversammlung (§ 101 Abs. 1 Satz 2 AktG). Einzig eine Wahl der gesamten Liste *en bloc* (Blockwahl) wäre dann unmöglich.

Die Quotierung der Wahlvorschläge ist jedoch nicht gleichwertig effektiv. Zum einen kann die Hauptversammlung bei einer bloß erweiterten Liste ausschließlich Personen eines Geschlechts wählen, zum anderen können insbesondere Großaktionäre wegen des Mehrheitsprinzips (§ 133 Abs. 1 AktG) nach diesem Modell eigene Kandidatinnen bzw. Kandidaten des überrepräsentierten Geschlechts gegen die quotierten Wahlvorschläge des Aufsichtsrats durchsetzen. Die Quotierung der Vorschläge ist somit nicht gleich effektiv, weil der Zweck leicht umgangen werden kann.[440]

---

438 *Brandt* Gleichstellungsquote, S. 119 mwN in Fn. 526.

439 S. dazu ausführlich *Brandt* Gleichstellungsquote, S. 104 ff.

440 Zutreffend, allerdings bezogen auf den zweiten Satzteil *Brandt* Gleichstellungsquote, S. 105.

In § 111 Abs. 5, § 76 Abs. 4 AktG sowie § 52 Abs. 2, § 36 GmbHG hat der Gesetzgeber für börsennotierte oder der Mitbestimmung unterliegende Gesellschaften eine gesetzliche Verpflichtung zur Aufstellung von Zielgrößen eingefügt. Diese müssen für Vorstand bzw. Geschäftsführung und Aufsichtsrat und die beiden Führungsebenen unterhalb des Vorstands bzw. den Geschäftsführern Zielgrößen für den Frauenanteil und zeitliche Ziele zu deren Erreichung festlegen. Wie im Vorfeld angenommen[441] hat dieses Prinzip nicht zum gleichen Erfolg geführt wie das zwingende Mindestanteilsgebot.[442] Zielgrößen für alle Aufsichtsräte anstelle einer Quote sind demnach keine gleich effektive Maßnahme. Auch Anreizsysteme wie die Vergabe des *Total Equality Prädikats*[443] stellen jedenfalls in Deutschland keine Alternative dar, weil sie an keinerlei unternehmerische Konsequenzen gebunden sind. Die deutsche Unternehmenskultur ist, anders als die US-amerikanische,[444] für solche Anreize weniger empfänglich.[445]

b) Zwischenergebnis

Eine Härtefallklausel, die es der Hauptversammlung ermöglicht, von der Quote abzuweichen, wenn nachweislich keine geeigneten Kandidatinnen bzw. Kandidaten vorhanden sind, lässt sich nur schwer[446] missbrauchssicher ausgestalten. Aus diesem Grund wäre dies zwar eine mildere Maßnahme, jedoch eine weniger effektive. Der mit dem Mindestanteilsgebot verfolgte Zweck würde deshalb durch keine der aufgezeigten Alternativen gleichermaßen effektiv erreicht. Sie stellt deshalb die effektivste Lösung unter den Alternativen dar. Das zwingende Mindestanteilsgebot war dementsprechend erforderlich, um den Zweck zu erreichen.

---

441 *Brandt* Gleichstellungsquote, S. 100; *Spindler/Brandt* NZG 2011, 401, 404; ferner *Bachmann* ZIP 2011, 1131, 1133.

442 Aus der Presse: https://www.lto.de/recht/kanzleien-unternehmen/k/frauenquote-gesetz-gleichberechtigung-zielgroesse-spielraum-fuehrungsposition/, zuletzt aufgerufen am 30.6.2018; http://www.sueddeutsche.de/politik/gleichstellung-zielgroesse-null-1.3561632, zuletzt aufgerufen am 30.6.2018.

443 Dazu eingehend *Brandt* Gleichstellungsquote, S. 100 f.

444 Gender Diversity on Corporate Boards – The Competing Perspectives, S. 3.

445 Zutreffend *Brandt* Gleichstellungsquote, S. 101.

446 Es bedürfte dazu der Aufstellung konkreter Anforderungen an Aufsichtsratsmitglieder, was aufgrund der jeweiligen unternehmensspezifischen Anforderungsprofile und der im Einzelfall speziellen Anforderungen für den jeweils zu besetzenden Sitz abstrakt-generell nicht möglich ist. Darüber hinaus müsste die Regelung ebenfalls vorschreiben, in welchem Umfang Anstrengungen unternommen wurden, geeignete Kandidatinnen zu finden, was ebenfalls einzelfallabhängig ist.

4. Verhältnismäßigkeit

Eingriffe in die Berufsausübungsfreiheit sind zulässig, wenn sie auf sachgerechten und vernünftigen Erwägungen des Gemeinwohls beruhen und im Hinblick auf den verfolgten Zweck auch im Übrigen dem Grundsatz der Verhältnismäßigkeit entsprechen.[447] Folglich muss das dem Allgemeinwohl dienende Interesse gewichtiger sein als die Beeinträchtigung der Berufsausübungsfreiheit der Unternehmen.[448]

Die von Art. 12 Abs. 1 GG geschützte Berufsausübungsfreiheit steht unter dem Vorbehalt eines einfachen Gesetzes. Sie kann also nicht nur durch verfassungsimmanente Schranken begrenzt werden.[449] Art. 3 Abs. 2 GG ist als Staatszielbestimmung der Rechtsposition aus Art. 12 Abs. 1 GG übergeordnet.[450] Daraus folgt jedoch kein absoluter Vorrang. Die Berufsausübungsfreiheit müsste daher in ihrem Kernbereich durch die Quotenregelung betroffen sein, um durch diese unverhältnismäßig eingeschränkt zu sein.[451] Die Schwere des Eingriffs bemisst sich nach der konkreten Ausgestaltung der Regelung.[452] Allein die Vorgabe einer an einem Ergebnis ausgerichteten Quote bedeutet noch keinen schweren Eingriff. Das liegt daran, dass es bei der Aufsichtsratsbesetzung nicht um einzelne Personalentscheidungen geht, sondern die Wahl eines Gremiums. Dies lässt den hinter dem Unternehmen stehenden Anteilseignern mehr Flexibilität.[453]

Das Verständnis guter *Corporate Governance*, welches sich auf die Organisationshoheit des Unternehmens auswirken kann, orientiert sich zudem stets an der aktuellen wirtschaftlichen und gesellschaftspolitischen Diskussion. Schwerpunkte sind derzeit unter anderem die Verantwortung von Unternehmen für Umwelt, Arbeitnehmer sowie Gleichberechtigung von Männern und Frauen. Das Mindestanteilsgebot ist eine Maßnahme, die der tatsächlichen Durchsetzung der Gleichberechtigung von Männern und Frauen dient. Die in den Anwendungsbereich des Mindestanteilsgebots fallenden Gesellschaften werden in ihrer Organisationshoheit grundsätzlich nur in Höhe von 30 Prozent eingeschränkt. Der Pool potenzieller Unternehmenskontrolleure wird zudem durch

---

447 BVerfGE 28, 374 (LS), BVerfGE 37, 18; BVerfGE 47, 116 ff.; BVerfGE 93, 235 ff.

448 BVerfGE 30, 292, 316; BVerfGE 95, 193, 214; BVerfGE 104, 357, 364.

449 Statt aller Maunz/Dürig/*Scholz* Art. 12 GG Rn. 311.

450 Vgl. eingehend zum Verhältnis von Art. 12 und Art. 3 Abs. 2 Satz 2 GG in diesem Kontext *Brandt* Gleichstellungsquote, S. 112.

451 *Brandt* Gleichstellungsquote, S. 115.

452 *Brandt* Gleichstellungsquote, S. 116.

453 Zutreffend *Brandt* Gleichstellungsquote, S. 117.

geeignete, qualifizierte, aber den bisherigen Aufsichtsräten offenbar unbekannte Personen sogar erweitert. Deshalb überwiegt das Förderungsinteresse auch in seiner Ausprägung als Ausfluss eines grundgesetzlich verankerten Staatsziels das Interesse des Unternehmens an freier Selbstorganisation. Die Organisationshoheit des Unternehmens als Ausprägung der Berufsausübungsfreiheit ist deshalb grundsätzlich nicht in ihrem Kernbereich betroffen.

Schwierigkeiten bereitet jedoch die Rechtsfolge der Wahlnichtigkeit ohne Ausnahmeklausel. In den sachlichen Anwendungsbereich der Quote fallen derzeit vorwiegend international aufgestellte Konzerne, deren Struktur durchaus spezielle Anforderungen an alle oder jedenfalls an einzelne Aufsichtsratsmitglieder stellen kann. Deshalb sind Einzelfälle denkbar, in denen für den vakanten Aufsichtsratssitz tatsächlich keine geeignete Person des unterrepräsentierten Geschlechts zu finden oder zur Übernahme des Amts bereit ist. In diesem Fall können aus Sicht des Unternehmens bis zu 30 Prozent der objektiv geeigneten Personen zu 100 Prozent nicht in den Aufsichtsrat gewählt werden. Die Organisationsfreiheit ist in Höhe von bis zu 30 Prozent der Aufsichtsratssitze demnach faktisch nicht mehr vorhanden. In diesem Fall ist sie deshalb in ihrem Kernbereich eingeschränkt. Sofern nur eine Person (nach-)gewählt werden muss, liegt sogar eine absolute Einschränkung vor. Tritt diese Situation ein, überwiegt daher das Unternehmensinteresse. Allerdings ist die Regelung einer verfassungskonformen Auslegung zugänglich.[454]

5. *Fazit*

Die strenge Rechtsfolge ohne Ausnahmeklausel für Härtefälle schränkt im Einzelfall die Organisationshoheit der Unternehmen als Ausprägung der Berufsausübungsfreiheit unverhältnismäßig ein. Zur Wahrung des Rechts der Unternehmen auf organisatorische Selbstbestimmung im Hinblick auf den größtmöglichen wirtschaftlichen Erfolg und die bestmögliche Kontrolle muss die Rechtsfolge deshalb im Wege der verfassungskonformen Auslegung eingeschränkt werden. Dies gilt insbesondere vor dem Hintergrund, dass die Debatte um die Professionalisierung des Aufsichtsrats auch ein Qualifikationsdefizit bei den vorwiegend männlichen Mandatsträgern aufgezeigt hat, welches nicht im Einzelfall durch eine Quotenregelung vertieft werden darf. Die vorstehenden Ausführungen zu den Aufgaben des Aufsichtsrats und den unscharfen Anforderungen an die einzelnen Mitglieder sowie das Kompetenzprofil des Aufsichtsrats müssen jedoch auch hier berücksichtigt werden. Von der Rechtsfolge des

454 S.o. Kap 2 § 5 B. III.

Mindestanteilsgebots muss daher in engen Grenzen abgewichen werden können. Dies erfolgt im Wege der verfassungskonformen Auslegung.[455]

III. Ergebnis

Das Mindestanteilsgebot greift in die von Art. 12 Abs. 1 GG geschützte Organisationshoheit der Unternehmen ein. Allerdings betrifft der Eingriff den Kernbereich der geschützten Organisationshoheit nur in den Einzelfällen, in denen die aus Sicht des Unternehmens zur Vervollständigung des Kompetenzprofils des Aufsichtsrats zu bestellende Person wegen des unpassenden Geschlechts nicht gewählt werden kann. Nur in diesem Fall ist eine Ausnahme von der zwingenden Quote bzw. der Rechtsfolge der Wahlnichtigkeit geboten. Sie muss im Wege der verfassungskonformen Auslegung erfolgen. Allerdings muss im Rahmen der Auslegung berücksichtigt werden, dass die Auswahl der Aufsichtsratsmitglieder sich im System der Aufsichtsratswahl wegen der fehlenden gesetzlichen Anforderungen und der weitgehend uneingeschränkten Wahlfreiheit der Aktionäre nicht nur am Unternehmensinteresse orientiert, sondern auch am Interesse der Aktionäre. Die Grenzen einer verfassungsrechtlich gebotenen Ausnahme von der Rechtsfolge des Mindestanteilsgebots sind deshalb wegen der von Art. 12 Abs. 1 GG geschützten Rechte des Unternehmens sehr eng zu ziehen.

D. Vereinbarkeit des zwingenden Mindestanteilsgebots mit dem Eigentumsrecht der Aktionäre (Art. 14 Abs. 1 GG)

Auch Aktionäre genießen den Schutz des Art. 14 Abs. 1 GG aufgrund ihrer mittelbaren Eigentumsposition und ihrer verbandsrechtlichen Stellung.[456] Erfasst sind sowohl das gesellschaftsrechtlich vermittelte Eigentum als auch die Mitgliedschaft an der Aktiengesellschaft und Vermögens- sowie Verwaltungsrechte.[457]

I. Eingriff durch das Mindestanteilsgebot

Das für die Aufsichtsratswahl durch das Mindestanteilsgebot am deutlichsten betroffene Mitgliedschaftsrecht ist das Stimmrecht der Aktionäre, neben dem Recht, eigene Vorschläge einzubringen. Dementsprechend ist für einen Eingriff

455 S. dazu unten Kap. 3 § 9 B. IV.

456 *Brandt* Gleichstellungsquote, S. 137; *Conreder* Verfassungsrechtlicher Schutz, S. 42; *Mülbert* FS Ulmer 2003, 433, 434 f.

457 *Schoppe* Aktieneigentum, S. 216.

maßgeblich, ob die Wahlfreiheit der Aktionäre in der Hauptversammlung durch das Mindestanteilsgebot beschränkt wird.[458] Ein möglicher Eingriff erfolgt auf zwei Stufen. Zunächst könnte die Wahlfreiheit der Hauptversammlung dadurch beeinträchtigt sein, dass 30 Prozent der Sitze mit Personen des über- bzw. unterrepräsentierten Geschlechts besetzt werden müssen. Darüber hinaus könnte eine zusätzliche Beeinträchtigung dadurch erfolgen, dass § 96 Abs. 2 AktG keine Härtefallregelung vorsieht.

Die Aktionäre können ihre durch § 101 Abs. 1 AktG gewährte freie Entscheidung über die Auswahl der Aufsichtsratsmitglieder nur noch in Höhe von 40 Prozent ausüben. Im Hinblick auf die übrigen 60 Prozent ist die Entscheidungsfreiheit auf Personen beschränkt, die gleichmäßig, also zu je 30 Prozent der Gesamtmitgliederzahl, auf beide Geschlechter verteilt sind.

Eine weitere Einschränkung liegt vor, wenn die Hauptversammlung im Zweifel eine Person wählen muss, die für das Amt oder den zu besetzenden Sitz[459] ungeeignet ist. Derzeit existieren jedoch keine hinreichend abgrenzbaren, sachlichen (Mindest-)Kriterien für Aufsichtsratsmitglieder, die den Kreis der wählbaren Personen auf männliche Kandidaten mit jahrelanger Vorstandserfahrung beschränken. Es besteht lediglich Einigkeit darüber, dass der Aufsichtsrat als Gesamtgremium über den für die Wahrnehmung seiner Aufgaben erforderlichen Sachverstand verfügen muss (vgl. auch § 100 Abs. 5 AktG) und dass Aufsichtsratsmitglieder eine gewisse Mindestqualifikation besitzen müssen.

Jedes einzelne Mitglied muss auf Grundlage der heutigen gesetzlichen Regelungen und der Vorgaben des DCGK vor dem Hintergrund der *Hertie*-Entscheidung ein Grundverständnis für die regelmäßig anfallenden Geschäftsvorgänge und hinreichende Kenntnisse zur Feststellung des Jahresabschlusses besitzen. Es muss branchenspezifische unternehmerische Entscheidungen verstehen und nachvollziehen können, um an der Entscheidungsfindung zu den einzelnen Aufsichtsratsaufgaben teilnehmen zu können. Das betreffende Mitglied kann sich Teile dieses Wissens und insbesondere die Branchenkenntnis jedoch auch aneignen. Dementsprechend reicht es – unabhängig von den tatsächlichen Gegebenheiten – aus, wenn infrage kommende Personen nur einige oder keine weiteren Anforderungen wie die teilweise in der Literatur[460] geforderte Vorstandserfahrung erfüllen, solange sie sich juristisches und

---

458 S. oben Kap. 1 § 4 A. I. 2. b) aa).

459 Unter Berücksichtigung der Gesamtzusammensetzung und -qualifikation des Aufsichtsrats.

460 *Weber-Rey* Professionalisierung, S. 160, 169.

betriebswirtschaftliches Fachwissen sowie Branchenkenntnisse jedenfalls aneignen können. Aus diesem Grund ist der Kreis der wählbaren Personen grundsätzlich nicht in einer die Wahlfreiheit beschränkenden Weise reduziert. Dass die betreffenden Personenkreise, also in der Regel die bestehenden Aufsichtsratsgremien, einen anderen Eindruck haben, ist eher der bisherigen Praxis der Mandatsträgerwahl geschuldet. Dieser Eindruck entbehrt jedoch sowohl jeder rechtlichen, als auch einer objektiv-tatsächlichen Grundlage. Solange keine greifbaren und objektiv nachvollziehbaren Kriterien für die Qualifikation von Aufsichtsratsmitgliedern genannt werden, ist der Vorwurf nicht haltbar, es gäbe keine geeigneten Frauen.

In bestimmten Branchen kann es zwar schwierig sein, Frauen zu finden, weil auch die unteren Führungsebenen dort einen geringen Anteil an Frauen aufweisen. Dem ist jedoch entgegenzuhalten, dass ein Aufsichtsratsmitglied weder zwingend aus dem eigenen Unternehmen noch aus der unternehmenseigenen Branche kommen muss. In vielen Aufsichtsratspositionen sitzen zum Beispiel Juristen und Wirtschaftsprüfer.[461] Es werden deshalb trotz einer solchen Regelung ausreichend Personen mit Leitungserfahrung und Branchenkenntnis vorhanden sein, auch wenn dies wegen der momentan bestehenden Struktur in den obersten Führungsebenen wenige bis keine Mitglieder des bisher unterrepräsentierten weiblichen Geschlechts sind.[462]

Die aufgaben- und funktionsorientierte Analyse hat keine Kriterien aufgezeigt, die dafürsprechen, dass für eine Aufsichtsratstätigkeit überwiegend bis ausschließlich männliche Personen geeignet sind. Die Ergebnisse sprechen vielmehr dafür, dass genügend Frauen vorhanden sind, die jedenfalls hinreichend qualifiziert sind, also die Mindestqualifikation besitzen. Bezogen auf die bis heute vorherrschende Praxis und die managementorientierte Sichtweise zur Aufsichtsratstätigkeit kann ein anderes Bild bei den Beteiligten vorherrschen. Dies entspricht aber nicht der Funktion des Aufsichtsrats und kann sogar für die Aufgabenwahrnehmung hinderlich und risikobehaftet sein. Selbst wenn man an der Nützlichkeit für das Management durch ein weites persönliches Netzwerk als „fachliches" Eignungskriterium festhalten möchte, muss dieses Kriterium nicht bei allen Mitgliedern vorliegen. Personen mit fachlicher Expertise auf den genannten Gebieten, die gegebenenfalls ein weniger weitreichendes einschlägiges Netzwerk haben, können problemlos zur Funktion des Aufsichtsrats beitragen. Da das Aktienrecht keinen Qualifikationsvergleich für Aufsichtsratsmitglieder

---

461 So auch *Redenius-Hövermann* Frauenquoten, S. 5.

462 Davon geht auch *Grobe* AG 2015, 289, 295 aus.

kennt, kommt es auch nicht darauf an, dass die Hauptversammlung nicht die am besten qualifizierte Person wählen kann.

Schwierigkeiten entstehen eher dadurch, dass Großaktionäre bzw. -aktionärinnen den Aufsichtsrat grundsätzlich nach ihren Vorstellungen „durchbesetzen“ können und dass in Familienunternehmen (auch) Familienmitglieder im Aufsichtsrat sitzen sollen.[463] Die Wahlfreiheit der Hauptversammlung ist in diesen Fällen durch das Mindestanteilsgebot eingeschränkt. Darüber hinaus gibt es derzeit noch einen Fall, in dem die Wahlfreiheit der Hauptversammlung eingeschränkt ist: Es stehen trotz intensiver Suche keine Personen des zur Einhaltung des Mindestanteilsgebots erforderlichen Geschlechts zur Verfügung, die den seit der *Hertie*-Entscheidung anerkannten Mindestanforderungen oder – für den Fall, dass es für die zu besetzende Aufsichtsratsposition unternehmenseigene, bestimmte Anforderungen gibt – diesen Kriterien entsprechen.

II. Verhältnismäßigkeit des Eingriffs

Art. 14 Abs. 1 Satz 2 GG ermöglicht es dem Gesetzgeber, Inhalte und Schranken des Eigentums zu bestimmen.[464] Deshalb bestimmt sich die Verhältnismäßigkeit des Eingriffs danach, ob die Regelungen zum Mindestanteilsgebot eine solche Inhalts- und Schrankenbestimmung oder eine Enteignung darstellen. Die Regelung des § 96 Abs. 2 AktG ist eine abstrakt-generelle Regelung zur Festlegung von Rechten und Pflichten für grundrechtlich geschützte Eigentumspositionen und entzieht nicht konkret-individuell subjektive Rechtspositionen. Mithin liegt nach Rechtsprechung des BVerfG eine Inhalts- und Schrankenbestimmung vor.[465] Aus der in dem spezielleren Art. 14 Abs. 2 GG verankerten Sozialpflichtigkeit des Eigentums ergibt sich eine grundsätzliche Pflicht zur Duldung von Eingriffen aufgrund eines Gesetzes. Allerdings muss der Gesetzgeber nach Auffassung des BVerfG „die Belange der Gemeinschaft und die Individualinteressen in ein ausgewogenes Verhältnis [...] bringen“.[466]

---

463 Wegen fehlender Ausnahmeregelung für Familienunternehmen deshalb kritisch: Maunz/Dürig/*Langenfeld* Art. 3 Abs. 2 GG Rn. 116 mwN.

464 *Schoppe* Aktieneigentum, S. 216; dem folgend *Brandt* Gleichstellungsquote, S. 139.

465 *Brandt* Gleichstellungquote, S. 141 mit Verweis auf BVerfGE 51, 1, 27; BVerfGE 58, 137, 144; BVerfGE 72, 66, 76.

466 BVerfGE 25, 112, 117 f.; seitdem st. Rspr. BVerfGE 37, 132, 139 ff.; BVerfGE 52, 1, 29; BVerfGE 50, 290, 340; BVerfGE 58, 300, 335; BVerfGE 58, 137, 147 f.; BVerfGE 70, 191, 200; BVerfGE 79, 174, 198; BVerfGE 81, 208, 220; BVerfGE 83, 201, 208; BVerfGE 87, 114, 138; BVerfGE 91, 294, 308.

1. *Eingriffsintensität*

Aus diesem Grund muss zunächst die Eingriffsintensität bestimmt werden. Das den Aktionären pro gehaltener Aktie gewährte Stimmrecht ist Ausprägung des aus der Mitgliedschaft erwachsenen Mitwirkungsrechts.[467] Es gehört dementsprechend zum Kernbereich der von Artikel 14 Abs. 1 GG umfassten Rechte des Aktionärs.[468] Das Stimmrecht als solches wird durch die Quote allerdings nicht beschränkt,[469] sondern dessen Ausübung im Hinblick auf das Geschlecht der Kandidaten.

a) *Grundsätze des Bundesverfassungsgerichts zur Mitbestimmung der Arbeitnehmer*

Zur Einschränkung der Mitgliedschaftsrechte der Aktionäre gibt es bereits eine Entscheidung des BVerfG. In seinem Urteil zum Mitbestimmungsgesetz[470] konstatierte das BVerfG, dass die Regelung des § 7 MitbestG lediglich den Bestellvorgang modifiziere, nicht jedoch die Mitgliedschaftsrechte der Aktionäre wesentlich schmälere.[471] § 7 MitbestG bestimmt, dass die Hälfte der Aufsichtsratssitze mit Arbeitnehmervertretern zu besetzen ist, die die Hauptversammlung nicht wählen kann. Die Regelung zum Mindestanteilsgebot modifiziert die Wahlfreiheit der Hauptversammlung aber deutlich schwächer, weil die Aktionäre weiterhin alle Mitglieder ihrer Seite wählen können. Ihr Bestimmungsrecht über die Zusammensetzung des Aufsichtsrats wird also nicht zahlenmäßig verringert.[472] Die Quote modifiziert lediglich den Kreis der wählbaren Personen. Deshalb greifen die Regelungen bereits weniger intensiv in die Rechte der Aktionäre aus Art. 14 Abs. 1 GG ein. Es ist außerdem nicht gesichert, dass der zur Wahl stehende Personenkreis durch die Mindestvorgabe von 30 Prozent je Geschlecht eingeschränkt wird. Zwar können weniger Personen eines Geschlechts gewählt werden, aber dafür wird der aus Sicht der Unternehmen und Aktionäre bisher vermeintlich auf vorwiegend männliche Kandidaten beschränkte Kandidatenpool quasi um eine Personengruppe erweitert. Darüber hinaus wird hier – anders als im Rahmen der Verfassungsbeschwerde zum Mitbestimmungsurteil

---

467 MünchKomm AktG/*Heider* § 12 AktG Rn. 6; Hüffer/Koch/*Hüffer* § 12 AktG Rn. 1; *Schoppe* Aktieneigentum, S. 216; Hölters/*Solveen* § 12 AktG Rn. 3.

468 *Conreder* Verfassungsrechtlicher Schutz, S. 45; *Schoppe* Aktieneigentum, S. 216.

469 *Brandt* Gleichstellungsquote, S. 144; *Wieland* NJW 2010, 2048, 2409.

470 BVerfGE 50, 290 ff.

471 BVerfGE 50, 290, 313, 348.

472 Was das BVerfG für zulässig hielt: BVerfGE 50, 290, 344.

vorgebracht – nicht der Aufsichtsrat „zu einem Forum widerstreitender Interessen und ihres Ausgleichs, so daß eine Organverfremdung eint[ritt]“.[473] Der Eingriff durch die bloße Quotierung der Aufsichtsratssitze in Höhe von 30 % ist also leicht.

Auf die Intensität des Eingriffs wirkt sich jedoch aus, dass § 96 Abs. 2 AktG bei Fehlen einer den Mindestanforderungen – oder im Einzelfall vorhandenen konkreten Anforderungen – entsprechenden Person des passenden Geschlechts keine Ausnahmeregelung vorsieht. Nach der Entscheidung des BVerfG zur Mitbestimmung ist die Grenze der Zulässigkeit dann erreicht, wenn die Aktionäre nicht mehr in der Lage sind, über die Auswahl der Unternehmensführung zu entscheiden.[474] Da der Aufsichtsrat über die Personalkompetenz für den Vorstand verfügt, könnte eine weitere Modifikation des Aktionärseinflusses auf die Aufsichtsratswahl wegen der fehlenden Ausnahmeregelung Schwierigkeiten bereiten. Eine „Struktur- oder Substanzveränderung des Anteilseigentums“[475] ist darin aber nicht zu sehen. Auch geht es zu weit, in diesem Zusammenhang die Entscheidungen des BGH in Sachen *Holzmüller* und *Gelatine I* heranzuziehen, da die Personalkompetenz über den Vorstand nicht in den Händen der Hauptversammlung liegt.[476] Eine Modifikation des Personenkreises, der für die Aufsichtsratswahl zur Verfügung steht, kann nicht mit einer diesen BGH-Entscheidungen zugrunde liegenden bedeutenden Maßnahme verglichen werden.[477] Dennoch ist im Einzelfall die Wahlfreiheit erheblich eingeschränkt, wenn die Aktionäre eine völlig ungeeignete Person in den Aufsichtsrat wählen müssten, um die Regelung des § 96 Abs. 2 Satz 1 AktG zu befolgen. In einem solchen Ausnahmefall liegt ein mittelschwerer Eingriff vor: Die Aktionäre sind an der Ausübung des Stimmrechts zwar weiterhin nicht gehindert, sie sind jedoch in ihrem Recht erheblich eingeschränkt.

b) Aktionärsstruktur

Ein weiteres Kriterium zur Bewertung der Eingriffsintensität könnte die Aktionärsstruktur bieten, sofern diese einen Schluss auf den Bezug des Aktionärs zu seinem Eigentumsrecht zulässt.[478] Der Gesetzgeber begründete die Beschränkung

---

473 BVerfGE 50, 290, 313.

474 BVerfGE 50, 290, 350.

475 BVerfGE 50, 290, 350.

476 So aber *Brandt* Gleichstellungsquote, S. 152 f.

477 IE dann auch *Brandt* Gleichstellungsquote, S. 153.

478 *Brandt* Gleichstellungsquote, S. 145 f.; mit dieser Argumentation jedoch bereits das BVerfG in seiner Entscheidung zur Mitbestimmung, BVerfGE 50, 290, 347.

des Anwendungsbereichs auf börsennotierte Gesellschaften damit, dass naturgemäß die großen Publikumsgesellschaften in der Rechtsform der AG oder KGaA in den Anwendungsbereich des Mindestanteilsgebots fielen, welche einer besonderen Sozialbindung unterlägen, weil sie nach ihrer Struktur auf eine Vielzahl von Anlegern zugeschnitten sind.[479] Sie würden zudem aufgrund ihrer wirtschaftlichen Bedeutung gemessen an Mitarbeiterzahl und bzw. oder Umsatz in der Öffentlichkeit besonders wahrgenommen. Eine repräsentative Teilhabe von Frauen in diesen Unternehmen setze Maßstäbe für die gesamte Privatwirtschaft.[480] Die rechtstatsächliche Wirklichkeit zeigt allerdings, dass die Annahme des Gesetzgebers nicht vollends überzeugt. Den 108 nach gesetzgeberischer Vorstellung betroffenen Unternehmen gehören 20 Familienunternehmen an, deren Beteiligungsstruktur sich in der Regel von derjenigen in den Publikumsgesellschaften unterscheidet.[481] Darüber hinaus ist auch die Annahme kein tragendes Argument, dass Anteilseigner mit Streubesitzaktien eine geringere Bindung zu ihrem Eigentum haben als Großaktionäre. Der Schluss mag zwar naheliegen; es ist jedoch nicht sichergestellt, dass die Interessen nicht entgegengesetzt gelagert sind.[482] In vielen Fällen sind die Motive der Aktionärinnen und Aktionäre überhaupt nicht bekannt.[483] Außerdem wird bei einer Anknüpfung an die Aktionärsstruktur übersehen, dass Bezugspunkt des Stimmrechts und dementsprechend auch des grundrechtlichen Schutzes die einzelne Aktie ist. Dies gilt unabhängig davon, wie viele Anteile ein Aktionär hält oder welcher Familie er angehört.[484] Eine mehrheitliche Beteiligung ist nicht gesondert von Art. 14 Abs. 1 GG geschützt.[485] Darüber hinaus darf nicht vergessen werden, dass bedingt durch das in § 133 AktG verankerte Mehrheitsprinzip, das einzelne Stimmrecht in der Gesamtschau bereits geschwächt ist.[486] Grundsätzlich überzeugt auch das Argument nicht, Mehrheitsaktionärinnen und -aktionäre oder Entsendeberechtigte verlören durch das Mindestanteilsgebot ihr Recht, den Aufsichtsrat oder

---

479 Begr. RegE, BT-Drucks. 18/3784, S. 120.

480 Begr. RegE, BT-Drucks. 18/3784, S. 120.

481 *Scherer* BB 2010, 323; *Sudhoff* Familienunternehmen.

482 *Conreder* Verfassungsrechtlicher Schutz, S. 152. *Schoppe* Aktieneigentum, S. 132; dem folgend *Brandt* Gleichstellungsquote, S. 147.

483 Zutreffend *Habersack* AG 2005, 137, 139 f.; *Hüffer* FS Kropff 1997, S. 127, 142 f.; *Stumpf* NJW 2003, 9, 11.

484 Zutreffend *Schoppe* Aktieneigentum, S. 93.

485 *Brandt* Gleichstellungsquote, S. 148; *Schoppe* Aktieneigentum, S. 93 f.; *Stumpf* NJW 2003, 9, 11.

486 Hüffer/Schmidt-Aßmann/Weber/*Hüffer/Schmidt-Aßmann* Anteilseigentum, S. 49.

bestimmte Sitze mit Personen ihres Vertrauens zu besetzen. Sie sind weiterhin frei in der Auswahl der Personen und können sich so einen gewissen Einfluss im Aufsichtsrat sichern, sofern diese das passende Geschlecht aufweisen.[487] Die Familienzugehörigkeit ist außerdem nach verbreiteter Ansicht kein zulässiges persönliches Merkmal i.S.v. § 100 Abs. 3 AktG.[488] Dementsprechend kann die Aktionärsfamilie grundsätzlich keinen Anspruch auf die (vollständige) Besetzung des Aufsichtsrats mit Familienmitgliedern erheben. Die Aktionärsstruktur ist demnach grundsätzlich weder Sachgrund für die Anknüpfung, noch kann sie als Maßstab für die Eingriffsintensität der Regelungen zur Quote herangezogen werden.[489]

2. *Abwägung*

Abzuwägen ist das von Art. 14 Abs. 1 GG geschützte Stimmrecht der Aktionäre als Ausprägung des Mitgliedschaftsrechts mit dem vom Gesetzgeber auf Grundlage von Art. 3 Abs. 2 Satz 2 GG verfolgten Zweck, die Gleichberechtigung des in Aufsichtsräten unterrepräsentierten Geschlechts zu fördern. Sofern das Interesse des Gesetzgebers an einem ausgewogeneren Geschlechterverhältnis im Aufsichtsrat das Interesse der Aktionäre an einer Besetzung des Aufsichtsrats nach ihren Vorstellungen überwiegt, ist der Eingriff verhältnismäßig. Im Rahmen der Abwägung ist auch die Sozialbindung des Eigentums zu beachten, welche eine konkrete Vorgabe zur Verhältnismäßigkeit von Eingriffen in die von Art. 14 Abs. 1 GG geschützten Rechte macht. Der Gesetzgeber soll ein „Sozialmodell [...] verwirklichen, dessen normative Elemente sich einerseits aus der grundgesetzlichen Anerkennung des privaten Eigentums durch Art. 14 Abs. 1 Satz 1 GG und andererseits aus dem Sozialgebot des Art. 14 Abs. 2 GG ergeben". Die erlassenen Gesetze müssen beides „in einen gerechten Ausgleich und ein ausgewogenes Verhältnis bringen".[490] Die Regelungsmöglichkeiten des Gesetzgebers sind umso größer, je mehr „das Eigentumsobjekt in einem sozialen Bezug und einer sozialen Funktion steht".[491]

Unter Berücksichtigung des Mitbestimmungsurteils, in dem die Sozialbindung des Aktieneigentums eine Reduzierung der Wahlfreiheit der Aktionäre durch Einführung der paritätischen Mitbestimmung rechtfertigen konnte, muss

---

487 Zutreffend i.E. auch *Werthmüller*, Staatliche Eingriffe, S. 152.
488 S. oben Kap. 1 § 4 A. I. 1.
489 So mit Recht *Brandt* Gleichstellungsquote, S. 146, 148 und zum Sachgrund S. 253.
490 BVerfGE 52, 1, 29; 72, 66, 77 f.; 87, 114, 138; 100, 226, 240.
491 BVerfGE 42, 263, 294.

die Sozialbindung erst recht einen deutlich schwächeren Eingriff durch eine Modifikation der wählbaren Personen rechtfertigen können.

Zweifelhaft ist jedoch, ob ein ausgewogenes Verhältnis zwischen Sozialgebot und Aktieneigentum auch dann gegeben ist, wenn die Aktionäre nur die Möglichkeit haben, eine ungeeignete Person wegen des Geschlechts zu wählen, wenn eine geeignete Person des anderen Geschlechts zur Verfügung steht. Diese Maßgabe würde nämlich dem anerkannten Erfordernis einer Mindestqualifikation für Aufsichtsratsmitglieder widersprechen und die Aktionäre nur wegen einer auf einem sozialpolitischen – wenn auch grundgesetzlich verankerten – Staatsziel beruhenden Regelung zu einer Entscheidung verpflichten, die sie ohne das Mindestanteilsgebot nicht treffen müssten. Dieses Problem lässt sich jedoch durch eine verfassungskonforme Auslegung von § 96 Abs. 2 Sätze 1 AktG lösen. Die Folge könnte sein, dass in diesem Fall zwar die Wahl weiterhin nichtig ist, das Gericht im Rahmen der Ergänzungsbestellung auch eine Person bestellen kann, die nicht das nach § 96 Abs. 2 Satz 1 AktG erforderliche Geschlecht aufweist.

Problematisch ist weiterhin, dass das vom BVerfG in der Entscheidung zum MitbestG als Argument einbezogene leichte Stimmübergewicht durch die doppelte Stimme des Aufsichtsratsvorsitzenden gefährdet ist, wenn wegen eines Verstoßes gegen das Mindestanteilsgebot ein Sitz der Anteilseignerseite unbesetzt ist. Allerdings darf dabei nicht übersehen werden, dass die leichte Überparität bereits in einfachen Abstimmungen nicht gewährleistet sein kann, wenn nicht ausreichend Mitglieder der Anteilseignerseite teilnehmen. Das Zweitstimmrecht führt also nicht stets zu einem Stimmübergewicht der Aktionärsvertreterinnen und -vertreter. Außerdem führen die Anteilseigner den Verlust des Zweitstimmrechts eigenverantwortlich durch eine quotenwidrige Wahl in den Händen der Anteilseigner herbei.[492]

III. Ergebnis

Im Grundsatz schränkt der gesetzgeberische Eingriff durch das Mindestanteilsgebot des § 96 Abs. 2 Satz 1 AktG auch das von Art. 14 Abs. 1 GG geschützte Eigentumsrecht der Aktionäre nicht unverhältnismäßig ein. Dies gilt jedoch nur mit der Maßgabe, dass § 96 Abs. 2 Satz 1 AktG verfassungskonform ausgelegt und eingeschränkt werden muss, wenn keine i.S. der (Mindest-)Anforderungen geeignete Person des zur Einhaltung der Quote erforderlichen Geschlechts,

492 Zutreffend *Werthmüller* Staatliche Eingriffe, S. 158.

jedoch eine solche Person des anderen Geschlechts als Aufsichtsratsmitglied zur Verfügung steht.

E. Vereinbarkeit des sachlichen Anwendungsbereichs des zwingenden Mindestanteilsgebots mit dem Gleichheitsgebot (Art. 3 Abs. 1 GG)

Neben den verfassungsrechtlichen Schwierigkeiten mit der Rechtsfolge des Mindestanteilsgebots könnte die Anknüpfung des Anwendungsbereichs an die Börsennotierung bzw. die Kumulierung von Börsennotierung und paritätischer Mitbestimmung ein nicht zu rechtfertigender Eingriff in Art. 3 Abs. 1 GG sein. Dieser liegt in einer Ungleichbehandlung großer Unternehmen.

I. Ungleichbehandlung

Dem Wesen des Art. 3 Abs. 1 GG nach darf wesentlich Gleiches nicht ungleich behandelt werden. Im Angesicht des gesetzgeberischen Ziels, einen Kulturwandel anzustoßen und dafür große Publikumsgesellschaften mit einer erhöhten Sozialbindung als Vorbilder in die Pflicht zu nehmen, ist die Beschränkung auf rund 100 börsennotierte und voll mitbestimmte Unternehmen sehr eng gefasst.

II. Sachliche Rechtfertigung

Auf den ersten Blick sind die gesetzlichen Kriterien zwar gut abgrenzbar und wegen der bereits existierenden erhöhten regulatorischen Anforderungen an diese Unternehmen auch nachvollziehbar. Die Ungleichbehandlung muss aber einer sachlichen Rechtfertigung zugänglich sein.

1. *Anknüpfungspunkt kumulatives Vorliegen von Börsennotierung und paritätischer Mitbestimmung*

Der Gesetzgeber hatte bereits vor der Einführung von § 3 Abs. 2 AktG durch das KonTraG begonnen, zwischen kapitalmarktorientierten und anderen Aktiengesellschaften zu differenzieren. Die Begründung liegt in deren exponierter Stellung und ihrem zahlenmäßig nicht überschaubaren Kreis an Aktionären,[493] was eine stärkere Regulierung rechtfertige und erfordere.[494] Der DCGK, in dem seit 2010 ebenfalls Empfehlungen zur Beteiligung von Frauen im Aufsichtsrat

---

493 MünchKomm AktG/*Heider* § 3 AktG Rn. 40, 42.
494 MünchKomm AktG/*Heider* § 3 AktG Rn. 40, 42.

enthalten sind, richtet sich zwar auch an nicht kapitalmarktorientierte Unternehmen, erklärungspflichtig sind jedoch nur Vorstand und Aufsichtsrat börsennotierter und in § 161 Abs. 1 Satz 2 AktG diesen gleichgestellte Gesellschaften.[495] Die zwingende Quote auf börsennotierte Aktiengesellschaften zu beschränken, ist mit Blick auf § 161 AktG deshalb systemkonform. Jene unterliegen schon länger intensiverer Regulierung, sowie verschärften *Diversity*-Anforderungen und sind damit vertraut.[496] Darüber hinaus ist die Börsennotierung ein rechtssicheres und abgrenzbares Kriterium.[497]

Kritisiert wird jedoch, die Anknüpfung an die Börsennotierung sei nicht sachgerecht, weil der Anwendungsbereich dadurch zu stark eingegrenzt und vom Normzweck entfernt sei.[498] Der Gesetzgeber hat sich für diese Beschränkung des Anwendungsbereichs entschieden, weil die Mindestquote dadurch typischerweise große Publikumsgesellschaften betreffe, die „aufgrund ihrer Struktur auf eine Vielzahl von Anlegern zugeschnitten sind und [...] aufgrund ihrer wirtschaftlichen Bedeutung gemessen an Mitarbeiterzahl und beziehungsweise oder Umsatz in der Öffentlichkeit besonders wahrgenommen“ werden.[499] Es gibt allerdings diverse umsatzstarke und in der Öffentlichkeit bekannte Unternehmen, die nicht börsennotiert sind, weil sie keine Aktiengesellschaften sind.[500]

Hinzu kommt, dass von den mehr als 600 Unternehmen, die der paritätischen Mitbestimmung unterliegen, nur 250 die Rechtsform der von der Quote erfassten AG und KGaA haben. Von diesen sind jedoch ca. 150 nicht börsennotiert i.S.v. § 3 Abs. 2 AktG.[501] Das heißt, dass eine große Zahl dieser Unternehmen

495 S. dazu auch oben Kap. 1 § 4 C.

496 So auch *Bachmann* ZIP 2011, 1131, 1136; *Brandt* Gleichstellungsquote, S. 254.

497 Zutreffend *Brandt* Gleichstellungsquote, S. 254.

498 Ausdrückl. WKS/*Wißmann* § 6 MitbestG Rn. 64; *Wißmann* FS Höland 2015, S. 600, 614 ff.; i.E. auch *Habersack* Gutachten E, S. 40 f.; *Habersack/Kersten* BB 2014, 2819, 2829 f.; *Seibt* ZIP 2015, 1193; a.A. K.Schmidt/Lutter/*Drygala* § 96 AktG Rn. 32; *Grobe* AG 2015, 289 f.

499 Begr. RegE, BT-Drucks. 18/3784, S. 43.

500 ZB. Aldi Nord GmbH & Co. KG (s. https//www.cr-aldinord.com/2015/nachhaltigkeitsbericht/kennzahlen/#kennzahlen); Dr. Oetker GmbH (s. https//www.oetker.de/presse/presse-news/detailseite/n/Unternehmens-News/dr-oetker-zieht-positive-bilanz-des-geschaeftsjahres-2016.html); Robert Bosch GmbH (s. http//www.bosch.de/de/de/our_company_1/facts_and_figures_1/facts-and-figures.php); Vattenfall GmbH (s. https//corporate.vattenfall.de/newsroom/pressemeldungen/2017/vattenfall-im-geschaftsjahr-2016-vom-umbau-zu-einem-nachhaltigen-erzeugungsportfolio-gepragt/); krit. deshalb auch *Pütz/Weckes* Report Mitbestimmungsförderung Nr. 1/2014, S. 11.

501 WKS/*Wißmann* § 6 MitbestG Rn. 64.

nicht von der Quote erfasst wird. Der Gesetzgeber verkannte vollständig, dass die GmbH nicht nur die erfolgreichste deutsche Rechtsform ist, sondern auch dass die meisten paritätisch mitbestimmten Unternehmen in Deutschland in der Rechtsform der GmbH organisiert sind.[502] Diese Gesellschaften sind jedoch nicht börsennotiert. Das Mindestanteilsgebot weist außerdem keinerlei Kapitalmarktbezug auf, der für eine Anknüpfung an die Börsennotierung sprechen könnte.[503] Bereits die in § 96 Abs. 2 Satz 1 AktG vorgesehene Kumulation von Börsennotierung und paritätischer Mitbestimmung ist deshalb sachlich nicht zu rechtfertigen. Auch eine Erweiterung des Anwendungsbereichs auf börsennotierte oder paritätisch mitbestimmte Unternehmen ist demnach nicht sachgerecht und dementsprechend nicht mit Art. 3 Abs. 1 GG vereinbar.[504]

2. *Alleinige Anknüpfung an die paritätische Mitbestimmung*

Die verstärkte Beteiligung von Frauen in Aufsichtsräten ist auch eine Frage der *Corporate Social Responsibility*. Aus diesem Grund ist eine Orientierung an der Beschäftigtenzahl ein deutlich sachbezogeneres Kriterium. Auch der Gesetzgeber hat sich unter anderem auf die Sozialbindung der betreffenden Unternehmen gestützt. Diese ist bereits im Mitbestimmungsurteil des BVerfG[505] ein Argument für die Einschränkung der Aktionärsrechte durch die paritätische Mitbestimmung gewesen und damit eine verfassungsrechtlich relevante Bezugsgröße. Die Aufsichtsräte von Unternehmen, die paritätisch mitbestimmt sind, haben zudem große Aufsichtsgremien zu bilden. In solchen Gremien lässt sich eine von Anteilseignern und Arbeitnehmern zu erfüllende Quote leichter realisieren. Bei drittelparitätisch besetzten und kleineren Gremien könnte die Wahlfreiheit hingegen langfristig unverhältnismäßig eingeschränkt sein.[506]

502 *Schindeldecker* Paritätisch mitbestimmte GmbH, S. 4 f. mwN.

503 Zutreffend *Habersack* 69. DJT Gutachten E, S. 41; *Bayer* NZG 2013, 1, 9.

504 Nicht alle börsennotierten Gesellschaften haben so große Aufsichtsräte, dass die Quote praktisch umgesetzt werden könnte, ohne einen unverhältnismäßig hohen Geschlechteranteil zu verlangen; zB. müsste ein 5-köpfiger Aufsichtsrat tatsächlich eine 40 %-Quote erfüllen.

505 BVerfGE 50, 290-381.

506 Beispiel: in einem mit drei Personen Aufsichtsrat unter Geltung des DrittelbG müsste der/die Arbeitnehmervertreter/in das unterrepräsentierte Geschlecht aufweisen und die Anteilseignerseite zu 50 Prozent männlich und weiblich besetzt sein, wenn beide Seiten zur Erfüllung beitragen sollen.

III. Ergebnis

Wie vorstehend dargelegt, fallen verschiedene große und bekannte, paritätisch mitbestimmte Unternehmen nicht in den Anwendungsbereich des Gesetzes, weil sie nicht börsennotiert sind. Eine Vorbildfunktion kommt diesen Unternehmen wegen ihrer Größe und Bekanntheit dennoch zu. Gesellschaften, die der paritätischen Mitbestimmung unterliegen, die an den festen Schwellenwert von 2.000 Mitarbeitern geknüpft ist, sind den anderen im Blick auf ihre Sozialbindung wesentlich gleichzustellen. Die Drittelparität ist zwar ebenfalls eine Form der Mitbestimmung, jedoch der paritätischen Mitbestimmung nicht im Wesentlichen gleichzusetzen. In Verbindung mit dem Argument der Umsetzbarkeit aufgrund der Gremiengröße ist die Anknüpfung an die paritätische Mitbestimmung darüber hinaus auch ein gegenüber weiteren mitbestimmten Gesellschaften sachliches Abgrenzungskriterium. Aus diesem Grund ist es wegen Art. 3 Abs. 1 GG geboten bzw. zu rechtfertigen, das Mindestanteilsgebot auf sämtliche Unternehmen zu erstrecken, die paritätisch mitbestimmt sind. Die Änderung des Anwendungsbereichs auf nicht börsennotierte, aber paritätisch mitbestimmte Aktiengesellschaften und KGaA könnte bereits ohne Gesetzesänderung im Wege einer verfassungskonformen Auslegung von § 96 Abs. 2 Satz 1 AktG erreicht werden. Wegen der großen Rechtsunsicherheit für die betroffenen Gesellschaften, die dies auslöst, solange die verfassungskonforme Auslegung nicht durch das Bundesverfassungsgericht erfolgt ist, und wegen der weitreichenden Folgen der Anwendung oder Missachtung des Mindestanteilsgebots ist die Streichung der Voraussetzung „börsennotiert“ jedoch dem Gesetzgeber zu überlassen. Für die GmbH und die Genossenschaft muss dies bereits deshalb gelten, weil der Gesetzgeber in das GmbHG und das GenG die Zielgrößen und damit eigenständige Regelungen zur Gleichberechtigung eingefügt hat.

F. Vereinbarkeit der binären Geschlechterzuordnung mit dem Gleichheitssatz (Art. 3 Abs. 1 und 3 GG)

Die Regelungen zum Mindestanteilsgebot gehen von einer binären Geschlechterverteilung aus. Mit den Intersexuellen (§ 22 Abs. 3 PStG) und den Transsexuellen (§ 1 TSG) sind inzwischen zwei weitere Geschlechts- und Identitätsformen anerkannt. Sowohl Transsexuelle als auch Intersexuelle fallen in den Schutzbereich des Art. 3 Abs. 3 GG. Zudem werden sie auch im Bereich des Art. 3 Abs. 2 GG berücksichtigt.[507] Eine rein binäre Geschlechtszuordnung existiert deshalb

507 Maunz/Dürig/*Langenfeld* Art. 3 Abs. 2 GG Rn. 22 ff.; Art. 3 Abs. 3 GG Rn. 42.

nicht mehr (s. § 22 Abs. 3 PStG). Aus diesem Grund schließen die Regelungen zum Mindestanteilsgebot insbesondere die Intersexuellen aus dem Anwendungsbereich aus. Das Bundesverfassungsgericht hat jedoch am 10.10.2017 entschieden, dass die schlichte Nichteintragung eines Geschlechts nicht mit dem Diskriminierungsverbot des Art. 3 Abs. 3 GG vereinbar ist.[508] Zutreffend hat das BVerfG darauf abgestellt, dass die Zuordnung zu einem Geschlecht für das Selbstverständnis einer Person wesentlich ist. Es hat darüber hinaus anerkannt, dass die betreffenden Personen sich nicht als geschlechtslos empfinden, sondern sich einem nicht der klassischen Einordnung entsprechenden Geschlecht zugehörig fühlen.[509] Dementsprechend ist das Mindestanteilsgebot verfassungskonform so auszulegen, dass auch Personen erfasst sind, die einem weiteren Geschlecht zuzuordnen sind.

G. Ergebnis

Das Mindestanteilsgebot ist in wesentlichen Aspekten verfassungsmäßig. Die Ausgestaltung der Quote mit der ausnahmslosen Rechtsfolge ist zwar ein Verstoß gegen das Diskriminierungsverbot und greift in die untersuchten Grundrechtspositionen der Unternehmen und der Anteilseignerinnen und -eigner ein. Zweck des Mindestanteilsgebots ist jedoch nicht die absolute und unbedingte Förderung eines Geschlechts um seiner selbst willen, sondern die tatsächliche Durchsetzung von Gleichberechtigung, welche als substantielle Chancengleichheit zu verstehen ist. Es bestehen zwar schonendere Alternativen zur Quote, die jedoch nicht gleich effektiv sind. Das zwingende Mindestanteilsgebot ist deshalb das effektivste aller verfügbaren, geeigneten Mittel zur Erreichung des Zwecks.

Eine Abwägung der gegenüberstehenden Interessen ergibt im Hinblick auf alle untersuchten Grundrechtspositionen, dass das dem Auftrag aus Art. 3 Abs. 2 Satz 2 GG entsprechende Interesse des Gesetzgebers an der Angleichung der tatsächlichen Verhältnisse die Belange der Grundrechtspositionen grundsätzlich überwiegt, so lange nicht völlig ungeeignete Personen in den Aufsichtsrat gewählt werden müssen. Angesichts der aktienrechtlichen Regelungen zur Funktion des Aufsichtsrats und zum Bestellungsverfahren für die Aufsichtsratsmitglieder, überwiegen die Interessen des Gesetzgebers grundsätzlich. Das Aufsichtsratsmandat ist im Gegensatz zu den bisher in der Rechtsprechung beurteilten Fällen einem Qualifikationsvergleich nicht zugänglich. Die Qualifikation wird

508 BVerfG Urteil vom 10.10.2017 – 1 BvR 2019/16.

509 BVerfG Urteil vom 10.10.2017 – 1 BvR 2019/16 Tz. 27 (zit. nach juris).

vornehmlich im Hinblick auf die Rechte des Unternehmens und der Aktionärinnen und Aktionäre bedeutsam. Hier überwiegt das Förderungsinteresse jedoch die Partikularinteressen, solange kein Ausnahmefall vorliegt. Unter engen Voraussetzungen muss im Einzelfall jedoch von den strengen Vorgaben des Mindestanteilsgebots abgewichen werden, um einen angemessenen Interessenausgleich zu wahren. Dies kann aber im Wege einer verfassungskonformen Auslegung erfolgen, sodass die Verfassungsmäßigkeit der Regelungen unberührt ist.

Die Begrenzung des sachlichen Anwendungsbereichs durch die Kumulation von Börsennotierung und paritätischer Mitbestimmung sowie die Anknüpfung an das Kriterium der Börsennotierung selbst ist hingegen keiner sachlichen Rechtfertigung zugänglich und dementsprechend mit Art. 3 Abs. 1 GG nicht vereinbar. Als sachliches Anknüpfungskriterium ist die paritätische Mitbestimmung zu wählen. Nur so sind große Gesellschaften erfasst, die gleichermaßen einer erhöhten Sozialbindung unterliegen und dementsprechend für Regulationen aus Gründen der *Corporate Social Responsibility* herangezogen werden können. Der Gesetzgeber ist deshalb aufgefordert, entsprechende Änderungen vorzunehmen. Darüber hinaus muss das Mindestanteilsgebot aus verfassungsrechtlichen Gründen auch Personen berücksichtigen, die weder Mann noch Frau sind.

§ 6 Unionsrechtskonformität des Mindestanteilsgebots

Eine eingehende Untersuchung zur Verletzung der Grundfreiheiten des AEUV, der Grundrechtecharta der EU sowie der Vereinbarkeit mit der Gleichbehandlungsrichtlinie würde angesichts des Umfangs dem gesellschaftsrechtlichen Schwerpunkt dieser Arbeit nicht gerecht. Deshalb werden an dieser Stelle die in Betracht kommenden Verletzungen kurz vorgestellt und sodann die wesentlichen Argumente für eine Rechtfertigung untersucht.

A. Primärrechtliche Vorgaben

I. Grundfreiheiten des AEUV

Mit Blick auf die Grundfreiheiten sind die Niederlassungsfreiheit nach Art. 49 AEUV (ex Art. 43 EGV) und die Kapitalverkehrsfreiheit nach Art. 63 AEUV (ex Art. 56 EGV) der in den Anwendungsbereich des Mindestanteilsgebots fallenden Gesellschaften betroffen.[510] Für die Verlegung des Verwaltungssitzes nach Deutschland ist dies nicht von Bedeutung. Weder die Mitbestimmungsgesetze noch die Quotenregelung beanspruchen einen internationalen Geltungswillen für sich, sodass keine Eingriffsnorm im Sinne von Art. 9 Rom I-VO vorliegt, die über die Grundsätze des EuGH zur Gründungstheorie hinweghelfen könnte.[511] Im Hinblick auf Gründungen in nationaler Rechtsform wurde bereits vor dem Gesetzgebungsverfahren zu § 96 Abs. 2 AktG aufgeworfen, dass eine Geschlechterquote eine allgemeine Standortbedingung sein könnte und dementsprechend keine der Grundfreiheiten beschränke.[512] Selbst wenn eine Beschränkung der Niederlassungs- oder Kapitalverkehrsfreiheit angenommen würde, könnte diese durch Vergünstigungen zur Beseitigung von Nachteilen des unterrepräsentierten Geschlechts aus zwingenden Gründen des Allgemeininteresses gem. Art. 157 Abs. 4 AEUV (ex Art. 141 EGV), Art. 8 AEUV, Art. 23 Abs. 2 GRC einer Rechtfertigung zugänglich sein.[513]

---

510 Ausführlich dazu *Brandt* Gleichstellungsquote, S. 246 ff.

511 S. ausführlich dazu unten Kap. 3 § 7 C. 2.

512 *Papier/Heidebach* ZGR 2011, 305, 329; i.E. auch *Brandt* Gleichstellungsquote, S. 247; *Raasch* ZfRV 2009, 216, 219; a.A. *Schladebach/Stefanopolou* BB 2010, 1042, 1045 wegen der angenommenen Geltung auch für Auslandsgesellschaften.

513 *Papier/Heidebach* ZGR 2011, 305, 330.

II. Grundrechtecharta der EU

In Betracht kommt auch ein Verstoß gegen Art. 15 GRC i.V.m. Art. 16 GRC, welche wie Art. 12 GG die unternehmerische Tätigkeit und damit auch die Organisationsfreiheit des Unternehmens schützen.[514] Die Quote könnte zudem gegen das primärrechtliche Verbot der Geschlechterdiskriminierung aus Art. 23 Abs. 1 GRC selbst verstoßen, da jedenfalls in der Übergangsphase ausschließlich Personen des unterrepräsentierten Geschlechts gefördert werden. Art. 23 Abs. 2 GRC ermöglicht jedoch eine Rechtfertigung durch Ergreifen positiver Maßnahmen. Danach steht dem Grundsatz der Gleichheit nicht entgegen, spezifische Vergünstigungen für das unterrepräsentierte Geschlecht einzuführen oder beizubehalten.

B. Sekundärrecht – Art. 14 Abs. 1 lit. a RL 2006/54/EG[515]

In Betracht kommt weiterhin ein Verstoß gegen Art. 14 Abs. 1 lit. a Gleichbehandlungsrichtlinie. Da im Einzelfall nicht ausgeschlossen werden kann, dass die Bestellung zum Aufsichtsratsmitglied den Zugang zur Beschäftigung gewährt, ist die Richtlinie auch anwendbar, vgl. Art. 1 lit. a Gleichbehandlungsrichtlinie.[516] Dies gilt insbesondere vor dem Hintergrund, dass der europäische Arbeitnehmerbegriff noch weiter zu fassen ist als der nationale.[517] Art. 3 Gleichbehandlungsrichtlinie i.V.m. Art. 157 Abs. 4 AEUV (ex Art. 141 EGV) ermächtigt die Staaten jedoch dazu, positive Maßnahmen in Form von spezifischen Vergünstigungen zur Gewährleistung der vollen Gleichstellung von Männern und Frauen im Arbeitsleben zu treffen.

C. Rechtfertigung im Wege einer positiven Maßnahme im Sinne von Art. 157 Abs. 4 AEUV

Entscheidend ist dementsprechend, ob Art. 3 der Gleichbehandlungsrichtlinie in Verbindung mit Art. 157 Abs. 4 AEUV dahin gehend auszulegen ist, dass eine zwingende, am Ergebnis orientierte Quote für Aufsichtsräte in der Privatwirtschaft eine positive Maßnahme ist. Diese Maßnahmen dienen dazu,

---

514 EuGH 18.9.1986 – C-116/82 (Qualitätswein b.A.), Slg. 1986, 2519 Tz. 27; eingehend *Brandt* Gleichstellungsquote, S. 236 ff.

515 Im Folgenden Gleichbehandlungsrichtlinie.

516 S. dazu auch oben, Kap. 1 § 4 A. I. 3. d) zum AGG.

517 Geiger/Khan/Kotzur/*Petersen/Kahn* Art. 45 AEUV Rn. 8; *Oberthür* NZA 2011, 253, 254.

Benachteiligungen des bisher unterrepräsentierten Geschlechts auszugleichen oder die Berufstätigkeit zu erleichtern.[518]

I. Spezifische Vergünstigung zur Erleichterung der Berufstätigkeit

Die Maßnahme muss eine spezifische Begünstigung sein, also eine Vorteilszuwendung gewähren, die zu einer Besserstellung führt.[519] Sie muss zudem eine bestehende Benachteiligung ausgleichen und der Erleichterung der Berufstätigkeit des unterrepräsentierten Geschlechts dienen.[520] Dies kann grundsätzlich auch durch Vorrang- bzw. Quotenregelungen erfolgen.[521] Die Gesetzgebungshistorie der verschiedenen Gleichbehandlungsrichtlinien weist die Tendenz auf, dass nicht nur reine Gleichberechtigung, sondern sogar faktische Gleichstellung gewährleistet werden soll.[522] Vielfach wird jedoch nach wie vor vertreten, dass sich daraus keine unterschiedlichen Anforderungen an positive Maßnahmen und damit an Quotenregelungen ergeben.[523]

II. Rechtsprechung des EuGH zur Verhältnismäßigkeit quotengestützter Maßnahmen

Berücksichtigt werden muss für positive Maßnahmen stets der Verhältnismäßigkeitsgrundsatz.[524] Die jeweilige Maßnahme muss deshalb zur Durchsetzung dieses Ziels geeignet und erforderlich sein.[525] Zwar ist dem nationalen Gesetzgeber hier eine Einschätzungsprärogative gewährt, er muss jedoch den Ausnahmecharakter des Abs. 4 berücksichtigen.[526] Die Prüfung der Verhältnismäßigkeit obliegt zudem dem EuGH und nicht den nationalen Gerichten.[527] Aus diesem Grund sind die Maßstäbe von entscheidender Bedeutung, die der EuGH im Hinblick auf die Zulässigkeit von Quoten setzt. Die Wahrung des Verhältnismäßigkeitsgrundsatzes wird im Hinblick auf zwingende, qualifikationsunabhängige

518 EuArbR/*Franzen* Art. 157 AEUV Rn. 62.
519 EuArbR/*Franzen* Art. 157 AEUV Rn. 73.
520 EuArbR/*Franzen* Art. 157 AEUV Rn. 74.
521 EuArbR/*Franzen* Art. 157 AEUV Rn. 74.
522 EuArbR/*Franzen* Art. 157 AEUV Rn. 64.
523 EuArbR/*Franzen* Art. 157 AEUV Rn. 65; GHN/*Langenfeld* Art. 157 AEUV Rn. 82.
524 EuArbR/*Franzen* Art. 157 AEUV Rn. 65; Calliess/Ruffert/*Krebber* Art. 157 AEUV Rn. 76; GHN/*Langenfeld* Art. 157 AEUV Rn. 82.
525 ErfK/*Schlachter*[17] Art. 157 AEUV Rn. 30.
526 ErfK/*Schlachter*[17] Art. 157 AEUV Rn. 30.
527 Calliess/Ruffert/*Krebber* Art. 157 AEUV Rn. 76.

Quoten vielfach unter Verweis auf die Grundsätze des EuGH aus den Urteilen *Kalanke*[528], *Marschall*[529], *Badeck*[530], *Lommers*[531] und *Abrahamsson*[532] verneint.[533] Es dürfe demnach dem zu fördernden Geschlecht kein absoluter, unbedingter Vorrang eingeräumt werden.[534] Zudem müssten die Regelungen unter dem Vorbehalt gleicher oder gleichwertiger Qualifikation stehen.[535] Es seien deshalb nach einem objektiven Beurteilungsmaßstab vier Elemente zugrunde zu legen: Unterrepräsentanz, Qualifikation, Nichtautomatik und Härtefallregelung.[536]

Verfahrensgegenstand der angeführten Urteile waren jedoch entweder Regelungen zu konkreten Einstellungssituationen im Sinne einer Auswahl unter Bewerberinnen und Bewerbern für eine Stelle oder Zielvorgaben für die Besetzung von Gremien im Bereich des öffentlichen Rechts. Zur Herausarbeitung maßgeblicher und übertragbarer Grundsätze sowie zu der Frage, ob der EuGH der oben angesprochenen Entwicklungslinie der Richtlinien gefolgt ist, ist auf die wesentlichen Aussagen der Urteile abzustellen.

1. Kalanke

Gegenstand des Verfahrens war die Frage, ob Art. 2 Abs. 1 und 4 der RL[537] einer Regelung entgegenstehen, nach der bei Bewerbungen für eine Beförderung den Bewerberinnen bei gleicher Qualifikation automatischer Vorrang gewährt werden musste, sofern diese in der betreffenden Position unterrepräsentiert sind. Eine Unterrepräsentation lag nach der Regelung bei einem Anteil von weniger als 50 Prozent vor. Der EuGH urteilte, dass diese automatische Beförderung eine Diskriminierung der männlichen Bewerber zur Folge hat.[538] Art. 2 Abs. 4 RL verfolge den Zweck, dem Anschein nach diskriminierende Maßnahmen,

---

528 EuGH Urt. v. 17.10.1995 – C-450/93 (Kalanke), Slg. 1995, I 3051-3080.

529 EuGH Urt. v. 11.11.1997 – C-409/95 (Marschall), Slg 1997, I-6363-6395.

530 EuGH Urt. v. 28.3.2000 – C-158/97 (Badeck), Slg 2000, I-1875-1933.

531 EuGH Urt. v. 19.3.2002 – C-476/99 (Lommers), Slg. 2002, I-2891.

532 EuGH Urt. v. 6.7.2000 – C-407/98 (Abrahamsson), Slg. 2000, I-5539.

533 Zuletzt *Werthmüller* Staatliche Eingriffe, S. 220; so auch *Olbrich/Krois* NZA 2014, 1288, 1291 f.

534 EuGH Urt. v. 17.10.1995 – C-450/93 (Kalanke), Slg. 1995, I 3051-3080, Tz. 16.

535 *Habersack/Kersten* BB 2014, 2819, 2826.

536 *Habersack/Kersten* BB 2014, 2819, 2826; dem folgend EuArbR/*Franzen* Art. 157 AEUV Rn. 75.

537 Richtlinie EWG 76/207, ersetzt durch RL 2006/54 EG.

538 EuGH Urt. v. 17.10.1995 – C-450/93 (Kalanke), Slg. 1995, I 3051-3080, Tz. 16; EuGH Urt. v. 28.3.2000 – C-158/97 (Badeck), Slg 2000, I-1875-1933, Tz. 17.

die in Wahrheit einer faktischen Ungleichheit entgegenwirken, als nicht entgegenstehend einzuordnen.[539] Zulässig seien spezifische Begünstigungen, die die Konkurrenzfähigkeit von Frauen auf dem Arbeitsmarkt verbessern.[540] Die Ausnahme sei jedoch eng auszulegen, sodass die Gewährung eines absoluten Vorrangs unzulässig sei.[541] Darüber hinaus stufte der EuGH die Definition der Unterrepräsentation als Anteil von weniger als 50 Prozent als Ergebnisgleichheit ein und nicht mehr als Chancengleichheit.[542]

2. *Marschall*

Gegenstand des Verfahrens war eine ähnliche Regelung wie im Fall *Kalanke*. Allerdings sollte vom Vorrang der Bewerberinnen eine Ausnahme gemacht werden, wenn überwiegende Gründe in der Person des Mitbewerbers liegen.[543]

Der EuGH ist der Auffassung, dass eine Regelung, die Personen des unterrepräsentierten Geschlechts bevorzugt, jedoch eine Ausnahmeklausel beinhaltet, ein Gegengewicht zu den durch die Vorurteile verwehrten Chancen zu schaffen vermag, das zu einer Verringerung der Ungleichheiten führen kann.[544] Wegen der durch die Öffnungsklausel gewährten Berücksichtigung aller in der Person des anderen Bewerbers liegenden Merkmale, sieht der EuGH die Regelung als zulässig an. Das für die Einstellung ausschlaggebende Kriterium darf jedoch keine der weiblichen Person gegenüber diskriminierende Wirkung haben.[545]

3. *Badeck*

In der Rechtssache *Badeck*[546] befasste sich der EuGH unter anderem mit der Besetzung von Gremien, namentlich Vertretungsorganen der Arbeitnehmer und Verwaltungs- sowie Aufsichtsräten. Ziel der verfahrensgegenständlichen Regelung war eine Beteiligung von Frauen in Höhe von mindestens 50 Prozent.

---

539 EuGH Urt. v. 17.10.1995 – C-450/93 (Kalanke), Slg. 1995, I 3051-3080, Tz. 18; EuGH Urt. v. 11.11.1997 – C-409/95 (Marschall), Slg 1997, I-6363-6395, Tz. 25.

540 EuGH Urt. v. 17.10.1995 – C-450/93 (Kalanke), Slg. 1995, I 3051-3080, Tz. 19; EuGH Urt. v. 11.11.1997 – C-409/95 (Marschall), Slg 1997, I-6363-6395, Tz. 27; EuGH Urt. v. 28.3.2000 – C-158/97 (Badeck), Slg 2000, I-1875-1933, Tz. 19.

541 EuGH Urt. v. 17.10.1995 – C-450/93 (Kalanke), Slg. 1995, I 3051-3080, Tz. 21 f.; Marschall Tz. 32.

542 EuGH Urt. v. 17.10.1995 – C-450/93 (Kalanke), Slg. 1995, I 3051-3080, Tz. 23.

543 EuGH Urt. v. 11.11.1997 – C-409/95 (Marschall), Slg 1997, I-6363-6395, Tz. 24

544 EuGH Urt. v. 11.11.1997 – C-409/95 (Marschall), Slg 1997, I-6363-6395, Tz. 29 ff.

545 EuGH Urt. v. 11.11.1997 – C-409/95 (Marschall), Slg 1997, I-6363-6395, Tz. 33.

546 EuGH Urt. v. 28.3.2000 – C-158/97 (Badeck), Slg 2000, I-1875-1933.

Zunächst konstatierte der EuGH, dass eine Anwendung von Art. 141 Abs. 4 EG (jetziger Art. 157 Abs. 4 AEUV) nur dann in Betracht kommt, wenn Art. 2 Abs. 4 RL der Regelung entgegensteht.[547] Da es sich um eine Sollvorschrift handelte, die im Übrigen auf Wahlen keine Anwendung finden würde, hält der EuGH diese Vorschrift für zulässig.[548]

Beachtenswert sind hier auch die Ausführungen von Generalanwalt *Saggio*. Er ist der Auffassung, dass eine enge Auslegung von Art. 2 Abs. 4 RL nicht mehr dem gemeinschaftsrechtlichen Verständnis entspricht. Die Grundsätze der formellen und materiellen Gleichheit würden sich nicht so vollständig widersprechen, wie es ein Teil der Lehre annähme.[549] Materielle Gleichheit wirke zwar diskriminierend, sie verfolge aber das gleiche Ziel wie die formelle Gleichheit. Dem Gesetzgeber solle deshalb die Möglichkeit gegeben sein, tatsächliche Schwierigkeiten auch dann zu beheben, wenn dies nicht unter Beachtung des Gebots der Nichtdiskriminierung erreicht werden könne.[550] Es sei bereits zweifelhaft, dass materielle Gleichheit eine Ausnahme von der formellen darstelle.[551] Die Grenzen seien jedoch bei inhaltlicher Willkür zu ziehen. Es dürfe keine übermäßige Beschneidung des Rechts der zur Zielgruppe gehörenden Personen erfolgen. Darüber hinaus sei ein angemessenes Verhältnis zwischen den Bedürfnissen der benachteiligten Gruppe erforderlich.[552] Es dürfe folglich nicht nur das Ergebnis in den Blick genommen werden, sondern es müsse auch das Verhältnis zwischen der Situation der Zielgruppe und der Wirkung der Maßnahmen Beachtung finden.[553] Ein Automatismus sei überdies immer dann in Betracht zu ziehen, wenn dem Arbeitgeber die Auswahl eines männlichen Bewerbers erheblich erschwert werde.[554] Im Hinblick auf die Gremienbesetzung hielt der Generalanwalt zudem fest, dass alle abhängig Beschäftigten grundsätzlich Zugang zu sämtlichen im Zusammenhang mit dem Dienstverhältnis stehenden offenen Positionen haben müssten.[555] Er hielt die Regelung deshalb für nicht mit Art. 2 Abs. 4 RL vereinbar.

---

547 EuGH Urt. v. 28.3.2000 – C-158/97 (Badeck), Slg 2000, I-1875-1933, Tz. 14; EuGH Urt. v. 6.7.2000 – (Abrahamsson), Slg. 2000, I-5593-5587, Tz. 40.

548 EuGH Urt. v. 28.3.2000 – C-158/97 (Badeck), Slg 2000, I-1875-1933, Tz. 56.

549 GA *Saggio* ECLI:EU:C:1999:287 – Badeck, Tz. 26.

550 GA *Saggio* ECLI:EU:C:1999:287 – Badeck, Tz. 26.

551 GA *Saggio* ECLI:EU:C:1999:287 – Badeck, Tz. 26.

552 GA *Saggio* ECLI:EU:C:1999:287 – Badeck, Tz. 29.

553 GA *Saggio* ECLI:EU:C:1999:287 – Badeck, Tz. 29.

554 GA *Saggio* ECLI:EU:C:1999:287 – Badeck, Tz. 30.

555 GA *Saggio* ECLI:EU:C:1999:287 – Badeck, Tz. 46.

4. *Lommers*

In der Entscheidung in Sachen *Lommers* urteilte der EuGH, dass nach dem Grundsatz der Verhältnismäßigkeit Ausnahmen nicht über das hinausgehen dürfen, was zur Erreichung des verfolgten Ziels angemessen und erforderlich ist. Der Grundsatz der Gleichbehandlung müsse so weit wie möglich mit den Erfordernissen des auf diese Weise angestrebten Ziels in Einklang gebracht werden.[556]

5. *Abrahamsson*

Der EuGH hatte in der Entscheidung *Abrahamsson* mehrere Fragen zur Besetzung von Stellen im Staatsdienst zu beantworten. Nach der infrage stehenden Regelung sollten Personen des unterrepräsentierten Geschlechts auch dann bevorzugt werden, wenn sie hinreichend, aber geringer qualifiziert wären als diejenigen des überrepräsentierten Geschlechts. Dies sollte selbst dann gelten, wenn eigentlich eine Person des anderen Geschlechts ausgewählt wurde, damit die Stelle mit einer Person des unterrepräsentierten Geschlechts besetzt wird. Die zweite Frage befasste sich damit, ob die Regelung zulässig wäre, wenn sie sich von vornherein auf eine begrenzte Personenzahl beschränke.

Das Gericht urteilte, dass grundsätzlich die Anforderungen an die Stelle bzw. das auszuübende Amt als Qualifikationsmaßstab heranzuziehen seien.[557] Zulässig seien im Rahmen von Art. 141 Abs. 4 EGV zudem bestimmte Kriterien,[558] die auf materielle und nicht bloß formale Gleichstellung abzielen.[559] Allerdings müssten die Voraussetzungen transparent und nachprüfbar sein.[560] Ein automatischer Vorrang bei hinreichender Qualifikation mit der einzigen Einschränkung, dass der Qualifikationsunterschied zum konkurrierenden Bewerber bzw. zur konkurrierenden Bewerberin nicht zu groß sein dürfe, entspreche diesen Anforderungen nicht, sodass im Ergebnis das alleinige Kriterium das Geschlecht bleibe.[561] Eine zahlenmäßige Beschränkung des Anwendungsbereichs ändere nichts daran.[562]

---

556 EuGH 19.3.2002 - C-476/99 Rn. 39 (Lommers), Slg. 2002, I-2891.
557 EuGH Urt. v. 6.7.2000 - (Abrahamsson), Slg. 2000, I-5593-5587, Tz. 46.
558 Ausf. EuGH Urt. v. 6.7.2000 - (Abrahamsson), Slg. 2000, I-5593-5587, Tz. 47.
559 EuGH Urt. v. 6.7.2000 - C-407/98 (Abrahamsson), Slg. 2000, I-5593-5587, Tz. 48.
560 EuGH Urt. v. 6.7.2000 - C-407/98 (Abrahamsson), Slg. 2000, I-5593-5587, Tz. 50.
561 EuGH Urt. v. 6.7.2000 - C-407/98 (Abrahamsson), Slg. 2000, I-5593-5587, Tz. 53.
562 EuGH Urt. v. 6.7.2000 - C-407/98 (Abrahamsson), Slg. 2000, I-5593-5587, Tz. 58.

6. *Zusammenfassung*

Die einschlägigen Urteile des EuGH kommen zu dem Ergebnis, dass Art. 2 Abs. 1, 4 RL einem absoluten Vorrang von Personen des unterrepräsentierten Geschlechts entgegensteht, der auch im Einzelfall keine Rücksicht auf besondere, in dem Gegenbewerber bzw. der Gegenbewerberin liegende Kriterien nimmt. Der Charakter der Regelung darf nicht absolut und damit unverhältnismäßig sein. Ist er dies, hilft auch eine zahlenmäßige Begrenzung der Anwendungsfälle nicht. Das Urteil *Lommers*[563] war insofern maßgeblich, als danach Ausnahmen vom Grundsatz der Gleichbehandlung „nicht über das hinausgehen dürfen, was zur Erreichung des verfolgten Zieles angemessen und erforderlich ist."[564] Im Hinblick auf die in dem Gegenbewerber oder der Gegenbewerberin liegenden Merkmale, welche dessen bzw. deren Auswahl begründen, muss stets beachtet werden, dass keins der Kriterien den anderen Bewerberinnen oder Bewerbern gegenüber eine diskriminierende Wirkung haben darf. Die Ausführungen des Generalanwalts zur Sache Badeck indizieren außerdem, dass positive Maßnahmen auch das Ziel materieller Gleichheit verfolgen dürfen. Der EuGH nahm in seinem Urteil in Sachen Abrahamsson ebenfalls materielle Gleichheit in den Blick.

Bezogen auf die Frage, ob Ergebnisquoten als positive Maßnahmen im Sinne der Richtlinie zulässig sind, bieten die Urteile ebenfalls Erkenntnisse. Im Verfahren *Kalanke* erachtete der EuGH eine Quotierung von 50 Prozent für unzulässig. Dass er dieses Kriterium in der Sache *Marschall* nicht aufgenommen hat, deutet jedoch nicht bereits darauf hin, dass er davon abrücken wollte.[565] Eine zahlenmäßige Festlegung des Anteils war vielmehr nicht streitgegenständlich. In seiner *Badeck*-Entscheidung urteilte der EuGH, die Quote falle - zwar als Sollvorschrift - aber dennoch grundsätzlich in den Anwendungsbereich von Art. 2 Abs. 4 RL. Daraus lässt sich eine Tendenz ableiten, dass Ergebnisquoten grundsätzlich zulässig sein können.[566]

Teilweise wird vertreten, aus der Entscheidung in Sachen *Abrahamsson* folge, dass eine Quotierung, die bereits bei Vorliegen der erforderlichen Qualifikation die automatische Einstellung von Bewerbern des unterrepräsentierten Geschlechts vorschreibt, unverhältnismäßig und von Art. 157 Abs. 4 nicht mehr

---

563 Ausf. Vorstellung bei *Werthmüller* Staatliche Eingriffe, S. 218 f.

564 *Werthmüller* Staatliche Eingriffe, S. 219 mit Verweis auf EuGH 19.3.2002 - C-476/99 (Lommers), Slg. 2002, I-2891, Tz. 39.

565 So aber *Pirstner* EuZW 2000, 474, 479; *Dies.* DRdA 1998, 153, 157.

566 So *Pirstner* EuZW 2000, 474, 479.

gedeckt sei. Dies gelte umso mehr bei zwar ausreichender, aber geringerer Eignung der bevorzugten Person.[567] Übersehen wird in diesem Zusammenhang jedoch, dass der EuGH die Unverhältnismäßigkeit darauf bezieht, dass das Kriterium des Qualifikationsunterschieds zu unbestimmt ist und die Regelung deshalb auf das Kriterium des Geschlechts zurückfalle.

III. Stellungnahme

Im Hinblick auf das Mindestanteilsgebot ist den Wertungen des EuGH folgendermaßen zu begegnen: Wie bereits im Rahmen der verfassungsrechtlichen Würdigung dargelegt, sind die Grundsätze des EuGH auf eine Quote zur Besetzung von Aufsichtsratsmandaten nicht eins zu eins übertragbar, da sie sich stets mit konkreten Auswahlsituationen zwischen Bewerberinnen und Bewerbern befassten und nicht mit Wahlen von vorgeschlagenen Personen.[568]

Im Einzelnen ist das Urteil *Badeck* insbesondere deshalb von Bedeutung, weil Verfahrensgegenstand unter anderem eine Regelung zur Besetzung von Gremien war. Allerdings darf bei der Heranziehung dieser Entscheidung nicht übersehen werden, dass die Regelung den Bereich des öffentlichen Dienstes betraf, wo das in Art. 33 GG verankerte Prinzip der Bestenauslese gilt. Dies ist für die Privatwirtschaft jedoch nicht anwendbar. Darüber hinaus waren Gremienentsendungen und nicht Wahlentscheidungen Teil der streitgegenständlichen Regelungen. Aufsichtsratssitze werden jedoch wegen des unabhängigen Bestellungsrechts der Hauptversammlung und des geltenden Prinzips der einfachen Mehrheit nach dem Willen der Aktionäre bzw. des Mehrheitsaktionärs besetzt. Dies erfolgt im Zweifel sogar unabhängig von einer bestimmten Qualifikation, sofern die Person nicht völlig ungeeignet ist.

Die Quote von 30 Prozent schließt eine absolute Bevorzugung bei Wahlentscheidungen außerdem grundsätzlich aus, da 70 Prozent der Sitze an das andere Geschlecht fallen können. Darüber hinaus lag die Repräsentation vor Einführung der Quote in den betreffenden Gremien bei 10–20 Prozent[569] und Frauen waren somit erheblich unterrepräsentiert. Die Festlegung eines höheren, aber dennoch nicht paritätischen Anteils behebt die Unterrepräsentation zudem nicht, sondern verbessert lediglich die Situation. Eine absolute Gleichstellung

567 ErfK/*Schlachter*[17] Art. 157 AEUV Rn. 31.

568 So i.E. auch *Bachmann* ZIP 2011, 1131, 1135; *Frost/Linnainmaa* AG 2007, 901, 910; *Wieland* NJW 2010, 2408, 2409 f.

569 „Frauen in Führungspositionen" – Status quo und Zielsetzung der 30 Dax-Unternehmen von 2011.

liegt deshalb auch im Ergebnis nicht vor. Generalanwalt *Saggio* ist außerdem darin zuzustimmen, dass im Einzelfall Situationen eintreten können, in denen die bestehenden Schwierigkeiten unter absoluter Beachtung des Gebots der Nichtdiskriminierung nicht behoben werden können. Die im Ergebnis gescheiterten freiwilligen Selbstverpflichtungen haben gezeigt, dass die Angleichung des Geschlechterverhältnisses nur sehr langsam erfolgt, wenn überhaupt. Das angeführte Argument, es gäbe zu wenige geeignete Frauen, also solche mit Vorstandserfahrung, dem teils maßgeblichen Kriterium für die Aufsichtsratsbesetzung,[570] würde zudem zu Situationen führen, in denen das in der Person des Gegenkandidaten liegende Unterscheidungskriterium selbst diskriminierend ist. Das Merkmal Vorstandserfahrung[571] ist mit Blick auf die im Rahmen der verfassungsrechtlichen Würdigung zur Qualifikationsanforderung an Aufsichtsratsmitglieder vorgenommene Analyse zum einen nicht sachgerecht, weil es nicht die Mindestqualifikation darstellt. Darüber hinaus müssen dieses Kriterium keineswegs sämtliche Mitglieder aufweisen, da die Besonderheit der Gesamtqualifikation des Aufsichtsrats in der Vielzahl seiner Kompetenzen liegt. Die verfassungsrechtliche Analyse hat gezeigt, dass die Quote auch in ihrer konkreten Ausgestaltung ohne Härtefallklausel erforderlich und grundsätzlich angemessen ist. Für im Einzelfall auftretende Härten ist sie zudem in engen Grenzen einer verfassungskonformen Auslegung zugänglich.

Art. 3 Gleichbehandlungsrichtlinie i.V.m. Art. 157 Abs. 4 AEUV (ex Art. 141 Abs. 4 EG) ermöglicht es den Mitgliedstaaten, Maßnahmen zur effektiven Gewährleistung von Gleichstellung zu treffen. Art. 2 Abs. 4 Richtlinie 76/207/EWG in ihrer bis 2002 gültigen Fassung sah hingegen nur „Maßnahmen zur Förderung der Chancengleichheit für Männer und Frauen, insbesondere durch Beseitigung der tatsächlich bestehenden Ungleichheiten, die die Chancen der Frauen in den in Artikel 1 Abs. 1 genannten Bereichen beeinträchtigen" als zulässig an. Die „effektive Gewährleistung der vollen Gleichstellung" in Art. 157 Abs. 4 AEUV umfasst bereits ihrem Wortlaut nach auch schärfere Maßnahmen.[572]

In einer Entscheidungsanmerkung zum Urteil *Badeck* hat *Pirstner* zutreffend herausgearbeitet, dass der EuGH eine verfassungsrechtliche Auslegung des nationalen Gerichts mit berücksichtigt.[573] Tatsächlich leitet der EuGH die

570 S. oben Fn. 13.

571 Oder Erfahrung im „*senior management*".

572 Zutreffend *Pirstner* EuZW 2000, 474, 479.

573 *Pirstner* EuZW 2000, 474, 479.

fehlende Absolutheit der Regelung aus den Ausführungen des Ministerpräsidenten zu verfassungsrechtlichen Erwägungen ab.[574] Die „Gründe von größerem rechtlichen Gewicht“ waren in den betreffenden Regelungen auch nicht erwähnt, sondern fanden erst Eingang in die Vorlagefrage. Allerdings sollten auf Grundlage der verfahrensgegenständlichen Regelungen zunächst Frauenförderpläne aufgestellt werden. Die Geschlechterquote schreibt die Besetzung hingegen vor. Dennoch hat bereits die verfassungskonforme Auslegung gezeigt, dass eine Unvereinbarkeit erst dann erreicht ist, wenn keine geeignete Frau vorhanden ist.

D. Ergebnis

Angesichts der Tatsache, dass der EuGH eine Bevorzugung bei hinreichender Eignung nicht grundsätzlich ablehnt und dass in der Person von Gegenkandidatinnen und -kandidaten liegende Gründe nach den derzeitigen Auswahlkriterien ihrerseits nicht diskriminierend sein werden, ist das zwingende Mindestanteilsgebot auch unionsrechtlich angemessen. Allerdings ist nicht auszuschließen, dass gerade in der Anfangsphase ein Sitz zu besetzen ist, für den sich keine hinreichend geeignete Person des unterrepräsentierten Geschlechts findet. Darin ist die Grenze der Angemessenheit zu sehen. Da die Regelung zur Geschlechterquote jedoch auf nationaler Ebene im Wege der verfassungskonformen Auslegung in engen Grenzen einer Abweichung im Einzelfall zugänglich ist, muss dies im Hinblick auf die Ansicht des EuGH auch auf unionsrechtlicher Ebene gelten. Dementsprechend ist die Regelung der richtlinienkonformen Auslegung zugänglich und somit grundsätzlich als positive Maßnahme durch Art. 3 Gleichbehandlungsrichtlinie i.V.m. Art. 157 Abs. 4 AEUV zu rechtfertigen. Das Mindestanteilsgebot des § 96 Abs. 2 AktG ist dementsprechend unionsrechtskonform.[575]

---

574 EuGH Urt. v. 28.3.2000 – C-158/97 (Badeck), Slg 2000, I-1875-1933, Tz. 34 – 36.
575 A.A. *Werthmüller* Staatliche Eingriffe, S. 220; *Olbrich/Krois* NZA 2014, 1288, 1292.

3. Kapitel: Normexegese zum zwingenden Mindestanteilsgebot in der Aktiengesellschaft

§ 7 Anwendungsbereich und Voraussetzungen

Die Funktion des Mindestanteilsgebots hat der Gesetzgeber in der Begründung dargelegt: Das Gesetz soll dazu beitragen, dass „der verfassungsrechtliche Auftrag zur gleichberechtigten Teilhabe von Frauen und Männern an Führungspositionen erfüllt“[576] wird. Ziel ist also die größtmögliche Durchsetzung der tatsächlichen gleichberechtigten Teilhabe von Männern und Frauen an der Mitwirkung in Führungsebenen, insbesondere dem paritätisch mitbestimmten Aufsichtsrat. Der Anwendungsbereich bezieht sich in persönlicher Hinsicht auf die Geschlechtszugehörigkeit und in sachlicher Hinsicht auf börsennotierte Gesellschaften, für die das Mitbestimmungsgesetz, das Montan-Mitbestimmungsgesetz oder das Mitbestimmungsergänzungsgesetz gilt.

A. Geschlecht als Anknüpfungspunkt

Sowohl der Gesetzestitel als auch der Wortlaut des § 96 Abs. 2 Satz 1 AktG gehen ausdrücklich von einer binären Geschlechterverteilung, also der Differenzierung zwischen Frauen und Männern aus. Diese richtet sich nach dem Personenstandsrecht. Weitere Geschlechter werden nicht einbezogen. Die Gesetzesbegründung ist hingegen neutral gehalten. Auch in der Literatur werden Bezeichnungen wie Geschlechterquote[577] oder geschlechtsbezogenes Mindestanteilsgebot[578] verwendet.

I. Geschlechtszugehörigkeit nach binärer Geschlechterzuordnung?[579]

Im Hinblick auf diese Tatsache stellt sich die Frage, wie das Gesetz auf intersexuelle oder transsexuelle Personen anzuwenden ist. Ein Gesetz, das eine gleichberechtigte Teilhabe der Geschlechter anstrebt, darf *vice versa* nicht selbst diskriminierend wirken. Personen mit einem anderen oder geänderten Geschlecht müssen dementsprechend auch bei der Berechnung der Quote berücksichtigt werden. Offen ist jedoch, wie dies erfolgen soll.

---

576 RegE, BT-Drucks. 18/3784, S. 1.

577 Statt aller Begr. RegE, BT-Drucks. 18/3784, S. 2; *Seibt* ZIP 2015, 1193 ff. (Überschrift).

578 *Oetker* ZHR 179 (2015) 707 ff. (Überschrift).

579 *Seibt* ZIP 2015, 1193, 1195, dort in Fn. 19; Hohenstatt/Seibt/*Seibt/Kraack* Geschlechterquoten, Rn. 89.

II. Einbeziehung transsexueller Personen

Für Transsexuelle gelten ab Rechtskraft der Entscheidung über die Feststellung der Geschlechtszugehörigkeit gem. §§ 8 ff. TSG die Rechte und Pflichten des neuen Geschlechts (§ 10 TSG). Die betreffende Person gehört ab diesem Zeitpunkt[580] dem festgestellten Geschlecht an und wird bei der Quotenberechnung dort mitgerechnet (strikte Wortlautbetrachtung[581]). Offen bleibt jedoch, wie der Fall zu lösen ist, in dem die Feststellung des Geschlechts während der Amtszeit erfolgt oder der Feststellungsprozess bei der Wahl noch nicht abgeschlossen ist.

Vor dem Hintergrund, dass § 96 Abs. 2 Satz 5 AktG als Ausfluss des Grundsatzes der Ämterstabilität anzusehen ist,[582] kann der oder die Betreffende bei einer Änderung der personenstandsrechtlichen Zuordnung seine bzw. ihre Amtszeit jedoch beenden.[583] Sofern der Feststellungsprozess zum Wahlzeitpunkt noch nicht abgeschlossen ist, muss die betreffende Person aus Gründen der Rechtssicherheit und wegen des Rechtskrafterfordernisses bis zum nächsten Berechnungszeitraum noch dem ursprünglichen Geschlecht zugerechnet werden. Die bei Abschluss des Prozesses zwangsläufig eintretende Änderung des Geschlechts schadet wegen § 96 Abs. 2 Satz 5 AktG also nicht.

III. Einbeziehung intersexueller Personen

Ungeklärt ist, welchem Geschlecht Intersexuelle bei der Wahl in den Aufsichtsrat zuzuordnen sind. Ein Geschlecht muss im Personenstandsregister seit dem 1.11.2013 nicht mehr eingetragen werden (§ 22 Abs. 3 PStG).[584] Das Geschlecht kann zudem nachträglich gelöscht werden (§§ 48 Abs. 1, 47 Abs. 2 Nr. 1 i.V.m. § 22 Abs. 3 PStG).[585] Eine andere Geschlechtsbezeichnung wie *inter* oder *divers* kann allerdings nach geltendem Recht noch nicht eingetragen werden.[586] Das ist allerdings nach der jüngsten Entscheidung des BVerfG zu diesem Thema verfassungswidrig.[587]

---

580 *Augstein* § 10 TSG, Rn. 1.

581 Dazu *Mutter* AG 2014, R 218.

582 S. unten Kap. 3 § 8 C. IV.

583 So zutreffend K.Schmidt/Lutter/*Drygala* § 96 AktG Rn. 52.

584 BGBl. I S. 3458.

585 BGH NJW 2016, 2885, 2286 Tz. 22 im Anschluss an *Berkl* Personenstandsrecht Rn. 42, 675, 699; *Gössl* StAZ 2015, 171, 172; *Theilen* StAZ 2014, 1, 4; a.A. OLG Frankfurt StAZ 2016, 45, 47; *Bockstette* StAZ 2013, 169, 172.

586 BGH NJW 2016, 2885, 2286 Tz. 10.

587 BVerfG Urt. v. 10.10.2017 – 1 BvR 2019/16.

Teilweise wird hinsichtlich der Geschlechterquote auf die Zuordnung im Sinne des im Personalausweis verwendeten männlichen oder weiblichen Namens abgestellt.[588] Den Eltern ist es jedoch möglich, einen geschlechtsneutralen Namen zu wählen. Somit ist das Geschlecht aus den amtlichen Dokumenten nicht (mehr) zwingend erkennbar. Eine automatische Zuordnung zu der überrepräsentierten Seite, die ebenfalls vorgeschlagen wird,[589] steht im Gegensatz zum Sinn und Zweck des § 22 Abs. 3 PStG, der die zwingende Zuordnung zu einer der binären Geschlechtergruppen aufhebt. Darüber hinaus widerspricht sie auch dem Ziel des Mindestanteilsgebots, das jeweils unterrepräsentierte Geschlecht zu fördern und einen Kulturwandel anzustoßen.

Ausweislich des Gesetzeswortlauts können die betreffenden Personen nicht zur Erfüllung der Quote beitragen, da sie weder Männer noch Frauen sind. Angesichts des Gesetzesziels ist es aber denkbar, dass Intersexuelle zur Erfüllung des Mindestanteilsgebots beitragen, indem sie dem unterrepräsentierten Geschlecht zugeordnet werden. Dies kommt dem Selbstverständnis der Intersexuellen am nächsten. Sie haben zwar ein Geschlecht, jedoch keines, das der im Gesetz vorgesehenen Zuordnung entspricht. Zum Zeitpunkt der Verabschiedung des Mindestanteilsgebots hätte diese Einordnung angesichts der damals geltenden Gesetzeslage, auf die sich auch der BGH[590] bezieht, widersprochen. Nach der Entscheidung des BVerfG vom 10.10.2017[591] ist die vormals dem Personenstandsrecht am ehesten entsprechende Lösung, Intersexuelle bei der Berechnung der Quote nicht zu berücksichtigen, jedoch nicht mehr vertretbar. Zwar werden sie nach noch aktueller Gesetzeslage als „neutral" eingeordnet, allerdings hat das Bundesverfassungsgericht nun anerkannt, dass die betreffenden Personen ein Geschlecht haben, welches jenseits der klassischen binären Zuordnung existiert. Im Wege der verfassungskonformen Auslegung sind Intersexuelle deshalb in den Anwendungsbereich des Mindestanteilsgebots mit einzubeziehen. Eine eigene Quote i.H.v. 30 Prozent ist angesichts der geringen (bisher bekannten) Zahl von Intersexuellen[592] jedenfalls derzeit nicht praktikabel und muss daher zunächst ausscheiden.

---

588 K.Schmidt/Lutter/*Drygala* § 96 AktG Rn. 52.

589 Hohenstatt/Seibt/*Seibt/Kraack* Geschlechterquoten, Rn. 89.

590 BGH NJW 2016, 2885, 2286.

591 BVerfG Urt. v. 10.10.2017 – 1 BvR 2019/16.

592 Genaue Zahlen sind schwer zu ermitteln, zB. 85.000–100.000, http//www.klartext-anwalt.de/2013/08/neuer-personenstand-weiblich-mannlich-zwittrig/, zuletzt aufgerufen am 30.6.2018; Auskunft der *Beratungsstelle Intersexualität in Niedersachsen* auf Anfrage 1.800–110.000 Geburten.

Das Gesetz muss folglich geschlechtsneutral dahin gehend verstanden werden, dass der Aufsichtsrat zu je mindestens 30 Prozent aus Personen unterrepräsentierter Geschlechter und überrepräsentierter Geschlechter zusammengesetzt sein muss. Die Intersexuellen sind konsequenterweise zum unterrepräsentierten Geschlecht hinzuzurechnen und tragen somit zur Erfüllung der Quote bei.[593] Dies liegt vor allem deshalb nahe, weil der Gesetzgeber sich auf seinen Auftrag in Art. 3 Abs. 2 GG beruft. Die Rechtfertigung einer Abweichung vom Mindestanteilsgebot wegen des Vorhandenseins intersexueller Aufsichtsratsmitglieder ist dementsprechend keine Lösung mehr.

IV. Zusammenfassung

Trans- und Intersexuelle Personen sind nicht vom Anwendungsbereich der Quote in § 96 Abs. 2 AktG ausgenommen. Aus verfassungsrechtlichen Gründen ist eine Zuordnung Intersexueller zum unterrepräsentierten Geschlecht geboten. Wie sich dies im Einzelfall auswirkt, wird später noch einmal aufgegriffen.[594]

B. Sachlicher Anwendungsbereich

In sachlicher Hinsicht gilt das zwingende Mindestanteilsgebot dem Wortlaut nach nur für Aufsichtsräte von Gesellschaften, die sowohl börsennotiert sind, als auch der paritätischen Mitbestimmung unterliegen (§ 96 Abs. 2 Satz 1 und Abs. 3 AktG).

I. Börsennotierung

Die Regelung des § 96 Abs. 2 Satz 1 AktG stellt auf börsennotierte Gesellschaften ab und knüpft somit an die Definition der Börsennotierung in § 3 Abs. 2 AktG an. Börsennotiert sind demnach Gesellschaften, wenn ihre Aktien zu einem Markt zugelassen sind, der von staatlich anerkannten Stellen geregelt und überwacht wird, regelmäßig stattfindet und für das Publikum mittelbar oder unmittelbar zugänglich ist. Es genügt die Notierung an einer Auslandsbörse, wenn die Regulierung des Marktes mit der hiesigen vergleichbar ist.[595] Erfasst sind nach dem

---

593 Zur verfassungsrechtlichen Dimension s. *Ethikrat* Stellungnahme vom 23.2.2012, S. 128 ff., damals noch vor Einfügung von § 22 Abs. 3 PStG, http//www.ethikrat.org/dateien/pdf/stellungnahme-intersexualitaet.pdf, zul. aufgerufen am 30.6.2018.

594 S. unten Kapitel 3 § 8 II.

595 K.Schmidt/Lutter/*Drygala* § 96 AktG Rn. 33; ErfK/*Oetker* § 96 AktG Rn. 2; *Seibt* ZIP 2015, 1193, 1194 f.; *Teichmann/Rüb* BB 2015, 898; WKS/*Wißmann* § 6 Rn. 64; allg. Begr. RegE, BT-Drucks. 13/9712 S. 12; Spindler/Stilz/*Drescher* § 3 AktG Rn. 5;

Wortlaut der Norm folglich nur Unternehmen der Rechtsformen AG, KGaA sowie Gesellschaften, die aus einer grenzüberschreitenden Verschmelzung hervorgegangen und nach dem MgVG paritätisch mitbestimmt sind. Zudem gilt das Mindestanteilsgebot auch für die voll mitbestimmte SE (§§ 17 II 1, 24 III 1 SEAG). Wie die verfassungsrechtliche Prüfung ergeben hat, ist die Börsennotierung kein sachliches Kriterium zur Eingrenzung des Anwendungsbereichs und deshalb als Voraussetzung zu streichen.[596] Dies hat zur Folge, dass nach einer entsprechenden Anpassung der gesetzlichen Regelungen sämtliche Aktiengesellschaften und KGaA sowie auch Gesellschaften mit beschränkter Haftung und Genossenschaften in den Anwendungsbereich des Mindestanteilsgebots fallen, wenn sie in der Regel mehr als 2.000 Arbeitnehmer beschäftigen (§ 1 Abs. 1 Nr. 1 und 2 MitbestG).

II. Paritätische Mitbestimmung

Voraussetzung für die Anwendbarkeit des Mindestanteilsgebots ist folglich, dass das Mitbestimmungsgesetz, das Montan-Mitbestimmungsgesetz oder das Mitbestimmungsergänzungsgesetz für die jeweilige Gesellschaft gilt (§ 96 Abs. 2 Satz 1 AktG). Wegen § 17 Abs. 2 und § 24 Abs. 3 SEAG ist auch die paritätisch mitbestimmte SE vom Anwendungsbereich erfasst. Gesellschaften, die aus einer grenzüberschreitenden Verschmelzung hervorgegangen und auf der Grundlage des MgVG paritätisch mitbestimmt sind, fallen ebenfalls in den Anwendungsbereich der Geschlechterquote (§ 96 Abs. 3 AktG). Nicht erfasst sind demnach, unabhängig von der Börsennotierung, Unternehmen, die dem DrittelbG unterliegen und solche, die aufgrund einer Satzungsvereinbarung paritätisch mitbestimmt sind.[597]

1. Geltung der Mitbestimmungsgesetze

Nach dem Wortlaut des § 96 Abs. 2 Satz 1 AktG ist entscheidend, dass das jeweilige Mitbestimmungsgesetz „gilt". Es ist deshalb klärungsbedürftig, ob das Statusverfahren gem. §§ 97 ff AktG durchgeführt sein muss oder ob bereits das

---

MünchKomm AktG/*Heider* § 3 AktG Rn. 39; Hüffer/Koch/*Koch* § 3 AktG Rn. 6; Henssler/Strohn/*Lange* § 3 AktG Rn. 3; Hölters/*Solveen* § 3 AktG Rn. 6; Grigoleit/*Vedder* § 3 AktG Rn. 4.

596 Zur verfassungsrechtlichen Begründung s. oben Kap. 2 § 5 E. II. 1; zum Änderungsvorschlag s. § 12 A.

597 *Junker/Schmidt-Pfitzner* NZG 2015, 929, 930; *Seibt* ZIP 2015, 1193, 1194; WKS/*Wißmann* § 6 MitbestG Rn. 62.

Überschreiten des Schwellenwerts des § 1 Abs. 1 Nr. 2 MitbestG die Anwendung des Mindestanteilsgebots erfordert und eine Unterschreitung die Pflicht zur Einhaltung der Quote entfallen lässt. Eine weitere Möglichkeit besteht darin, dass das MitbestG angewendet wird, ohne dass ein Statusverfahren durchgeführt wurde. Es kommt also darauf an, ob der Ist- oder Sollzustand maßgeblich ist und zwar sowohl in Bezug auf die formale Geltung der Mitbestimmungsgesetze, als auch auf die tatsächliche Zusammensetzung des Aufsichtsrats.

Teilweise wird die Anwendbarkeit der Mindestquote allein nach der Größe der Belegschaft und unabhängig von der paritätischen Besetzung des Aufsichtsrats befürwortet. Begründet wird dies damit, dass es unbeachtlich sei, ob das förmliche Verfahren nach §§ 97 ff. AktG (pflichtwidrig nicht) durchgeführt wurde, da die Sozialbindung, an welche die Regierungsbegründung bezüglich der Auswahl der Gesellschaften anknüpft,[598] dadurch nicht entfalle.[599] Andere stellen hingegen auf den Istzustand ab, also darauf, ob das Unternehmen formal einem der Mitbestimmungsgesetze unterliegt und der Aufsichtsrat dementsprechend zusammengesetzt ist.[600]

Das Wort „gilt" (gelten) bedeutet Gültigkeit haben im Sinne von verbindlich sein.[601] Dem Wortlaut nach kommt es deshalb darauf an, ob die Mitbestimmungsgesetze für das jeweilige Unternehmen anwendbar sind.[602] Auch die in § 7 Abs. 3 und § 18a MitbestG eingeführten Regelungen, die voraussetzen, dass der Aufsichtsrat tatsächlich dem jeweiligen Mitbestimmungsgesetz entsprechend zusammengesetzt ist, sprechen dafür, auf den Istzustand abzustellen.[603] Aus dem in § 96 Abs. 4 AktG verankerten Kontinuitätsgrundsatz folgt, dass der Aufsichtsrat nur nach Abschluss des förmlichen Verfahrens nach anderen als den zuletzt angewandten und somit entsprechend den für die Quote relevanten Mitbestimmungsgesetzen zusammengesetzt werden kann.[604] Dafür, dass eine Zusammensetzung nach einem anderen als dem bisherigen Mitbestimmungsregime

598 Begr. RegE, BT-Drucks. 18/3784, S. 120, 210.

599 *Fuchs/Köstler/Pütz* Aufsichtsratswahl, Rn. 727.

600 K.Schmidt/Lutter/*Drygala* § 96 AktG Rn. 33; *Oetker* ZHR 179 (2015) 707, 711; *Seibt* ZIP 2015, 1193, 1194; Hohenstatt/Seibt/*Seibt/Kraack* Geschlechterquoten, Rn. 72; WKS/*Wißmann* § 6 MitbestG Rn. 63.

601 Duden, Stichwort ‚gelten'.

602 So auch *Oetker* ZHR 179 (2015) 707, 711; a.A. WKS/*Wißmann* § 6 MitbestG Rn. 63 „Wortlaut […] offen".

603 *Oetker* ZHR 179 (2015) 707, 711; WKS/*Wißmann* § 6 MitbestG Rn. 63.

604 MünchKomm AktG/*Habersack* § 96 Rn. 32; Hölters/*Simons* § 96 AktG Rn. 79.

ausgeschlossen ist, sprechen zudem § 97 Abs. 2 Satz 1 und § 98 Abs. 1 AktG.[605] Folglich kann das Mindestanteilsgebot erst nach Durchführung des Statusverfahrens angewendet werden.[606] Dies ist auch aus Gründen der Rechtssicherheit geboten. Es ist überdies aus den Materialien nicht ersichtlich, dass es dem Gesetzgeber entgegen dem Wortlaut auf die tatsächliche Beschäftigungsstruktur ankam, wenngleich eine solche Sichtweise aus rechtspolitischen Erwägungen erwünscht sein könnte. Der Gesetzgeber hätte die Formulierung allerdings anders wählen oder zumindest in seiner Begründung inhaltlich vom gewählten Wortlaut abweichen müssen, um einen Auslegungsspielraum zu eröffnen. Dies gilt in beide Richtungen. Sowohl die Anwendung als auch die Nichtanwendung des Mindestanteilsgebots sind zwingend an die Durchführung des Statusverfahrens und die tatsächliche Zusammensetzung des Aufsichtsrats geknüpft.[607]

2. *Einbeziehung im Ausland Beschäftigter*

Unklar ist die Rechtslage außerdem im Hinblick auf Unternehmen, die die Grenze von 2.000 Arbeitnehmern gem. § 1 I Nr. 2 MitbestG durch Beschäftigte im Ausland erreichen. Die Zwischenbilanz des BMFSFJ und des BMJV von Juli 2016[608] deutet darauf hin, dass auch solche Gesellschaften in den Anwendungsbereich einbezogen sein könnten. Anders als in der Gesetzesbegründung angegeben,[609] gehen die Ministerien von rund 150 Unternehmen aus, die die zwingende Quote erfüllen müssen. Erläuternd heißt es zwar lediglich, es könne nicht ausgeschlossen werden, dass einige Gesellschaften, die anhand der zur Verfügung stehenden Daten nicht offensichtlich als Tendenzbetriebe zu erkennen sind, mit einberechnet wurden.[610] Dennoch ist die in der Bilanz angenommene Zahl bedeutend höher als die ursprünglich angenommene Anzahl von rund 100 Unternehmen. In einem Rundschreiben vermutet der *BDA* deshalb, dass die Ministerien auch solche Gesellschaften als betroffen ansehen, die im

---

605 Zu § 98: K.Schmidt/Lutter/*Drygala* § 96 AktG Rn. 33; § 98 AktG Rn. 2; MünchKomm AktG/*Habersack* § 98 AktG Rn. 1, 11.

606 A.A. *Fuchs/Köstler/Pütz* Aufsichtsratswahl, Rn. 727.

607 K.Schmidt/Lutter/*Drygala* § 96 AktG Rn. 33; UHH/Henssler § 7 MitbestG Rn. 86; *Oetker* ZHR 179 (2015) 707, 711 f.; *Seibt* ZIP 2015, 1193, 1194; WKS/*Wißmann* § 6 Rn. 64.

608 *BMFSFJ/BMJV* Zwischenbilanz, S. 2 dort in Fn. 2.

609 Begr. RegE, BT-Drucks. 18/3784, S. 43.

610 *BMFSFJ/BMJV* Zwischenbilanz, S. 2 dort in Fn. 2.

Ausland beschäftigte Arbeitnehmer haben und deshalb die Schwelle von 2.000 Arbeitnehmern überschreiten.[611]

Seit Langem ist anerkannt, dass für die Berechnung der Schwellenwerte i.S.v. § 1 und § 5 MitbestG nur inländische Arbeitnehmer einbezogen werden und nicht solche, die dauerhaft im Ausland belegenen Betriebsstätten oder Tochterunternehmen tätig sind.[612] Zurückgeführt wird diese Ansicht auf den Willen des Gesetzgebers, demzufolge sich das Gesetz auf Unternehmen im Geltungsbereich des Grundgesetzes beschränken sollte.[613] Zudem sprechen gewichtige systematische Argumente für einen rein nationalen Bezug, wie die Abgrenzung leitender Angestellter und das MitbestG selbst als Teil eines deutschen „Gesamtsystem[s] der kollektiven Interessenvertretung“[614] sowie die fehlende Gesetzgebungskompetenz des deutschen Gesetzgebers.[615] Zwischenzeitlich waren jedoch vermehrt Zweifel an der Vereinbarkeit dieser Ansicht mit den Art. 18 und 45 AEUV entstanden.[616] Die Bedenken wurden durch eine Entscheidung des LG Frankfurt am Main verstärkt. Aus diesem Grund legte das KG Berlin im Oktober 2015 dem EuGH die Frage vor, ob Art. 18 AEUV (Diskriminierungsverbot) und Art. 45 AEUV (Freizügigkeit der Arbeitnehmer) dahin gehend auszulegen seien, dass ein Mitgliedstaat das aktive und passive Wahlrecht für die Vertreter der Arbeitnehmer in das Aufsichtsorgan eines Unternehmens nur solchen Arbeitnehmern einräumen kann, die in Betrieben des Unternehmens oder in Konzernunternehmen im Inland beschäftigt sind.[617] Dieser beantwortete die Frage am 18.7.2017.[618] Zwar betraf die Entscheidung nicht die Frage nach der Einbeziehung im Ausland tätiger Beschäftigter, der EuGH betonte in seiner Entscheidung aber, dass die Mitgliedstaaten grundsätzlich die Möglichkeit haben,

---

611 *BDA* Rundschreiben Nr. II/141/16, S. 1.

612 LG Berlin AG 2015, 587 (LS); LG Düsseldorf DB 1979, 1451; MünchKomm AktG/*Gach* § 3 MitbestG Rn. 19; GK-MitbestG/*Matthes* § 3 MitbestG Rn. 18 ff.; ErfK/*Oetker* § 1 MitbestG Rn. 8; GroßKomm AktG/*Oetker* § 1 MitbestG Rn. 25; HWK/*Seibt* § 5 MitbestG Rn. 14; UHH/*Habersack* § 5 MitbestG Rn. 55; WKS/*Wißmann* § 3 MitbestG Rn. 26 ff.; a.A. LG Frankfurt aM ZIP 2015, 634; *Hellwig/Behme* AG 2009, 261, 265; *Latzel* Gleichheit, Rn. 241.

613 BT-Drucks. 7/4858, S. 4; dieses Argument mit Blick auf den weit zurückliegenden Zeitpunkt zu Recht entkräftend WKS/*Wißmann* § 3 MitbestG Rn. 28.

614 Ausdruck bei WKS/*Wißmann* § 3 MitbestG Rn. 29.

615 Ausf. zur Systematik WKS/*Wißmann* § 3 MitbestG Rn. 29 f.

616 Dazu LG Frankfurt a.M., ZIP 2015, 634; *Latzel* Gleichheit, S. 740 ff.; ausf. dazu UHH/*Henssler* § 3 MitbestG Rn. 47 ff.; RVJ/*Raiser* § 1 MitbestG Rn. 26 f.

617 Kammergericht, Beschl. v. 16.10.2015 – 14 W 89/15.

618 EuGH 18.7.2017 – C-566/15 (Erzberger), ECLI:EU:C:2017:562 = NZA 2017, 1000.

„die Anknüpfungskriterien des Anwendungsbereichs ihrer Rechtsvorschriften zu bestimmen, sofern diese Kriterien objektiv und nicht diskriminierend sind".[619] Das Unionsrecht hindere Deutschland nicht daran, den Geltungsbereich des MitbestG auf inländische Betriebe und ihre Beschäftigten zu beschränken.[620] Aus dieser Formulierung wird in der Literatur geschlossen, dass die Anwendbarkeit des MitbestG auf inländische Arbeitnehmerinnen bzw. Arbeitnehmer beschränkt werden kann.[621] Demnach dürfen die im Ausland Beschäftigten nicht nur nicht wählen, sondern werden auch bei der Berechnung der Schwellenwerte nicht berücksichtigt.[622] Dementsprechend ist das Mindestanteilsgebot auch nicht auf Unternehmen anwendbar, die den Schwellenwert des § 1 Abs. 1 Nr. 2 MitbestG nur durch Einbeziehung der ausländischen Arbeitnehmerinnen und Arbeitnehmer erreichen würden.

III. Kumulatives Vorliegen von paritätischer Mitbestimmung und Börsennotierung

Selbst wenn die Voraussetzung „börsennotierte Gesellschaften" verfassungsmäßig wäre, ist eine analoge Anwendung des § 96 Abs. 2 AktG auf weitere große Gesellschaften zu prüfen. Es existieren nicht börsennotierte, aber große und bekannte Unternehmen in der Rechtsform der AG und KGaA sowie der GmbH und Genossenschaft, die zwingend paritätisch mitbestimmt sind. Teilweise sind sie den betroffenen Gesellschaften hinsichtlich ihrer öffentlichen Wahrnehmung gleichzustellen.[623] Somit ist eine vergleichbare Interessenlage anzunehmen. Die Ausführungen in der Gesetzesbegründung zeigen jedoch, dass der Gesetzgeber bei der Auswahl der Kriterien planvoll handelte. Ob seine Erwägungen objektiv zutreffend bzw. sachdienlich waren, ist dafür nicht von Belang. Man kann deshalb nicht davon ausgehen, der Gesetzgeber habe eine planwidrige Regelungslücke hinterlassen. Er hat im Gegenteil durch Einführung der Zielvorgaben für die GmbH und die Genossenschaft auch für diese Gesellschaften Regelungen getroffen. Dies deutet drauf hin, dass die in § 96 Abs. 2 Satz 1 AktG genannten Voraussetzungen der Anwendung abschließend sind.[624] Eine Analogie scheitert daher am Vorliegen einer planwidrigen Regelungslücke. Dementsprechend

619 EuGH 18.7.2017 - C-566/15 (Erzberger), ECLI:EU:C:2017:562, Tz. 36.

620 EuGH 18.7.2017 - C-566/15 (Erzberger), ECLI:EU:C:2017:562, Tz. 38.

621 *Monz/Wendler* BB 2017, 1785, 1787; dem folgend *Wienbracke* NZA 2017, 1036, 1039.

622 *Monz/Wendler* BB 2017, 1785, 1787; *Wienbracke* NZA 2017, 1036, 1039.

623 S. oben Fn. 496

624 So auch *Oetker* ZHR 179 (2015) 707, 711.

findet das Mindestanteilsgebot nicht im Wege einer analogen Anwendung des § 96 Abs. 2 Satz 1 auf Gesellschaften Anwendung, die nicht börsennotiert sind, aber der paritätischen Mitbestimmung unterliegen.

C. Räumlicher Anwendungsbereich

Bei den von der Quote betroffenen Unternehmen handelt es sich vorwiegend um international tätige Konzerne. Aus diesem Grund ist weiterhin die Anwendbarkeit der 30 Prozent Quote auf Unternehmen ausländischer Rechtsformen klärungsbedürftig.[625] Zum einen könnte die Nichtanwendbarkeit des zwingenden Mindestanteilsgebots auf ausländische Rechtsformen einen Anreiz schaffen, diesem durch eine Umwandlung zu entgehen.[626] Darüber hinaus ist offen, wie Zuzugs- und Wegzugs- sowie Konzernsachverhalte zu behandeln sind. Da die Anwendbarkeit des Mindestanteilsgebots voraussetzt, dass für die jeweilige Gesellschaft die in § 96 Abs. 2 Satz 1 genannten Mitbestimmungsgesetze gelten, kommt es stets darauf an, ob die betreffenden Unternehmen den deutschen Mitbestimmungsgesetzen unterliegen. Dies ist nach den Regeln des internationalen Gesellschaftsrechts eine Frage des Personalstatuts der Gesellschaft.[627] Seit der EuGH-Rechtsprechung zur Niederlassungsfreiheit[628] muss zwischen EU-Auslandsgesellschaften und Auslandssachverhalten mit Drittstaatsbezug differenziert werden.

I. Grundsatz

Der räumliche Anwendungsbereich des MitbestG ist nach herrschender Meinung grundsätzlich auf inländische Unternehmen beschränkt.[629] Unklar ist, ob

625 *Weller* Stellungnahme, S. 8 f.

626 Im Rahmen der unternehmerischen Mitbestimmung ist es zu solchen Fällen gekommen: K.Schmidt/Lutter/*Drygala* § 96 AktG Rn. 34 f.; Beispiele bei *Weller/Harms/Rentsch/Thomale* ZGR 2015, 361,

627 Statt aller: BGH NJW 1982 934, OLG Stuttgart ZIP 1995 1004, MünchKomm BGB/*Kindler* Int. GesR Rn. 2 ff.; zur konkr. Frage *Weller/Harms/Rentsch/Thomale* ZGR 2015, 361, 373.

628 Richtungsweisend EuGH 9.3.1999 – C 212/97 (Centros), Slg. 1999, I-1459-1498; EuGH 24.7.2003 – C 280/00 (Überseering), Slg. 2003, I-7747-7848; EuGH 30.9.2003 – C 167/01 (Inspire Art), Slg. 2003, I-10155-10238.

629 UHH/*Habersack* Einl. MitbestG, Rn. 35, § 1 MitbestG Rn. 6; ErfK/*Oetker* § 1 MitbestG Rn. 3 ff.; GroßKomm AktG/*Oetker* § 1 MitbestG Rn. 13; HWK/*Seibt* § 1 MitbestG Rn. 6; WKS/*Wißmann* § 1 MitbestG Rn. 18, 23.

ein Unternehmen auch dann „ausländisch“ ist, wenn eine nach ausländischem Recht gegründete Gesellschaft ihren Verwaltungssitz ins Inland verlegt. Dieses kollisionsrechtliche Problem richtet sich nach demjenigen Recht, welches die größte Sachnähe aufweist.[630] Für Außengesellschaften, auf die die Rom I-VO keine Anwendung findet (Art. 1 Abs. 2 lit. f. Rom I-VO), ist das heute (nur noch[631]) anerkannte Anknüpfungsmoment der Gründungs- oder Verwaltungssitz der Gesellschaft.[632] Nach den für das internationale Gesellschaftsrecht im Hinblick auf die Niederlassungsfreiheit wegweisenden Entscheidungen des EuGH, *Centros*[633], *Überseering*[634] und *Inspire Art*[635], ist als Anknüpfungspunkt der Gründungssitz zu wählen. Demzufolge ist auf eine nach ausländischem Recht gegründete Gesellschaft, die ihren Verwaltungssitz in einem anderen Staat hat, das Recht des Gründungsstaates anzuwenden.[636] Nach der *Centros*-Entscheidung gilt dies sogar dann, wenn die Absicht vorliegt, die vollständige Geschäftstätigkeit nach Gründung in einen anderen EU-Staat zu legen, um die Gründungsvorschriften dieses Staates umgehen zu können.[637]

Dieser Rechtsprechung des EuGH folgt der BGH für Zuzugsfälle aus EU-Staaten,[638] EWR-Staaten[639] und Staaten, mit denen völkerrechtliche Abkommen bestehen[640]. Da die unternehmerische Mitbestimmung grundsätzlich dem Gesellschaftsstatut unterliegt, ist das Recht des Gründungsstaates anzuwenden. Eine Gesellschaft mit Sitz im Ausland, die ihren Verwaltungssitz in Deutschland hat, unterliegt demnach grundsätzlich nicht den Mitbestimmungsgesetzen.[641] Das zwingende Mindestanteilsgebot des § 96 Abs. 2 Satz 1 AktG gilt folglich nicht für solche Gesellschaften.

---

630 MünchKomm AktG/*Weller* Einleitung Int. GesR Rn. 315.

631 Zu den anderen s. im Überblick Staudinger/*Großfeld* IntGesR Rn. 34 – 37.

632 S. dazu MünchKomm BGB/*Kindler* Int. GesR Rn. 359 ff.; *Staudinger/Großfeld* IntGesR Rn. 26 ff.

633 EuGH 9.3.1999 – C 212/97 (Centros), Slg. 1999, I-1459-1498.

634 EuGH 24.7.2003 – C 280/00 (Überseering), Slg. 2003, I-7747-7848.

635 EuGH 30.9.2003 – C 167/01 (Inspire Art), Slg. 2003, I-10155-10238.

636 EuGH 30.9.2003 – C 167/01 (Inspire Art), Slg. 2003, I-10155 (LS).

637 EuGH 9.3.1999 – C 212/97 (Centros), Slg. 1999, I-1459 (LS), Tz. 17 ff., 26 ff.

638 BGHZ 154, 185 – 190.

639 BGHZ 164, 148 – 153.

640 BGHZ 153, 353 – 358.

641 So auch RVJ/*Raiser* § 1 MitbestG Rn. 13 ff.; ErfK/*Oetker* § 1 MitbestG Rn. 5; WKS/*Wißmann* § 1 MitbestG Rn. 23.

2. *Nach ausländischem Recht errichtete Aktiengesellschaften*

Die uneingeschränkte Geltung der sog. Gründungstheorie kann jedoch insbesondere vor dem Hintergrund der oben genannten EuGH-Entscheidungen zu einem sog. *legal form shopping*[642] führen, sodass gegebenenfalls Schutzvorschriften für Gläubiger, Anleger und Arbeitnehmer missbräuchlich umgangen werden. Deshalb wird teilweise vertreten, eine Korrektur der sog. Gründungstheorie müsse dahin gehend vorgenommen werden, dass die rechtliche Existenz einer Gesellschaft bei rechtsmissbräuchlicher Umgehung des Rechts des effektiven Sitzstaates nicht anerkannt wird.[643] Vertreter der sogenannten eingeschränkten Gründungstheorie gehen hingegen davon aus, dass für ausländische Gesellschaften, deren Verwaltungssitz im Inland liegt, zwingende Vorschriften des inländischen Rechts zur Anwendung kommen sollen.[644] Diese zwingenden Normen sollen dem Schutz der Gläubiger oder Gesellschafter dienen. Dies gelte aber nur, wenn das Gründerrecht keine vergleichbaren Regelungen vorsieht.[645]

Dementsprechend würde das Mindestanteilsgebot Geltung entfalten, wenn es als Eingriffsnorm zu qualifizieren ist. Dogmatisch ist dies eine Sonderanknüpfung der *lex fori*.[646] Sonderanknüpfungen sind einseitig zwingende Bestimmungen, die überindividuelle, öffentliche Interessen regeln. Ihre Einhaltung wird von einem Staat als so entscheidend für die Wahrung seines öffentlichen Interesses, insbesondere seiner politischen, sozialen oder wirtschaftlichen Organisation, angesehen, dass sie „[…] auf alle Sachverhalte anzuwenden sind, die in ihren Anwendungsbereich fallen" (vgl. die Definition in Art. 9 Abs. 1 Rom I-VO).[647] Der eingriffsrechtliche Charakter wird abstrakt durch Auslegung der zutage getretenen „Absicht des Gesetzgebers" ermittelt.[648]

Teilweise geht die Literatur davon aus, dass § 96 Abs. 2 AktG eine solche Eingriffsnorm ist.[649] Allerdings ist den Materialien kein erkennbarer Wille des Gesetzgebers für einen internationalen Geltungswillen des Mindestanteilsgebots

642 Begriff: *Spahlinger/Wegen*, Internationales Gesellschaftsrecht, Rn. 60.

643 ZB. *Behrens* IPRax 2003, 193, 196.

644 Darstellung: *Spahlinger/Wegen*, Internationales Gesellschaftsrecht, Rn. 60.

645 *Behrens* IPRax 2003, 193, 196.

646 Mit Blick auf das Mindestanteilsgebot *Weller/Harms/Rentsch/Thomale* ZGR 2015, 361, 369.

647 Zur Allgemeingültigkeit dieser Definition Staudinger/*Magnus* Art. 9 Rom I-VO Rn. 15; zu Eingriffsnormen MünchKomm BGB/*von Hein* Einl. IPR Rn. 286 ff.

648 *Savigny* System, S. 33 ff.; *Roth* FS Kühne 2009, S. 859 ff.; Weller/*Harms/Rentsch/Thomale* ZGR 2015, 361, 374.

649 *Weller/Harms/Rentsch/Thomale* ZGR 2015, 361, 369 ff.

zu entnehmen.[650] Dass in der Äußerung des Gesetzgebers, die Regelung würde vorwiegend große Publikumsgesellschaften in Form der AG oder KGaA betreffen,[651] kein impliziter Ausschluss eines international *zwingenden* Anwendungsbereichs zu sehen ist, ist zweifelhaft.[652] Der Gesetzgeber zieht seine Schlussfolgerung aus der für die Anwendung erforderlichen Kumulierung von paritätischer Mitbestimmung und Börsennotierung, die den sachlichen Anwendungsbereich des § 96 Abs. 2 AktG auf diese beiden (inländischen) Rechtsformen beschränkt. Aus dieser Aussage lässt sich überhaupt kein Wille des Gesetzgebers hinsichtlich eines eventuell zwingenden internationalen Geltungswillens ableiten.

Zielrichtung der Quotenregelung ist die Verwirklichung des in Art. 3 Abs. 2 GG verankerten Gleichstellungsauftrags.[653] Der Gesetzgeber verspricht sich nicht nur eine partielle Verbesserung, sondern durch einen *Trickle-Down-Effekt*[654] einen Wandel der Unternehmenskultur.[655] Aus diesem Grund dient das Mindestanteilsgebot nicht nur der Förderung privater Interessen, sondern verfolgt einen sozialpolitischen Zweck. Darüber hinaus kann man die Ausführungen zur Förderung des Wirtschaftsstandortes Deutschland wohl als marktordnendes Ziel im weiteren Sinne einordnen.[656] Nicht zu überzeugen kann indes, dass der Wille des Gesetzgebers, „die nationale und internationale Wettbewerbsfähigkeit von Unternehmen“[657] zu fördern, implizit die Inländerdiskriminierung in Blick nimmt und sich deshalb ein „internationaler Anwendungsbefehl zusätzlich auf[dränge]“.[658] Dann würden nämlich sämtliche Normen, die die internationale Wettbewerbsfähigkeit von deutschen Unternehmen fördern sollen und auf eine wirtschaftspolitische Steuerung ausgerichtet sind, ein zwingendes internationales Geltungsbedürfnis aufweisen, was zweifelhaft ist. Der mit Änderungen zum Entwurf des Mindestanteilsgebots befasste Rechtsausschuss[659] hat zudem trotz des Hinweises von *Weller*[660] keine Aussage zur internationalen Geltung getroffen.

650 Dies erkennen auch *Weller/Harms/Rentsch/Thomale* ZGR 2015, 361, 375.
651 Begr. RegE, BT-Drucks. 18/3784, S. 47.
652 So aber *Weller/Harms/Rentsch/Thomale* ZGR 2015, 361, 375.
653 Begr. RegE, BT-Drucks. 18/3784, S. 1.
654 Begriff: *Weller/Harms/Rentsch/Thomale* ZGR 2015, 361, 377.
655 Begr. RegE, BT-Drucks. 18/3784, S. 55; dazu auch *Weller/Harms/Rentsch/Thomale* ZGR 2015, 361, 377.
656 Begr. RegE, BT-Drucks. 18/3784, S. 45; zutreffend *Weller/Harms/Rentsch/Thomale* ZGR 2015, 361, 376.
657 Begr. RegE, BT-Drucks. 18/3784, S. 55.
658 So aber *Weller/Harms/Rentsch/Thomale* ZGR 2015, 361, 377 f.
659 BT-Drucks. 18/4227.
660 *Weller* Stellungnahme, S. 8 f.

Der Geltungswille des § 96 Abs. 2 Satz 1 AktG ist damit nicht zwingend im Sinne einer Eingriffsnorm.[661]

Es ist außerdem zweifelhaft, ob Gesellschaften tatsächlich eine ausländische Gesellschaftsform wählen würden, um die Geschlechterquote zu umgehen. Die Sonderanknüpfung scheitert bereits dann, wenn in dem entsprechenden Land eine eigene Quotenregelung gilt. Sogenannte Scheinauslandsgesellschaften mit 2.000 Arbeitnehmern, die für die paritätische Mitbestimmung und somit für die Quote infrage kämen, existieren am häufigsten in der Rechtsform der niederländischen B.V.[662] Die Niederlande gehören allerdings zu den europäischen Ländern, die eine eigene Quotenregelung haben, sodass die praktische Bedeutung dieser Diskussion äußerst gering ist.

Darüber hinaus vernachlässigen die vorstehenden Erwägungen, dass die Anwendbarkeit des Mindestanteilsgebots zwingend mit der Geltung der in § 96 Abs. 2 Satz 1 AktG genannten Mitbestimmungsgesetze verknüpft ist. Das Mindestanteilsgebot kann § 96 Abs. 2 Satz 1 AktG auf nach ausländischem Recht errichtete Gesellschaften nur angewendet werden, wenn die Mitbestimmungsgesetze auf Auslandsgesellschaften mit Verwaltungssitz in Deutschland anwendbar sind. Ein eventueller internationaler Geltungswille des Mindestanteilsgebots ist bereits dann nicht von Bedeutung, wenn die entsprechenden Mitbestimmungsgesetze keinen internationalen Geltungswillen erheben. Die Debatte darüber ist in jüngster Zeit wieder aufgelebt, weil sich ein Trend abzeichnet, große Gesellschaften ausländischen Rechts insbesondere in Form einer nicht mitbestimmten Auslandsgesellschaft & Co. KG in Deutschland zu etablieren.[663] Es wird vermehrt Handlungsbedarf für den Gesetzgeber gesehen.[664] Dass dieser bisher untätig blieb bzw. den Vorstoß der Fraktion DIE LINKE, die Unternehmensmitbestimmung auf in Deutschland ansässige Unternehmen ausländischer Rechtsformen zu erstrecken[665], in 2012 ablehnte,[666] spricht gegen einen internationalen Geltungswillen der Mitbestimmungsgesetze. Verschiedene Stimmen in der Literatur streben dennoch eine Sonderanknüpfung an. Eine Ausbreitung des bisher

---

661 Hohenstatt/Seibt/*Seibt/Cziupka* Geschlechterquoten, Rn. 376 ff.; i.E. auch Hüffer/Koch/*Koch* § 96 AktG Rn. 14.

662 *Sick* Report Mitbestimmungsförderung Nr. 8/2015, S. 12.

663 Dazu *Sick* Report Mitbestimmungsförderung Nr. 8/2015, S. 6 ff.; diese Entwicklung sieht auch *Teichmann* ZIP 2016, 899.

664 *Kindler* Symposium von Mohrenfels 2013, S. 147, 161 f.; *Sick* Report Mitbestimmungsförderung Nr. 8/2015, S. 15.

665 Drucks. 17/1413, S. 2.

666 BT-Drucks. 17/7696; Plenarprotokoll v. 28.6.2012, 22356 (B) und (C).

ergebnisoffenen Diskurses zu dieser Frage kann an dieser Stelle nicht erfolgen. Im Übrigen bleibt abzuwarten, ob der Gesetzgeber tätig wird oder die Frage auf Unionsebene im Rahmen eines Vorabentscheidungsverfahrens geklärt wird. Im Verfahren *Erzberger* war diese Frage jedenfalls nicht gegenständlich. Solange die Erstreckung des Anwendungsbereichs der Mitbestimmungsgesetze auf Auslandsgesellschaften nicht geklärt ist, kann auch die Frage eines internationalen Geltungswillens des Mindestanteilsgebots offenbleiben. Konzernsachverhalte richten sich wegen der zwingenden Anknüpfung an die Mitbestimmung ebenfalls nach den dort geltenden Maximen.

D. Zusammenfassung

Mit der Bestimmung des Anwendungsbereichs hat der Gesetzgeber den Geltungsbereich seiner Regelungen auf eine sehr geringe Anzahl an Unternehmen begrenzt. Dies beruht zwar auf nachvollziehbar abzugrenzenden Kriterien, es ist aber zweifelhaft, ob der erhoffte Kulturwandel durch den Ausschluss großer Unternehmen eintreten wird, die paritätisch mitbestimmt, aber nicht börsennotiert sind. Auch aus verfassungsrechtlichen Gründen ist eine Gleichbehandlung gleich großer Unternehmen mit obligatorischem Aufsichtsrat geboten.

Im Hinblick auf sogenannte Scheinauslandsgesellschaften überschneidet sich die Frage des Anwendungsbereichs mit der lebhaft geführten Debatte um die Erstreckung der Unternehmensmitbestimmung auf kollisionsrechtlicher Ebene. Nach derzeitigem Erkenntnisstand kann diesen Regelungen und damit auch dem Mindestanteilsgebot jedoch kein unbedingter internationaler Geltungswille entnommen werden. Der Gesetzgeber hat sich eindeutig gegen eine Erweiterung des Anwendungsbereichs der Mitbestimmungsgesetze ausgesprochen. Darüber hinaus wäre die Zahl der Fälle gering, in denen eine Erstreckung der Quote auf diesem Weg möglich ist, weil Mitgliedsstaaten wie die Niederlande eine eigene Quotenregelung haben, die vorrangig anzuwenden ist.

Der Gesetzgeber wird seinem zeitgemäßen Ziel außerdem durch den beschränkten persönlichen Anwendungsbereich nur bedingt gerecht. Er orientierte sich zwar an der normativ bisher noch verbreiteten binären Geschlechterverteilung. Dies ist aus Gründen der Rechtsklarheit auch nachvollziehbar. Eine zeitgemäße Gesetzgebung hätte jedoch wenigstens in der Begründung die aktuellen Entwicklungen der Geschlechterforschung berücksichtigen müssen. Diversität und Gleichberechtigung der Geschlechter können sich heute nicht mehr ausschließlich auf die Kriterien männlich und weiblich beschränken. Eine eigene Quote für die betreffenden Geschlechtsformen ist aufgrund der geringen Datenlage momentan weder sinnvoll noch praktikabel. Eine genderneutrale

Unterscheidung zwischen unterrepräsentiertem und überrepräsentiertem Geschlecht würde der mittlerweile auch rechtswissenschaftlichen anerkannten Entwicklung eher gerecht. Mit der geltenden Fassung des § 96 Abs. 2 AktG muss der Gesetzgeber sich den Vorwurf gefallen lassen, ein reines Frauenförderungsgesetz geschaffen zu haben, anstatt umfassende Diversität anzustreben.

§ 8 Gesetzliche Vorgaben zur Erfüllung des Mindestanteilsgebots

Der folgende Unterabschnitt beleuchtet die zahlreichen Auslegungsprobleme, die der Gesetzgeber durch die verschiedenen Voraussetzungen zur Erfüllung und Berechnung des Mindestanteilsgebots bzw. des Mindestanteils geschaffen hat. Diese werden im Wesentlichen durch die beiden zur Auswahl stehenden Erfüllungsmodi (Gesamt- und Getrennterfüllung, § 96 Abs. 2 Sätze 2 und 3 AktG) verschärft. Insbesondere die Berechnung der Quote bereitet diverse Schwierigkeiten, weil Wortlaut und Gesetzesbegründung teilweise auseinanderfallen und darüber hinaus die Einbeziehung bestimmter Mitgliedergruppen nicht geregelt ist. Des Weiteren wirft auch die Möglichkeit des Widerspruchs gegen die Gesamterfüllung (§ 96 Abs. 2 Satz 3 AktG) diverse Fragen auf. Es ist unklar, bis zu welchem Zeitpunkt welche Seite widersprechen kann. Darüber hinaus könnte der Gesetzgeber der Arbeitnehmer- und der Anteilseignerseite (den sogenannten Aufsichtsratsbänken) versehentlich eine eigene Rechtsstellung verliehen haben, weil sie jeweils getrennt über den Widerspruch beschließen müssen. Mehrheitliche Beschlüsse der beiden Seiten kannte das Aktiengesetz bisher nicht. Daneben sind weitere Detailfragen zum Widerspruch offen, die seine Rechtsnatur, Form und zeitliche Wirkung betreffen.

A. Gesamt- und Getrennterfüllung

Entgegen der noch im Referentenentwurf vom 9.9.2014 vorgesehenen Konzeption der Getrennterfüllung sieht § 96 Abs. 2 Satz 2 AktG vor, dass der Aufsichtsrat *insgesamt* der zwingenden Mindestquote entsprechen muss. § 96 Abs. 2 Satz 3 AktG eröffnet jedoch die Möglichkeit eines Widerspruchs dagegen, sodass anschließend die Sitze beider Vertretergruppen zu je 30 Prozent mit Mitgliedern beider Geschlechter besetzt sein müssen. Der Wortlaut „ist insgesamt“[667] und „Widerspricht […] gegen die Gesamterfüllung“[668] zeigt, was die Systematik bestätigt: Gesamterfüllung ist der Regelfall, Getrennterfüllung die Ausnahme.[669] Dies hat zur Folge, dass ein Übergewicht an Personen des unterrepräsentierten Geschlechts auf einer Seite grundsätzlich einen niedrigeren Anteil auf der

667 § 96 Abs. 2 Satz 2 AktG.
668 § 96 Abs. 2 Satz 3 AktG.
669 So auch *Oetker* ZHR 179 (2015) 707, 717.

anderen Seite ausgleicht. Eine Unterscheidung zwischen Anteilseigner- und Arbeitnehmervertreterinnen bzw. -vertretern unterbleibt jedoch. Die Zusammensetzung der einzelnen Bänke lässt das Gesetz ebenfalls außer Acht. Unbeachtlich ist dementsprechend auch, wie viele Personen gewählt oder entsandt werden bzw. gewerkschafts- oder unternehmensangehörig sind. Entscheidend ist einzig die Zusammensetzung des gesamten Aufsichtsrats nach Abschluss aller Wahlen und Entsendungen.

So flexibel diese Konzeption sich einerseits darstellt, so problematisch ist sie im Einzelfall für den Rechtsanwender. Die Aufsichtsratswahlen auf Arbeitnehmer- und auf Anteilseignerseite sind verfahrenstechnisch und zeitlich völlig verschieden ausgestaltet. Sie folgen eigenen Mechanismen und Regelwerken. Die Aufsichtsratsmitglieder der Anteilseignerseite werden zwingend von der Hauptversammlung gewählt (§ 101 Abs. 1 S. 1 AktG). Auch die Aufsichtsratsmitglieder von Unternehmen, die in den Geltungsbereich des MontanMitbestG fallen, werden in der Hauptversammlung gewählt. Allerdings ist diese gem. § 6 Abs. 7, § 8 MontanMitbestG an die Wahlvorschläge der Arbeitnehmerseite gebunden (§ 101 Abs. 1 Satz 2 AktG). Die Arbeitnehmervertreterinnen und -vertreter für nach dem MitbestG und MitbestErgG mitbestimmte Aufsichtsräte werden hingegen in der Regel mittels von den Arbeitnehmern gewählter Delegierter oder unmittelbar von den Arbeitnehmern gewählt (§ 9 Abs. 1 und 2 MitbestG, § 10 Abs. 1 MitbestG, § 7 Abs. 1 und 2, § 8 Abs. 1 MitbestErgG).

Während die Einberufung der Hauptversammlung 30 Tage vorher erfolgen muss (§ 123 Abs. 1 Satz 1 AktG) und die Wahlvorschläge ebenfalls zu diesem Zeitpunkt bekannt zu machen sind (§ 124 Abs. 2 Satz 3 AktG), beginnt das Wahlverfahren für die Arbeitnehmerseite zwischen 19 und 50 Wochen vor der Hauptversammlung.[670] Deshalb hatte der Referentenentwurf zunächst die Getrenntbetrachtung zur Vermeidung von „schwer aufzulösenden Auseinandersetzungen zwischen den Bänken“[671] als Regelfall vorgesehen.[672] Bereits das zeitliche Auseinanderfallen der Wahlen kann jedoch dazu führen, dass eine Seite die Wahlfreiheit der anderen in erheblichem Maße beeinflusst, wenn die Gesamterfüllung gilt. Sie kann nämlich entweder schon ausreichend Personen des unterrepräsentierten Geschlechts wählen und der anderen Seite völlige

---

670 § 2 Abs. 1 1. WO MitbestG 19 Wochen; § 2 Abs. 1 2. WO MitbestG 23 Wochen; § 2 Abs. 1 3. WO MitbestG 25 Wochen; in Seebetrieben 50 Wochen § 98 Abs. 1 2. und 3. WO MitbestG.

671 Begr. RefE 9.9.2014, S. 101.

672 Begr. RefE 9.9.2014, S. 101.

Entscheidungsfreiheit gewähren oder – im umgekehrten Extremfall – keine einzige und somit die Erfüllung des Mindestanteilsgebots vollständig auf die andere Seite abwälzen.[673] Dies führt insbesondere dann zu jedenfalls empfundenen Ungerechtigkeiten, wenn diejenige Seite, von der die Erfüllung und somit die Wirksamkeit der Aufsichtsratswahl wegen des Verhaltens der zuerst wählenden Seite abhängt, auf einen Widerspruch gegen die Gesamterfüllung verzichtet hatte.[674] Darüber hinaus wirft die Konzeption der Gesamterfüllung zahlreiche Fragen für den Fall auf, dass das Mindestanteilsgebot nicht erreicht wird. Es ist unklar, welche Wahlen in diesem Fall *ex tunc* nichtig sind und wie die Nachbesetzung erfolgt. Regelungen dazu existieren ausschließlich für den Fall der Getrennterfüllung (vgl. § 96 Abs. 2 Satz 6,[675] § 18a MitbestG, § 6 Abs. 6 Montan-MitbestG,[676] § 10f MitbestErgG).

Das Konzept der Getrenntbetrachtung hat der Gesetzgeber in der geltenden Fassung allerdings nicht aufgegeben, sondern zur Disposition der Beteiligten gestellt. Mit der in § 96 Abs. 2 Satz 3 AktG angelegten Widerspruchsmöglichkeit kann jede Seite „vor der Wahl"[677] bestimmen, dass statt der Gesamterfüllung die nach Bänken getrennte Erfüllung des Mindestanteilsgebots gilt. Die angesprochenen Probleme lassen sich damit jedenfalls zum Teil vermeiden.

I. Wahl der Aufsichtsratsmitglieder unter Geltung der Gesamterfüllung

Für die Wahl der Mitglieder finden sich weder im Aktiengesetz noch in den Mitbestimmungsgesetzen gesonderte Bestimmungen zum Mindestanteilsgebot. Dies liegt in erster Linie daran, dass das Gesetzgebungsverfahren nahezu die gesamte Zeit auf die Getrennterfüllung ausgerichtet war.[678] Darüber hinaus würden spezifische Regelungen dem Zweck der Gesamterfüllung widersprechen, die die ursprünglich vorgesehene Unterscheidung zwischen den Seiten aufheben soll. Festgelegt ist dementsprechend nicht, wie die beiden zeitlich auseinanderfallenden Wahlverfahren in Einklang gebracht werden sollen, um

673 *BDA/BDI* Stellungnahme, S. 10; *Oetker* ZHR 179 (2015) 707, 717; *Seibt* ZIP 2015, 1193, 1197.

674 *DGB* Stellungnahme, S. 34.

675 Zur genauen Reichweite von § 96 Abs. 2 Satz 6 s. unten Kap. 3 § 9.

676 § 6 Abs. 6 MontanMitbestG enthält keine Regelung für den Fall der Nichterfüllung, aber eine Regelung, die das Eintreten dieser Situation verhindern soll. S. dazu ausführlich unten Kap. 3 § 8 II. 2. c).

677 Zur Problematik des Zeitpunkts s. unten Kap. 3 § 8 III. 2.

678 *Seibert* NZG 2016, 16, 19.

eine Nichterfüllung des Mindestanteilsgebots rechtzeitig abzuwenden. Die Verschiedenheit der Wahlmechanismen erschwert eine strikte Gesamtbetrachtung bereits bei der Wahl der Mitglieder.

1. Abstimmung der Wahlvorschläge zur Einhaltung des Mindestanteilsgebots

Denkbar wäre es, anhand der Wahlvorschläge für beide Aufsichtsratsseiten bereits im Voraus festzustellen, ob die Quote erreicht wird oder wie viele Mitglieder welchen Geschlechts zur Erfüllung fehlen. Die Wahlvorschläge der Arbeitnehmerseite werden – bedingt durch die lange Verfahrensdauer – deutlich vor denjenigen der Anteilseignerseite aufgestellt und bekannt gemacht werden.[679] Die Vorschläge werden in Listenform eingereicht, wobei eine Liste auch nur einen Kandidaten oder eine Kandidatin enthalten kann.[680] Wählerinnen und Wähler können ihre Stimme bei einer Direktwahl nur an eine Liste vergeben (§ 38 Abs. 1 1. WO MitbestG, § 40 Abs. 1 2. und 3. WO MitbestG).[681]

Die Gewählten werden anschließend listenübergreifend nach dem *d'Hondtschen* Höchstzahlenverfahren ermittelt. Demnach werden die in dem Wahlgang den einzelnen Wahlvorschlägen zugefallenen Stimmenzahlen in einer Reihe nebeneinandergestellt und durch 1, 2, 3, 4 usw. geteilt. Die ermittelten Teilzahlen sind nacheinander reihenweise unter den Zahlen der ersten Reihe aufzuführen, bis höhere Teilzahlen, als aus früheren Reihen für die Zuweisung von Sitzen in Betracht kommen, nicht mehr entstehen. Unter den so gefundenen Teilzahlen werden so viele Höchstzahlen ausgesondert und der Größe nach geordnet, wie in dem Wahlgang Aufsichtsratsmitglieder zu wählen sind. Jeder Wahlvorschlag erhält so viele Sitze zugeteilt, wie Höchstzahlen auf ihn entfallen. Wenn die niedrigste in Betracht kommende Höchstzahl auf mehrere Wahlvorschläge zugleich entfällt, so entscheidet das Los darüber, welchem Wahlvorschlag dieser Sitz zufällt (§ 40 Abs. 1 1. WO MitbestG, § 43 Abs. 1 2. und 3. WO MitbestG). Wenn ein Wahlvorschlag insgesamt weniger Bewerberinnen und Bewerber

---

679 Darauf deutet zum einen hin, dass die Wahl so frühzeitig beginnt und gegebenenfalls noch die Delegierten gewählt werden müssen und zum anderen, dass die Delegiertenversammlung bei mehrfach mandatierten Delegierten vier Wochen vor dem Beginn der Amtszeit wählen soll, vgl. zB. § 74 Abs. 2 Satz 3 2. und 3.WO MitbestG; vgl. auch den beispielhaften Zeitplan für die 2. und 3. WO MitbestG von der Hans-Böckler-Stiftung, https://www.boeckler.de/36182.htm, zuletzt aufgerufen am 30.6.2018.

680 Vgl. *Fuchs/Köstler/Pütz* Aufsichtsratswahl, Rn. 307 und 351.

681 S. auch *Fuchs/Köstler/Pütz* Aufsichtsratswahl, Rn. 345.

enthält, als Höchstzahlen auf ihn entfallen, gehen die überschüssigen Sitze auf die folgenden Höchstzahlen der anderen Wahlvorschläge desselben Wahlgangs über (§ 40 Abs. 2 1. WO MitbestG, § 43 Abs. 2 2. und 3. WO MitbestG). Die Reihenfolge der Bewerberinnen und Bewerber innerhalb der einzelnen Wahlvorschläge bestimmt sich nach der Reihenfolge ihrer Benennung (§ 40 Abs. 3 1. WO MitbestG, § 43 Abs. 3 2. und 3. WO MitbestG).

Die Wahrscheinlichkeit der Wahl der einzelnen Personen hängt demnach von der Anzahl der Listen und der Reihenfolge der Kandidatinnen und Kandidaten (im Vorwege erkennbar), sowie der Anzahl an Stimmen je Liste (im Vorwege nicht erkennbar) ab. Die Reihenfolge der Kandidatinnen und Kandidaten muss aus dem Vorschlag eindeutig hervorgehen (§ 25 Abs. 5 1. WO MitbestG, § 27 Abs. 5 2. und 3. WO MitbestG). Es ist den Erstellern der Vorschläge überlassen, diese festzulegen. Da die Wahrscheinlichkeit einer Wahl mit dem Listenplatz zusammenhängt, könnte man überlegen, ob die Plätze so vergeben werden müssen, dass ausreichend Personen des bisher unterrepräsentierten Geschlechts für die vorderen Listenplätze vorgesehen sind. Dadurch würde die Entscheidungsfreiheit der Wahlberechtigten jedoch erheblich beeinträchtigt. Problematisch ist dies vor allem deshalb, weil selbst dann nicht sichergestellt ist, dass genügend Personen des passenden Geschlechts gewählt werden. Die Höchstzahlen können je nach Anzahl der Listen, Anzahl der Vorgeschlagenen und Stimmen je Liste trotzdem so ausfallen, dass überwiegend Personen des anderen Geschlechts gewählt sind. Je mehr Personen des unterrepräsentierten Geschlechts zudem auf den vorderen Plätzen stehen, desto eher kann sich im Einzelfall das Verhältnis umkehren, sodass nach Auszählung der Stimmen zu wenige Vertreterinnen bzw. Vertreter des bisher überrepräsentierten Geschlechts vorhanden sind. Aus diesem Grund ist im Vorhinein zwar eine Tendenz erkennbar, ob die Quote bereits vollständig durch die Arbeitnehmerseite oder jedenfalls innerhalb der Arbeitnehmerseite eher erreicht oder definitiv verfehlt wird, wenn die Mindestanzahl je Geschlecht bereits im Wahlvorschlag erreicht wird oder nicht. Sichere Aussagen bietet dies jedoch nicht. Die Geschlechterverteilung auf den Wahlvorschlägen ist deshalb nicht geeignet, um eine voraussichtliche Nichterfüllung abzusehen oder herauszufinden, wie viele Mitglieder des unterrepräsentierten Geschlechts noch gewählt werden müssen.

Für die Wahlvorschläge der Anteilseignerseite bestehen zudem zwei Probleme: Zum einen kann wegen der Dauer des Verfahrens der Arbeitnehmerseite der Fall eintreten, dass zum Zeitpunkt der Einberufung der Hauptversammlung, in der die ggf. das Mindestanteilsgebot einhaltenden Wahlvorschläge bekannt gegeben werden müssen, noch keine Kenntnis über die voraussichtliche Besetzung der Arbeitnehmerbank besteht. Da die Wahlvorschläge der Arbeitnehmer kein sicheres Indiz bieten, ist der Anteilseignerseite eine den Mindestanteil bei Gesamterfüllung wahrende Aufstellung der Wahlvorschläge erst nach Kenntnis des Wahlergebnisses der Arbeitnehmer möglich. Die Ergebnisse der Wahl der Beschäftigten sollen spätestens 14 Tage vor Beginn der Amtszeit feststehen.[682] Im Einzelfall kann die Wahl jedoch unter Verzögerungen leiden und sogar über den Zeitpunkt der Hauptversammlung hinaus andauern.[683] Die Vorschläge zur Beschlussfassung sind indes zusammen mit der Tagesordnung in der Einberufung bekannt zu geben und somit mindestens 30 Tage vor der Hauptversammlung (§ 123 Abs. 1 AktG).[684] Bei der Aufstellung der Wahlvorschläge der Anteilseignerseite ist deshalb gegebenenfalls nicht klar, wie viele Mitglieder zur Erfüllung des Mindestanteilsgebots noch fehlen.

Darüber hinaus ist die Hauptversammlung an die Wahlvorschläge für die Anteilseignerseite grundsätzlich nicht gebunden. Dies ergibt sich aus § 127 Abs. 1 Satz 1 AktG i.V.m. § 126 Abs. 1 Satz 1 AktG analog, der es den Aktionären ermöglicht bis zu 14 Tage vor der Versammlung Vorschläge einzureichen. Der letzte Aspekt wirkt in zwei Richtungen. Zum einen können die Aktionäre noch auf die Erfüllung der Quote einwirken, wenn die Ergebnisse der Arbeitnehmerseite vorliegen, zum anderen ist auch der Wahlvorschlag des Aufsichtsrats nicht in jedem Fall geeignet, um eine mögliche Nichterfüllung vorherzusehen und abzuwenden. Darüber hinaus kann die Arbeitnehmerseite in der Regel nicht mehr darauf reagieren, weil ihr Wahlverfahren bereits zu weit fortgeschritten sein wird. Da es sich um eine Wahl handelt, kann die Erfüllung des Mindestanteilsgebots auch nicht im Vorhinein zwischen den Bänken abgestimmt werden.

2. *Alternative Lösungsvorschläge*

Zur Lösung des Problems könnte der Abschluss beider Wahlverfahren abgewartet und dann eine Gesamtbetrachtung vorgenommen werden. Allerdings scheitert dies bereits an der Frage, wie im Falle eines Nichterreichens der Quote diejenigen Personen aus dem gesamten Aufsichtsrat ermittelt werden sollen, deren Wahl gegen das Mindestanteilsgebot verstößt. Das Problem würde nicht auftreten, wenn das Gesetz eine ausdrückliche Rechtsfolge für den Fall der Verfehlung des Mindestanteilsgebots bei Gesamterfüllung vorsähe. Eine solche

682 *Fuchs/Köstler/Pütz* Aufsichtsratswahl, Rn. 263.

683 Vgl. das Beispiel in *Fuchs/Köstler/Pütz* Aufsichtsratswahl, Rn. 245; auch *Röder/Arnold* NZA 2015, 279, 283 gehen davon aus, dass die Wahl im Einzelfall sogar nach der HV stattfinden kann.

684 Hüffer/Koch/*Koch* § 124 AktG Rn. 8; MünchKomm AktG/*Kubis* § 124 AktG Rn. 8.

Regelung müsste Angaben zur Ermittlung der nicht gewählten Kandidatinnen bzw. Kandidaten enthalten. Sie existiert jedoch nicht. Aus diesem Grund muss in Bezug auf die zu wählende Anzahl an Vertretern je Geschlecht vom *first-come-first-served*-Prinzip ausgegangen werden. Die jeweils vorangehende Wahl determiniert die Wahl der nachfolgenden Seite.[685]

Auch dies ist jedoch unbefriedigend, weil dadurch im – wenn auch unwahrscheinlichen – Ernstfall die Erfüllung der Mindestquote allein der Anteilseignerseite zufallen würde. Sofern die Arbeitnehmerseite ihre Wahlen noch nicht abgeschlossen hat und die Anteilseignerseite zu wenige Mitglieder des unterrepräsentierten Geschlechts wählt, ergibt sich daraus ein weiteres Problem. Das Gesetz sieht für diesen Fall keine Rechtsfolge vor: § 96 Abs. 2 Satz 6 AktG bezieht sich ausdrücklich nur auf die Hauptversammlung und § 96 Abs. 2 Satz 8 AktG bestimmt, dass auf die Wahlen der Arbeitnehmer die jeweiligen Mitbestimmungsgesetze anzuwenden sind. Ebenso wie § 10f MitbestErgG, sieht § 18a MitbestG eine detaillierte Regelung der Rechtsfolgen vor. Allerdings gilt diese wegen der Bezugnahme auf § 96 Abs. 2 Satz 3 AktG ausdrücklich bei Getrennterfüllung. Grund dafür ist, dass der Gesetzgeber den Regelungsbedarf nicht erkannt hat: Die Statistiken, die dem Gesetzgebungsverfahren zugrunde lagen, zeigen, dass der Frauenanteil bei den Arbeitnehmervertretern bereits deutlich höher war als bei den Anteilseignervertretern.[686]

Für die vorstehend dargelegten Schwierigkeiten gibt es zwei Lösungen: Zum einen kann ein später Zeitpunkt für den Widerspruch gegen die Gesamterfüllung jedenfalls teilweise Abhilfe schaffen. Denkbar ist auch, dass im Falle des Nichterreichens des Quorums bei Gesamterfüllung die Getrennterfüllung bzw. deren Rechtsfolgen analog anzuwenden sind.[687]

II. Wahl der Aufsichtsratsmitglieder unter Geltung der Getrennterfüllung

Nach erfolgtem Widerspruch einer Seite gegen die Gesamterfüllung ordnet § 96 Abs. 2 Satz 3 AktG an, dass jede Seite das Mindestquorum für sich zu erfüllen hat. Für diesen Fall gibt es jedenfalls einige Regelungen.

---

685 So auch grds. *Röder/Arnold* NZA 2015, 279, 283.

686 Vgl. Leitlinien für das Gesetzgebungsverfahren des BMFSJF und BMJV vom 25.3.2014, S. 3, https://www.bmfsfj.de/blob/84344/9f6306d0ae9281083e24e7779d762333/leitlinien-gesetz-fuer-gleichberechtigte-teilhabe-data.pdf, zuletzt aufgerufen am 30.6.2018.

687 Dazu unten Kap. 3 § 9 B. III. und Kap. 3 § 9 B. II. 1. b).

1. Gesetzliche Vorgaben zur Wahl der Arbeitnehmerseite

Gemäß § 7 Abs. 3 MitbestG gilt, dass die Arbeitnehmerseite das Mindestanteilsgebot von 30 Prozent insgesamt, also unabhängig von den verschiedenen Gruppen, erfüllen muss. Dies soll dementsprechend auch für den Vertreter der leitenden Angestellten gelten, der zu den unternehmensangehörigen Arbeitnehmern zu zählen ist.[688]

Für den Fall der Verfehlung des Mindestanteils gilt § 18a Abs. 1 MitbestG, der die Auswahl der nicht gewählten Personen detailliert vorschreibt. Seine Entsprechung findet er in § 10f Abs. 1 MitbestErgG. Für den Fall der Getrennterfüllung ordnet § 5a MontanMitbestG an, dass die Mitglieder der Arbeitnehmer und das ihnen zuzuordnende weitere Mitglied der Quote entsprechen müssen. Auch in diesem Fall differenziert das Gesetz nicht weiter, sodass die Erfüllung sich auf die Arbeitnehmerseite insgesamt bezieht. Für nach dem MontanMitbestG mitbestimmte Aufsichtsräte gilt zudem § 6 Abs. 6 MontanMitbestG. Danach dürfen Wahlvorschläge an das Wahlorgan, also die Hauptversammlung, nur erfolgen, wenn sie den Vorgaben des Mindestanteilsgebots entsprechen. Nicht geklärt ist jedoch, welche Rechtsfolge eintritt, wenn der Vorschlag nicht den Vorgaben entspricht.[689] Der Gesetzgeber berief sich in seiner Begründung auf die einvernehmliche Auswahl der Kandidaten für die Wahlvorschläge und erachtete dieses Problem als unwesentlich.[690] Gerade in den Montan-Unternehmen mit überdurchschnittlich hohem Männeranteil in der Belegschaft kann ein solcher Fall aber eintreten. Es muss deshalb geklärt werden, wie mit den Vorschlägen zu verfahren ist.[691]

2. Besetzung der Sitze der Anteilseignerseite

Für die Anteilseignerseite existiert keine Regelung dazu, wie das Mindestanteilsgebot auf die gewählten und entsandten Mitglieder verteilt werden soll. Es ist deshalb davon auszugehen, dass sie die Quote durch alle Mitglieder gemeinsam und unabhängig von der Art der Bestellung erfüllen soll. Ausweislich der Gesetzesbegründung gilt das Prioritätsprinzip. Demzufolge determiniert die

688 *Oetker* ZHR 179 (2015) 707, 731; *Herb* DB 2015, 964, 965; *Röder/Arnold* NZA 2015, 279, 281.

689 S. dazu unten Kap. 3 § 9 B II. 2. c).

690 Begr. RegE, BT-Drucks. 18/3784, S. 132.

691 S. dazu im Überblick *Oetker* ZHR 179 (2015) 707, 735.

vorangehende Wahl bzw. Entsendung den nachfolgenden Bestellungsakt.[692] Dies ist auch unproblematisch, weil die Hauptversammlung eine Regelung in die Satzung aufnehmen kann, die einer Nichterfüllung vorbeugt.

III. Schlussfolgerungen

Insbesondere die Einfügung der Gesamterfüllung als Regelfall wirft sowohl für die Erfüllung als auch für die Verfehlung der Quote zahlreiche Folgefragen auf. Je nachdem, wann die in der Regel später wählende Anteilseignerseite zuletzt widersprechen kann und welche Rechtsfolge ein später Widerspruch auslöst, könnte eine Lösung durch die Vorgabe erreicht werden, dass die Wahlvorschläge zumindest zu einer potenziellen Erfüllung des 30-Prozent-Quorums für die jeweilige Seite führen müssen. Im Regelfall finden die Wahlen der Arbeitnehmervertreter vor denen der Anteilseignervertreter statt. Dies spricht dafür, dass die Arbeitnehmervertreterwahlen unter Geltung der Gesamterfüllung keinerlei Beschränkung unterliegen. Es wären dann keine Regelungen für den Fall einer Quotenverfehlung erforderlich. Für dieses Ergebnis spricht auch die Möglichkeit des Widerspruchs gegen die Gesamterfüllung.

Wie die folgende Untersuchung zeigen wird, lassen sich die aufgeworfenen Problematiken unter Zuhilfenahme der juristischen Methodik einigermaßen zufriedenstellend lösen. Dennoch stellt sich die Frage, ob die so erarbeiteten Lösungen praktikabel sind oder ob die Wahlsysteme so verschieden sind, dass das Konzept der Gesamterfüllung insgesamt nicht tragfähig ist und somit als verfehlt bewertet werden muss. Dies gilt insbesondere vor dem Hintergrund, dass an einigen Stellen ein Rückgriff auf die Getrenntbetrachtung oder die Heranziehung deren Regelungen faktisch nicht verhindert werden kann. Es ist zudem äußerst schwierig, Regelungen für die Gesamterfüllung zu treffen, die trotz der unabhängigen Wahlverfahren nicht letztlich wieder auf die einzelnen Seiten abstellen. Andererseits tragen die vielfältigen Probleme natürlich dazu bei, dass sämtliche Beteiligten darauf bedacht sein werden, die Erfüllung des Mindestanteilsgebots in jedem Fall herbeizuführen. Darüber hinaus bietet die Möglichkeit der Gesamterfüllung durch eine Seite – ob nun erzwungen oder freiwillig – dieser gegebenenfalls eine starke Verhandlungsposition in anderen Angelegenheiten und kann somit für sie vorteilhaft sein. Dieser Effekt fördert die Zielrichtung des Gesetzes. Ein solches Ergebnis muss jedoch methodisch einwandfrei herleitbar sein.

---

692 So bereits Begr. RegE, BT-Drucks. 18/3784, S. 127 f.; *Oetker* ZHR 179 (2015) 707, 735; *Röder/Arnold* NZA 2015, 279, 283; Spindler/Stilz/*Spindler* § 96 AktG Rn. 32.

B. Berechnung des jeweils zur Erfüllung notwendigen Mindestanteils (§ 96 Abs. 2 Satz 4 AktG)

Für die Berechnung der Quote ordnet § 96 Abs. 2 Satz 4 AktG an, dass „in allen Fällen auf volle Personenzahlen mathematisch auf- beziehungsweise abzurunden [ist]". Aufgrund feststehender mathematischer Gesetzmäßigkeiten wirkt diese Vorschrift zunächst unkompliziert. Es bedarf lediglich eines einfachen Rechenschritts, um die zur Erfüllung des Mindestanteilsgebots erforderlich Personenzahl zu ermitteln. Aus der Vorschrift selbst und aus den spezialgesetzlich festgelegten Zusammensetzungen des Aufsichtsrats oder seiner Seiten ergeben sich jedoch Unstimmigkeiten und offene Fragestellungen.

Der konkrete Berechnungsansatz ist weder gesetzlich geregelt noch den Gesetzesmaterialien zu entnehmen. Gemäß der Vorgabe von 30 Prozent muss die betreffende Anzahl der Aufsichtsratssitze in jedem Fall mit dem Faktor 0,3 multipliziert werden.[693] Eine entsprechende Regelung wäre lediglich klarstellender Natur und war deshalb verzichtbar. Berechnungsgrundlage ist die statutarische Gesamtsitzzahl des Aufsichtsrats.[694] An dieser Stelle endet die Klarheit der Regelung.

I. Anwendbarkeit der mathematischen oder kaufmännischen Rundungsregeln

Der kurzfristige Kurswechsel des Gesetzgebers am Ende des Gesetzgebungsverfahrens, in dessen Rahmen die Gesamterfüllung eingefügt wurde, hat auch zu einer Änderung der Berechnungsmethode geführt. Die Referentenentwürfe sahen vor, dass stets aufzurunden sei.[695] Der geltende § 96 Abs. 2 Satz 4 AktG schreibt jedoch vor, dass auf volle Personenzahlen „mathematisch auf- beziehungsweise abzurunden" ist. Die Begründung des Regierungsentwurfs geht dabei davon aus, dass ab einem Ergebnis von X,5 aufgerundet wird.[696]

Wer mit damit vertraut ist, was mathematikwissenschaftlich als mathematisches Runden verstanden wird, erkennt einen Widerspruch. Mathematisches Runden bedeutet, dass abgerundet wird, wenn auf die letzte beizubehaltende Ziffer eine 0, 1, 2, 3 oder 4 folgt. Folgt auf die letzte beizubehaltende Ziffer eine

693 *Schulz/Ruf* BB 2015, 1155, 1155; *Seibt* ZIP 2015, 1193, 1195.

694 Zutreffend Hüffer/Koch/*Koch* § 96 AktG Rn. 17.

695 Begr. RefE, 20.6.2014, S. 99; Begr. RefE, 9.9.2014, S. 101; zugl. *Ohmann-Sauer/Langemann* NZA 2014, 1120, 1121.

696 Begr. RegE, BT-Drucks. 18/3784, S. 120.

5 (gefolgt von weiteren Ziffern, die nicht alle null sind), 6, 7, 8 oder eine 9, so wird aufgerundet. Wenn jedoch auf diese letzte beizubehaltende Ziffer lediglich eine 5 (oder eine 5, auf die nur Nullen folgen) folgt, hat die Rundung zur nächsten geraden Ziffer oder Zahl[697] zu erfolgen.[698] Das System der kaufmännischen Rundung ignoriert die letzte Regel und sieht stets Aufrundung vor, wenn auf die letzte beizubehaltende Ziffer eine 5 folgt – unabhängig davon, ob der 5 eine 0 oder andere Ziffern folgen.[699]

Der Wortlaut des § 96 Abs. 2 Satz 4 fordert, es sei „mathematisch" zu runden. Der Gesetzgeber geht hingegen in seiner Begründung davon aus, dass dies bedeutet, es müsse „bei sich ergebenden Dezimalzahlen unter 0,5 auf volle Personenzahlen abzurunden und von 0,5 und mehr" aufgerundet werden.[700] Er sieht im Ergebnis also die Anwendung der kaufmännischen Rundungsregelungen vor. Ein Großteil der Literatur übersieht oder ignoriert diesen Umstand entweder vollständig oder setzt die mathematische mit der kaufmännischen Rundung gleich.[701] Die praktische Bedeutung beschränkt sich indes auf den Fall des mit 15 Mitgliedern besetzten Aufsichtsrats unter Geltung der Gesamterfüllung, und zwar auch ausschließlich dann, wenn das neutrale Mitglied in die Berechnung mit einzubeziehen ist.[702] Nur dann tritt das Ergebnis X,5 auf. Es ist im Rahmen einer umfassenden rechtlichen Würdigung des Regelungskonstrukts trotzdem erforderlich, die zutreffende Rundungsmethode durch Auslegung zu ermitteln.[703]

---

697 Eine Zahl besteht aus zwei oder mehr Ziffern.

698 *Hougardy/Vygen* Algorithmische Mathematik, S. 53.

699 *Hougardy/Vygen* Algorithmische Mathematik, S. 53.

700 Begr. RegE, BT-Drucks. 18/3784, S. 120.

701 Henssler/Strohn/*Henssler* § 96 AktG Rn. 11 – mathematisch zwar in Anführungszeichen gesetzt, jedoch keine Erwähnung des Problems; Hüffer/Koch/*Koch* § 96 AktG Rn. 18; K.Schmidt/Lutter/*Drygala* § 96 AktG Rn. 50; *Düwell* FA 2015, 100, 103; *Grobe* AG 2015, 289, 293; Spindler/Stilz/*Spindler* § 96 Rn. 35; *Stüber* CCZ 2015, 38, 39; *Dies.* DStR 2015, 947, 949; *Teichmann/Rüb* BB 2015, 259, 260; *Dies.* BB 2015, 898, 899; auf die Problematik eingehend jedoch Semler/v. Schenk/*Gittermann* § 96 Rn. 64 dort in Fn. 64; *Oetker* ZHR 179 (2015) 707, 174 ff.; *Schulz/Ruf* BB 2015, 1155 f.; *Seibt* ZIP 2015, 1193, 1195 ff.; Hohenstatt/Seibt/*Seibt/Kraack* Geschlechterquoten, Rn. 96.

702 Zum Streitstand s. unten Kap. 3 § 8 IV 3. c).

703 Zutreffend *Oetker* ZHR 179 (2015) 707, 715.

1. Wortlaut

Kriterium der grammatischen Auslegung ist der Wortsinn, welcher als die Bedeutung eines Ausdrucks oder einer Wortverbindung im allgemeinen Sprachgebrauch zu verstehen ist.[704] Es kommt also darauf an, wie die Formulierung „mathematisch […]runden" gemeinhin verstanden wird. Allerdings muss die Deutung stets im Bereich des Wortsinns liegen, damit keine Umdeutung vorgenommen wird, die besonderen Voraussetzungen unterliegt.[705] Betrachtet man die Tatsache, dass auch auf Lernplattformen zum Thema Mathematik vermittelt wird: „ab fünf wird aufgerundet",[706] lässt dies darauf schließen, dass „mathematisches Runden" im allgemeinen Sprachgebrauch zumindest auch als kaufmännisches Runden verstanden wird.[707] Dafür spricht weiterhin, dass sowohl der Gesetzgeber als auch zahlreiche Vertreter in der Literatur diese Feinheit nicht wahrgenommen haben.[708]

Somit ist trotz der fachwissenschaftlich anderslautenden Definition zur mathematischen Rundung davon auszugehen, dass der im allgemeinen Sprachgebrauch verbreitete Wortsinn der Formulierung, es sei „mathematisch auf- beziehungsweise abzurunden", jedenfalls *auch* die kaufmännische Rundung umfasst und der Wortlaut gegebenenfalls als „rechnerische Rundung"[709] verstanden wird. Dementsprechend überschreitet die Berechnung der Quote nach kaufmännischen Rundungsregeln nicht die Grenze des Wortlauts von § 96 Abs. 2

---

704 *Larenz/Canaris* Methodenlehre, S. 307.

705 *Larenz/Canaris* Methodenlehre, S. 309.

706 Vgl. nur https://www.gut-erklaert.de/mathematik/runden-von-dezimalzahlen.html, zuletzt aufgerufen am 30.6.2018; http://www.mathe-lexikon.at/arithmetik/dezimalzahlen/runden-von-dezimalzahlen.html, zuletzt aufgerufen am 30.6.2018; http://www.mathemedien.de/runden.html, zuletzt aufgerufen am 30.6.2018.

707 Dahin gehend auch WKS/*Wißmann* § 6 MitbestG Rn. 66 „im Alltag gebräuchlichere".

708 Vgl. die Nachw. in Fn. 697.

709 Begriff bei *Oetker* ZHR 179 (2015) 707, 715, der zur Harmonisierung eine Auslegung von mathematisch gleich rechnerisch vorschlägt, die kaufmännische Rundung i.E. aber dennoch mit Hinblick auf den Wortlaut ablehnt. Überdies ist der Begriff unscharf, da ‚rechnerisch' lediglich „durch Rechnen ermittelbar" bedeutet und dies auch für erzwungene Auf- oder Abrundungen gelte, was sich natürlich mithilfe der Gesetzesbegründung entsprechend einschränken ließe, jedoch für die von ihm vertretene Auffassung zur Grundsatzfrage der Systemgerechtigkeit des Rundens problematisch ist.

Satz 4.[710] Aus diesem Grund durchbricht die Gesetzesbegründung den Wortlaut nicht.[711]

2. Systematik

Aus der systematischen Stellung des Satzes 4 in § 96 Abs. 2 AktG lässt sich vor allem ableiten, dass das Rundungsergebnis der Generalklausel des Satzes 1 (30 Prozent) als *lex specialis* vorgehen muss.[712] Dies lässt jedoch für sich gesehen noch keinen Rückschluss auf die Anwendbarkeit der einzelnen Rundungsmechanismen zu.

3. Intention des Gesetzgebers

In der Regierungsbegründung geht der Gesetzgeber nicht nur anhand von – nach mathematischem Verständnis falschen – Berechnungen davon aus, dass die kaufmännischen Rundungsregeln als mathematische Rundung bezeichnet werden, sondern er definiert die mathematische Rundung nach den Kriterien der kaufmännischen: „Das bedeutet, dass …".[713] Dementsprechend drängt sich vor dem Hintergrund der vorstehenden Erkenntnis auf, dass der Gesetzgeber bei der Wahl des Begriffs nicht auf die eigentliche mathematische Rundung abstellen wollte, sondern lediglich dem gemeinhin verbreiteten Fehlverständnis von „mathematisch […]runden" folgte. Der Gesetzgeber unterlag demnach einer Fehlvorstellung, die einem Irrtum über den Bedeutungsgehalt des Wortes ähnelt. Im allgemeinen Zivilrecht führt ein sogenannter Inhaltsirrtum i.S.d. § 119 Abs. 1 Alt. 2 BGB dazu, dass der Erklärende sich von einer entsprechenden Willenserklärung lösen kann. Dass der Gesetzgeber sich vor dem Hintergrund des darin zu erblickenden Rechtsgedankens an die fachspezifische Wortbedeutung binden lassen muss, die im allgemeinen Sprachgebrauch oftmals unbekannt ist, erscheint deshalb zweifelhaft.

Dem in der Begründung ausgedrückten Willen des Gesetzgebers steht auch nicht entgegen, dass er in § 11 Abs. 1 Satz 3 MitbestG und § 9 Abs. 1 Satz 3 MitbestErgG die Formulierung wählte „Teilzahlen werden voll gezählt, wenn sie mindestens die Hälfte der vollen Zahl betragen."[714] Diese Formulierung lässt

---

710 A.A. *Oetker* ZHR 179 (2015) 707, 715 f.; *Seibt* ZIP 2015, 1193, 1196; *Schulz/Ruf* BB 2015, 1155, 1156.

711 So aber *Oetker* ZHR 179 (2015) 707, 716.

712 IE *Seibt* ZIP 1193, 1196.

713 Begr. RegE, BT-Drucks. 18/3784, S. 120.

714 So aber *Oetker* ZHR 179 (2015) 707, 716.

keinen Schluss darauf zu, ob der Gesetzgeber damit meinte, die kaufmännische oder die mathematische Rundung zu beschreiben. Vielmehr ist auf Grundlage der Gesetzesmaterialien zu § 96 Abs. 2 Satz 4 AktG davon auszugehen, dass der Gesetzgeber eine sehr ähnlich lautende Formulierung für diesen Fall ausgewählt hätte und die Diskussion einzig auf dem Umstand beruht, dass man sich dafür entschied, einen Oberbegriff anstelle der ausformulierten Variante zu wählen. Insoweit ist die Auslegung zugunsten der kaufmännischen Rundungsregelungen von der Intention des Gesetzgebers umfasst. Einschränkend muss erwähnt werden, dass sich aus den gewonnenen Erkenntnissen gleichwohl nicht bereits ableiten lässt, der Gesetzgeber habe die kaufmännischen Rundungsregelungen bewusst gewählt, um trotz des milderen Berechnungsmodus die größtmögliche Einhaltung der Quote von mindestens 30 Prozent zu gewährleisten.

4. *Sinn und Zweck*

Eine Auslegung zugunsten der kaufmännischen Regelungen wird zudem durch den Telos der Norm unterstützt. Mit der ursprünglichen Maßgabe, dass stets aufzurunden sei, wären verschiedene Unternehmen verpflichtet gewesen, eine Quote von teilweise mehr als 40 Prozent einzuhalten.[715] Die jetzige Vorgabe beschränkt sich auf zwei Fälle, in denen eine zwingende Übererfüllung von mehr als 3,33 Prozent angeordnet ist.[716] Sinn und Zweck der neuen Rundungsvorgabe war deshalb zumindest auch, die Verpflichtung zur erheblichen Überschreitung der 30-Prozent-Schwelle abzumildern.[717] Die Anwendung der kaufmännischen Rundungsregeln führt außerdem zu fünf Unterschreitungen des Mindestanteilsgebots.[718] Bei Anwendung der mathematischen Rundungsregeln würde der Mindestanteil im Gesamtaufsichtsrat hingegen in sechs Fällen um 1,43–5 Prozent unterschritten.

Vor dem Hintergrund der Vorgabe von *mindestens* 30 Prozent in § 96 Abs. 2 Satz 1 AktG und der Grundintention des Gesetzes erscheint ein solches Ergebnis nicht beabsichtigt. Zwar hat das Rundungsergebnis aus systematischen Gründen Vorrang vor der Generalklausel. Dies bedeutet jedoch gerade nicht, dass bei zwei unterschiedlichen Ergebnissen immer dem geringeren Prozentsatz der Vorrang

---

715 Vgl. Tab. 2.2–2.4 im Anhang.

716 Vgl. Tab. 1.1–1.4 im Anhang.

717 Davon gehen auch *Schulz/Ruf* BB 2015, 1155, 1156 aus. Der genaue Hintergrund der neuen Rundungsregelungen lässt sich den Materialien nicht entnehmen. *Seibert* NZG 2016, 16 ff. schreibt dazu ebenfalls nichts.

718 Vgl. Tab. 1.1–1.4 im Anhang.

gewährt werden muss.[719] Zweck der Änderung war eine Abschwächung der erheblichen Überschreitungen. Daraus folgt jedoch nicht zwingend, dass damit die größtmögliche Abschwächung erreicht werden sollte.[720] Ein teleologisches Argument für die Anwendung der mathematischen Regeln lässt sich einzig aus dem Umstand ableiten, dass bei Anwendung der kaufmännischen Rundungsregeln im Fall des 15-köpfigen Aufsichtsrats die gleiche Anzahl an Mitgliedern des unterrepräsentierten Geschlechts zu bestellen ist, wie nach dem vorherigen Konzept.[721] Dem ist allerdings entgegenzuhalten, dass nach der neuen Konzeption auch in anderen Fällen rechnerisch die gleiche Anzahl an Mitgliedern zu bestellen ist wie zuvor. Dies führt ebenfalls weiterhin zu einer leichten Übererfüllung. Eine solche liegt in mehreren Fällen ebenfalls bei 3,33 Prozent und ist somit nicht unverhältnismäßig hoch.[722] Darüber hinaus würde die Anwendung der mathematischen Rundungsregeln zu einer Unterschreitung um 3,33 Prozent führen, was der *Mindest*vorgabe widerspricht.

Mit dem Förderungszweck des Gesetzes und der *Mindest*vorgabe ist eher eine leichte Über- als Untererfüllung vereinbar, sofern eine Entscheidung erforderlich ist. Die Auslegung hat sich in diesem Fall aus teleologischen Gründen wieder an der Generalklausel zu orientieren, welche einen Anteil von mindestens 30 Prozent vorschreibt. Angesichts ihres offenen Wortlauts sagt die Rundungsvorschrift auch nichts darüber aus, welchem Rundungsergebnis zu folgen ist, wenn zwei mögliche Ergebnisse zu unterschiedlichen Ergebnissen führen. Insofern steht ein Rückgriff auf § 96 Abs. 2 Satz 1 AktG nicht im Widerspruch zu der systematischen Stellung des § 96 Abs. 2 Satz 4 AktG. Dementsprechend ist aus teleologischen Erwägungen der kaufmännischen Rundungsweise der Vorrang zu gewähren.

Dagegen ließe sich anführen, dass sich das durch mathematische Rundung gefundene Ergebnis besser in den Kontext der durch den Wechsel vom Modus unabhängigen Ergebnisse für die nach MontanMitbestG mitbestimmten Aufsichtsräte unter Geltung der Gesamterfüllung einfügt. Diese unterschreiten sämtlich die Mindestquote von 30 Prozent.[723] Es könnte daher eine Benachteiligung von Unternehmen mit 15-köpfigen Aufsichtsräten kritisiert werden. Allerdings kann weder aus der Abschwächung der effektiven Erfüllungsquoten durch den Wechsel des Rundungsmodus, noch aus dem Wechsel des Berechnungskonzepts

---

719 A.A. *Schulz/Ruf* BB 2015, 1155, 1156.
720 So aber i.E. *Schulz/Ruf* BB 2015, 1155, 1156.
721 Vgl. Tab. 1.3 und 2.3 im Anhang.
722 Vgl. die Tab. 1.1 und 1.2 im Anhang.
723 S. Tab. 1.3 im Anhang.

an sich das Ziel abgeleitet werden, die einzelnen Aufsichtsratsgrößen innerhalb einer Gruppe[724] müssten gleichbehandelt werden.[725] Eine angestrebte Stimmigkeit innerhalb der Gruppen oder deren Bestreben liegt dem gesamten Rundungskonzept nicht erkennbar zugrunde.[726]

Die durch den Wechsel des Berechnungskonzepts angestrebte Abschwächung erheblicher Übererfüllungsverpflichtungen erfolgte lediglich unter Hinnahme von Unterschreitungen im Einzelfall. Hinnahme bedeutet jedoch dulden[727] und nicht gutheißen oder fördern. Dementsprechend muss sich die Auslegung letztlich am Förderungszweck des § 96 Abs. 2 Satz 1 AktG orientieren. Diesem wird jedoch eine leichte Überschreitung des Mindestanteils gerecht und nicht eine lediglich auf einem Fehlverständnis beruhende Unterschreitung. Schließlich ließe sich noch anführen, dass unter Berücksichtigung der Beschäftigungsstruktur in Montanunternehmen eine Unterschreitung der Mindestvorgabe den Unternehmensinteressen am ehesten entspricht. Die auch unter der neuen Berechnung erforderliche Besetzung des 11-köpfigen Aufsichtsrats unter Geltung der Getrenntbetrachtung mit 4 (2)[728] Personen und der somit zwingende Erfüllungssatz i.H.v. 36,36 (40) Prozent spricht indes gegen diese Auffassung.

5. *Zusammenfassung*

Die Berechnung der Zusammensetzung des Aufsichtsrats muss aus teleologischen Gründen den kaufmännischen Rundungsregelungen folgen. Der 15-köpfige Aufsichtsrat nach dem MontanMitbestG ist dementsprechend unter Geltung der Gesamtbetrachtung mit fünf Mitgliedern des unterrepräsentierten Geschlechts zu besetzen. Dies überzeugt auch vor dem Hintergrund, dass die ablehnenden Stimmen eine Auslegung gegen die mathematischen Regeln am Wortlaut scheitern ließen. Grund dafür war jedoch ein zu restriktives Verständnis der Formulierung, es sei „mathematisch" zu runden.

---

724 Gruppe meint in diesem Zusammenhang das jeweilige Mitbestimmungsgesetz und den jeweiligen Erfüllungsmodus.

725 Es ging nur darum, den Ausgleich von Über- und Untererfüllungen zu ermöglichen und die Unternehmen vor einer Vielzahl erheblicher Übererfüllungen zu bewahren.

726 Vgl. v.a. Tab. 1.2 und 1.4 im Anhang; unter Geltung der Getrennterfüllung kommt es in allen Mitbestimmungsgesetzen zu signifikanten Abweichungen um mehr als 3,33 Prozent.

727 Duden, Stichwort ‚Hinnahme'.

728 Angaben in Klammern beziehen sich auf die Anzahl je Seite.

II. Vereinbarkeit des Rundungskonzepts mit der Grundregel des § 96 Abs. 2 Satz 1 AktG

Neben dem Spezialproblem des Rundungsmechanismus stellt sich außerdem die grundlegende Frage, inwieweit sich das vom Gesetzgeber eingeführte Konzept damit vereinbaren lässt, dass nach § 96 Abs. 2 Satz 1 AktG ein Anteil *mindestens* 30 Prozent je Geschlecht erreicht werden muss. Wie die Berechnungstabellen darlegen, führt die neue Berechnungsvariante insbesondere im Geltungsbereich des MontanMitbestG und des MitbestErgG zu Unterschreitungen der Maßgabe von *mindestens* 30 Prozent.[729] Darüber hinaus ergeben sich durch die Rundung teils erhebliche Unterschiede zwischen Gesamt- und Getrennterfüllung. Zwischen den verschiedenen Aufsichtsratsgrößen bestehen außerdem erhebliche Divergenzen hinsichtlich des geforderten Anteils. Dies wird zum Teil scharf kritisiert.[730]

1. Verhältnis von § 96 Abs. 2 Satz 4 zu § 96 Abs. 2 Satz 1 AktG

Zur Auflösung der Kollision mit § 96 Abs. 2 Satz 1 AktG ist eine restriktive Auslegung des § 96 Abs. 2 Satz 4 AktG dahin gehend überlegenswert, dass eine Abrundung stets dann unterbleiben muss, wenn dadurch die Vorgabe des § 96 Abs. 2 Satz 1 AktG nicht erreicht wird.[731] Vielfach wird demgegenüber vertreten, dass die Änderung des Berechnungssystems mit einer Rücknahme des ursprünglichen Prinzips der konsequenten Aufrundung einherging und diese gesetzgeberische Entscheidung nicht durch Auslegung übergangen werden dürfe.[732] Mit der Aufnahme der „mathematischen Rundungsregelungen" in den Normtext sei eine diesen Regeln widersprechende Aufrundung nicht mehr möglich.[733] Ob dieser Ansicht zu folgen ist, hängt davon ab, ob § 96 Abs. 2 Satz 4 AktG im Verhältnis zu § 96 Abs. 2 Satz 1 AktG die speziellere Regel ist. Der Bedeutungszusammenhang ist anhand des Telos des Gesetzes und den ihm zugrunde liegenden maßgeblichen Werteentscheidungen zu bestimmen.[734]

---

729 Vgl. Tab. 1.3 und 1.4 im Anhang.

730 *DGB* Stellungnahme, S. 35 f.

731 Überlegungen dazu bei *Junker/Schmidt-Pfitzner* NZG 2015, 929, 932; *Oetker* ZHR 179 (2015) 707, 716; *Schulz/Ruf* BB 2015, 1155, 1156; *Seibt* ZIP 2015, 1193, 1196.

732 *Schulz/Ruf* BB 2015, 1155, 1156; *Seibt* ZIP 2015, 1193, 1196; Hohenstatt/Seibt/*Seibt/Kraack* Geschlechterquoten, Rn. 100.

733 *Oetker* ZHR 179 (2015) 707, 716; dahin gehend auf *Schulz/Ruf* BB 2015 1155, 1156; *Seibt* ZIP 2015, 1193, 1196.

734 *Larenz/Canaris* Methodenlehre, S. 315.

Aus den Berechnungstabellen ergibt sich, dass im Fall einer restriktiven Auslegung des § 96 Abs. 2 Satz 4 AktG die Ergebnisse der ursprünglichen Regelung wieder aufleben würden.[735] Es wäre also wieder stets aufzurunden. Insofern würde die Entscheidung des Gesetzgebers missachtet. Darüber hinaus zeigen die Berechnungsbeispiele in der Gesetzesbegründung, dass der Gesetzgeber eine Untererfüllung im Einzelfall in Kauf nahm.[736] Der Gesetzgeber nahm überdies bereits unter der ursprünglich angestrebten Berechnungsvorgabe im 21-köpfigen Aufsichtsrat unter Geltung der Getrennterfüllung in Kauf, dass die Quote im Hinblick auf den Gesamtaufsichtsrat[737] verfehlt wird.[738] Zweck der neuen Regelung war es schließlich auch, die durch Aufrundung erzwungenen erheblichen Überschreitungen der Mindestvorgabe einzugrenzen. Dies spricht entscheidend dafür, § 96 Abs. 2 Satz 4 grundsätzlich den Vorrang vor § 96 Abs. 2 Satz 1 AktG zu gewähren.

In dem Fall des 15-köpfigen Aufsichtsrats nach dem MontanMitbestG und MitbestErgG, in dem sich durch die unterschiedlichen Berechnungsmethoden innerhalb des § 96 Abs. 2 Satz 4 AktG abweichende Ergebnisse auftreten, von denen eines der Vorgabe des § 96 Abs. 2 Satz 1 besser gerecht wird, war die Auslegung zugunsten eines Rundungsmechanismus mit der Wertung der Grundnorm in Satz 1 in Einklang zu bringen. Es ist, wie im Rahmen der Ausführungen zur Wahl des Rundungsmechanismus dargelegt, in diesem Fall ausnahmsweise geboten, im Wege einer restriktiven Auslegung den Mechanismus zur Anwendung zu kommen zu lassen, der zur Einhaltung der Maßgabe des § 96 Abs. 2 Satz 1 AktG beiträgt. Auch dieses Ergebnis spricht für den Vorrang von § 96 Abs. 2 Satz 4 AktG, da die Grundnorm nur im Fall eines unklaren Rundungsergebnisses zur Auslegung von Satz 4 herangezogen werden konnte, nicht jedoch die Wahl der Rundungsvorgabe unmittelbar vorbestimmt.

2. *Wertungswidersprüche durch rechnerische Ergebnisse*

Die zur Erfüllung des Mindestanteilsgebots erforderliche absolute Personenzahl und der sich daraus ergebende tatsächliche zwingende Anteil an Mitgliedern

735 S. dazu die Tab. 1.1–1.4 und 2.1–2.4 im Anhang.

736 Begr. RegE, BT-Drucks. 18/3784, S. 120 f.; zustimmend *Junker/Schmidt-Pfitzner* NZG 2015, 929, 932.

737 Inklusive des in die nach Seiten getrennte Berechnung nicht einzubeziehenden neutralen Mitglieds.

738 S. Tab. 2.4. im Anhang.

beider Geschlechter variieren je nach Aufsichtsratsgröße unter Geltung der Getrennterfüllung in erheblichem Umfang.[739] Unter Geltung der Getrennterfüllung im Anwendungsbereich des MitbestG liegt die größte Differenz der Erfüllungsquoten bei 8,33 Prozent zwischen dem 12-köpfigen (33 % je Seite) und dem 16-köpfigen (25 % je Seite) Aufsichtsrat. Zudem liegt das rechnerisch ermittelte Mindestanteilsgebot für den 16-köpfigen Aufsichtsrat mit 25 Prozent deutlich unter der Schwelle von 30 Prozent. Im Geltungsbereich des MontanMitbestG und des MitbestErgG liegt die größte Differenz sogar bei 11,43 Prozent zwischen dem 11-köpfigen (40 % je Seite) und dem 15-köpfigen (28,57 % je Seite) Aufsichtsrat. Im 11-köpfigen Aufsichtsrat liegt die tatsächliche Quote damit bei 40 Prozent. Darüber hinaus sind im 16-köpfigen Gremium bei Gesamterfüllung 5, bei Getrennterfüllung hingegen nur 4 Personen des unterrepräsentierten Geschlechts zu wählen.

Mit Blick auf die Berechnungsbeispiele wird deutlich, dass bei Anwendung des Aufrundungszwangs die Getrennterfüllung ebenfalls Differenzen zwischen 7,5 Prozent (MitbestG) und sogar 12,86 Prozent (MontanMitbestG, MitbestErgG) zwischen verschiedenen Gremiengrößen auftreten würden. Es liegt zudem in der Natur der Sache von prozentualen Quoten, dass unterschiedliche Aufsichtsratsgrößen unterschiedliche tatsächliche Prozentsätze ergeben. Im Mittelwert[740] liegt die effektive Quote bei 30,88 Prozent, was dem Ziel des Gesetzgebers ziemlich genau entspricht.

Die Abweichungen zwischen Gesamt- und Getrennterfüllung im 16-köpfigen Aufsichtsrat sind deutlich beachtenswerter im Lichte der Intention des Gesetzgebers bei Schaffung der Gesamterfüllung. Durch die Einführung der Gesamterfüllung sollte die gleichmäßige Verteilung der Aufsichtsratsmitglieder auf beide Seiten aufgehoben werden, um so eine größere Flexibilität bei der Erfüllung zu gewährleisten.[741] Diese Konstellation ist allerdings die einzige, in der die tatsächliche Zahl an Mitgliedern des unterrepräsentierten Geschlechts im gesamten Aufsichtsrat bei der Gesamterfüllung höher sein muss als bei Getrennterfüllung.[742] Dementsprechend könnte die Gesamterfüllung hier im Vergleich zu Aufsichtsräten mit anderen Personenzahlen als nachteilig empfunden werden. Rund ein Fünftel der in den Anwendungsbereich des Mindestanteilsgebots fallenden

739 Zu den Zahlen vgl. die Tabellen im Anhang.

740 Erfüllungsquoten insgesamt bzw. je Bank geteilt durch die Anzahl der Konstellationen.

741 Begr. RegE, BT-Drucks. 18/3784, S. 121; *Oetker* ZHR 179 (2015) 707, 717; *Seibt* ZIP 2015, 1193, 1197; Hohenstatt/Seibt/*Seibt/Kraack* Geschlechterquoten, Rn. 103.

742 S. Tab. 1.1 und 1.2 im Anhang.

Aufsichtsräte besteht aus 16 Personen,[743] sodass die Frage durchaus praxisrelevant ist. Überlegenswert ist, ob die Rundungsregel in diesem Fall teleologisch reduziert werden muss, weil sie eine Überschreitung des sich bei der Getrennterfüllung ergebenden Werts verursacht. Dies würde allerdings dazu führen, dass die Erfüllungsquote bei Gesamterfüllung ebenfalls nur bei 25 Prozent liegt und bei regulärer Rundung lediglich eine leichte Übererfüllung in Höhe von 1,25 Prozent verlangt wird. Vor dem Hintergrund des Gesetzeszwecks und des Verhältnisses zwischen § 96 Abs. 2 Satz 1 und 4 AktG ist dieses Ergebnis angesichts der geringen Übererfüllung nicht mit dem Zweck einer konsistenten Behandlung zu rechtfertigen.

Gewichtig ist außerdem der auf alle Aufsichtsräte bezogene Einwand, dass die aufgrund rein rechnerischer Erwägungen ermittelte Besetzung der Bänke nicht dem tatsächlichen Geschlechterverhältnis im jeweiligen Unternehmen entspricht und sich deshalb gegebenenfalls nicht an sachlichen Kriterien orientiert.[744] Der von Gewerkschaftsseite eingebrachte Vorschlag, auf die Gesamterfüllung zu verzichten und sich jedenfalls hinsichtlich der betrieblichen Arbeitnehmervertreter an der Geschlechterquote des § 15 Abs. 2 BetrVG zu orientieren,[745] wurde im Gesetzgebungsverfahren nicht berücksichtigt. Wegen der grundsätzlichen Unerheblichkeit der gruppenmäßigen Zusammensetzung der Arbeitnehmerbank für die Quote unter Geltung der Gesamterfüllung wird das Argument der betrieblichen Arbeitnehmervertreterinnen und -vertreter jedoch geschwächt. Die Quote kann auch ausschließlich durch die Gewerkschaftsvertreterinnen bzw. -vertreter erfüllt werden.[746] Darüber hinaus dient die Arbeitnehmerbank im Aufsichtsrat, anders als der Betriebsrat, nicht der Repräsentation des Geschlechterverhältnisses der Arbeitnehmer im Unternehmen.

III. Auflösung der Berechnungsprobleme durch einen Mindestanteil von 1/3 *de lege ferenda*

Der Gesetzgeber hat sich nach unterschiedlichen Vorschlägen in den zahlreichen Entwürfen zwischen 2001 und 2012 für eine Vorgabe zur Höhe der Quote

743 WoB 100 Index 2016, der die Aufsichtsratsgrößen in der Tabellarischen Aufstellung auf S. 7 f. angibt, https//www.fidar.de/webmedia/documents/wob-index-100/2016-11/161102_Studie_WoB-Index_100_ VII_end.pdf, zuletzt aufgerufen am 30.6.2018.

744 *DGB* Stellungnahme, S. 36.

745 *DGB* Stellungnahme, S. 36 und 37 f.

746 So zutreffend *Oetker* ZHR 179 (2015) 707, 731.

von mindestens 30 Prozent entschieden. Die weiteren Entwürfe sahen Vorgaben von 20[747] bzw. 30 bis 40 Prozent[748] vor. Die Materialien zur aktuellen Fassung bieten keine Begründung, warum die Zahl 30 ausgewählt wurde. Möglicherweise erfolgte dies, weil sie den Mittelwert zwischen den vorgeschlagenen 20 Prozent und 40 Prozent bildet oder weil die Multiplikation der Aufsichtsratsgrößen mit dem Faktor 0,3 eindeutige Nachkommastellen ergibt. Ein eindeutig sachlicher Grund ist jedenfalls nicht erkennbar. Im Gegenteil: § 95 Abs. 1 Satz 1 AktG sieht eine Dreiteilbarkeit der Anzahl der Aufsichtsratssitze vor. Systemgerecht wäre deshalb eine Quote von einem Drittel, also ~33,33 Prozent[749]. Dem steht auch nicht entgegen, dass die Aufsichtsratsgrößen nach den Mitbestimmungsgesetzen variieren und in einigen Fällen nicht durch drei teilbar sind. Die Berechnung ergibt auch jetzt nur in einem Fall ganze Personenzahlen. Eine Rundung der Ergebnisse ist also in jedem Fall notwendig.

Vergleicht man die Ergebnisse einer Berechnung des Mindestanteils mit dem Faktor 0,3 und dem Faktor 0,33[750], entfallen einige der vorstehend aufgezeigten Probleme. Zum einen würde sich die Frage nach dem anzuwendenden Rundungsmechanismus nicht mehr stellen, weil im 15-köpfigen Gesamtaufsichtsrat eine Drittelquote genau zur Personenzahl 5 führt. Darüber hinaus zeigen die Berechnungen zum *Status quo*, dass bereits jetzt in drei Fällen eine Quote von einem Drittel erreicht wird. Momentan werden diese Unternehmen deshalb zu einer leichten Übererfüllung gezwungen.

Läge die Vorgabe bei einem Drittel, würde sie außerdem rechnerisch in doppelt so vielen Fällen genau erfüllt. Der 16-köpfige Aufsichtsrat würde unter Geltung der Gesamterfüllung statt einer Untererfüllung von 5 Prozent dann zwar den Wert überschreiten müssen, die Übererfüllung läge allerdings bei 4,17 Prozent, sodass die effektive Abweichung dennoch geringer ist. Darüber hinaus entspricht eine Übererfüllung dem Wortlaut des § 96 Abs. 2 Satz 1 AktG, wohingegen eine Untererfüllung die *Mindest*vorgabe verletzt. Im Anwendungsbereich des MontanMitbestG bzw. MitbestErgG beträgt die größte Differenz bei der Getrennterfüllung 11,43 Prozent und liegt zwischen den Seiten des 11- und

747 Gesetzesentwürfe SPD/Bündnis 90/Die Grünen und Bundesrat von Oktober 2012: zunächst 20 Prozent.

748 Gesetzesentwurf Bündnis 90/Die Grünen von Oktober 2010; 6. Entwurf NRW von 2011; Gesetzesentwurf SPD-Fraktion von März 2012; Gesetzesentwürfe SPD/Bündnis 90/Die Grünen und Bundesrat von Oktober 2012.

749 Exakt $33,\bar{3}$ Prozent.

750 S. dazu die Tab. 1.1–1.4 und 3.1–3.4 im Anhang.

21-köpfigen Aufsichtsrats. Die Untererfüllung verdoppelt sich im 15-köpfigen Aufsichtsrat zwar prozentual, die absoluten Personenzahlen bleiben indes bei Getrennterfüllung gleich, was angesichts der Geschlechterverteilung in der Belegschaft dieser Unternehmen hinnehmbar ist.

Für den gesetzlichen Regelfall der Gesamterfüllung würde die zwingende Untererfüllung durch eine Drittelquote sogar vollständig beseitigt und die Übererfüllung von max. 3,33 Prozent auf 3,03 Prozent vermindert. In zwei Fällen würde sogar eine genaue Erfüllung erreicht. Für den Bereich des MitbestG besteht zwischen dem 16- und dem 20-köpfigen Aufsichtsrat bei Getrennterfüllung die größte Differenz in Höhe von 7,5 Prozent. Insgesamt ergibt eine Drittelquote zudem in fünf Fällen eine geringere Abweichung als der *Status quo.* Auch die Fälle von zwingender Über- bzw. Untererfüllung würden sich um jeweils eins verringern.

Angesichts des chaotischen Gesetzgebungsverfahrens ist davon auszugehen, dass der Gesetzgeber keine umfassenden Überlegungen oder Berechnungen in der vorstehenden Form zugrunde gelegt hat. Das ist angesichts der überwiegend positiven Effekte für die Befürworter (höhere Quote), das Gerechtigkeitsempfinden der Unternehmen (mehr Erfüllung, weniger zwingende Übererfüllung) und die Sachbezogenheit (Grundgröße des Aufsichtsrats) äußerst misslich. Neben den rechnerischen und faktischen Vorteilen sprechen zudem methodische Gründe für eine Quote von 1/3. Die gesetzliche Regelung schreibt eine Besetzung von *mindestens* 30 Prozent je Geschlecht vor. In einigen Fällen kann dieses Ziel jedoch bereits rechnerisch nicht erreicht werden. Eine Drittelquote würde dem Ziel besser gerecht, eine Untergrenze für die Geschlechterbeteiligung zu schaffen, durch die Verminderung von Fällen rechnerisch zwingender Untererfüllung. Die Einführung einer Drittelquote *de lege ferenda* ist überdies aus systematischen Gründen sachgerecht, weil der Faktor Drei dem Aktienrecht bei der Zusammensetzung des Aufsichtsrats bereits bekannt ist (§ 95 Abs. 1 Satz 1 AktG).

IV. Einbeziehung verschiedener Personengruppen in die Berechnung des Mindestanteilsgebots

Weiter muss geklärt werden, welche Personen(-gruppen), die Sonderstellungen innehaben, in die Berechnung des Mindestanteils einzubeziehen sind. Namentlich gehören dazu die entsandten Mitglieder, die leitenden Angestellten und das neutrale Mitglied nach § 4 Abs. 1 lit. c. MontanMitbestG sowie intersexuelle Personen.

1. Entsandte Mitglieder

Das in § 101 Abs. 2 Sätze 1–4 AktG verankerte satzungsmäßige Entsendungsrecht gewährt einzelnen Aktionären oder Aktionärsgruppen unter gesetzlich gebilligtem Verstoß gegen den Gleichbehandlungsgrundsatz und das *one-share-one-vote* Prinzip ein vorrangiges Bestellungsrecht für Aufsichtsräte.[751] Eine Einbeziehung entsandter Mitglieder in die Berechnung des Mindestanteils ist wegen ihrer Erwähnung im Wortlaut von § 96 Abs. 2 Satz 6 AktG zwingend erforderlich. Die den Entsendungsberechtigten zustehenden Sitze unterliegen dementsprechend ebenfalls dem Mindestanteilsgebot. Die Entsendung darf nicht zu einem Verstoß dagegen führen (§ 96 Abs. 2 Satz 6 AktG). Entsandte Mitglieder sind folglich in beiden Erfüllungsmodi in die Berechnung der Quote mit einzubeziehen.[752] Dies kann zu Problemen führen, die nach dem Willen des Gesetzgebers über das Prioritätsprinzip gelöst werden sollen.[753] Schwierigkeiten bereitet dabei, dass der oder die Entsendungsberechtigte(n) die Mitglieder jederzeit abberufen und somit die Erfüllung des Mindestanteilsgebots gefährden können (§ 103 Abs. 2 AktG).

Zur Lösung existieren mehrere Möglichkeiten. Zum einen kann höchstens ein Drittel der Sitze der Anteilseignerseite mit Entsendungsrechten versehen werden (§ 101 Abs. 2 Satz 4 AktG). Aus diesem Grund ist die Anteilseignerseite in der Lage, das ausgewogene Geschlechterverhältnis ausschließlich durch die von der Hauptversammlung zu wählenden Mitglieder zu gewährleisten. Sie ist somit von Handlungen Entsendungsberechtigter auch zeitlich unabhängig, wenn das Mindestanteilsgebot stets von den durch die Hauptversammlung gewählten Mitgliedern eingehalten wird. Da Entsendungsrechte von der Hauptversammlung gewährt werden, liegt es auch in ihrer Hand, inwieweit sie ihre Entscheidungsfreiheit einschränkt. Darüber hinaus kann das Entsendungsrecht satzungsmäßig beschränkt werden, sodass auf diesem Weg eine Regelung zur Erfüllung des Mindestanteils möglich ist.[754] Allerdings ist dafür nach herrschender Meinung die Zustimmung des Entsendungsberechtigten erforderlich, weil dem Entsendungsberechtigten ein einmal gewährtes Recht nicht ohne dessen Zustimmung

751 Hölters/*Simons* § 101 AktG Rn. 24.

752 Henssler/Strohn/*Henssler* § 101 AktG Rn. 10.

753 Begr. RegE, BT-Drucks. 18/3784, S. 127 f.; dem folgend Henssler/Strohn/*Henssler* § 101 AktG Rn. 10; *Oetker* ZHR 179 (2015) 707, 727; Spindler/Stilz/*Spindler* § 96 AktG Rn. 32.

754 So auch explizit für das Mindestanteilsgebot Henssler/Strohn/*Henssler* § 101 AktG Rn. 10.

entzogen werden darf.[755] Schließlich muss eine Abberufung durch den Entsendungsberechtigten stets mit einer Neuberufung verbunden sein (§ 103 Abs. 2 Satz 1 a.E.: „und durch ein anderes ersetzt werden."). Führt die Abberufung zu einem Verstoß gegen das Mindestanteilsgebot, muss der Berechtigte dem Prioritätsprinzip entsprechend gegebenenfalls ein Mitglied passenden Geschlechts entsenden.

2. Leitende Angestellte

a) Gesetzlich normierter Grundsatz (§ 7 Abs. 3 MitbestG)

In der Praxis ist im Aufsichtsrat nur ein einziger Vertreter der leitenden Angestellten vorhanden (vgl. § 15 Abs. 1 Satz 2 MitbestG). Offen gelassen hat der Gesetzgeber, in welchen Konstellationen der Vertreter oder die Vertreterin dieser Gruppierung in die Berechnung mit einbezogen werden soll. Grundsätzlich ist unerheblich, aus welcher Beschäftigtengruppe die Arbeitnehmer stammen (§ 7 Abs. 3 MitbestG: „Aufsichtsratsmitglieder der Arbeitnehmer").[756] Allerdings bezieht dieser sich nur auf den Fall des § 96 Abs. 2 Satz 3 AktG, also die Getrennterfüllung. § 7 Abs. 2 MitbestG macht aber deutlich, dass die leitenden Angestellten im Hinblick auf die Zusammensetzung des Aufsichtsrats grundsätzlich keine Sonderstellung einnehmen und deshalb als Mitglieder der Arbeitnehmerseite in der Gesamtschau zur Erfüllung des Mindestanteils eines Geschlechts beitragen können. Somit ist der oder die leitende Angestellte als Teil der unternehmensangehörigen Aufsichtsratsmitglieder zu berücksichtigen und kann im Rahmen beider Erfüllungskonzepte grundsätzlich zur Erfüllung der Quote beitragen.[757] Bei Nichterreichen des Mindestanteilsgebots sollen die leitenden Angestellten hingegen unberücksichtigt zu bleiben. Das ergibt sich aus § 18a Abs. 1 MitbestG, der ausdrücklich Bezug auf die Arbeitnehmer im Sinne von § 3 Abs. 1 Nr. 1 MitbestG Bezug nimmt.

---

755 Grigoleit/*Grigoleit/Tomasic* § 101 AktG Rn. 18; MünchKomm AktG/*Habersack* § 101 AktG Rn. 31; Henssler/Strohn/*Henssler* § 101 AktG Rn. 10; GroßKomm AktG/*Hopt/Roth* § 101 AktG Rn. 108; Hüffer/Koch/*Koch* § 96 AktG Rn. 17, § 101 AktG Rn. 10; KölnKomm AktG/*Mertens/Cahn* § 101 AktG Rn. 51; Semler/v. Schenck/*Mutter* § 101 Rn. 61; Hölters/*Simons* § 101 AktG Rn. 27.

756 GroßKomm AktG/*Oetker* § 7 MitbestG Rn. 13; *Oetker* ZHR 179 (2015) 707, 731.

757 Ebenso *Junker/Schmidt-Pfitzner* NZG 2015, 929, 931; *Oetker* ZHR 179 (2015) 707, 731; *Röder/Arnold* NZA 2015, 279, 281; Spindler/Stilz/*Spindler* § 96 AktG Rn. 34.

b) Problem der zwingenden Übererfüllung

Die Nichtberücksichtigung leitender Angestellter bei Verfehlung der 30 Prozent Vorgabe kann bei Nachbesetzung im Einzelfall jedoch zu einer zwingenden Übererfüllung dieser Vorgabe führen. Dies gilt zum Beispiel im 20-köpfigen Aufsichtsrat, wenn nur zwei Vertreterinnen oder Vertreter des unterrepräsentierten Geschlechts gewählt wurden und eine bzw. einer davon zu den leitenden Angestellten gehört.[758] In diesem Fall schreibt § 18a Abs. 1 Nr. 2 MitbestG vor, dass der Arbeitnehmerseite mindestens zwei Vertreterinnen bzw. Vertreter der Arbeitnehmer nach § 3 Abs. 1 Nr. 1 MitbestG und eine Gewerkschaftsvertreterin bzw. ein -vertreter dem unterrepräsentierten Geschlecht anzugehören haben. Dass die leitenden Angestellten unberücksichtigt bleiben, hat zur Konsequenz, dass der Arbeitnehmerseite anstelle der geforderten drei Mitglieder zwingend vier Personen des unterrepräsentierten Geschlechts anzugehören haben. Dieses Ergebnis ist zu Recht auf Kritik gestoßen.[759] Eine so erhebliche überschießende Tendenz ist nicht durch die Geschlechterquote als solche zu rechtfertigen, die auch in § 7 Abs. 3 MitbestG nur mindestens *30* Prozent vorschreibt und nicht mehr.[760]

c) Lösung im Wege einer teleologischen Reduktion des § 18a MitbestG

Der Wortlaut von § 18a Abs. 1 Nr. 1 und 2 MitbestG streitet gegen eine Einbeziehung der leitenden Angestellten in diesem Fall. Die Generalklausel des § 96 Abs. 2 Satz 1 AktG schreibt ein *Mindest*anteilsgebot in Höhe von 30 Prozent vor. Allerdings ist zweifelhaft, ob dies zur Folge haben kann, dass eine Seite, abweichend von den regulären Berechnungsergebnissen, eine zwingende Übererfüllung in Höhe von 10 Prozent hinnehmen muss. Es ist zudem nicht erkennbar, dass § 18a Abs. 1 die Berechnungsgrundlage (Anzahl der Mitglieder der Arbeitnehmerseite) um eins herabsetzt, wenn die Getrennterfüllung gilt und die leitenden Angestellten von den Vorgaben des § 18a MitbestG zur Nachbesetzung ausgenommen werden.

Denkbar ist deshalb eine teleologische Reduktion des § 18a MitbestG, und zwar derart, dass die Regelung nur soweit eingreift, wie es zur Einhaltung des Mindestanteilsgebots nach § 7 Abs. 3 MitbestG erforderlich ist.[761] Dies hat zur

758 Beispiel bei *Röder/Arnold* NZA 2015, 279, 281.

759 *Röder/Arnold* NZA 2015, 279, 281.

760 *Röder/Arnold* NZA 2015, 279, 281.

761 In die Richtung auch NK-GA/*Heither/von Morgen* § 18 a MitbestG Rn. 8 (ergebnisoffen); abl. GroßKomm AktG/*Oetker* § 18a MitbestG Rn. 11.

Folge, dass der oder die leitende Angestellte mit passendem Geschlecht berücksichtigt wird. Für die teleologische Reduktion ist eine sogenannte verdeckte Lücke erforderlich.[762] Eine solche liegt immer dann vor, wenn das Gesetz für eine bestimmte Fallgruppe eine Regelung enthält, die jedoch dem Sinn und Zweck nach für diesen Fall nicht passt.[763] Die leitenden Angestellten werden in § 18a MitbestG nach der Begründung des RegE nicht berücksichtigt, weil sie mit nur einer Person im Aufsichtsrat vertreten sind und dementsprechend keine eigene Quote erfüllen können.[764] Der Gesetzgeber würde die Wahlfreiheit der Arbeitnehmer aber erheblich beschränken, wenn er vorschreiben würde, dass das eine Mitglied der leitenden Angestellten im Fall des Nichterreichens der Quote dem unterrepräsentierten Geschlecht angehören muss. Allerdings soll die Regelung des § 18a MitbestG die Ermittlung der nicht gewählten Personen vereinfachen und eine gerechte Verteilung auf die Gruppen ermöglichen, wenn Personen des unterrepräsentierten Geschlechts fehlen.

Ein Vertreter bzw. eine Vertreterin der leitenden Angestellten mit dem passenden Geschlecht könnte jedoch zur Gruppe der Arbeitnehmervertreter hinzugerechnet werden, um die Verteilungsgerechtigkeit wiederherzustellen. Einwenden lässt sich dagegen, dass die leitenden Angestellten eine Sondergruppe sind und der Wortlaut von § 18a Abs. 1 eindeutig auf § 3 Abs. 1 Nr. 1 MitbestG verweist, was die leitenden Angestellten von der Regelung ausschließt. Dies könnte dagegensprechen, sie den in § 18a Abs. 1 MitbestG genannten Arbeitnehmervertreterinnen bzw. -vertretern zuzurechnen, auch wenn das Geschlecht des Mitglieds passt. Allerdings darf dabei nicht übersehen werden, dass § 7 Abs. 2 MitbestG nicht zwischen Arbeitnehmern i.e.S. und leitendenden Angestellten unterscheidet, sondern lediglich zwischen unternehmensangehörigen Arbeitnehmern und Gewerkschaftsvertreterinnen bzw. -vertretern. Hinzu tritt, dass im Erfüllungsfall auch nicht zwischen den internen und externen Mitgliedern der Arbeitnehmerseite unterschieden wird, sondern die Gruppe der Arbeitnehmer insgesamt zur Erfüllung beitragen oder diese herbeiführen soll.[765] Eine Zurechnung des bzw. der leitenden Angestellten zur Gruppe der „Arbeitnehmer" bzw. „unternehmensangehörigen Arbeitnehmer" ist also bei Gesamterfüllung bereits *ex lege* zulässig.

---

762 *Larenz/Canaris* Methodenlehre, S. 210 f.

763 *Larenz/Canaris* Methodenlehre, S. 198.

764 So Begr. RegE, BT-Drucks. 18/3784, S. 137; *Herb* DB 2015, 964, 965, 967; *Röder/ Arnold.*
NZA 2015, 279, 281; *Schulz/Ruf* BB 2015, 1155, 1158.

765 S. bereits oben Kap. 3 § 7 A. I.

Der einzige ersichtliche Sachgrund bzw. Sinn und Zweck für den Ausschluss der leitenden Angestellten durch die Verweisung des § 18a Abs. 1 MitbestG auf § 3 Abs. 1 Nr. 1 MitbestG, liegt in deren Singularität und der damit verbundenen Unmöglichkeit einer Quotierung dieser Sondergruppe. Der Gesetzgeber hat jedoch den Fall nicht berücksichtigt, dass die Person der leitenden Angestellten das passende Geschlecht hat und eine Quotierung im Sinne von § 18a Abs. 1 MitbestG nicht erforderlich ist (Ebenso, wie wenn im Fall des § 18a Abs. 1 Nr. 2 MitbestG zwei Arbeitnehmer, aber kein Gewerkschaftsmitglied gewählt wäre: Dann müssten keine weiteren Arbeitnehmer des passenden Geschlechts bestellt werden.). Dementsprechend liegt eine Regelung vor, die ihrem Sinn und Zweck nach entgegen dem Wortsinn für diesen Fall nicht passt. Durch die verdeckte Lücke ist der Weg für eine teleologische Reduktion eröffnet. Die teleologische Reduktion schließt die Lücke durch eine „Hinzufügung der sinngemäß geforderten Einschränkung".[766] Der zu weit gehende Anwendungsbereich soll auf den dem Sinnzusammenhang entsprechenden Anwendungsbereich beschränkt werden.[767]

Der Sinn des § 18a Abs. 1 MitbestG liegt in einer gerechten Verteilung der quotierten Sitze innerhalb der Arbeitnehmerseite, damit zwischen den Arbeitnehmer- und Gewerkschaftsvertreterinnen bzw. -vertretern keine Konkurrenzsituation eintritt. Sofern die Quote auch anderweitig durch ein vorhandenes Mitglied unter Vermeidung einer erheblichen Übererfüllung eingehalten werden kann, ist die Verteilung nur im Hinblick auf die übrigen Mitglieder zweckmäßig. Dies gilt insbesondere vor dem Hintergrund, dass die leitenden Angestellten in § 7 Abs. 2 MitbestG ebenfalls der Gruppe der unternehmensangehörigen Arbeitnehmer zugerechnet werden. Durch die Mindestvorgabe in § 96 Abs. 2 Satz 1 AktG in Verbindung mit der Rundungsregel des § 96 Abs. 2 Satz 4 AktG nahm der Gesetzgeber einige Abweichungen in Kauf und verfolgte auch nicht den Zweck, im Zweifelsfall eine Untererfüllung herbeizuführen. Daraus kann jedoch nicht geschlossen werden, dass eine neben unvermeidbaren Berechnungsergebnissen zwingende Übererfüllung in erheblichem Maße durch einen zufälligen Umstand wie das Vorhandensein einer bzw. eines leitenden Angestellten mit passendem Geschlecht beabsichtigt war. Dem Sinn von § 18a Abs. 1 MitbestG zur konfliktfreien Verteilung der Sitze wird nur dann Rechnung getragen, wenn alle vorhandenen Vertreterinnen bzw. Vertreter des unterrepräsentierten

766 *Larenz/Canaris* Methodenlehre, S. 210.
767 *Larenz/Canaris* Methodenlehre, S. 210.

Geschlechts zur Erfüllung beitragen können und die Vorgaben des Abs. 1 zur Verteilung nur im Übrigen gelten.

d) Zwischenergebnis

§ 18a Abs. 1 MitbestG ist teleologisch zu reduzieren. Der oder die leitende Angestellte des passenden Geschlechts wird demzufolge im Einklang mit § 7 Abs. 2 MitbestG den unternehmensangehörigen Arbeitnehmern zugerechnet. Die Verweisung des § 18a Abs. 1 auf § 3 Abs. 1 Nr. 1 MitbestG gilt dementsprechend nur für die nach Berücksichtigung der Vertreterin bzw. des Vertreters der leitenden Angestellten noch zur korrekten Besetzung benötigte(n) Person(en).

3. Neutrales Mitglied (§ 4 Abs. 1 lit. c MontanMitbestG)

a) Getrennterfüllung

Im Fall der Getrennterfüllung soll das sogenannte „neutrale" Mitglied bei der Berechnung des Mindestanteils nicht berücksichtigt werden.[768] Es ist keiner der Aufsichtsratsbänke zuzurechnen. Dies ergibt sich aus § 4 Abs. 1 MontanMitbestG, der das Mitglied als Sondergruppe neben Anteilseigner- und Arbeitnehmervertretern auflistet. Konsequenterweise nimmt auch § 5a MontanMitbestG nur auf die Vertreterinnen bzw. Vertreter der Arbeitnehmer nach § 4 Abs. 1 lit. b MontanMitbestG Bezug, sodass dessen Wortlaut zutreffend von der Nichteinbeziehung des „neutralen" Mitglieds ausgeht.

b) Geltung der Gesamterfüllung

Schwierigkeiten ergeben sich indes für die Gesamterfüllung. Folgt man der hier vertretenen Auffassung, dass die kaufmännischen Rundungsregeln Anwendung finden, ergibt sich bei dem nach § 5 Abs. 1 MitbestErgG zu bildenden 15-köpfigen Aufsichtsrat ein Unterschied. Dieser ist bei Berücksichtigung des neutralen Mitglieds mit fünf Personen des unterrepräsentierten Geschlechts zu besetzen. Bleibt das „neutrale" Mitglied unberücksichtigt, sind es hingegen nur vier.

Teile der Literatur gehen davon aus, dass das neutrale Mitglied unter Geltung der Gesamterfüllung mitzuzählen ist.[769] Begründet wird dies damit, dass es im

---

768 So die Begr. RegE, BT-Drucks. 18/3784, S. 121; zustimmend *Düwell* FA 2015, 100, 104; *Grobe* AG 289, 294; *Schulz/Ruf* BB 2015, 1155, 1156; *Seibt* ZIP 2015, 1193, 1196; kritisch Henssler/Strohn/*Henssler* § 96 AktG Rn. 11 „mit der zweifelhaften Begründung".

769 K.Schmidt/Lutter/*Drygala* § 96 AktG Rn. 51; *Grobe* AG 2015, 289, 294; Hüffer/Koch/*Koch* § 96 AktG Rn. 17; *Schulz/Ruf* BB 2015, 1155, 1155, 1156; *Seibt* ZIP 2015, 1193,

Rahmen der Gesamterfüllung auf die einzelnen Seiten nicht ankommt und seine von den Seiten unabhängige Stellung somit keine Probleme bereitet.[770] Auch wird – ohne nähere Begründung – angenommen, dass keine teleologischen Gründe gegen eine Einbeziehung sprechen.[771] Dem wird entgegengehalten, dass das neutrale Mitglied wegen § 8 MontanMitbestG weder von den Mitgliedern der Anteilseigner- noch von denjenigen der Arbeitnehmerseite unmittelbar ausgewählt wird und beide somit keinerlei Einfluss auf dessen Geschlecht haben.[772]

Der Gesetzeswortlaut von § 96 Abs. 2 Satz 2 AktG bezieht sich hinsichtlich der Gesamterfüllung auf den Aufsichtsrat in seiner Gesamtheit. Dies umfasst sämtliche Mitglieder und somit auch das weitere Mitglied gem. § 4 Abs. 2 Satz 2 lit. c MontanMitbestG.[773] Diesem „neutralen" Mitglied wird allerdings, anders als dem oder der leitenden Angestellten, eine Sonderrolle zuteil. Es ist in § 4 Abs. 1 lit. c MontanMitbestG gesondert erwähnt, wohingegen leitende Angestellte den unternehmensangehörigen Mitgliedern zugerechnet werden, wie sich aus § 7 Abs. 2 MitbestG ergibt. Die Sonderrolle des „neutralen" Mitglieds ergibt sich auch aus dem Bestellungsakt: Es wird der Hauptversammlung von den Mitgliedern des „Rumpf"-Aufsichtsrats[774] vorgeschlagen und von dieser gewählt (§ 8 Abs. 1 Satz 1 MontanMitbestG). Dementsprechend ist der Einwand fehlenden unmittelbaren Einflusses auf das Geschlecht berechtigt.[775] Auch wenn die leitenden Angestellten zu den unternehmenseigenen Arbeitnehmern zählen (§ 7 Abs. 2 MitbestG) und somit weder neutral sind, noch von der Hauptversammlung gewählt werden, fehlt auch in diesem Fall den übrigen Arbeitnehmervertretern ein Einfluss auf das Geschlecht der bzw. des leitenden Angestellten. Sie haben das alleinige Recht, Wahlvorschläge für den oder die aus ihrer Mitte zu wählenden Kandidatinnen bzw. Kandidaten aufzustellen (§ 15 Abs. 2 Nr. 2 MitbestG). Zudem wählen sie diese auch selbst (§ 30 1. WO MitbestG, § 32 2. und 3. WO MitbestG). Trotz fehlenden Einflusses auf das Geschlecht wird der

---

1196; WKS/*Wißmann* § 5a MontanMitbestG Rn. 2; offen Spindler/Stilz/*Spindler* § 96 AktG Rn. 35; *Stüber* CCZ 2015, 38, 39; krit. bis abl. *Oetker* ZHR 179 (2015) 707, 734; ErfK/*Oetker* §§ 5-6 MontanMitbestG Rn. 1.

770 K.Schmidt/Lutter/*Drygala* § 96 AktG Rn. 51; *Stüber* CCZ 2015, 38, 39; i.E. auch mit Blick auf den Wortlaut von § 96 Abs. 2 Satz 1 AktG WKS/*Wißmann* § 5a MontanMitbestG Rn. 2.

771 Hüffer/Koch/*Koch* § 96 AktG Rn. 17.

772 ErfK/*Oetker* § 6 MontanMitbestG Rn. 1; *Oetker* ZHR 179 (2015) 707, 734.

773 So auch *Oetker* ZHR 179 (2015) 707, 734.

774 Begriff bei WKS/*Wißmann* § 5a MontanMitbestG Rn. 2.

775 *Oetker* ZHR 179 (2015) 707, 734.

oder die leitende Angestellte sowohl unter Geltung der Gesamterfüllung als auch in bestimmten Fällen unter Geltung der Getrennterfüllung berücksichtigt.[776] Der Einfluss auf das Geschlecht ist folglich in beiden Fällen nicht unmittelbar vorhanden. Allerdings sind die leitenden Angestellten, wie bereits erläutert, jedenfalls einer Aufsichtsratsseite zuzurechnen (§ 7 Abs. 2 MitbestG). Dies spricht dafür, das neutrale Mitglied unberücksichtigt zu lassen. Die Gesetzesbegründung geht lediglich davon aus, dass das neutrale Mitglied bei der Berechnung nicht zu berücksichtigen sei, weil es neutral und somit keiner Bank zuzuordnen ist.[777] Angesichts der Einbettung dieses Hinweises in die Erläuterungen zur Getrennterfüllung lässt sich dem jedoch nicht entnehmen, ob der Gesetzgeber die Nichtberücksichtigung auch für die Gesamterfüllung vorsehen wollte.[778] Im Hinblick auf die Systematik wird angeführt, dass es bei einem paritätisch besetzen Aufsichtsrat nicht darauf ankäme, welcher Erfüllungsmodus gewählt ist.[779] Der Gleichlauf ließe sich nur dann aufrechterhalten, wenn das neutrale Mitglied auch bei der Gesamterfüllung unberücksichtigt bliebe.[780] Dem ist insofern zuzustimmen, als auch das MitbestG bei Erfüllung der Quote keine Differenzierung zwischen den Erfüllungsmodi vorsieht, sodass es naheliegt, dies in allen Mitbestimmungsgesetzen einheitlich auszulegen. Demnach wäre das neutrale Mitglied nicht zu berücksichtigen.

Wird im 15-köpfigen Aufsichtsrat die Anzahl der verbleibenden 14 Aufsichtsratsmitglieder mit dem Faktor 0,3 multipliziert, müssen 4,2 und somit nur je 4 Personen jeden Geschlechts im Aufsichtsrat vertreten sein, was einer tatsächlichen Erfüllungsquote von 28,57 Prozent entspricht. Die Nichtberücksichtigung des neutralen Mitglieds führt also dazu, dass die Vorgabe von mindestens 30 Prozent im 15-köpfigen Aufsichtsrat nicht mehr eingehalten wird.[781] Dieses Ergebnis ist jedoch mit dem Telos nicht vereinbar. Zwar ist der Zweck der Nichteinbeziehung die Wahrung der Sonderstellung des neutralen Mitglieds. Zweck der Gesamterfüllung ist zudem die Eröffnung der Möglichkeit, dass eine Seite von einem leichten Übergewicht der anderen Seite profitieren bzw. ein leichtes Untergewicht ausgleichen kann. Da das neutrale Mitglied keiner der Bänke

776 S. oben Kap. 3 § 7 A. I. aE.

777 Begr. RegE, BT-Drucks. 18/3784, S. 121.

778 Zutreffend *Oetker* ZHR 179 (2015) 707, 734.

779 *Oetker* ZHR 179 (2015) 707, 734.

780 *Oetker* ZHR 179 (2015) 707, 734.

781 Dies sieht auch *Oetker* ZHR 179 (2015) 707, 734, der dies ebenfalls für den 21-köpfigen Aufsichtsrat annimmt. Das ist jedoch nicht ganz nachvollziehbar, da sich rechnerisch genau 30 Prozent ergeben.

zugerechnet werden kann, würde dies gegen eine Einbeziehung sprechen. Ebenso lässt sich aber anführen, dass es genauso wie alle anderen Mitglieder zum Aufsichtsrat gehört und nicht ersichtlich ist, warum es nicht selbstständig zur Erfüllung der Quote im Gesamtaufsichtsrat beitragen können soll. Darüber hinaus entspricht es nicht dem in § 96 Abs. 2 Satz 1 AktG verankerten *Mindest*anteilsgebot, dass die Einbeziehung oder Nichteinbeziehung bestimmter Mitglieder im Rahmen der Gesamterfüllung zu einer zwingenden Unterschreitung führt.[782] Insbesondere vor dem Hintergrund, dass das Mitglied nicht aus der Belegschaft stammen darf, ist seine Einbeziehung in der für die Erfüllung der Quote in der bezüglich des Geschlechterverhältnisses wenig ausgeglichenen Montanbranche sogar für die Erfüllung sinnvoll.

c) Zwischenergebnis

Die gegen eine Einbeziehung sprechenden Argumente überzeugen trotz der Sonderstellung des weiteren Mitglieds nicht. Die Geschlechterzugehörigkeit ist insbesondere von seiner vermittelnden Stellung zu trennen, sodass auch diese einer Berücksichtigung nicht entgegensteht. Schließlich spricht für eine Einbeziehung, dass der „Rumpf"-Aufsichtsrat eine drohende Nichterfüllung durch eine entsprechende Einigung verhindern könnte.

4. Intersexuelle Personen

Wie bereits dargelegt[783], ist es schon aus verfassungsrechtlichen Gründen geboten, intersexuelle Personen in die Berechnung mit einzubeziehen. Eine eigene Quotierung ist angesichts der niedrigen bekannten Zahl nicht zweckmäßig und bei einer neutralen Fassung des Gesetzes auch nicht erforderlich. Intersexuelle müssen aber zur Erfüllung beitragen können, indem sie dem jeweiligen Minderheitsgeschlecht zugeordnet werden.

V. Zusammenfassung

Die auf den ersten Blick einfache, weil mathematischen Gesetzen folgende Berechnung des Mindestanteils nach der gesetzlichen Vorgabe bringt zahlreiche Schwierigkeiten mit sich, zu denen auch der Gesetzgeber durch seine Ausführungen in der Gesetzesbegründung beigetragen hat. Zum einen besteht wegen

---

782 Vgl. im Ergebnis oben zur zwingenden erheblichen Übererfüllung wegen der (Nicht-) Einbeziehung, Kap. 3 § 7 A. I.

783 Kap. 3 § 7 A. I.

der missverständlichen Formulierung des § 96 Abs. 2 Satz 4 AktG Uneinigkeit über die anzuwendenden Rundungsregeln. Trotz des vermeintlich eindeutigen anderen Wortlauts sind jedoch die kaufmännischen Rundungsregeln anzuwenden. Dies hat zur Folge, dass der 15-köpfige Aufsichtsrat bei Geltung der Gesamterfüllung mit mindestens fünf Personen je Geschlecht zu besetzen ist.

Die rechnerischen Ergebnisse weisen zudem Wertungswidersprüche sowie viele Fälle einer zwingenden Untererfüllung bzw. teils erheblichen zwingenden Übererfüllung auf. Die Untersuchung hat jedoch ergeben, dass diese Ergebnisse hinzunehmen sind. Eine allen Konstellationen gerecht werdende Quotierung ist angesichts der unterschiedlichen Aufsichtsratsgrößen nicht möglich. Dies verdeutlicht auch die aufgezeigte Alternative einer Mindestbesetzung mit je einem Drittel pro Geschlecht. Allerdings würde ein Mindestanteilsgebot dieser Größenordnung den Streit um die Rundungsregeln entfallen lassen, da die Diskrepanz nicht mehr auftritt. Außerdem würden dadurch im Ergebnis die Wertungswidersprüche und Konstellationen der Untererfüllung vermindert. Die Drittelquote ist zudem aus systematischen und teleologischen Gründen sachgerecht. Der Gesetzgeber sollte die Norm deshalb entsprechend anpassen.

Im Hinblick auf die verschiedenen Gruppen von Aufsichtsratsmitgliedern innerhalb der sogenannten Aufsichtsratsbänke führen die vom Gesetzgeber vorgeschriebenen bzw. im Gesetz vorhandenen Mechanismen zur Verteilung der quotierten Sitze zu offenen Fragen. Die aufgrund von Entsendungsrechten bestellten Mitglieder müssen in jedem Fall in die Berechnung der Anteilseignerseite mit einbezogen werden. Durch den sonderrechtlichen Charakter des Entsendungsrechts hat die Hauptversammlung verschiedene Möglichkeiten, um Konflikte hinsichtlich der Erfüllung zu verhindern. Auch leitende Angestellte sind nicht nur, wie anerkannt, im Rahmen der Gesamterfüllung, sondern mittels einer teleologischen Reduktion von § 18a Abs. 1 MitbestG im Fall der Nichterfüllung immer dann zu berücksichtigen, wenn sie dem unterrepräsentierten Geschlecht angehören.

Das „neutrale" Mitglied des nach dem MontanMitbestG zu besetzenden Aufsichtsrats kann wegen seiner neutralen Stellung nicht in die Berechnung einbezogen werden, wenn die Getrennterfüllung gilt. Im Rahmen der Gesamterfüllung kann es zwar dem Prinzip nicht gerecht werden, dass eine Seite durch ihre Mitglieder ein Erfüllungsdefizit der anderen Seite ausgleichen kann, es repräsentiert aber dennoch eine eigene „Personengruppe". Auch wenn die Wahlberechtigten der Arbeitnehmer keinen unmittelbaren Einfluss auf sein Geschlecht ausüben können, sind die Argumente schwächer, die gegen eine Einbeziehung des neutralen Mitglieds bei Gesamterfüllung sprechen. Insbesondere können die übrigen Aufsichtsratsmitglieder, die das weitere Mitglied dem

Wahlorgan vorschlagen (§ 8 Abs. 1 MontanMitbestG), ein Mitglied des unterrepräsentierten Geschlechts vorschlagen, wenn der Mindestanteil andernfalls nicht eingehalten würde. Das sogenannte „neutrale“ Mitglied i.S.v. § 4 Abs. 1 lit. c MontanMitbestG kann deshalb zur Erfüllung des Mindestanteils im Gesamtaufsichtsrat beitragen.

Intersexuelle sind keine eigene Personengruppe innerhalb der Seiten. Wegen ihrer bisher geringen bekannten Zahl können sie auch nicht als eigenständige Geschlechtergruppe eine eigene Quote erfüllen. Da sie aber (jedenfalls momentan) in der Regel unterrepräsentiert sind und ein Geschlecht haben, können sie weder unberücksichtigt bleiben, noch dem überrepräsentierten Geschlecht zugerechnet werden. Sie sind folglich dem unterrepräsentierten Geschlecht zuzuordnen und tragen dementsprechend zur Erfüllung von dessen Mindestanteil bei.

C. Möglichkeit des Widerspruchs gegen die Gesamterfüllung (§ 96 Abs. 2 Satz 3 AktG)

Die Regelung des § 96 Abs. 2 Satz 3 AktG eröffnet beiden Aufsichtsratsseiten die Möglichkeit, die Gesamterfüllung durch einen Widerspruch abzulösen, sodass sie den Mindestanteil je für sich erfüllen müssen: „Widerspricht die Seite der Anteilseigner- oder Arbeitnehmervertreter auf Grund eines mit Mehrheit gefassten Beschlusses vor der Wahl der Gesamterfüllung gegenüber dem Aufsichtsratsvorsitzenden, so ist der Mindestanteil für diese Wahl von der Seite der Anteilseigner und der Seite der Arbeitnehmer getrennt zu erfüllen.“ Der Widerspruch gegen die Gesamterfüllung hat eine enorme Bedeutung, weil die zeitliche Divergenz der Wahlen von Arbeitnehmer- und Anteilseignerseite im Einzelfall zu erheblichen Problemen bei der Erfüllung der Quote führt. Die Vorstellung der Erfüllungsmodi hat gezeigt, dass der letztmögliche Zeitpunkt des Widerspruchs entscheidend sein kann.[784] Der Gesetzeswortlaut ist hier nicht eindeutig. Der Widerspruch muss gem. § 96 Abs. 2 Satz 3 AktG „*vor*“ der Wahl erfolgen. Da es wie dargelegt[785] aber (außer im Geltungsbereich des MontanMitbestG) keinen einheitlichen Zeitpunkt für die Aufsichtsratswahlen der Arbeitnehmer- und der Anteilseignerseite gibt, ist unklar, was mit der Formulierung gemeint ist. „*Vor der Wahl*“ könnte bedeuten, dass jede Seite vor jedem konkreten Wahlakt der Arbeitnehmer oder der Hauptversammlung widersprechen kann. Die

784 S. dazu oben Kap. 3 § 8 A. I.

785 S. dazu oben Kap. 3 § 8 A. I.

Wahl der Aufsichtsratsmitglieder beider Seiten könnte aber auch als Einheit zu betrachten sein mit der Folge, dass ein Widerspruch gegen die Gesamterfüllung nur vor dem zeitlich zuerst stattfindenden Wahlakt möglich ist. Außerdem sieht § 96 Abs. 2 Satz 3 AktG für beide Seiten eine autonome Beschluss- und Erklärungskompetenz für den Widerspruch vor. Wie diese im Einzelnen ausgestaltet sein muss und inwieweit der Gesetzgeber damit die Rechtsstellung der Bänke als autonome Teilgremien anerkennt, ist ebenfalls Gegenstand der Untersuchung zur Widerspruchsmöglichkeit.

I. Hintergrund und Zweck des Widerspruchsrechts

Insbesondere für die Frage nach dem letztmöglichen Zeitpunkt des Widerspruchs bieten Hintergrund und Zweck der Regelung einen wesentlichen Anhaltspunkt. Die im Verlauf des Gesetzgebungsverfahrens erst sehr spät eingefügte Widerspruchsmöglichkeit ist auf den Umstand zurückzuführen, dass der Gesetzgeber sich kurzfristig und wohl auf Drängen der Wirtschaft[786] für das Konzept der Gesamterfüllung entschied. Die Beibehaltung der Getrennterfüllung durch Einfügung der Widerspruchsmöglichkeit ist vermutlich auf das Bestreben der Arbeitnehmerseite zurückzuführen, die zum Zeitpunkt des Gesetzgebungsverfahrens den höheren Frauenanteil vorzuweisen hatte.[787] Bedingt durch die kurzfristige Kehrtwende sind die Gesetzgebungsmaterialien in diesem Punkt nicht hilfreich.

Die Widerspruchsmöglichkeit soll aber den bereits aufgezeigten Koordinationsproblemen zwischen den Wahlvorgängen auf Anteilseigner- und Arbeitnehmerseite und der damit gegebenenfalls drohenden Nichterfüllung der Quote entgegenwirken.[788] Sie bietet beiden Seiten Flexibilität zur Erfüllung der Quote.[789] Im Wege der Gesamterfüllung kann die Übererfüllung einer Seite zum Ausgleich eines zu niedrigen Anteils des unterrepräsentierten Geschlechts auf der anderen Seite dienen. Da zum Zeitpunkt des Beschlusses über die gesetzliche Regelung der Anteil des bisher unterrepräsentierten Geschlechts auf Arbeitnehmerseite

786 So jedenfalls *Seibert* NZG 2016, 16, 18.

787 So K.Schmidt/Lutter/*Drygala* § 96 AktG Rn. 44, allerdings mit oberflächlichem Verweis.

788 Hüffer/Koch/*Koch* § 96 AktG Rn. 15; *Seibt* ZIP 2015, 1193, 1197; Hohenstatt/Seibt/*Seibt/Kraack* Geschlechterquoten, Rn. 104.

789 *Seibt* ZIP 2015, 1193, 1197; Hohenstatt/Seibt/*Seibt/Kraack* Geschlechterquoten, Rn. 103.

höher war,[790] hatte die Hauptversammlung grundsätzlich mehr Spielraum bei der Besetzung der Anteilseignerseite im Hinblick auf die Geschlechtszugehörigkeit.[791] Mit der Möglichkeit, der Gesamterfüllung zu widersprechen, sollen dementsprechend beide Seiten verhindern können, dass sie das Mindestanteilsgebot übererfüllen müssen oder dass die andere Seite sich auf die Übererfüllung der zuerst wählenden verlässt.

Wie bei Vorstellung der Erfüllungsmodi bereits dargelegt,[792] ist eine Abstimmung der Seiten vor der Wahl keine Lösung, da sie keinen nennenswerten Einfluss auf den Ausgang der Wahl haben.[793] Auch die Wahlvorschläge besitzen lediglich eine sehr begrenzte Aussagekraft.[794] Überdies sind sie je nach Widerspruchszeitpunkt noch nicht vorhanden. Die Ermittlung der Wahlergebnisse nach dem *d'Hondtschen* Höchstzahlenverfahren lässt im Vorhinein zudem nur Tendenzen, jedoch keine sichere Einschätzung des voraussichtlichen Ergebnisses zu.[795] Selbst wenn die Seiten sich also im Rahmen des Möglichen abstimmen würden, verbleibt das Restrisiko eines quotenwidrigen Wahlausganges.[796] Neben der Flexibilität der Widerspruchsmöglichkeit bietet die geltende Getrennterfüllung in zwei Fällen den Vorteil, dass sich die Gesamtzahl der erforderlichen Mitglieder beider Geschlechter um eins verringert, was die Gefahr der Nichterfüllung zusätzlich vermindert.[797]

II. Rechtsnatur des Widerspruchs

§ 96 Abs. 2 Satz 3 AktG eröffnet nicht nur die Möglichkeit zum Widerspruch gegen die Gesamterfüllung des Mindestanteilsgebots; die Bestimmung legt auch

790 Dazu *DGB* Stellungnahme S. 36; *Pütz/Weckes* Report Mitbestimmungsförderung Nr. 1/2014, S. 5 ff.; *Schulz/Ruf* BB 2015, 1155, 1157.

791 *Seibt* ZIP 2015, 1193, 1197; Hohenstatt/Seibt/*Seibt/Kraack* Geschlechterquoten, Rn. 103; so auch *Schulz/Ruf* BB 2015, 1155, 1157 mwN in Fn. 13.

792 S. dazu oben Kap. 3 § 8 A. I und II.

793 Zu Vorhersehbarkeit des Wahlausgangs durch die Wahlvorschläge s. oben Kap. 3 § 8 A. I. 1.

794 S. oben Kap. 3 § 8 A. I. 1 dazu auch WKS/*Wißmann* § 15 MitbestG Rn. 38 auch die Platzierung an aussichtsreicher Stelle im Wahlvorschlag bietet nur sehr begrenzten Schutz vor der Unwirksamkeit der Wahl.

795 S. oben Kap. 3 § 8 A. I. 1.; dahin gehend i.E. auch WKS/*Wißmann* § 15 MitbestG Rn. 38.

796 So auch Hohenstatt/Seibt/*Seibt/Kraack* Geschlechterquoten, Rn. 103.

797 S. Tab. 1.1–1.4 im Anhang: vier statt fünf im 16-köpfigen Aufsichtsrat und im 15-köpfigen Aufsichtsrat.

das Widerspruchsverfahren fest. Der Widerspruch gegen die Gesamterfüllung setzt danach keinen Beschluss des gesamten Aufsichtsrats, sondern einen (Mehrheits-)Beschluss der Anteilseigner- oder der Arbeitnehmerseite (des amtierenden Aufsichtsrats) voraus. Der Beschluss als rechtliches Instrument dient dabei zunächst der internen Willensbildung der jeweiligen Seite. Da er auf Nichtgeltung der Gesamterfüllung als Rechtsfolge gerichtet ist, ist er ein mehrseitiges Rechtsgeschäft, das durch Mehrheitsbeschluss und eine Willenserklärung erfolgen muss. Grundsätzlich sind die allgemeinen Vorschriften über Rechtsgeschäfte und Willenserklärungen anwendbar.[798] Zur rechtsgeschäftlichen Wirksamkeit Dritten gegenüber bedarf der Beschluss aber der besonderen Erklärung. Dementsprechend verlangt § 96 Abs. 2 Satz 3 AktG, dass der Widerspruch „gegenüber dem Aufsichtsratsvorsitzenden" erklärt wird. Gegenüber dem amtierenden Aufsichtsratsvorsitzenden wird er demnach im Zeitpunkt des Zugangs wirksam (§ 130 Abs. 1 Satz 1 BGB),[799] das heißt, wenn dieser unter normalen Umständen die Möglichkeit hat, von der in seinen Bereich gelangten Erklärung Kenntnis zu nehmen und ihm nicht gleichzeitig ein Widerrufsbeschluss zugeht (§ 130 Abs. 1 Satz 2 BGB).[800] Ist der der Gesamterfüllung widersprechende Beschluss einer Seite wirksam geworden, ist das Mindestanteilsgebot von jeder Seite getrennt zu erfüllen. Wegen dieser Gestaltungswirkung soll der Beschluss nach verbreiteter Ansicht unwiderruflich sein.[801] Weil der Widerspruch „vor der Wahl" erfolgen muss und somit erst zum Zeitpunkt der Wahl feststeht, welcher Erfüllungsmodus gelten soll,[802] wird jedoch unter Verweis auf den Normzweck zutreffend vertreten, dass ein anderslautender Beschluss noch bis zur Einleitung der Aufsichtsratswahl zulässig ist.[803]

III. Formerfordernisse für den Widerspruch

Der Gesetzgeber hat keine Formvorschriften für den Widerspruch vorgesehen, sodass es den Aufsichtsratsbänken überlassen bleibt, über die Form des

798 Zutreffend *Oetker* ZHR 179 (2015) 707, 723.

799 *Düwell* FA 2015, 100, 103; *Oetker* ZHR 179 (2015) 707, 723; dem folgend UHH/*Henssler* § 7 MitbestG Rn. 90.

800 *Düwell* FA 2015, 100, 103; zustimmend *Oetker* ZHR 179 (2015) 707, 723.

801 Beschl. Empf., BT-Drucks. 18/4227, S. 25; *Düwell* FA 2015, 100, 103; UHH/*Henssler* § 7 MitbestG Rn. 90; *Herb* DB 2015, 964, 965; *Oetker* ZHR 179 (2015) 707, 723; *Seibt* ZIP 2015, 1193, 1198; Spindler/Stilz/*Spindler* § 96 Rn. 33; *Stüber* DStR 2015, 947, 948.

802 Richtigerweise zweifelnd *Oetker* ZHR 179 (2015) 707, 723.

803 *Oetker* ZHR 179 (2015) 707, 724; Hohenstatt/Seibt/*Seibt/Kraack* Geschlechterquoten, Rn. 125.

Widerspruchs entweder *ad hoc* zu entscheiden oder dazu eine Geschäftsordnung festzulegen.[804] Der Widerspruch kann sowohl mündlich als auch schriftlich erfolgen.[805] Das Gesetz überlässt es ebenfalls der jeweiligen Seite festzulegen, durch wen der Widerspruch(-sbeschluss)[806] dem Aufsichtsratsvorsitzenden gegenüber erklärt bzw. mitgeteilt wird.

IV. Zeitliche Wirkung des Widerspruchs

Gesetzliche Rechtsfolge des Widerspruchs gegen die Gesamterfüllung ist gem. § 96 Abs. 2 Satz 3 AktG, dass die Aufsichtsratsseiten das Mindestanteilsgebot je für sich erfüllen müssen. Die konkrete Ausgestaltung folgt den bereits untersuchten Berechnungen.

Es besteht Einigkeit darüber, dass die zeitliche Wirkung des Widerspruchs auf die unmittelbar nachfolgende Wahl in ihrer Gesamtheit beschränkt ist.[807] Dementsprechend haben beide Seiten des Aufsichtsrats vor jeder Aufsichtsratswahl erneut über die Frage zu entscheiden, ob sie der Gesamterfüllung widersprechen wollen.[808] Sofern sie es versäumen, entsprechend dem ausdrücklichen Wortlaut von § 96 Abs. 2 Satz 3 AktG vor der nächsten Wahl erneut zu widersprechen, gilt die Gesamterfüllung.[809] Dies ist auch vor dem Hintergrund sinnvoll, dass sich die Zusammensetzung von Wahl zu Wahl durch Entsendungen oder das Ausscheiden von Mitgliedern verändern kann. Das Fortdauern des Widerspruchs, bis eine Seite sich für die Gesamterfüllung entscheidet, ist durch die systematische Stellung der Gesamterfüllung als Regelfall ausgeschlossen. Darüber hinaus ist zweifelhaft, ob ein solcher Widerspruch gegen die Getrennterfüllung dogmatisch begründet werden kann. Denkbar ist höchstens die analoge Anwendung von § 96 Abs. 2 Satz 3 AktG. Angesichts des eindeutigen Wortlauts „für diese Wahl“ und der systematischen Konzeption der Widerspruchsmöglichkeit des

804 Beschl. Empf., BT-Drucks. 18/4227, S. 24; zustimmend *Oetker* ZHR 179 (2015) 707, 724.

805 K.Schmidt/Lutter/*Drygala* § 96 AktG Rn. 47; *Düwell* FA 2015, 100, 102; UHH/*Henssler* § 7 MitbestG Rn. 90; *Oetker* ZHR 179 (2015) 707, 724; *Schulz/Ruf* BB 2015, 1155, 1157; Hohenstatt/Seibt/*Seibt/Kraack* Geschlechterquoten, Rn. 124.

806 Zum Beschluss s. unten Kap. 3 § 8 C. VII. 2.

807 *Oetker* ZHR 179 (2015) 707, 724.

808 Begr. RegE, BT-Drucks. 18/3784, S. 120; K.Schmidt/Lutter/*Drygala* § 96 AktG Rn. 46; *Herb* DB 2015, 964, 965; *Junker/Schmidt-Pfitzner* NZG 2015, 929, 930; *Oetker* ZHR 179 (2015) 707, 725; *Schulz/Ruf* BB 2015, 1155, 1157; *Seibt* ZIP 2015, 1193, 1198; Hohenstatt/Seibt/*Seibt/Kraack* Geschlechterquoten, Rn. 126; *Stüber* DStR 2015, 947, 948.

809 *Herb* DB 2015, 964, 965; *Oetker* ZHR 179 (2015) 707, 725.

Abs. 2 Satz 3 im Verhältnis zur Gesamterfüllung in Abs. 2 Satz 2 fehlt es aber bereits an einer planwidrigen Regelungslücke, da eine langfristige Wirkung nicht vorgesehen ist. Grundsätzlich kann der Erfüllungsmodus nach der Wahl bis zur nächsten also nicht verlassen werden.[810] Eine Ausnahme davon ermöglicht das Gesetz nur im Fall des § 96 Abs. 2 Satz 5 AktG.[811]

Die Wirkung des Widerspruchs bezieht sich nicht nur auf die Wahlen, sondern erstreckt sich ebenfalls auf die gerichtliche Ersatzbestellung (§ 104 Abs. 5 AktG). Das Gericht ist deshalb an die Entscheidung der Bänke gebunden. Dies bedeutet auch im Fall von § 96 Abs. 2 Satz 5 AktG, dass es eine Abkehr von der Gesamterfüllung berücksichtigen muss. Darüber hinaus kann das Gericht nicht darauf verweisen, dass die Quote bei Gesamterfüllung erreicht würde und sodann ein Mitglied des unpassenden Geschlechts in den Aufsichtsrat bestellen.[812]

Teilweise werden zudem Überlegungen zu den Folgen eines rechtsunwirksamen Widerspruchs angestrengt.[813] Die praktische Relevanz beschränkt sich auf den Fall des 16-köpfigen Aufsichtsrats nach § 7 Abs. 1 Satz 1 Nr. 2 MitbestG und den 15-köpfigen Aufsichtsrat nach § 9 Abs. 1 Satz 1 MontanMitbestG. Der 16-köpfige Aufsichtsrat ist unter Geltung der Gesamterfüllung mit insgesamt 5 Mitgliedern jeden Geschlechts zu besetzen und nach erfolgreichem Widerspruch mit je zwei Mitgliedern pro Seite, also insgesamt 4 Mitgliedern jeden Geschlechts.[814] Gleiches gilt nach hier vertretener Ansicht auch für den 15-köpfigen Aufsichtsrat. Wegen der kaum vorhandenen materiellen wie formellen Anforderungen an den Widerspruch, ist dessen materiell-rechtliche Unwirksamkeit jedoch unwahrscheinlich. Er kann aber formell unwirksam sein. Erfolgt der Widerspruch verspätet, kann er für die anstehende Wahl keine Wirkung mehr entfalten. Zur Unwirksamkeit führende Formfehler können sich nur aus den von den Seiten gegebenenfalls getroffenen Regelungen ergeben sowie aus den allgemeinen Regelungen zu fehlerhaften Beschlüssen. Da das Mehrheitserfordernis jedoch ebenfalls geringen Anforderungen unterliegt, ist die Fehleranfälligkeit recht gering. Ist der Widerspruch unwirksam, muss die Gesamterfüllung gelten.[815] Schwierigkeiten bereitet der Fall, dass sich zum Beispiel ein Fehler bei der Beschlussfassung erst nach erfolgten Aufsichtsratswahlen herausstellt, bei denen

---

810 Begr. RegE, BT-Drucks. 18/3784, S. 120.

811 S. sogleich unten unter 2.

812 Zutreffend *Oetker* ZHR 179 (2015) 707, 725.

813 Vgl. hierzu *Oetker* ZHR 179 (2015) 707, 725.

814 S. Tab. 1.1 und 1.2 im Anhang.

815 Zutreffend *Oetker* ZHR 179 (2015) 707, 725.

beide Seiten von getrennter Erfüllung des Mindestanteilsgebots ausgingen. Hat die Wahl bei Anwendung der Gesamterfüllung unter Verstoß gegen das Mindestanteilsgebot stattgefunden, ist sie nichtig (§ 96 Abs. 2 Satz 6 AktG). Diese Rechtsfolge ist jedoch für die Gesamterfüllung nicht gesetzlich geregelt. Ein Verstoß gegen die Quote bei Gesamterfüllung führt nach hier vertretener Ansicht zur entsprechenden Anwendung der Regeln über die Getrennterfüllung,[816] sodass sich im Ergebnis nichts ändert. Dies entspricht auch dem Grundsatz der Ämterstabilität, der in § 96 Abs. 2 Satz 5 AktG zum Ausdruck kommt.

V. Zeitpunkt des Widerspruchs *vor der* Wahl

Der Widerspruchszeitpunkt ist in zweierlei Hinsicht klärungsbedürftig. Die Formulierung „vor *der* Wahl" wirft zum einen die Frage auf, welche Wahl damit gemeint ist. Entweder kann jede Seite vor ihrer eigenen Wahl den Widerspruch erklären oder beide Seiten können einen Widerspruch nur vor der ersten der beiden Wahlen für die anstehende Amtsperiode erklären (Einheitsbetrachtung[817]). Eine weitere Variante besteht darin, dass jede Seite vor jeder Wahl der Gesamterfüllung widersprechen kann, mit der Folge, dass auch die Seite, die bereits gewählt hat, den Widerspruch noch vor der Wahl der anderen Seite erklären kann.[818] Darüber hinaus ist offen, ob „*vor* der Wahl" bedeutet, dass der Widerspruch vor Einleitung einer Wahl,[819] vor dem eigentlichen Wahlakt oder vor Abschluss der Wahl[820] erklärt werden muss.

1. *Einheits- oder Einzelbetrachtung der Aufsichtsratswahlen*

Können beide Seiten den Widerspruch nur vor der zeitlich zuerst liegenden Wahl einer Aufsichtsratsseite für die nächste Amtsperiode erklären, sind beide

---

816 Siehe dazu ausführlich unten Kap. 3 § 9 B. I.

817 So i.E. K.Schmidt/Lutter/*Drygala* § 96 AktG Rn. 46; NK-GA/*Heither/v. Morgen* § 7 MitbestG Rn. 20; *Oetker* ZHR 179 (2015) 707, 722; ErfK/*Oetker* § 96 AktG Rn. 8; WKS/*Wißmann* § 6 MitbestG Rn. 70.

818 Dafür *Grobe* AG 2015, 289, 292; *Röder/Arnold* NZA 2015, 279, 284; *Seibt* ZIP 2015, 1193, 1198; neutral dazu Hüffer/Koch/*Koch* § 96 AktG Rn. 14.

819 Dafür K.Schmidt/Lutter/*Drygala* § 96 AktG Rn. 46; *Grobe* AG 2015, 289, 292 f.; *Oetker* ZHR 179 (2015) 707, 722 f.; WKS/*Wißmann* § 6 MitbestG Rn. 70.

820 Verkündung des Wahlbeschlusses (AE-Seite) *Schulz/Ruf* BB 2015, 1155, 1158; *Seibt* ZIP 2015, 1193, 1198; Hohenstatt/Seibt/*Seibt/Kraack* Geschlechterquoten, Rn. 131; *Stüber* CCZ 2015, 38 dort in Fn. 11; für Feststellung des Wahlergebnisses (AN-Seite) *Schulz/Ruf* BB 2015, 1155, 1158; *Seibt* ZIP 2015, 1193; Hohenstatt/Seibt/*Seibt/Kraack* Geschlechterquoten, Rn. 131.

Wahlen eine Einheit, also diejenige der Arbeitnehmer- und diejenige der Anteilseignerseite. Die „Wahlen" der Seiten sind dementsprechend Teilakte „der Aufsichtsratswahl". Können beide Seiten vor ihrer eigenen Wahl oder auch vor der Wahl der jeweils anderen Seite widersprechen, werden die Wahlen als selbstständige Einzelwahlen angesehen (Einzelbetrachtung). Gegen die Einzelbetrachtung spricht, dass bei einem Widerspruch durch eine der Seiten (i.d.R. die nicht wählende Seite) nach oder während des zeitlich ersten Wahlverfahrens die Gefahr besteht, dass die gerade wählende Seite die dann für sie erforderliche Anzahl an Personen nicht erreicht. Wirkt der Widerspruch auch für dieses Wahlverfahren noch (zurück), würde bei Nichterfüllung § 18a MitbestG, § 10f MitbestErgG oder § 96 Abs. 2 Satz 6 AktG gelten.[821] Wirkt er nicht zurück, bleibt die Rechtsfolge offen. Selbst ein Rückgriff auf § 96 Abs. 2 Satz 5 AktG, der zunächst denkbar erscheint, ist ungeeignet.[822] Die dortige Formulierung, „verringert sich [...] nachträglich" deutet nämlich darauf hin, dass § 96 Abs. 2 Satz 5 AktG sich auf einen Zeitpunkt nach der Konstituierung des Aufsichtsrates bezieht, also nach vollständigem Abschluss aller Wahlverfahren.[823] Eine unmittelbare Anwendung der Norm scheidet deshalb schon aufgrund ihrer systematischen Stellung aus. Darüber hinaus ist höchst zweifelhaft, ob der Gesetzgeber durch die Möglichkeit des Widerspruchs eine sanktionslose Untererfüllung in Kauf nehmen wollte.[824]

Die bei Rückwirkung des Widerspruchs eintretende (gegebenenfalls rückwirkende) Nichtigkeit der Wahlen führt jedoch dazu, dass die später wählende Seite es in der Hand hätte, die vorangegangene Wahl einseitig zu vernichten.[825] Aus diesem Grund wird vielfach vertreten, dass die Wahlen als Einheit betrachtet werden müssen und somit der Widerspruch vor der zeitlich zuerst erfolgenden Wahl zu erklären ist.[826] Diese Variante bietet jedenfalls die größte Rechtssicherheit. Allerdings bedeutet sie gleichzeitig ein erhebliches Risiko, weil sich vor Einleitung des Wahlverfahrens jedenfalls bei den Arbeitnehmervertretern keine hinreichend zuverlässige Prognose über den voraussichtlichen Ausgang bezüglich des Geschlechterverhältnisses treffen lässt. Dies erscheint

821 K.Schmidt/Lutter/*Drygala* § 96 AktG Rn. 46.

822 *Oetker* ZHR 179 (2015) 707, 722.

823 *Oetker* ZHR 179 (2015) 707, 722.

824 *Röder/Arnold* NZA 2015, 279, 284 (ohne Lösung); verneinend WKS/*Wißmann* § 6 MitbestG Rn. 70.

825 K.Schmidt/Lutter/*Drygala* § 96 AktG Rn. 46.

826 So i.E. K.Schmidt/Lutter/*Drygala* § 96 AktG Rn. 46; NK-GA/*Heither/v. Morgen* § 7 MitbestG Rn. 20; *Oetker* ZHR 179 (2015) 707, 722; ErfK/*Oetker* § 96 AktG Rn. 8; WKS/*Wißmann* § 6 MitbestG Rn. 70.

vor dem Hintergrund unbefriedigend, dass die zuerst wählende Seite es dann auch unbeabsichtigt der anderen auferlegen könnte, die Quote im Alleingang zu erfüllen, ohne dass jene dies abwenden kann.[827] Stehen Aufsichtsratswahlen beider Seiten an, gewährt ausschließlich ein vor der Wahl der jeweiligen Seite erfolgender Widerspruch hinreichende Rechtssicherheit hinsichtlich der notwendigen Personenzahlen für die nachfolgende Wahl. Das Risiko für die Gegenseite, den Mindestanteil (weitestgehend) allein zu erfüllen, kann andernfalls immens sein. Deshalb wurde im Vorhinein auch angenommen, dass die Praxis vor jeder Wahl widersprechen wird.[828] Die Gesamterfüllung würde unter dieser Prämisse jedoch leerlaufen.

Schwierigkeiten bereitet in der Praxis zudem, dass die Vertreterinnen und Vertreter der Arbeitnehmer alle gleichzeitig gewählt werden. Die gilt jedoch nicht zwingend für die Anteilseignerseite.[829] Auch wenn die Amtszeiten in der Regel gleich lang sind und zeitgleich liegen,[830] kann die Satzung unterschiedliche, turnusgemäße Amtsperioden für die Mitglieder der Anteilseigner festlegen (*staggered board*), welche nicht für die Arbeitnehmerseite gelten.[831] Dies liegt unter anderem daran, dass das langwierige und damit auch teure Verfahren für die Wahl der Arbeitnehmer mit verschiedenen Abläufen in den einzelnen Gruppen sich nicht für gestaffelte Wahlen eignet. Da die Hauptversammlung jährlich tagt und das Wahlverfahren für die Anteilseignerseite weniger aufwendig ist, können Anteilseignervertreterinnen und -vertreter flexibler gewählt werden. Das Problem der Verteilung des Mindestanteils zwischen den wählenden Seiten tritt demzufolge nicht jedes Jahr auf. Zugleich muss die Anteilseignerseite bei

---

827 Eingehend *Röder/Arnold* NZA 2015, 279, 282 f.; ebenso Hüffer/Koch/*Koch* AktG § 96 Rn. 18; so bereits *DGB* Stellungnahme, S. 34.

828 Vgl. *Seibert* NZG 2016, 16, 19.

829 S. dazu *Fuchs/Köstler/Pütz* Aufsichtsratswahl, Rn. 248; MünchKomm AktG/*Habersack* § 102 AktG Rn. 13; UHH/*Henssler* § 15 MitbestG Rn. 124; RVJ/*Raiser/Jacobs* § 6 MitbestG Rn. 31; i.E. auch MünchKomm GmbHG/*Spindler* § 52 GmbHG Rn. 190; a.A. *HLW* § 15 MitbestG Rn. 206; GroßKomm AktG/*Hopt/Roth/Peddinghaus* § 102 Rn. 60; KölnKomm AktG/*Mertens/Cahn* § 102 AktG Rn. 9; Spindler/Stilz/*Spindler* § 102 AktG Rn. 13; WKS/*Wißmann* § 15 MitbestG Rn. 148; Baumbach/Hueck/*Zöllner/Noack* § 52 GmbHG Rn. 194, 292.

830 § 15 Abs. 1 MitbestG, § 10c Abs. 1 MitbestErgG, § 6 Abs. 6 MontanMitbestG; dazu UHH/*Henssler* § 15 MitbestG Rn. 123; WKS/*Wißmann* § 15 MitbestG Rn. 147.

831 MünchKomm AktG/*Habersack* § 102 AktG Rn. 9; Henssler/Strohn/*Henssler* § 102 AktG Rn. 7; UHH/*Henssler* § 15 MitbestG Rn. 124; GroßKomm AktG/*Hopt/Roth/Peddinghaus* § 102 AktG Rn. 28; Spindler/Stilz/*Spindler* § 102 AktG Rn. 13; mit Beispiel WKS/*Wißmann* § 15 MitbestG Rn. 147 f.

zeitgleich stattfindenden Wahlen aber nicht zwingend so viele Personen wählen, wie zur (Gesamt-)Erfüllung der Quote erforderlich wären, wenn die Arbeitnehmerseite keine oder zu wenige Personen des passenden Geschlechts wählt. Deshalb ist unklar, ob die getrennte Betrachtung mit der Option eines Widerspruchs nach der zeitlich zuerst liegenden Wahl bei beiderseitigen Wahlen doch geboten sein kann und wie sie methodisch hergeleitet werden kann.

a) *Wortlaut*

Der Wortlaut von § 96 Abs. 2 Satz 3 AktG lässt die Auslegung zu, dass mit der „Wahl" die Wahl nur einer Seite gemeint ist.[832] Dagegen spricht zunächst auch nicht, dass die Rechtsfolge „für diese Wahl" angeordnet ist.[833] Damit kann ebenso die jeweils anstehende der beiden Wahlen gemeint sein. Die Formulierung, „von der Seite der Anteilseigner und der Seite der Arbeitnehmer getrennt zu erfüllen", deutet aber an, dass sich die Folge des Widerspruchs auf beide Seiten bezieht. Das ist auch notwendig, damit der Widerspruch grundsätzlich für beide Seiten verbindlich wird. Folgt man dem konsequent, muss der Widerspruch für eine Wahl der Hauptversammlung im *staggered board* vor Ablauf der Amtsperiode der Arbeitnehmervertreterinnen und -vertreter bis zur nächsten Arbeitnehmerwahl und wegen der Wahleinheit auch für die ebenfalls erfolgende Anteilseignerwahl gelten. Eine so weitgehende Bindung widerspricht allerdings dem Wortlaut, demzufolge der Widerspruch wegen der Geltung für „diese" Wahl vor jeder Wahl erneut erklärt werden muss. Den Wahlsystemen ist also bereits ein auf zwei Wahlen bezogener, nicht zu erreichender Gleichlauf immanent. Das grundsätzlich geltende Prinzip des Gleichlaufs der Wahlen führt sodann zu dem eigentlichen Problem, auf welchem der Ansatz der Einheitsbetrachtung beruht: Ein Widerspruch vor der zeitlich späteren Wahl müsste entweder Rückwirkung für die vorangegangene entfalten, um den Gleichlauf aufrechtzuerhalten, oder andernfalls eine Ausnahme vom Gleichlauf ermöglichen.

b) *Wirkrichtung des Widerspruchs*

Um zu klären, ob ein Widerspruch nach der Wahl der Arbeitnehmer aber vor der Wahl der Anteilseignerseite für dieselbe Amtsperiode möglich sein kann, muss deshalb zunächst die Rechtswirkung eines Widerspruchs für die vorangegangene Wahl ermittelt werden. In Betracht kommt eine Wirkung *ex tunc*. Die zeitlich erste Wahl, für die der Mindestanteil nach dem Widerspruch vor der zweiten Wahl

832 Zutreffend *Oetker* ZHR 179 (2015) 707, 722.

833 So aber NK-GA/*Heither/v. Morgen* § 7 MitbestG Rn. 20.

getrennt zu erfüllen ist, unterläge bei Verfehlung der Quote den Folgen des § 96 Abs. 2 Satz 6 AktG bzw. 18a MitbestG oder § 10f MitbestErgG. Weitere Ansätze wären die schwebende Unwirksamkeit der zeitlich ersten Wahl bis zum Überschreiten des letztmöglichen Widerspruchszeitpunkts bezogen auf die zweite Wahl oder der Bestandsschutz für die erste Wahl entsprechend § 96 Abs. 2 Satz 5 AktG bei späterem Widerspruch gegen die Gesamterfüllung vor der zweiten Wahl.

aa) Rückwirkende Getrennterfüllung für vorangegangene Wahl

Naheliegende Rechtsfolge ist die rückwirkende Getrennterfüllung, um im Fall eines kurzfristigen Widerspruchs vor der zweiten Wahl die Erfüllung der Quote zu gewährleisten. Ob die gegebenenfalls damit verbundene Folge der rückwirkenden Nichtigkeit einer Aufsichtsratswahl in der Rechtsnatur eines Widerspruchs angelegt sein kann, ist indes bedenklich. Bereits der Wortlaut „vor der Wahl" spricht dafür, dass der Widerspruch nur für die Zukunft erklärt werden kann und gerade nicht mit Wirkung *ex tunc*. Der für die Anfechtung eines Hauptversammlungsbeschlusses erforderliche Widerspruch (§ 245 I AktG) hat eine aufschiebende und keine rückwärtsgerichtete Wirkung. Ein Widerspruch wirkt außerdem auch in anderen Rechtsverhältnissen nicht *ex tunc*. Im Verwaltungsrecht ist er zum Beispiel ein Instrument, um die Wirkung eines Rechtsaktes aufschiebend zu hemmen (§ 80 I Abs. 1 Satz 1 VwGO). Ein Widerspruch hat in aller Regel die Funktion, gegen einen Status quo oder eine Handlung zu protestieren, und entfaltet seine Wirkung deshalb zukunftsgerichtet (vgl. § 613a BGB, § 574 BGB, § 899 BGB). Sowohl der Wortlaut als auch die Rechtsnatur sprechen deshalb gegen eine Rückwirkung des Widerspruchs, der zur Folge hätte, dass die vorangegangene Wahl der Getrennterfüllung unterfallen würde und somit im schlimmsten Fall (teil-)nichtig ist.

Zudem hat der Gesetzgeber einen speziellen Fall des späteren Widerspruchs gesetzlich geregelt: Verliert die übererfüllende Seite aus einem anderen Grund als der Quotenverfehlung ein zur Erfüllung beitragendes Mitglied, darf sie nun widersprechen, um nicht zwingend wieder übererfüllen zu müssen (§ 96 Abs. 2 Satz 5 AktG). Die dadurch eventuell entstehende Untererfüllung der anderen Seite wird aus Gründen des Bestandsschutzes hingenommen. Dies unterstützt die These, dass die Rückwirkung des Widerspruchs ausgeschlossen ist, weil sie systemwidrig wäre. Darüber hinaus ging der Gesetzgeber davon aus, dass die vorangehende Wahl die nachfolgende determiniert.[834] Eine Rückwirkung ist damit nicht vereinbar.

834 Begr. RegE, BT-Drucks. 18/3784, S. 124.

Die Wirkung *ex tunc* könnte aus teleologischen Gründen trotzdem geboten sein. Wie dargelegt, soll die Möglichkeit des Übergangs zur Getrennterfüllung die Seiten davor schützen, dass stets eine Seite die Untererfüllung der anderen ausgleichen muss, damit der Aufsichtsrat insgesamt das Mindestanteilsgebot erfüllt. Da sich dies, wie aufgezeigt, bei Wahlen beider Seiten zum Ende einer Amtsperiode nicht vor der ersten Wahl erkennen lässt, kann grundsätzlich nur ein späterer Widerspruch den Zweck der Wechselmöglichkeit erfüllen. Allerdings gebietet dies keine Rückwirkung, die mit Wortlaut und Rechtsnatur unvereinbar und zudem systemwidrig wäre. Diesen Zweck kann Bestandsschutz für die erste Wahl oder deren schwebende Unwirksamkeit ebenso gewährleisten. Im Ergebnis kann ein späterer Widerspruch deshalb nicht zurückwirken und somit nicht zur nachträglichen Getrennterfüllung einschließlich dann greifender Nichtigkeitsfolgen führen.

bb) Wirkung für die Zukunft und Bestandsschutz für vorangegangene Wahl

§ 96 Abs. 2 Satz 5 AktG zeigt, dass der Gesetzgeber den Fall bedacht hat, dass eine Seite zur (erneuten) Übererfüllung gezwungen wäre. Überlegenswert ist deshalb, ob ein Widerspruch zwischen den Wahlen *ex nunc* wirken und analog § 96 Abs. 2 Satz 5 AktG die Wirksamkeit der vorangegangenen Wahl schützen könnte. Zweifelhaft ist dabei bereits, ob überhaupt eine planwidrige Regelungslücke vorliegt. Der Gesetzgeber hat einen Fall zwingender Übererfüllung gesehen und geregelt, sieht den Widerspruch an der Stelle aber nur für andere Gründe als die Verfehlung der Quote vor. Unabhängig davon liegt auch keine vergleichbare Interessenlage vor. Zwar soll in beiden Fällen eine unter Geltung der Gesamterfüllung wirksame Wahl von einem späten Widerspruch unberührt bleiben, die entsprechende Anwendung auf Widersprüche zwischen den Wahlen soll jedoch nicht vermeiden, dass eine Seite ihre zunächst vorhandene Übererfüllung zwingend aufrechterhalten muss. Er soll eine durch die Gesamtbetrachtung vom Gesetzgeber als zulässig erachtete Übererfüllung von vornherein verhindern. Darüber hinaus gilt § 96 Abs. 2 Satz 5 AktG ausdrücklich nur in Fällen, in denen eine Nichtigkeit aus anderen Gründen als der Quotenverfehlung eintritt, aufgrund derer die Übererfüllung entfällt. Hier soll jedoch die Nichtigkeit wegen Nichterfüllung der Quote dadurch verhindert werden, dass der Übererfüllung vorgebeugt wird.

Die durch einen späteren Widerspruch und Bestandsschutz der vorangehenden Wahl mögliche Untererfüllung von Beginn an widerspricht auch der Intention des Gesetzgebers, nach der der Widerspruch den Wechsel in einen anderen

*Erfüllungs*modus, nicht jedoch zu einer Missachtung der Quote eröffnet.[835] Dem steht auch nicht entgegen, dass der Gesetzgeber bereits durch die Berechnung Untererfüllungen in Kauf genommen hat. Dies betrifft nur einige aus technischen Gründen unvermeidbare, im Vorhinein bekannte Fälle und nicht eine durch einseitige Willensbekundungen einer Seite im Nachhinein hervorgerufene, unvorhersehbare Zahl an Fällen. Die widersprechende Seite würde zudem bei entsprechender Anwendung in erheblichem Maße gegenüber dem regulären Anwendungsfall des § 96 Abs. 2 Satz 5 AktG privilegiert, was dem Grundgedanken der Gesamterfüllung widerspricht. Eine analoge Anwendung von § 96 Abs. 2 Satz 5 AktG kommt deshalb nicht in Betracht. Darüber hinaus würde ein späterer Widerspruch auch bei analoger Anwendung von § 96 Abs. 2 Satz 5 AktG dazu führen, dass die Quote nicht erfüllt wird, was dem Zweck des § 96 Abs. 2 Satz 1 AktG zuwiderläuft. Aus teleologischer Sicht verbleibt deshalb nur die einheitliche Betrachtung „der Wahl".[836]

c) Ergebnis

Der Widerspruch kann keine Wirkung *ex tunc* entfalten. Deshalb würde ein später Widerspruch, der die Übererfüllung vermeiden soll, jedenfalls zur Folge haben, dass eine Seite die Quote wegen des späten Wechsels des Erfüllungsmodus nicht erfüllt. Dies widerspricht sowohl dem Zweck des Gesetzes als auch der Intention des Gesetzgebers. Aus diesem Grund ist die in einem Wahlzeitraum erfolgende Wahl von Arbeitnehmer- und Anteilseignerseite als Einheit zu betrachten. Dieses Ergebnis wird auch in systematischer Hinsicht gestützt, da der Gesetzgeber die Aufsichtsratswahl in § 96 Abs. 2 Sätze 2 und 3 AktG einheitlich behandelt.[837]

Eine Möglichkeit für den Widerspruch nach dem ersten Wahlakt verbleibt auch bei einheitlicher Betrachtung: Liegt der letztmögliche Widerspruchszeitpunkt für den Wahlakt nach der Abstimmung als solche, könnte eine Getrennterfüllung für die gesamte Wahl gelten, wenn man annimmt, dass beide Wahlakte bis zur Feststellung der Ergebnisse des letzten Wahlakts schwebend unwirksam sind. Sind beide Seiten in der Lage, im Angesicht des Gesamtergebnisses durch ein Widerspruchsrecht noch die Getrennterfüllung mit allen Konsequenzen herbeiführen, würden weder die Einheitsbetrachtung der Wahl noch der Gleichlauf des Erfüllungsmodus dadurch gefährdet. Die Wahlordnungen sehen jedoch

---

835 So zutreffend *Röder/Arnold* NZA 2015, 279, 284 f.

836 So auch K.Schmidt/Lutter/*Drygala* § 96 AktG Rn. 46; i.E. *Oetker* ZHR 179 (2015) 707, 722 f.

837 WKS/*Wißmann* § 6 MitbestG Rn. 70.

vor, dass die Ergebnisse unverzüglich nach Ermittlung bekannt zu machen und die Gewählten zu benachrichtigen sind (§ 48 Abs. 1 und 2 1. WO MitbestG, §§ 52 Abs. 1, 86 Abs. 2 2. und 3. WO MitbestG, § 44 Abs. 1WO MitbestErgG). Zudem ist eine schwebende Unwirksamkeit der Wahl aus Gründen der Rechtssicherheit problematisch. Da in besonderen Einzelfällen sogar eine früher beginnende Wahl der Arbeitnehmer das Ende der Hauptversammlung und damit den Beginn der Amtszeit[838] überdauern kann, könnte die schwebende Unwirksamkeit zur Handlungsunfähigkeit des Aufsichtsrats führen. Es wäre nicht klar, wer letztlich wirksam gewählt ist, was Auswirkungen auf die Beschlussfähigkeit des Aufsichtsrats und die Wirksamkeit seiner Beschlüsse haben kann.

Außerdem hätte auch in diesem Fall eine Seite die Möglichkeit, die Wahl der anderen einseitig zu vernichten, wenn sie bei Getrenntbetrachtung erfüllt, die andere aber nicht. Darüber könnte höchstens die Maßgabe hinweghelfen, dass die Seiten einvernehmlich über den Widerspruch entscheiden müssen. Auch wenn der Widerspruch dann keine Wirkung *ex tunc* in der eben erörterten Weise entfaltet, hat die schwebende Unwirksamkeit zur Folge, dass bei Vernichtung der Gesamterfüllung zum letztmöglichen Zeitpunkt die vollständige Unwirksamkeit für die dann gegen die Mindestquote verstoßende Wahl eintritt. Dies ist *de facto* mit einer Rückwirkung vergleichbar. Vor dem Hintergrund der bisherigen Erkenntnisse zum Wortlaut und der Rechtsnatur des Widerspruchs ist ein solches Ergebnis jedoch selbst dann nicht hinnehmbar, wenn der Gleichlauf und die Erfüllung durch die dann für beide Seiten greifenden Rechtsfolgen gewahrt sind. Der Widerspruch kann deshalb nur vor der zeitlich zuerst stattfindenden Wahl erfolgen. Das weiterhin bestehende Problem, dass ohne spätere Widerspruchsmöglichkeit die vollständige Erfüllung der Quote auf die zuletzt wählende Seite entfallen kann, lässt sich nur über die Rechtsfolgen der Verfehlung bei Gesamterfüllung lösen.[839]

2. *Letztmöglicher Widerspruchszeitpunkt vor der zuerst stattfindenden Wahl*

Auch wenn der Widerspruchszeitpunkt vor der zuerst stattfindenden Wahl liegt, verbleibt die Frage, zu welchem Zeitpunkt der Widerspruch vor dieser Wahl spätestens erklärt werden muss. Vertreten wird sowohl die Möglichkeit eines Widerspruchs bis vor Beginn, also vor Einleitung des ersten Wahlverfahrens,[840]

---

838 So jedenfalls das Beispiel bei *Fuchs/Köstler/Pütz* Aufsichtsratswahl, Rn. 249.

839 S. dazu unten Kap. 3 § 9 II. 1. b).

840 *DGB* Stellungnahme, S. 35; NK-GA/*Heither/v. Morgen* § 7 MitbestG Rn. 20; *Oetker* ZHR 179 (2015) 707, 722; ErfK/*Oetker* § 96 AktG Rn. 8; *WKS/Wißmann* § 6 MitbestG

bis unmittelbar vor dem Wahlakt[841] oder bis zum Zeitpunkt der Ermittlung des Wahlergebnisses durch Verkündung des Wahlbeschlusses oder Feststellung des Wahlergebnisses.[842] Andere wollen den Widerspruch „jederzeit" ermöglichen.[843] Einigkeit besteht jedenfalls darüber, dass es nicht auf die Annahme der Wahl ankommt.[844] Aus Gründen der Rechtssicherheit muss die Widerspruchserklärung jedenfalls vor der Bekanntgabe der Wahlergebnisse erfolgen.[845]

Teilweise wird angenommen, ein Widerspruch solle wegen § 124 Abs. 2 Satz 4 AktG, § 18a MitbestG und § 5a MontanMitbestG jedenfalls dann nicht mehr möglich sein, wenn die jeweilige Seite die Wahl ihrer Vertreter bereits eingeleitet hat.[846] Allerdings ist selbst dieser Zeitpunkt zweierlei Auslegung zugänglich. Einleitung der Wahl kann zwar, wie von den Vertretern der Ansicht beabsichtigt, die Einleitung des Wahlverfahrens bedeuten, also die Wahl im weiteren Sinne und damit den frühestmöglichen Zeitpunkt der Wahlbekanntmachung. Allerdings kann „Einleitung der Wahl" nach einem engeren Begriffsverständnis auch die Wahl im engeren Sinne und damit die Abstimmung an sich meinen.

a) Beginn des Wahlverfahrens oder Bekanntmachung der Wahl

Für Wahlen im Geltungsbereich des MitbestG und des MitbestErgG beginnt das Wahlverfahren mit der Bekanntmachung des Unternehmens, dass Aufsichtsratsmitglieder der Arbeitnehmer zu wählen sind (§ 2 1., 2. und 3. WO MitbestG, § 1 WO MitbestErgG). Bereits diese Mitteilung muss Angaben über den Erfüllungsmodus enthalten (§ 2 Abs. 1 Nr. 4 1., 2. und 3. WO MitbestG, § 1 Abs. 1 Nr. 4 WO MitbestErgG). Für die Wahlen der Arbeitnehmer nach dem MitbestG und MitbestErgG sind die Wahlvorschläge in der Mitteilung über die Wahl noch nicht enthalten, weil diese erst innerhalb von sechs Wochen nach einer weiteren Bekanntmachung über die Einreichung von Wahlvorschlägen eingereicht werden müssen (§ 24 Nr. 8 1. WO MitbestG, § 26 Nr. 7 2. und 3. WO MitbestG, § 24 Abs. 2 WO MitbestErgG).

Rn. 70; wohl auch, aber wegen Auseinanderfallens der Einleitung und den Wahlvorschlägen auf AN-Seite nur für die Anteilseignerseite K.Schmidt/Lutter/*Drygala* § 96 AktG Rn. 45; *Grobe* AG 2015, 289, 292.

841 *Röder/Arnold* NZA 2015, 279, 284; *Schulz/Ruf* BB 2015, 1155, 1157; Hohenstatt/Seibt/*Seibt/Kraack* Geschlechterquoten, Rn. 131 ff.

842 Nachw. dazu s. oben Fn 447.

843 Spindler/Stilz/*Spindler* § 96 AktG Rn. 33; so auch *Grobe* AG 2015, 289, 292.

844 *Grobe* AG 2015, 289, 292; *Schulz/Ruf* BB 2015, 1155, 1158.

845 Zutreffend *Oetker* ZHR 179 (2015) 707, 723; dahin gehend auch *Fuchs/Köstler/Pütz* Aufsichtsratswahl, Rn. 733 „sollte".

846 So ErfK/*Oetker* § 96 AktG Rn. 8; *ders.* ZHR 179 (2015) 707, 722.

Die Wahl der Anteilseignerseite muss zusammen mit der Einberufung der Hauptversammlung mindestens 30 Tage vor dem Tag der Versammlung bekannt gemacht werden (§§ 121 ff. AktG). Die Bekanntmachung muss ebenfalls Angaben zum Erfüllungsmodus enthalten (§ 124 Abs. 2 Satz 2 Nr. 1 AktG). Darüber hinaus hat sie auch die Wahlvorschläge des Aufsichtsrats für die Anteilseignervertreterinnen und -vertreter zu enthalten (§ 124 Abs. 3 Satz 1 AktG). Ob die Wahlvorschläge der Betriebsräte, an die die Hauptversammlung gebunden ist (§§ 6, 8 MontanMitbestG), im Zeitpunkt der Bekanntmachung vorliegen und in ihr enthalten sein müssen, ist weder geregelt, noch wird es thematisiert.[847] Wegen deren Verbindlichkeit ist dies auch grundsätzlich nicht von Bedeutung, für die Entscheidung über einen Widerspruch(-szeitpunkt) jedoch schon. Aus der Pflicht zur Bekanntmachung des Erfüllungsmodus könnte sich ergeben, dass der Widerspruch bis zu diesem Zeitpunkt vorliegen muss, um zur Erfüllung beitragende Wahlvorschläge zu gewährleisten. Andererseits könnte sich die Anforderung an die Bekanntmachungen auch lediglich auf bisher erfolgte Widersprüche beziehen.[848]

Der Wahlakt an sich findet jedoch zu einem deutlich späteren Zeitpunkt statt. Die Abstimmung über die Mitglieder der Arbeitnehmer findet unabhängig vom Wahlverfahren zwei Wochen nach Bekanntmachung der gültigen Wahlvorschläge statt (§ 37 Abs. 2 2. und 3. WO MitbestG). Der Wahlakt für die Anteilseignerseite erfolgt im Rahmen der Hauptversammlung (§ 101 Abs. 1 Satz 1 AktG). Zwischen der Bekanntmachung und dem Wahlakt liegen folglich 30 Tage (§ 123 Abs. 1 S. 1 AktG). Da die Wahlen unterschiedlich strukturiert sind, müssen Anteilseigner- und Arbeitnehmerseite getrennt untersucht werden.

aa) Wahl der Anteilseignerseite

Hinsichtlich der Wahl der Anteilseignervertreterinnen und -vertreter kommen verschiedene Zeitpunkte für die späteste Widerspruchserklärung in Betracht. Zum einen könnte der Widerspruch bis zum Beginn der Abstimmung in der Hauptversammlung oder sogar bis zur Beschlussfeststellung erfolgen.[849] Er könnte jedoch auch zeitlich deutlich vorher mit Beschluss des Aufsichtsrats über

847 § 124 Abs. 3 Satz 3 AktG bestimmt nur, dass die Bekanntmachung keine Vorschläge des Aufsichtsrats enthalten kann, wenn die Hauptversammlung bei der Wahl von Aufsichtsratsmitgliedern nach § 6 des MontanMitbestG an Wahlvorschläge gebunden ist.

848 *Röder/Arnold* NZA 2015, 279, 284; *Stüber* CCZ 2015, 38 dort in Fn. 11.

849 *Stüber* CCZ 2015, 38 dort in Fn. 11; für die Beschlussfeststellung *Schulz/Ruf* BB 2015, 1155, 1158; gegen die grundsätzliche Zulässigkeit dieser Zeitpunkte *Grobe* AG 2015, 289, 292.

den Wahlvorschlag erfolgen müssen.[850] Letzteres indizieren § 124 Abs., 2 Satz 2 AktG n.F. und der neu eingefügte § 127 Satz 4 Nr. 2 AktG. Diesen zufolge muss im Wahlvorschlag angegeben sein, ob die Vorgaben von § 96 Abs. 2 AktG eingehalten wurden und ob der Gesamterfüllung widersprochen wurde.

(1) Zeitpunkt der Beschlussfeststellung in der Hauptversammlung

Dafür, den Zeitpunkt der Beschlussfeststellung in der Hauptversammlung als letztmöglichen Widerspruchszeitpunkt anzusehen, spricht, dass die Wahl zum Aufsichtsratsmitglied durch die Hauptversammlung erst mit der Feststellung des Wahlergebnisses durch den Vorsitzenden wirksam ist (vgl. § 130 Abs. 2 AktG).[851] Der Widerspruch würde also jedenfalls vor Abschluss der Wahl erfolgen. Dem steht jedoch der Wortlaut von § 96 Abs. 2 Satz 3 AktG entgegen, der einen Widerspruch vor der *Wahl* erfordert. Unter Wahl ist die Abstimmung über die Berufung bestimmter Personen in bestimmte Ämter zu verstehen.[852] Wenn die Abstimmung jedoch vollständig erfolgt ist und die Ergebnisse rechnerisch ermittelbar sind, liegt die Wahl im eigentlichen Sinne bereits zurück. Bei Heranziehung dieses Zeitpunktes würden zudem Probleme auftreten, weil bei Durchführung der Wahl auf die Gesamterfüllung vertraut werden durfte und diese Legitimationsgrundlage nach dem eigentlichen Wahlvorgang einseitig durch einen Widerspruch vernichtet werden könnte.

Bereits die Rückwirkung eines Widerspruchs ist jedoch, wie dargelegt, seiner Rechtsnatur nach ausgeschlossen. Darüber hinaus würde in diesem Fall eine nach den vor der Abstimmung geltenden Modalitäten rechtsgültige und demokratisch legitimierte Wahl der Hauptversammlung in das einseitige Ermessen einer Gruppe von Personen gestellt, die gegebenenfalls nicht von durch die Hauptversammlung gewählten Personen legitimiert ist.[853] Dagegen sind insbesondere mit Blick auf Art. 14 GG erhebliche verfassungsrechtliche Bedenken zu erheben: Die Wahlfreiheit der Hauptversammlung würde dadurch faktisch beseitigt. Im Ergebnis ist deshalb ein Widerspruch nach der eigentlichen Abstimmung ausgeschlossen.

---

850 *Grobe* AG 2015, 289, 292.

851 Ganz hM vgl. nur Hüffer/Koch/*Koch* § 130 AktG Rn. 22; MünchKomm AktG/*Kubis* § 130 AktG Rn. 62; Spindler/Stilz/*Wicke* § 130 AktG Rn. 52 jeweils mwN.

852 Duden, Stichwort ‚Wahl'.

853 Wenn nämlich die Arbeitnehmerseite widerspricht; im Ergebnis die Richtung auch *Stüber* CCZ 2015, 38 dort in Fn. 11.

(2) Wahl im engeren Sinne oder Beschlussfassung über die Wahlvorschläge

Mögliche Zeitpunkte sind somit der Widerspruch zwischen Beschluss des Aufsichtsrats und Abstimmung der Hauptversammlung über die Wahlvorschläge und der Widerspruch vor Beschluss des Aufsichtsrats über die Wahlvorschläge. Beide Zeitpunkte liegen vor der Abstimmung der Hauptversammlung und sind deshalb vom Wortlaut erfasst. Ausweislich der Gesetzesbegründung zu § 124 Abs. 2 Satz 2 AktG n.F., soll durch die Angaben zur Quote in der Bekanntmachung der Hauptversammlung eine sachgerechte Vorbereitung auf die Aufsichtsratswahl ermöglicht werden.[854] Zudem soll diese Vorschrift klarstellen, dass nicht erst die Wahl, sondern auch der Wahlvorschlag des Aufsichtsrates den Anforderungen des § 96 Abs. 2 AktG genügen muss.[855] Nach der Vorstellung des Gesetzgebers soll ein Widerspruch also nur bis zu diesem Zeitpunkt möglich sein.

Allerdings haben Aktionäre das Recht, bis 14 Tage vor der Hauptversammlung eigene Vorschläge einzureichen (§ 127 Abs. 1 Satz 1 i.V.m. § 126 Abs. 1 Satz 1 AktG). Liegen die Voraussetzungen des § 137 AktG vor, können sie zudem eine bevorzugte Behandlung des Antrags erreichen. Sogar im Rahmen der Hauptversammlung gestellte Anträge werden noch für zulässig gehalten.[856] Die sich daraus möglicherweise ergebende Änderung der Abstimmungsreihenfolge kann Auswirkungen auf die Einhaltung des Mindestanteilsgebots haben. Die Wählbarkeit des vom Aufsichtsrat vorgelegten Wahlvorschlags könnte dadurch zumindest teilweise wegen eines ansonsten eintretenden Gesetzesverstoßes aufgehoben werden. Die Vorstellung des Gesetzgebers, dass sich die Hauptversammlung sachgerecht vorbereiten lässt, ist also bereits im Kontext der gesetzlichen Regelungen zu Wahlvorschlägen zur Aufsichtsratswahl nur bedingt umsetzbar. Die weitere Intention, dass der Vorschlag den Anforderungen des § 96 Abs. 2 AktG entsprechen muss, bleibt auch bei einem späteren Widerspruch unberührt. Darüber hinaus ist die Hauptversammlung trotz etwaiger faktischer Kooptationen[857] in ihrer Entscheidung grundsätzlich frei und kann deshalb auch von den Wahlvorschlägen des Aufsichtsrats abweichen.[858]

---

854 Begr. RegE, BT-Drucks. 18/3784, S. 124.

855 Begr. RegE, BT-Drucks. 18/3784, S. 124.

856 Hölters/*Simons* § 101 AktG Rn. 10; GroßKomm AktG/*Hopt/Roth* § 101 AktG Rn. 70, dann jedoch ohne die Rechte aus §§ 126 f., 137 AktG.

857 *Hommelhoff* ZGR 1983, 551, 586 f.; *Lutter* ZIP 2003, 417, 419.

858 Grigoleit/*Grigoleit/Tomasic* § 101 AktG Rn. 3; Henssler/Strohn/*Henssler* § 101 AktG Rn. 2.

Sogar der Aufsichtsrat selbst kann von seinem Beschlussvorschlag im Einzelfall abweichen.[859] Dass dafür keine weiteren Voraussetzungen vorliegen müssen, wie etwa neue bzw. erst dann bekannt gewordene Tatsachen oder ein sachlicher Grund, ist inzwischen anerkannt.[860] Der Aufsichtsrat ist grundsätzlich an seine Vorschläge gebunden,[861] sodass die Anteilseignervertreterinnen und -vertreter deshalb nur bis zum Beschluss des Aufsichtsrates über den Wahlvorschlag widersprechen können. Auch die Bekanntmachung von „taktischen Beschlussvorschlägen“[862], von denen der Aufsichtsrat in der Hauptversammlung völlig abweicht, verbietet sich schon vor dem Hintergrund der Treuepflicht und des Missbrauchsverbots, sodass die Abweichung nicht besonders begründet werden müsste.[863] Dass die Aufsichtsratsmitglieder von einem Beschlussantrag durch einen Widerspruch abweichen wollen, an dem sie mitgewirkt haben, ohne dass weitere Umstände hinzutreten, ist zudem unwahrscheinlich. Sollten sich jedoch durch (aussichtsreiche) Vorschläge von Aktionären Verschiebungen bei der Mandatsbesetzung ergeben, die die Erfüllung der Quote gefährden könnten, muss der Anteilseignerseite ein Widerspruch vor der Abstimmung ermöglicht werden. In einem solchen Fall liegt zudem ein sachlicher Grund für die Abweichung vor.

Beispiel: In einem 16-köpfigen Aufsichtsrat hatte die Arbeitnehmerseite bei der letzten Wahl zwei Mitglieder des unterrepräsentierten Geschlechts gewählt. Nun müssen turnusgemäß vier Anteilseignervertreterinnen bzw. -vertreter gewählt werden, wohingegen die Amtszeit der Arbeitnehmerseite noch nicht beendet ist. Unter Geltung der Gesamterfüllung muss die Hauptversammlung drei Mitglieder des unterrepräsentierten Geschlechts bestellen. Der entsprechende Vorschlag des Aufsichtsrats sieht eine Verteilung 3:1 vor. Im Zuge der durch den DCGK empfohlenen Idealbesetzung nach Kompetenzen hat der Aufsichtsrat alle Personen wegen einer jeweils besonderen, für die Zusammensetzung

---

859 Statt aller: Hüffer/Koch/*Koch* § 124 AktG Rn. 17; MünchKomm AktG/*Kubis* § 124 AktG Rn. 49; Spindler/Stilz/*Rieckers* § 124 AktG Rn. 26 jeweils mwN; mit Bezug zum Widerspruch: *Grobe* AG 2015, 289, 292.

860 Hüffer/Koch/*Koch* § 124 AktG Rn. 17; *Kocher* AG 2013, 406, 410; KölnKomm AktG/*Noack/Zetzsche* § 124 AktG Rn. 62; Spindler/Stilz/*Rieckers* § 124 AktG Rn. 26; GroßKomm AktG/*Werner* § 124 AktG Rn. 80 f.; *Wieneke* FS Schwark 2009, S. 305, 312 f.

861 Hüffer/Koch/*Koch* § 124 AktG Rn. 17; *Kocher* AG 2013, 406, 410; KölnKomm AktG/*Noack/Zetzsche* § 124 AktG Rn. 62; Spindler/Stilz/*Rieckers* § 124 AktG Rn. 26; GroßKomm AktG/*Werner* § 124 AktG Rn. 80 f.; *Wieneke* FS Schwark 2009, S. 305, 312 f.

862 Begriff bei MünchKomm AktG/*Kubis* § 124 AktG Rn. 49.

863 A.A. *Arnold/Carl/Götze* AG 2011, 349, 354 f.; Hölters/*Drinhausen* § 124 AktG Rn. 22; MünchKomm AktG/*Kubis* § 124 AktG Rn. 49; K.Schmidt/Lutter/*Ziemons* § 124 AktG Rn. 78 f.

des Gesamtaufsichtsrats wichtigen Qualifikation ausgewählt. Nach Beschluss des Wahlvorschlags werden zwei Gegenvorschläge vonseiten der Aktionäre eingereicht. Es handelt sich um je eine Frau und einen Mann, die ebenfalls hervorragend qualifiziert sind und zu einer ausgewogenen Zusammensetzung beitragen würden. Beide weisen jedoch nicht eine spezielle vom Aufsichtsrat für sinnvoll erachtete Qualifikation auf. Beide Vorgeschlagenen haben gute Chancen. Über den Kandidaten oder die Kandidatin des unterrepräsentierten Geschlechts muss zudem wegen § 137 AktG zuerst abgestimmt werden. Die Anteilseignerseite entschließt sich deshalb, der Gesamterfüllung zu widersprechen, um im wahrscheinlichen Fall des Wahlerfolgs dennoch die Möglichkeit zu haben, aus Gründen des Unternehmensinteresses die vom Aufsichtsrat vorgesehenen Personen des überrepräsentierten Geschlechts wählen zu lassen.

Unabhängig davon, wie wahrscheinlich eine solche Situation tatsächlich ist, muss sie rechtssicher aufzulösen sein. Die Aktionäre können im Eigeninteresse wählen, wen sie für einen Aufsichtsratssitz vorsehen. Der Aufsichtsrat hingegen muss das Unternehmenswohl bei seinen Vorschlägen berücksichtigen. Wenn ein Kandidat aus Gründen des Unternehmensinteresses besonders geeignet ist und der Widerspruch eine im Rahmen der gesetzlich vorgesehenen Möglichkeiten interessengerechte Lösung bietet, darf dies nicht an einem frühen Widerspruchszeitpunkt scheitern können, der kurzfristige Umstände, wie konkurrierende Wahlvorschläge, nicht berücksichtigen kann.

Für den Fall, dass beide Seiten wählen, die Wahl der Hauptversammlung wegen Verzögerungen des Ablaufs auf Arbeitnehmerseite jedoch vor derjenigen der Arbeitnehmer stattfindet, müssen die Arbeitnehmervertreterinnen und -vertreter trotzdem die Möglichkeit haben, auf eine solche Situation zu reagieren, wenn sich abzeichnet, dass wegen aussichtsreicher Aktionärsvorschläge eine Übererfüllung durch die Arbeitnehmerseite unumgänglich ist. Dies muss jedenfalls für Vorschläge gelten, die innerhalb der Frist des § 126 Abs. 1 Satz 1 AktG bekannt werden, weil hier eine vergleichbare Interessenlage besteht wie bei Beschluss über die Wahlvorschläge. Wenn die Anteilseignerseite zuerst wählt, können beide Seiten folglich auch nach Beschluss des Aufsichtsrats über den Wahlvorschlag, aber vor der Abstimmung der Hauptversammlung der Gesamterfüllung widersprechen.

Gegen einen Widerspruch nach Beschluss des Aufsichtsrats über die Wahlvorschläge wird weiterhin eingewandt, dass dieser die Dauer des Kandidatenauswahlprozesses gegebenenfalls erheblich verlängern könnte.[864] Dies ist allerdings ein systemimmanentes Problem, welches nicht ausreicht, um den Widerspruchszeitpunkt im Ergebnis unsachgemäß weit vorzuverlegen. Zum einen stellt sich die Frage, wie eine angemessene Reaktion auf den Widerspruch

864 *Herb* DB 2015, 964, 965; *Junker/Schmidt-Pfitzner* NZG 2015, 929, 931.

zum Beispiel auf Arbeitnehmerseite aussehen soll, weil die Wahlergebnisse aufgrund des *d'Hondtschen* Höchstzahlenverfahrens nicht vorhersehbar sind und darüber hinaus Verteilungsmechanismen vorhanden sind. Zum anderen wird sich das Problem im Ernstfall über die Rechtsfolgen beheben lassen müssen.

(3) Zusammenfassung

Es kann jedenfalls im Einzelfall erforderlich sein, dass der letztmögliche Widerspruchszeitpunkt vor der Abstimmung der Hauptversammlung, aber nach dem Beschluss des Aufsichtsrats über die Wahlvorschläge liegt. Da diese Möglichkeit sowohl vom Wortlaut gedeckt ist, als auch dem Sinn und Zweck der Widerspruchsmöglichkeit entspricht, ist sie zulässig. Die Grenze ist bei einer missbräuchlichen Ausnutzung des Widerspruchsrechts zu ziehen.

bb) Wahl der Arbeitnehmerseite nach dem MitbestG

Wie bei der Wahl der Anteilseignervertreter in der Hauptversammlung kommen hinsichtlich der Wahlen der Arbeitnehmervertreter ebenfalls verschiedene Zeitpunkte für den letztmöglichen Widerspruch in Betracht. Zu nennen sind hier die Feststellung des Wahlergebnisses durch den Wahlvorstand[865] und die Unternehmensmitteilung über die Mandatszahl gem. § 2 Abs. 1 Nr. 2 WO MitbestG[866]. Darüber hinaus könnte ein Widerspruch auch bis zum Beginn des für die Stimmabgabe vorgesehenen Zeitraums möglich sein.

Ein Widerspruch bis zur Ermittlung oder Bekanntgabe der Ergebnisse durch den Wahlvorstand ist auch hier unzulässig, da die Abstimmung, also die Wahl im engeren Sinne, bereits erfolgt ist. Dies ist das einzige sachgerechte Ergebnis, weil sich das Abstimmungsverfahren über einen Zeitraum von mehreren Wochen erstreckt. Angesichts der Tatsache, dass die Bekanntmachungen zur Aufsichtsratswahl der Arbeitnehmer noch keine Wahlvorschläge enthalten, ist dieser Zeitpunkt im Vergleich zu beiden für die Anteilseignerseite vorgeschlagenen Zeitpunkten zu weit vorgelagert. Zwar haben die Wahlvorschläge je nach Anzahl und Verteilung der Kandidatinnen und Kandidaten auf den Listen nur sehr begrenzte Prognosekraft, allerdings muss dem Sinn und Zweck des Widerspruchs entsprechend die Anteilseignerseite ebenfalls die Möglichkeit haben, vor der Wahl zu widersprechen. § 46b 1. WO MitbestG bestimmt, dass unabhängig vom Geschlecht so viele Personen gewählt sind, wie Plätze vorhanden sind

865 Dafür *Schulz/Ruf* BB 2015, 1155, 1158; *Seibt* ZIP 2015, 1193, 1198; Hohenstatt/Seibt/*Seibt/Kraack* Geschlechterquoten, Rn. 131.

866 Vgl. dazu *Fuchs/Köstler/Pütz* Rn. 737; *Grobe AG* 2015, 289, 292; dafür auch UHH/*Henssler* § 7 MitbestG Rn. 91.

(s. auch § 84b 2. und 3. WO MitbestG, § 42b WO MitbestErgG). Bei Gesamterfüllung würde der Wahlvorstand deshalb alle Vorschläge für gültig erklären (müssen). Dies ist insbesondere von Bedeutung, wenn die Vorschläge zum Beispiel so wenige Personen des unterrepräsentierten Geschlechts an aussichtsreicher Stelle vorsehen, dass im Zweifelsfall die Erfüllung des Mindestanteils allein der Anteilseignerseite zufällt.

Um dies dem Zweck des Widerspruchs entsprechend verhindern zu können, ist ein Widerspruch vor der Wahl und nach der Aufstellung der Wahlvorschläge noch sachgerecht. Dies gilt vor allem, weil durch die Ermittlung der Ergebnisse diejenigen Personen, die das passende Geschlecht aufweisen, aber nicht die meisten Stimmen oder Höchstzahlen erreicht haben, nach dem Mechanismus des § 18a MitbestG sowie der §§ 46c 1. WO MitbestG, 84c 2. und 3. WO MitbestG sowie 42c WO MitbestErgG an die Stelle der eigentlich gewählten treten. Die Wahlfreiheit der Arbeitnehmerinnen und Arbeitnehmer bleibt dennoch erhalten und eine drohende Nichtigkeit wird durch die für den Fall der Getrennterfüllung vorhandenen Mechanismen aufgefangen. Gleichfalls soll es der Widerspruch zu diesem Zeitpunkt auch der Anteilseignerseite ermöglichen, bei wegen der Wahlvorschläge möglicher Übererfüllung oder Alleinerfüllung von der Gesamterfüllung abzuweichen. Dass ein Widerspruch nur der Seite zustehen soll, die unter den Folgen der Gesamterfüllung in Schwierigkeiten geraten kann, ergibt sich nicht aus § 96 Abs. 2 Satz 3 AktG, der es jeder Seite vor jeder Wahl ermöglicht, ohne weitere Voraussetzungen zu widersprechen.

Teilweise wird angenommen, ein Widerspruch nach Bekanntmachung der Wahlvorschläge diene dazu, die nicht erfüllende Seite zu schwächen und sei somit missbräuchlich.[867] Wie dargelegt, können jedoch auch Fälle eintreten, in denen dies nicht der Fall ist. Darüber hinaus liegt die Grenze der Widerspruchsmöglichkeit stets bei einem Missbrauch.

cc) Wahl von Arbeitnehmervertreterinnen und -vertretern durch die Hauptversammlung

Die Wahl der Arbeitnehmervertreterinnen und -vertreter in nach dem MontanMitbestG mitbestimmten Unternehmen folgt einem anderen Mechanismus, der sich auch auf den Widerspruchszeitpunkt auswirkt: Zunächst wählen die Betriebsräte zwei der in § 4 Abs. 1 lit. b MontanMitbestG bezeichneten Mitglieder und legen das Ergebnis den in den Betrieben vertretenen Gewerkschaften und deren Spitzenorganisationen vor (§ 6 Abs. 1 und 2 MontanMitbestG).

867 *Grobe* AG 2015, 289, 292.

Sofern diese keinen Einspruch erheben (§ 6 Abs. 3 MontanMitbestG), steht der Vorschlag fest. Gewerkschaften und Spitzenorganisationen legen ihrerseits den Betriebsräten Vorschläge für die weiteren zwei Mitglieder und das weitere Mitglied i.S.v. § 4 Abs. 1 lit. b MontanMitbestG vor (§ 6 Abs. 3 und 4 MontanMitbestG). Sie sollen bei ihren Vorschlägen Minderheiten in den Betrieben entsprechend berücksichtigen. Aus diesen Vorschlägen wählen die Betriebsräte die zur Komplettierung des Wahlvorschlags noch benötigten Personen aus und leiten den gesamten Wahlvorschlag der Hauptversammlung zu (§ 6 Abs. 5 und 6 MontanMitbestG). Der Vorschlag ist bindend (§ 6 Abs. 7 MontanMitbestG).

Gem. § 6 Abs. 6 MontanMitbestG muss der Vorschlag im Fall der Getrennterfüllung den Vorgaben des § 5a MontanMitbestG (Mindestquote von 30 Prozent im Fall des § 96 Abs. 2 Satz 3 AktG) entsprechen. Aus diesem Grund sieht das MontanMitbestG auch keine Rechtsfolge im Fall des Nichterreichens der Quote vor. Wegen der gegenseitigen Abstimmungspflichten müssen Betriebsräte und Gewerkschaften die Verteilung der quotierten Vorschläge untereinander bestimmen. § 6 Abs. 3 Satz 2 2. Hs. MontanMitbestG könnte im Zweifelsfall die Gewerkschaften zur Benennung von Personen des unterrepräsentierten Geschlechts (welches momentan in der Regel auch in den Betrieben unterrepräsentiert ist) verpflichten.[868]

Für den Widerspruchszeitpunkt ergibt sich aufgrund des skizzierten Verfahrens ein Problem. Die Mitglieder der Arbeitnehmerseite werden formal von der Hauptversammlung gewählt. *De facto* handelt es sich dabei jedoch um eine Bestätigung der Wahl der Betriebsräte. Wegen der Bindungswirkung des § 6 Abs. 7 MontanMitbestG und der Vorgabe in § 6 Abs. 6 MontanMitbestG kann die Wahl in der Hauptversammlung für die Arbeitnehmerseite nicht die Wahl im Sinne des § 96 Abs. 2 Satz 3 AktG sein. Die eigentliche Wahl der Aufsichtsratsmitglieder, bei der sich die Zusammensetzung nach Geschlechtern entscheidet, erfolgt durch die Betriebsräte (§ 6 Abs. 1 und 5 MontanMitbestG). Schwierigkeiten bereitet außerdem, dass nicht bekannt ist, wann der Vorschlag an die Hauptversammlung erfolgt und wann die Mitglieder der Arbeitnehmerseite von den Betriebsräten gewählt werden. Dementsprechend ist auch nicht klar, ob der Vorschlag der Anteilseignerseite zu dem Zeitpunkt bereits vorliegt oder nicht. Jedenfalls ist nach dem hier vertretenen Verständnis die zuerst

---

868 Zur Lösung mittels analoger Anwendung der Mechanismen von § 18a MitbestG und § 10f MitbestErgG s. ausf. *Oetker* ZHR 179 (2015) 707, 735 f.; GroßKomm AktG/*Oetker* § 6 MontanMitbestG Rn. 16; zust. WKS/*Wißmann* § 6 MontanMitbestG Rn. 18.

stattfindende Wahl i.S.v. § 96 Abs. 2 Satz 3 stets diejenige der Arbeitnehmervertreter. Ein Widerspruch muss also vor dieser stattfinden.

Aus systematischen Gründen ist der Widerspruch somit nur bis zur Abstimmung der Betriebsräte nach § 6 MontanMitbestG möglich, da diese zeitlich zuerst stattfindet. Ansonsten können die Betriebsräte nicht entsprechend dem jeweils geltenden Erfüllungsmodus abstimmen und würden gegebenenfalls einen Wahlvorschlag vorlegen, der nicht der Vorgabe in § 5a MontanMitbestG entspricht.

b) Zwischenergebnis

Bedingt durch die verschiedenen Wahlmechanismen und -konstellationen muss der letztmögliche Widerspruch zu einem Zeitpunkt liegen, der für die Wahl hinreichend Rechtssicherheit gewährt und dennoch beiden Seiten hinreichende Flexibilität und Reaktionsfähigkeit überlässt, damit er seinem Zweck gerecht wird. Ein zu weit vorgelagerter letzter Widerspruchszeitpunkt könnte dazu führen, dass zur Erlangung größtmöglicher Rechtssicherheit stets widersprochen wird und somit der Regelfall der Gesamterfüllung leerläuft. Dies kann nicht im Sinne des Gesetzgebers gewesen sein und ist im Hinblick auf die anderen möglichen Zeitpunkte auch nicht erforderlich.

Wegen seiner Rechtsnatur kann der Widerspruch nur *ex nunc* wirken. Dementsprechend kann bei Wahlen beider Seiten nur vor der zeitlich zuerst stattfindenden Wahl widersprochen werden. Allein dies verhindert eine wegen der Wirkrichtung des Widerspruchs ansonsten entstehende sanktionslose Lücke. Dabei kann der Widerspruch von beiden Seiten erklärt werden. Ein Widerspruch kann wegen des eindeutigen Wortlauts von § 96 Abs. 3 Satz 3 AktG nur bis zur Wahl im eigentlichen Sinne, also bis zur Abstimmung erklärt werden. Der letztmögliche Zeitpunkt liegt folglich zwischen der Bekanntmachung der Wahlvorschläge und der Abstimmung. Nur dieser Zeitpunkt ermöglicht es beiden Seiten, eine rechtssichere Wahl durchzuführen und zugleich auf bestimmte, durch die Wahlvorschläge ausgelöste Gegebenheiten zu reagieren.

Einen Sonderfall stellt die Wahl der Arbeitnehmervertreterinnen und -vertreter in Aufsichtsräten dar, für die das MontanMitbestG gilt. Hier muss der Widerspruchszeitpunkt wegen der Bindungswirkung des § 6 Abs. 7 MontanMitbestG auf die Wahlen zum Wahlvorschlag vorverlegt werden. Nur durch diese Abstimmungen kann noch Einfluss auf die Zusammensetzung der Arbeitnehmerseite nach Geschlechtern ausgeübt werden. Weil auch diese Zeitpunkte für die Wahlergebnisse und die daraus folgende Zusammensetzung des Aufsichtsrats keine hinreichende Planungssicherheit ermöglichen können, muss die Praxis stets den für sie im Rahmen der hier ermittelten rechtlich zulässigen Gegebenheiten besten Weg finden. Eine Möglichkeit besteht darin, entweder vorsorglich die Getrennterfüllung sicherzustellen oder vor jeder Wahl einen Verzicht auf das Widerspruchsrecht einzuholen.[869]

VI. Rechtsstellung der Bänke als autonome Teilorgane

Das Widerspruchsrecht können gem. § 96 Abs. 2 Satz 3 AktG nur die „Seite" der Anteilseigner- oder Arbeitnehmervertreter ausüben. Dies schließt einen selbstständigen Widerspruch durch einzelne Aufsichtsratsmitglieder aus.[870] Da jede „Seite" des Aufsichtsrats gem. § 96 Abs. 2 Satz 3 AktG einen Beschluss fassen und eine rechtswirksame Erklärung abgeben kann, wird teilweise angenommen, der Gesetzgeber habe dadurch die beiden Aufsichtsratsseiten als autonome Teilorgane anerkannt. Es wird diskutiert, wie mit dieser Rechtsstellung angesichts fehlender weiterer Reglungen umzugehen ist.[871]

Das Aktienrecht sieht bisher keine autonome Rechtsstellung der einzelnen Bänke des Aufsichtsrates vor, wenn der Aufsichtsrat auch aus Mitgliedern der Arbeitnehmer zu bestehen hat. Gleichwohl sehen verschiedene Normen des Aktienrechts und des Mitbestimmungsrechts sowie Empfehlungen DCGK einzelne Beschlussfassungen für die jeweiligen Seiten vor. Der Gesetzgeber erkennt in § 27 Abs. 2 MitbestG, § 32 Abs. 2 Satz 2 MitbestG sowie § 124 Abs. 3 Satz 5 AktG an, dass beide Seiten in bestimmten Fällen selbstständig Beschlüsse fassen oder über bestimmte Sachverhalte abstimmen können. Darüber hinaus regt Ziff. 3.6 DCGK (2015) an, dass die Mitglieder der jeweiligen Seiten die Aufsichtsratssitzungen gesondert vorbereiten. Grundsätzlich beruhen die aktien- und mitbestimmungsrechtlichen Regelungen auf dem Prinzip der Gegnerfreiheit beim Wahlkörper.[872] Dennoch besteht zwischen den Mitgliedern der Arbeitnehmer- und der Anteilseignerseite naturgemäß ein auf den unterschiedlichen Interessen beruhendes Konkurrenzverhältnis, welches durch die verschiedenen Sonderbestimmungen zur Beschlussfassung in einigen Angelegenheiten aufgefangen werden soll. Durch die Vorgabe in § 124 Abs. 3 Satz 5 AktG soll zum Beispiel

---

869 *Stüber* CCZ 2015, 38 dort in Fn. 11; dahin gehend auch *Junker/Schmidt-Pfitzner* NZG 2015, 929, 931.

870 Beschl. Empf., BT-Drucks. 18/4227, S. 24; zustimmend *Oetker* ZHR 179 (2015) 707, 719; *Teichmann/Rüb* BB 2015, 898, 899; WKS/*Wißmann* § 6 MitbestG Rn. 68.

871 Dazu *Grobe* AG 2015, 289, 291 f.

872 *Seibt* FS Hopt 2010, S. 1363, 1380.

sichergestellt werden, dass die Arbeitnehmerseite keinen Einfluss auf die Wahl der Aufsichtsratsmitglieder der Aktionäre nimmt.[873]

Auf Grundlage der Formulierung von § 96 Abs. 2 Satz 3 AktG wird nicht nur diskutiert, ob den „Seiten" eine eigene Rechtsstellung anerkannt wird, sondern auch, wie eine solche eingeordnet werden müsste. In Betracht kommt eine Anerkennung als Teilorgan[874] oder Unterorgan[875]. Teilweise werden die „Bänke" auch mit den im öffentlichen Recht bekannten Fraktionen verglichen.[876] Als Teilorgane wären die Bänke an die Unternehmensinteressen gebunden und dürften sich nicht von Partikularinteressen leiten lassen.[877] Das würde bedeuten, dass sie den Beschluss zum Widerspruch nur unter Berücksichtigung des Unternehmensinteresses fassen dürfen. Der Aufsichtsrat hat seine Entscheidungen jedoch grundsätzlich am Unternehmensinteresse auszurichten, sodass dies konsequent auch für die „Bänke" gelten muss, und zwar unabhängig von ihrer Rechtsstellung. Betrachtet man die „Bänke" als Unterorgane, wären sie mit Aufsichtsratsausschüssen vergleichbar. Im Gegensatz zum Ausschuss, der als Unterorgan verstanden wird, eine eigene Leitungsstruktur besitzt und zur Entscheidungsvorbereitung arbeitet, besteht die „Bank" jedoch ausschließlich aus den Vertretern der jeweiligen Seite.[878] Darüber hinaus arbeiten die Ausschüsse zur Wahrnehmung der ihnen zugewiesenen Aufgaben und treten nicht wie die Seiten zur Beratung und Beschlussfassung über den Widerspruch nur kurzfristig zusammen. Angesichts der Tatsache, dass bereits vorher Normen vorhanden waren, die ebenfalls teils eine gesonderte Beschlussfassung der einzelnen Mitgliedergruppen vorsehen, stellt sich die Frage, ob der Gesetzgeber tatsächlich und erstmals eine rechtliche Stellung der Bänke anerkannt hat.

Gemäß § 124 Abs. 3 Satz 5 AktG sieht das Aktienrecht eine gesonderte Beschlussfassung der Anteilseignerseite über ihren Wahlvorschlag vor. Die Vorgabe des § 108 Abs. 1 AktG über die Beschlussfassung des Aufsichtsrats wird dadurch modifiziert.[879] Wie oben angedeutet, dient dieses Sonderbeschlussrecht

---

873 Spindler/Stilz/*Rieckers* § 124 Rn. 34.

874 *Grobe* AG 2015, 289, 292; *Seibt* ZIP 2015, 1193, 1197; Hohenstatt/Seibt/*Seibt/Kraack* Geschlechterquoten, Rn. 106 ff.; tendenziell ebenfalls *Oetker* ZHR 179 (2015) 707, 721, der den Vergleich mit den Ausschüssen jedenfalls für „verfehlt" hält.

875 Dafür Beschl. Empf., BT-Drucks. 18/4227, S. 24; K.Schmidt/Lutter/*Drygala* § 96 AktG Rn. 47.

876 *Grobe* AG 2015, 289, 291 f.

877 *Seibt* ZIP 2015, 1193, 1197.

878 Abgr. so bei *Grobe* AG 2015, 289, 292.

879 Hüffer/Koch/*Koch* § 124 AktG Rn. 26.

dazu, dass die Mitglieder der Arbeitnehmerseite keinen Einfluss auf die Wahl der Anteilseignerseite nehmen.[880] Für die Wahl des Aufsichtsratsvorsitzenden und seines Stellvertreters sieht § 27 Abs. 2 MitbestG vor, dass bei erfolglosem ersten Wahlgang jede Seite einzeln wählt. Die Anteilseignerseite wählt dabei den Aufsichtsratsvorsitzenden, während die Arbeitnehmerseite seinen Stellvertreter wählt. Wählbar sind stets sämtliche Aufsichtsratsmitglieder, und zwar unabhängig von ihrer Gruppenzugehörigkeit. Wie das Erfordernis einer Zweidrittelmehrheit, soll auch die getrennte Abstimmung es den Anteilseignervertreterinnen und -vertretern jedenfalls erleichtern, den Aufsichtsratsvorsitzenden zu stellen und somit dessen zu einer leichten Überparität führendes Zweitstimmrecht auf ihrer Seite zu haben.[881] Dass die Arbeitnehmerseite im zweiten Wahlgang den stellvertretenden Aufsichtsratsvorsitzenden wählt, soll ihre Repräsentation sicherstellen.[882]

Die Regelung des § 32 Abs. 1 Satz 2 MitbestG zur Ausübung von Beteiligungsrechten der Obergesellschaft in der oder den Untergesellschaften dient dazu zu verhindern, dass die Arbeitnehmerseite ihre Stimmrechte für die Arbeitnehmerseite der Untergesellschaft nutzt.[883] Es soll so also die Fortsetzung des Einflusses der Arbeitnehmervertreterinnen und -vertreter in der Obergesellschaft auf die Untergesellschaft unterbrochen und die dadurch bestehende Gefahr der „Potenzierung der Mitbestimmung“[884] verhindert werden.[885]

Die Anregung der Ziff. 3.6 DCGK soll die Diskussionsbereitschaft beider Seiten im Hinblick auf die anstehende Aufsichtsratssitzung fördern. Sie soll es zudem der Anteilseignerseite ermöglichen, eine unbefangene Diskussion zu führen und gegebenenfalls offen Kritik am Handeln des Vorstands üben zu können, ohne dessen Ansehen gegenüber den Arbeitnehmervertreterinnen und -vertretern (und damit der Unternehmensöffentlichkeit) zu gefährden.[886]

880 S. nur GroßKomm AktG/*Hopt/Roth* § 101 AktG Rn. 67; *Ihrig/Meder* ZIP 2012, 1210; Hüffer/Koch/*Koch* § 124 AktG Rn. 26; MünchKomm AktG/*Kubis* § 124 AktG Rn. 37; Spindler/Stilz/*Rieckers* § 124 AktG Rn. 34.
881 WKS/*Schubert* § 27 MitbestG Rn. 2, 12.
882 WKS/*Schubert* § 27 MitbestG Rn. 2.
883 Begr. RegE, BT-Drucks. 7/2172 S. 28 f.; NK-GA/*Heither/v. Morgen* § 32 MitbestG Rn. 1.
884 ErfK/*Oetker* § 32 MitbestG Rn. 1.
885 ErfK/*Oetker* § 32 MitbestG Rn. 4.
886 Wilsing/*Johannsen-Roth* Ziff. 3.6 Rn. 1; KBLW/*von Werder* Ziff. 3.6 Rn. 566; zur Kritik bereits vor Einführung des DCGK: *Lutter* AG 1994, 176 f.; *Scheffler* ZGR 1993, 72.

Die Literatur hat in diesem Zusammenhang den Begriff „Fraktionssitzungen“ aufgegriffen.[887]

Die aktien- und mitbestimmungsrechtlichen Regelungen zeigen, dass eine nach Seiten getrennte Beschlussfassung im Einzelfall bereits vorher anerkannt war. Die Anregung in Ziff. 3.6 DCGK gibt wieder, was in der Praxis jedenfalls auf Arbeitnehmerseite bereits gelebt wurde[888], und erkennt zugleich an, dass eine getrennte Beratung sinnvoll sein kann.[889] Die bereits existenten Regelungen dienen im weitesten Sinne dazu, die unterschiedlichen Interessenrichtungen der Seiten zu berücksichtigen. Gleichzeitig haben sie den Zweck, die Position der Anteilseignerseite zu stärken. Die Regelung des § 124 Abs. 3 Satz 5 AktG ist zudem konsequent, da die Mitglieder der Arbeitnehmer ihre Wahlvorschläge ebenfalls von der Anteilseignerseite unbeeinflusst aufstellen. In die vorhandenen Normen wurde jedoch bisher keine rechtliche Selbstständigkeit der „Bänke“ hineingelesen. Es ist deshalb zweifelhaft, dass der Gesetzgeber durch Einfügung des Widerspruchsrechts eine rechtliche Verselbstständigung der Mitgliederseiten angestrebt oder auch nur anerkannt hat.

Die Betrachtung des mitbestimmten Aufsichtsrats als Gremium mit zwei großen Mitgliedergruppen bzw. -seiten ist weder dem Aktienrecht noch dem Mitbestimmungsrecht fremd. Bereits § 96 Abs. 1 AktG schreibt die Zusammensetzung aus Mitgliedern beider Seiten vor. Diese Unterteilung ist auch aus organisatorischen Gründen notwendig, weil schon die Wahlverfahren nicht einheitlich, sondern, wie in den relevanten Bereichen bereits aufgezeigt, sehr unterschiedlich verlaufen. Der Widerspruch, der unmittelbar mit diesen Wahlen zusammenhängt und das Abstimmungsverhalten beeinflussen kann, muss bereits aus diesem Grund beiden Gruppen möglich sein. Wegen der Wechselwirkungen der Wahlergebnisse unter Geltung der Gesamterfüllung, muss das Wahlrecht jeder Seite auch autonom zustehen. Die Widerspruchsregelung soll es beiden Seiten ermöglichen, unabhängig und eigenständig zu entscheiden, nach welchem Erfüllungsmodus die Wahl stattfinden soll. Dass dazu wegen der unterschiedlichen Interessenrichtungen eine gesonderte Beratung und Beschlussfassung erforderlich sind, liegt bereits in der Natur der Sache. Würde man zudem einen gemeinsamen Beschluss des Aufsichtsrats fordern, könnten die Seiten sich gegenseitig unter Druck setzen, indem ein Widerspruch oder ein

887 Wilsing/*Johannsen-Roth* Ziff. 3.6 Rn. 5; KBLW/*von Werder* Ziff. 3.6 Rn. 568.

888 KBLW/*von Werder* Ziff. 3.6 Rn. 567.

889 Zur Kritik wegen der sich dadurch gegebenenfalls verschärfenden Spaltung der Seiten: Wilsing/*Johannsen-Roth* Ziff. 3.6 Rn. 6 f.; KBLW/*von Werder* Ziff. 3.6 Rn. 566.

Widerspruchsverzicht – und sei es informell – an Bedingungen geknüpft wird. Die getrennte Entscheidungskompetenz dient demnach auch der Vermeidung von Konflikten.

Dass die Beschlussfassung nach den vorhandenen Regelungen nicht (zwingend) in gesonderten Zusammenkünften erfolgen muss, sondern in den allgemeinen Aufsichtsratssitzungen erfolgen kann, ist ebenfalls kein hinreichendes Indiz für eine nunmehr rechtlich anerkannte Stellung der Bänke. Der Gesetzgeber hat den Seiten weder Aufgaben noch Kompetenzen zugestanden. Im Gegensatz zu einem Ausschuss haben die Seiten mit der Widerspruchskompetenz auch keine kontinuierlich wahrzunehmenden Aufgaben und Pflichten zugewiesenen bekommen. Die Beratung der jeweiligen Seite dient eher – ähnlich zur Anregung in Ziff. 3.6 DCGK – der Vorbereitung der Aufsichtsratswahl, und zwar zeitlich punktuell, wenngleich wiederkehrend.

Der wesentliche Unterschied liegt darin, dass nach der Beratung über den Widerspruch ein Beschluss gefasst wird. Die Zusammenkunft zur Beratung und Beschlussfassung über den Widerspruch ist jedoch bereits aus organisatorischen Gründen notwendig. Es darf zudem nicht übersehen werden, dass die Entscheidungskompetenz eine rein organisatorische ist, was sich aus der Stellung in § 96 AktG ergibt. Sie steht deshalb nicht im Zusammenhang mit den Aufgaben und Pflichten des Aufsichtsrats. Aus diesem Grund ist eine autonome Rechtsstellung der Seiten weder ersichtlich, noch notwendig. Alle von der Literatur in Erwägung gezogenen Rechtsstellungen zeichnen sich durch eine inhaltliche Zugehörigkeit zur Gruppe aus. Selbst die Fraktionsangehörigen sind nicht allein wegen ihres Hintergrundes, sondern der inhaltlichen Interessen der Fraktion angehörig.[890] Inhaltliche Interessensdivergenzen zwischen den Seiten haben jedoch auf die Entscheidung keinen unmittelbaren Einfluss, wie er den bisher normierten Regelungen zugrunde liegt. *A minori ad maius* begründet deshalb eine rein organisatorische Kompetenz, keine autonome Rechtsstellung der Bänke. Beide Bänke sind dementsprechend höchstens Organteile mit einer partiellen organisatorischen Beschlusskompetenz, jedoch weder Teilorgane noch Unterorgane des Aufsichtsrats.

Die Mitglieder der jeweiligen Seite sind deshalb völlig frei in ihrer Willensbildung und Beschlussfassung. Im Gegensatz zum Aufsichtsrat trifft sie auch keine Pflicht zur Selbstorganisation in der Hinsicht, dass sie für die Beschlussfassung zum Widerspruch Regelungen aufstellen müssen.[891] Sie können sich

---

890 HBKWP^2/*Zuleeg* S. 145 ff., 146 (Gleiche Grundanschauung).

891 Begriff: *Seibt* ZIP 2015, 1193, 1197.

dementsprechend für ein *Ad-hoc*-Prozedere entscheiden. Teilweise wird vertreten, dass die Bänke sich eine Geschäftsordnung geben können.[892] Dass ein solcher Aufwand im Verhältnis zu den inhaltlich und zeitlich begrenzten Anwendungsfällen steht, ist zweifelhaft. Beratung und Beschluss zum Widerspruch bedürfen ihrer Funktion nach keines formal festgelegten Rahmens im Sinne einer internen Organisation der Bänke. Es ist überdies zweifelhaft, ob eine solche Organisation angesichts der fehlenden Rechtsstellung überhaupt zulässig wäre. Der Widerspruch ist zudem keine „Aufgabe" der Seiten, denn es besteht keine Verpflichtung, zum Beispiel vor jeder Wahl ergebnisoffen über den Widerspruch zu beraten, wofür eine Organisationsstruktur sinnvoll wäre. Jeder Bank ist es schlichtweg freigestellt, nichts zu tun. Auch dies bleibt insofern folgenlos, als dann die Gesamterfüllung gilt, sofern nicht die andere Seite ihr Widerspruchsrecht ausübt.

VII. Ablauf des Widerspruchs „Verfahrens"

Da das Widerspruchsrecht nur den Seiten und nicht jedem einzelnen Aufsichtsratsmitglied zusteht, muss die jeweilige Seite zusammenkommen, darüber beraten und beschließen. Die Zuständigkeit für die Initiierung und Leitung der Zusammenkunft ausschließlich dem Aufsichtsratsvorsitzenden zu übertragen, widerspricht jedenfalls der durch § 96 Abs. 2 Satz 3 AktG angenommenen selbstständigen Handlungsposition der jeweiligen Seiten und ist deshalb zutreffend abzulehnen.[893]

1. Beratung innerhalb der Bank

Vorgeschlagen wird, die Kompetenz zur Einberufung und Leitung einer Zusammenkunft zur Beratung, also einer Art „Sitzung" der jeweiligen Bank, in nach dem MitbestG mitbestimmten Unternehmen dem Aufsichtsratsvorsitzenden und dessen Stellvertreter zuzusprechen, da diese in der Regel unterschiedlichen Bänken angehören (§ 27 Abs. 2 MitbestG).[894]

Eine weitere Möglichkeit der Beratung besteht darin, jedem Aufsichtsratsmitglied selbst die Möglichkeit zu eröffnen, eine Beschlussfassung über den Widerspruch anzuregen und die Zusammenkunft mit der Wahl eines Sitzungsleiters zu beginnen.[895] Dies würde eher dem vielfach vertretenen Ansatz gerecht werden,

892 *Seibt* ZIP 2015, 1193, 1197.

893 Zutreffend *Oetker* ZHR 179 (2015) 707, 721.

894 *Oetker* ZHR 179 (2015) 707, 721.

895 *Oetker* ZHR 179 (2015) 707, 721.

dass die jeweilige Bank über die Organisation hinsichtlich des Beschlussverfahrens über einen Widerspruch autonom entscheiden kann.[896] Es ist auch nicht erforderlich, das Initiativrecht ausschließlich dem Aufsichtsratsvorsitzenden bzw. seinem Stellvertreter zuzugestehen, da er oder sie nicht automatisch „Vorsitzende/-r" der jeweiligen Bank ist. Andererseits bleibt offen, ob das einzelne Mitglied auch die Zusammenkunft der Bank in die Hand nehmen können soll. Aus Gründen der vereinfachten Koordination ist es jedoch sinnvoll, dass der oder die Aufsichtsratsvorsitzende bzw. ihr/-e oder sein/-e Stellvertreter/-in als Ansprechpartner/-in für Widerspruchsverlangen dient und die Beratung dazu organisiert. Zu Beginn der Versammlung kann sodann ein Versammlungsleiter gewählt werden.

Das Recht der „Bank", über das Beschlussverfahren zum Widerspruch frei zu entscheiden, lässt jedoch auch weitere Formen zu, wie das Umlaufverfahren. Dies ermöglicht auch kurzfristige Beratungen und Beschlussfassungen und ist kosten- sowie zeiteffizient. Die Mitglieder der „Bank" müssen dennoch festlegen, wer den Widerspruch erklären soll.

2. *Beschlussfassung der Aufsichtsratsbank*

Die Modalitäten der Beschlussfassung werfen weitere Fragen auf. Ausweislich § 96 Abs. 2 Satz 3 AktG hat der Widerspruch durch eine Seite aufgrund eines *mehrheitlich* gefassten Beschlusses zu erfolgen. Angenommen wird, dass dafür die allgemeinen Regeln für die Willensbildung und das einfache Mehrheitsprinzip gelten.[897] Hier stellt sich zunächst die Frage, auf welcher Grundlage die Mehrheit zu ermitteln ist, ob also die Zahl der tatsächlich amtierenden oder die Anzahl der der jeweiligen Seite zustehenden Aufsichtsratssitze zugrunde gelegt werden soll.[898]

Gegen den Sollzustand als Berechnungsgrundlage spricht, dass der Gesetzgeber, anders als in §§ 27 Abs. 1, 28 S. 1 MitbestG, nicht auf die Anzahl der Mitglieder abstellt, „aus denen er zu bestehen hat".[899] Die Regelungen in § 31 Abs. 3 MitbestG und § 32 Abs. 1 Satz 2 MitbestG stellen zum Beispiel jeweils auf die Mehrheit der

896 *Seibt* ZIP 2015, 1193, 1197.

897 K.Schmidt/Lutter/*Drygala* § 96 AktG Rn. 47; *Junker/Schmidt-Pfitzner* NZG 2015, 929, 930; *Röder/Arnold* NZA 2015, 279, 284; *Seibt* ZIP 2015, 1193, 1197; WKS/*Wißmann* § 6 MitbestG Rn. 68; a.A. *Oetker* ZHR 179 (2015) 707, 720.

898 Aufgeworfen von *Oetker* ZHR 179 (2015) 707, 719 f.

899 *Oetker* ZHR 179 (2015) 707, 720; dem folgend UHH/*Henssler* § 7 MitbestG Rn. 92; i.E. auch WKS/*Wißmann* § 6 Rn. 68.

Stimmen bzw. Mehrheit der Stimmen der Mitglieder ab, was der Mehrheit der tatsächlich vorhandenen Mitglieder entspricht.[900] Da § 96 Abs. 2 Satz 3 AktG nur einen mehrheitlichen Beschluss fordert, ist davon auszugehen, dass nicht auf den Sollzustand abzustellen ist, da dieser in anderen Fällen ausdrücklich gesetzlich gefordert wird. Dementsprechend bleiben nicht besetzte Sitze unberücksichtigt.

Es ergibt sich ebenfalls nicht aus dem Gesetz, ob die Mehrheit der abgegebenen Stimmen oder die Mehrheit in Bezug auf die stimmberechtigten Mitglieder maßgeblich ist. Vertreten wird hierzu, dass die Formulierung, mit „Mehrheit gefassten Beschluss", auf die stimmberechtigten Mitglieder hindeute.[901] Als Argument wird ebenfalls § 32 Abs. 1 Satz 2 MitbestG herangezogen, der die „Mehrheit der Stimmen" verlangt.[902] §§ 31 Abs. 3 und 32 Abs. 1 Satz 2 MitbestG fordern jeweils die absolute Mehrheit, was dahingehend aufzufassen ist, dass es auf die stimmberechtigten Mitglieder ankommt.[903] Dagegen streitet jedoch, dass § 29 Abs. 1 MitbestG stets von der Mehrheit der abgegebenen Stimmen ausgeht, es sei denn, dass die normierten Einzelfälle gelten.[904] Dem steht auch nicht dessen Verweisung auf § 27 MitbestG entgegen, da dieser eine abweichende Regelung in Abs. 1 enthält, auf die § 29 Abs. 1 MitbestG Bezug nimmt.[905]

Die ausdrückliche Regelung in § 27 Abs. 2 Satz 2 MitbestG soll klarstellen, dass für diesen Wahlgang ein „Weniger" gelten soll, welches dem gesetzlichen Regelfall wieder entspricht. Ansonsten wäre systematisch davon auszugehen, dass das verschärfte Mehrheitserfordernis in Abs. 1 auch für diesen Wahlgang gilt. Auch § 108 Abs. 1 AktG sieht als Regelfall die einfache Mehrheit der abgegebenen Stimmen vor.[906] Überdies verweist der Rechtsausschuss in seiner Stellungnahme auf die

---

900 NK-GA/*Heither/v. Morgen* § 31 MitbestG Rn. 7, § 32 MitbestG Rn. 9.

901 *Oetker* ZHR 179 (2015) 707, 721.

902 *Oetker* ZHR 179 (2015) 707, 720.

903 NK-GA/*Heither/v. Morgen* § 31 MitbestG Rn. 7, § 32 MitbestG Rn. 9; UHH/*Henssler* § 31 MitbestG Rn. 19, § 32 MitbestG Rn. 29; RVJ/*Raiser/Veil* § 31 Rn. 14, § 32 MitbestG Rn. 21; HWK/*Seibt* § 32 MitbestG Rn. 5.

904 WKS/*Wißmann* § 6 MitbestG Rn. 68 verweist ebenfalls auf § 29; a.A. *Oetker* ZHR 179 (2015) 707, 720 f.; UHH/*Henssler* § 7 MitbestG Rn. 92.

905 In diese Richtung geht aber *Oetker* ZHR 179 (2015) 707, 720 f., der von der ausdrücklichen Erwähnung der „abgegebenen Stimmen" in § 27 Abs. 2 S. 2 MitbestG auf die Mehrheit im Aufsichtsrat (bzw. in der Bank) vorhandenen Stimmen schließt und dabei die Systematik nicht vollständig in den Blick nimmt.

906 Bürgers/Körber/*Israel* § 108 AktG Rn. 10; K.Schmidt/Lutter/*Drygala* § 108 AktG Rn. 30; MünchKomm AktG/*Habersack* § 108 AktG Rn. 20; Hüffer/Koch/*Koch* § 108 AktG Rn. 6; KölnKomm AktG/*Mertens/Cahn* § 108 AktG Rn. 57; Spindler/Stilz/*Spindler* § 108 AktG Rn. 21.

gesetzliche Regelung des Mehrheitsprinzips, von der die jeweilige Bank auch mittels einer Geschäftsordnung nicht abweichen dürfe.[907] Da der Beschluss über den Widerspruch keinen der in § 29 MitbestG genannten Fälle betrifft und das Aktiengesetz ebenfalls keine weiteren Anforderungen stellt, reicht die einfache Mehrheit der abgegebenen Stimmen aus.

a) Stimmrecht

Weiterhin differenziert § 96 Abs. 2 Satz 3 AktG nicht zwischen den einzelnen Vertretergruppen der jeweiligen Seiten, sondern geht von einer Beschlussfassung der jeweiligen Aufsichtsratsseite aus. Dies bedeutet, dass innerhalb der Bänke nicht zwischen den einzelnen Gruppen an Aufsichtsratsmitgliedern unterschieden wird.[908]

Probleme bereitet diese Option in Aufsichtsräten, die der Mitbestimmung nach dem MontanMitbestG unterliegen. Das weitere Mitglied gem. § 4 Abs. 1 lit. c) MontanMitbestG kann keiner Seite zugerechnet werden, sondern ist „neutral".[909] Aus diesem Grund wird angenommen, dass es bei der Beschlussfassung nicht berücksichtigt werden darf.[910] Diese Auffassung fügt sich nahtlos in den Gesamtkontext ein. Bei der Getrennterfüllung ist das neutrale Mitglied aus demselben Grund nicht mit in die Berechnung mit einzubeziehen.[911] Dementsprechend kann es bei dem nach Seiten getrennten Beschluss über den Modus der Erfüllung ebenfalls nicht Teil der Beschlussfassung sein. Es könnte den jeweiligen Seiten beratend zur Seite stehen. Ähnliches ist im Rahmen des § 32 Abs. 1 Satz 2 MitbestG anerkannt: Die Arbeitnehmervertreterinnen und -vertreter dürfen demnach den Mitgliedern der Anteilseignerseite beratend zur Seite stehen, nicht aber an deren Beschlussfassung teilnehmen.[912] Für die Zulässigkeit einer beratenden Rolle sprechen auch die Neutralität und die besondere Vertrauensstellung des weiteren Mitglieds, sodass es – beiden Seiten gleichermaßen – bei der Beratung über einen Widerspruch zur Seite stehen kann.

---

907 Beschl. Empf., BT-Drucks. 18/4227, S. 24.

908 Zutreffend *Oetker* ZHR 179 (2015) 707, 720.

909 Vgl. dazu bereits oben die Ausführungen im Rahmen der Berechnungsproblematik, Kap. 3 § 8 B. IV 3.

910 *Oetker* ZHR 179 (2015) 707, 720.

911 S. oben Kap. 3 § 8 B. IV 3.

912 MünchKomm/*Gach* § 32 MitbestG, Rn. 24; NK-GA/*Heither/v. Morgen* § 32 MitbestG Rn. 10; ErfK/*Oetker* § 32 MitbestG Rn. 4.

b) Beschlussfähigkeit

An die Frage, wer an der Beschlussfassung teilnehmen kann, schließt die Frage an, wann die Bank beschlussfähig ist. Vorgeschlagen wird diesbezüglich die analoge Anwendung von § 28 MitbestG und § 10 MontanMitbestG. Diese Normen fordern (ebenso wie § 108 Abs. 2 Satz 2 AktG) die Teilnahme von mindestens der Hälfte der Mitglieder, aus denen der Aufsichtsrat insgesamt zu bestehen hat. § 108 Abs. 2 Satz 3 AktG soll hingegen nicht zur Anwendung kommen, da auch im Fall des § 32 MitbestG die Regelung des § 28 MitbestG angewendet wird[913] und keine Gründe ersichtlich sind, bei § 96 Abs. 2 Satz 3 AktG anders zu handeln.[914] Demnach ist die Beschlussfähigkeit bei Teilnahme der Hälfte der Mitglieder gegeben, wobei auf den Sollzustand abzustellen ist.[915]

c) Erstmaliger Eintritt in die Mitbestimmung

Es kann jedoch der Fall eintreten, dass noch keine Arbeitnehmervertreterinnen bzw. -vertreter im Aufsichtsrat vorhanden sind.[916] Teilweise wird hierzu vertreten, dass dann nur die Anteilseignerseite der Gesamterfüllung widersprechen könne.[917] Dies würde jedoch den Interessen der (zukünftigen) Arbeitnehmervertreterinnen und -vertretern nicht gerecht und die Regelung könnte in diesem Fall leerlaufen. Deshalb wird zu Recht vorgeschlagen, dass der Gesamtbetriebsrat oder, wenn dieser nicht vorhanden ist, der Betriebsrat analog § 96 Abs. 2 Satz 3 AktG das Widerspruchsrecht ausüben kann.[918] Letzterer wird bereits in § 98 Abs. 2 S. 1 AktG, § 22 Abs. 2 S. 1 MitbestG für mitbestimmungsrechtliche Belange in Anspruch genommen, sodass ihm eine solche Befugnis auch zukommen darf.[919]

---

913 *Fitting* § 32 MitbestG Rn. 17; MünchKomm/*Gach* § 32 MitbestG, Rn. 26; KölnKomm AktG/*Mertens/Cahn* Anh. § 117 B Rn. 19; ErfK/*Oetker* § 32 MitbestG Rn. 4; UHH/*Habersack* § 32 MitbestG Rn. 26.

914 *Oetker* ZHR 179 (2015) 707, 721.

915 *Oetker* ZHR 179 (2015) 707, 722 mwN.

916 Beispiel s. WKS/*Wißmann* § 6 MitbestG Rn. 69.

917 *Fuchs/Köstler/Pütz* Aufsichtsratswahl, Rn. 733 dort in Fn. 723.

918 WKS/*Wißmann* § 6 MitbestG Rn. 69.

919 WKS/*Wißmann* § 6 MitbestG Rn. 69.

VIII. Ergebnisse

Die Widerspruchsmöglichkeit verursacht wegen ihrer missverständlichen Ausgestaltung erhebliche Probleme. Das liegt insbesondere daran, dass die Wahlverfahren der Anteilseignerseite und der Arbeitnehmerseite weder inhaltlich abgestimmt sind noch zeitlich einheitlich verlaufen. Die Natur des Widerspruchs erlaubt jedoch ausschließlich eine Wirkung *ex nunc*. Aus diesem Grund müssen beide Wahlverfahren als Einheit betrachtet werden, sodass der Widerspruch grundsätzlich nur vor der zeitlich zuerst stattfindenden Wahl eingelegt werden kann.

Der konkrete Zeitpunkt muss entgegen einer verbreiteten Ansicht vor der Abstimmung liegen. Ein späterer Zeitpunkt würde eine unzulässige Rückwirkung erfordern, wohingegen ein früherer Zeitpunkt zu einem mit Blick auf die Erfüllung risikobehafteten Zeitfenster führt. Zwar bietet ein Widerspruch bis zur Bekanntmachung der Wahlen größtmögliche Rechtssicherheit für alle Beteiligten, allerdings ist dann eine Reaktion auf die bis zur Abstimmung noch möglichen Veränderungen der Wahlvorschläge nicht mehr möglich. Zur Vermeidung einer eventuell eintretenden Verfehlung der Quote muss es jedoch gestattet sein, den Erfüllungsmodus noch bis zur Abstimmung an die Gegebenheiten anzupassen.

Der Gesetzgeber erkannte mit der Einfügung des § 96 Abs. 2 Satz 3 AktG keine selbstständige Rechtsstellung der Bänke an. Die verbreitete gegenteilige Annahme ist demnach unzutreffend. Insbesondere hat der Gesetzgeber davon abgesehen, die in früheren Entwürfen vorgesehene Teilorganstellung in das Gesetz zu übernehmen. Darüber hinaus existierten bereits vorher vereinzelt Sonderbeschlussrechte, ohne dass daraus auf eine autonome Rechtsstellung geschlossen wurde. Daran ändert auch die Tatsache nichts, dass beide Bänke nun punktuell und selbstständig über den Widerspruch entscheiden können. Diese Maßgabe ist eine rein organisatorische Notwendigkeit, die keine weiteren Rechtsfolgen beinhaltet. Anders als Ausschüsse oder Fraktionen haben die Bänke insbesondere keine eigenständigen dauerhaften Aufgaben und Befugnisse. Dementsprechend bedarf es auch keiner eigenständigen Geschäftsordnung für die jeweilige Bank. Die Beschlussfassung hat sich vielmehr an den vorhandenen allgemeinen Regelungen zu orientieren.

Durch die Wirkung *ex nunc* kann ein verspäteter Widerspruch keine Folgen für den laufenden Wahlgang haben. Dieser Grundsatz wird durch die Regelung des § 96 Abs. 2 Satz 5 AktG gestützt, der den Bestandsschutz gewählter Mitglieder bezweckt, sofern die Wahlperiode eines der übererfüllenden Seite angehörenden Mitglieds endet oder es aus anderen Gründen ausscheidet. In diesem Fall kann die betreffende Seite der Gesamterfüllung für die Nachbestellung widersprechen, ohne dass dies Auswirkungen auf die Wirksamkeit der Besetzung der – nach der Getrennterfüllung – nicht erfüllenden Seite hat. Die zunächst übererfüllende Seite ist zudem nicht verpflichtet, wieder überzuerfüllen. Bei einer Neuwahl oder Ersatzbestellung muss jedoch die Getrennterfüllung beachtet werden.

§ 9 Die Wahlnichtigkeit als Rechtsfolge bei Nichterreichen der Quote

Wird die Quote von 30 Prozent nicht erreicht, ordnet § 96 Abs. 2 Satz 6 AktG die Nichtigkeit der Wahl bzw. Entsendung der Anteilseignervertreterinnen bzw. -vertreter an. Für quotenwidrige Wahlen der Arbeitnehmerseite gelten wegen der Verweisung des § 96 Abs. 2 Satz 8 AktG ausschließlich die Vorschriften des MitbestG, MontanMitbestG und MitbestErgG. Die §§ 18a MitbestG und 10f Abs. 2 MitbestErgG treffen Regelungen für das Nichterreichen des Mindestanteils. Durch eine „unwirksame" (§ 18a Abs. 2 Satz 2 MitbestG, § 10f Abs. 2 Satz 2 MitbestErgG) bzw. „nichtige" (§ 96 Abs. 2 Satz 6, § 250 Abs. 1 Nr. 5 AktG) Wahl nicht vergebene Sitze bleiben zunächst unbesetzt. Diese Folge wird als „vorübergehend leerer Stuhl"[920] bezeichnet. Die Nichtigkeit bzw. Unwirksamkeit soll ausweislich der Gesetzesbegründung *ex tunc* und unabhängig davon wirken, ob sie geltend gemacht wurde.[921]

Der Gesetzgeber versprach sich von der Sanktion eine verhaltenssteuernde Wirkung, indem er davon ausging, dass beide Seiten ein Interesse an der vollständigen Besetzung der Sitze haben.[922] Es besteht Einigkeit darin, dass diese Wirkung eintreten wird.[923] Ob sie angemessen ist und zu welchem Preis sie durchgesetzt wird, ist hingegen strittig. Neben der grundsätzlichen Frage des „Ob" einer zwingenden Geschlechterquote ohne Qualifikationsvorbehalt, ist die bei Verfehlung des Mindestanteils angeordnete Rechtsfolge das meistdiskutierte Element des Gesetzes. Sie wurde bereits im Gesetzgebungsverfahren und wird immer noch scharf kritisiert.[924] Es sei eine „drastische Rechtsfolge"[925], ein

---

920 Begr. RegE, BT-Drucks. 18/3784, S. 44 und 121.

921 Begr. RegE, BT-Drucks. 18/3784, S. 44 und 121.

922 Begr. RegE, BT-Drucks. 18/3784, S. 44 und 121.

923 K.Schmidt/Lutter/*Drygala* § 96 AktG Rn. 53; *Lutter* BB 2014, Heft 50, Die erste Seite; *Ohmann-Sauer/Langemann* NZA 2014, 1120, 1122; i.E. auch Hohenstatt/Seibt/*Seibt/Kraack* Geschlechterquoten, Rn. 221.

924 S. zB. Hohenstatt/Seibt/*Seibt/Kraack* Geschlechterquoten, Rn. 221; *Hohenstatt/Willemsen/Naber* ZIP 2014, 2220, 2225 f.; *Rotsch* Stellungnahme, S. 6 f.; *Seibt* ZIP 2015, 1193, 1199; *Teichmann/Rüb* BB 2015, 259, 261; *Windhorst* Stellungnahme, S. 3 ff.; s. auch *Ohmann-Sauer/Langemann* NZA 2014, 1120, 1122 und 1123.

925 Hohenstatt/Seibt/*Seibt/Kraack* Geschlechterquoten, Rn. 219.

„scharfes Schwert“[926] mit bedeutenden Auswirkungen und in ihrer Eingriffsintensität unverhältnismäßig.[927]

Die Kritik lässt sich in mehrere Punkte unterteilen. Hauptargument ist die fehlende Ausnahme-/Härtefallregelung für den Fall, dass sich absolut keine geeignete Person des unterrepräsentierten Geschlechts finden lässt.[928] Dieser Kritikpunkt wurde bereits im Rahmen der verfassungsrechtlichen Beurteilung erörtert. In diesem Abschnitt folgt die verfassungskonforme Auslegung, um zu ermitteln, wer im Einzelfall von der Quote abweichen darf und unter welchen Voraussetzungen dies erfolgen kann. Zunächst ist jedoch auf die zahlreichen Fragestellungen einzugehen, die die konkrete Ausgestaltung der Nichtigkeitsfolge offenlässt. Insbesondere die unterschiedliche Behandlung im Falle der Gesamt- und Getrennterfüllung bietet reichlich Angriffsfläche.

A. Rechtsnatur und Systemkonformität

Nach § 250 Abs. 1 Nr. 5 AktG ist eine gegen § 96 Abs. 2 AktG verstoßende Wahl ein Nichtigkeitsgrund und kann für die von der Hauptversammlung Gewählten im Wege der Nichtigkeitsfeststellungsklage geltend gemacht werden.[929] Zur Geltendmachung berechtigt sind die in § 250 Abs. 2 AktG aufgelisteten Personen und Personenkreise. Eine Pflicht dazu trifft jedoch nur den Vorstand und den Aufsichtsratsvorsitzenden (für den Aufsichtsrat), weil Vorstand und Aufsichtsrat zur Überwachung und Einhaltung der rechtlichen Vorschriften und internen Regelungen verpflichtet sind und dafür auch haften (§§ 93 Abs. 2 Satz 1, 116 AktG).[930] Für entsandte Aufsichtsratsmitglieder fehlt eine spezielle Anordnung, sodass die allgemeinen Grundsätze gelten. Statthaft ist deshalb die Feststellungsklage gem. § 256 I ZPO.[931]

---

926 *Weller* Stellungnahme, S. 3; so auch *Grobe* AG 2015, 289, 294.

927 *Grobe* AG 2015, 289, 294; Hohenstatt/Seibt/*Seibt/Kraack* Geschlechterquoten, Rn. 221; i.E. auch *Jung* DStR 2014, 960, 962; *Seibt* ZIP 2015, 1193, 1199; krit. im Hinblick auf die Wirkung bei gerichtlicher Nachbestellung *Redenius-Hövermann/Strenger* Der Konzern 2014, 373, 377; a.A. *Schulz-Strehlow/Falkenhausen* Stellungnahme, S. 4.

928 S. bereits oben Fn. 13.

929 Vgl. Begr. RegE, BT-Drucks. 18/3784, S. 121.

930 Hüffer/*Koch* § 96 AktG Rn. 26; *Mense/Klie* GWR 2015, 1, 2; *Spielberger/Röthlingshofer* AuA 2015, 337, 338; Spindler/Stilz/*Spindler* § 96 AktG Rn. 40; *Stüber* CCZ 2014, 261, 263; *Dies.* DStR 2015, 947, 950; so auch *DAV* NZG 2014, 1214, 1224.

931 Hohenstatt/Seibt/*Seibt/Kraack* Geschlechterquoten, Rn. 225; Hüffer/Koch/*Koch* § 96 AktG Rn. 26; *Grobe* AG 2015, 289, 295; *Seibt* ZIP 2015, 1190, 1199; Hölters/*Simons*

Die Nichtigkeit der Wahl ist gemäß dem Rechtsfolgensystem für fehlerhafte Hauptversammlungsbeschlüsse in § 250 Abs. 1 Nr. 5 AktG angeordnet. *Weller* kritisiert in seiner Stellungnahme zum Gesetzesentwurf des Mindestanteilsgebots[932], dass die Nichtigkeit von Aufsichtsratswahlen durch die Hauptversammlung im System des Aktienrechts gemäß § 250 AktG eine Ausnahme zum Regelfall der Anfechtbarkeit darstelle und deshalb die Anfechtbarkeit als Rechtsfolge gewählt werden sollte. Dies sei vor allem wegen der nach Ablauf der einmonatigen Anfechtungsfrist gem. § 251 Abs. 3 i.V.m. § 246 Abs. 1 AktG eintretenden Rechtssicherheit erforderlich. Dieser Einwand ist jedoch unstimmig. Schon das Argument der Rechtssicherheit spricht für eine Verankerung der Rechtsfolge in § 250 Abs. 1 AktG, weil dessen Zweck die Herstellung von Rechtssicherheit und -klarheit in Bezug auf Aufsichtsratswahlen ist.[933] Durch die Einfügung von § 250 Abs. 1 Nr. 5 AktG ist als weiterer Zweck die effektive Durchsetzung des Mindestanteilsgebots hinzugetreten.[934]

Zwar soll auch die Anfechtungsbefugnis primär Rechtssicherheit gewährleisten.[935] Die zeitliche und inhaltliche Beschränkung soll deshalb verhindern, dass das Anfechtungsrecht unbegrenzt ausgeübt werden kann.[936] Das Anfechtungsrecht stellt dabei aber nur den Regelfall dar, während die Nichtigkeit in besonders gravierenden Fällen eintreten soll.[937] Bereits das Reichsgericht erkannte an, dass Hauptversammlungsbeschlüsse, die in besonders schwerer Weise gegen das Wesen der Aktiengesellschaft einerseits und öffentliche Interessen andererseits verstoßen, mit der Nichtigkeitsfolge sanktioniert werden.[938] Die besonderen Nichtigkeitsgründe beruhen demnach auf einer gesetzgeberischen Entscheidung darüber, wann ein besonders schwerer Fall vorliegt.

---

§ 205 AktG Rn. 1; *Stüber* CCZ 2014, 261, 263; *Dies.* DStR 2015, 947, 949; für die mitbestimmungsrechtliche Seite: NK-GA/*Heither/von Morgen* § 7 MitbestG Rn. 40.

932 *Weller* Stellungnahme, S. 2.

933 Henssler/Strohn/*Drescher* § 250 AktG Rn. 1; MünchKomm AktG/*Hüffer* § 250 AktG Rn. 2; Hüffer/Koch/*Koch* § 250 AktG Rn. 1; Hölters/*Simons* § 250 AktG Rn. 1.

934 So jedenfalls MünchKomm AktG/*Hüffer* § 250 AktG Rn. 2; Hölters/*Simons* § 250 AktG Rn. 1; Spindler/Stilz/*Stilz* § 250 AktG Rn. 4a.

935 Statt aller: MünchKomm AktG/*Hüffer/Schäfer* § 243 AktG Rn. 5; GroßKomm AktG/*K. Schmidt* § 243 AktG Rn. 1; Spindler/Stilz/*Würthwein* § 243 AktG Rn. 3.

936 MünchKomm AktG/*Hüffer/Schäfer* § 243 AktG Rn. 5; Spindler/Stilz/*Würthwein* § 243 AktG Rn. 3.

937 Spindler/Stilz/*Würthwein* § 243 AktG Rn. 8.

938 RGZ 3, 123, 132; 118, 67, 72; 120, 28, 31; 120, 363, 366.

Die anderen in § 250 Abs. 1 AktG normierten, besonderen Nichtigkeitsgründe bei der Wahl der Aufsichtsratsmitglieder dienen der Sanktion von Verfahrensfehlern bei Feststellung des Mitbestimmungsstatus (Nr. 1), der Missachtung von bindenden Wahlvorschlägen (Nr. 2), der Überschreitung der gesetzlichen Höchstzahl an Aufsichtsratsmitgliedern (Nr. 3), dem Fehlen von persönlichen Voraussetzungen oder dem Vorliegen von Hindernissen (Nr. 4). Es werden demnach Fehler hinsichtlich der persönlichen Voraussetzungen und Verfahrensfehler mit der Nichtigkeitsfolge sanktioniert. Darüber hinaus tritt die Nichtigkeit jedoch auch bei Fehlern im Hinblick auf die Zusammensetzung des Aufsichtsrats ein (Nr. 3 und i.w.S. auch Nr. 1). Die Nichtigkeit eines Verstoßes gegen die Geschlechterquote betrifft ebenfalls die Zusammensetzung des Aufsichtsrats. Darüber hinaus hat der Gesetzgeber die Geschlechterverteilung zu einem öffentlichen Interesse erhoben und sieht sie dementsprechend als besonders schweren Verstoß an. Folglich ist die Nichtigkeitsfolge systemkonform in § 250 Abs. 1 AktG statuiert.

B. Einzelne Ausprägungen und Folgen der Nichtigkeitssanktion

Auf den ersten Blick ordnet § 96 Abs. 2 Satz 6 AktG die Nichtigkeit eines Verstoßes gegen das Mindestanteilsgebot sowohl im Fall der Gesamt- als auch der Getrennterfüllung an („Eine Wahl der Mitglieder durch die Hauptversammlung"). Dem Wortlaut nach gilt die Rechtsfolge nur für die Wahlen der Anteilseignerseite. Für die Wahlen der Arbeitnehmerseite gelten die Mitbestimmungsgesetze (§ 96 Abs. 2 Satz 8 AktG). Für den gesetzlichen Regelfall der Gesamterfüllung hat der Gesetzgeber dort jedoch keine Regelungen getroffen (vgl. § 7 Abs. 3 MitbestG, § 6 Abs. 6 MontanMitbestG, § 5a MitbestErgG).

I. Nichterfüllung unter Geltung der Gesamterfüllung

Die Gesamterfüllung führt bei Verfehlung der Quote zu vielfältigen Problemen, da sie eine absolute Einheitsbetrachtung unabhängig von den „Seiten" oder gar einzelnen Gruppen von Aufsichtsratsmitgliedern erfordert. Der Gesetzgeber hätte sich allerdings auch widersprüchlich verhalten, wenn er für beide Seiten Regelungen festgelegt hätte, weil er dann von einer Getrenntbetrachtung ausgegangen wäre. Teilweise wird vertreten, dass die Rechtsfolge der Nichtigkeit unter Geltung der Gesamterfüllung nur die Anteilseignerseite trifft.[939] Praktisch ist das

939 *Junker/Schmidt-Pfitzner* NZG 2015, 929, 931; Hüffer/Koch/*Koch* § 96 AktG Rn. 25; *Lemcke* Stellungnahme, S. 3 ff.; *Oetker* ZHR 179 (2015) 797, 726; *Röder/Arnold* NZA 2015, 279, 282 f.; *Schulz/Ruf* BB 2015, 1155, 1158 f.; *Seibt* ZIP 2015, 1193, 1201.

Erfordernis einer Sanktionierung des Nichterreichens der Quote bei Gesamterfüllung auf Arbeitnehmerseite gering. Ihre Wahl ist in der Regel vor derjenigen der Anteilseigner abgeschlossen, was zur Folge hat, dass der Mindestanteil noch durch die Wahl der Hauptversammlung erreicht werden kann. Dem ist jedoch mit erheblichen rechtlichen Bedenken zu begegnen. Eine konsequente Gesamtbetrachtung erfordert eine einheitliche Rechtsfolge.

1. *Existenz einer Rechtsfolge* de lege lata

Dies führt zu der Frage, ob das Gesetz überhaupt irgendeine Rechtsfolge für die Gesamterfüllung bereithält. Meistens wird davon ausgegangen, dass § 96 Abs. 2 Satz 6 AktG für beide Erfüllungsmodi gelte. Eine stringente Beachtung des Wortlauts der Regelung des § 96 Abs. 2 Satz 6 AktG führt indes zu der Erkenntnis, dass sie nur für den Fall der Getrennterfüllung gilt.[940] Die dort angeordnete Rechtsfolge bezieht sich nämlich ausschließlich auf die von der Hauptversammlung gewählten Mitglieder und die entsandten Mitglieder des Aufsichtsrats. Es würde, wie eben angedeutet, dem Charakter der Gesamterfüllung widersprechen, wenn das Gesetz seitenbezogene Regelungen für die Rechtsfolge unter Geltung der Gesamterfüllung vorsieht. Dafür spricht auch die Historie dieser Norm: Eine wortgleiche Regelung wie in § 96 Abs. 2 Satz 6 AktG n.F. war bereits im Referentenentwurf vom September 2014 vorhanden, der ausschließlich das Prinzip der Getrennterfüllung vorsah (§ 96 Abs. 2 Satz 4 RefE).[941]

Angesichts dieses Umstands muss man davon ausgehen, dass der Gesetzgeber den Anpassungsbedarf der Regelung durch den Verweis auf § 96 Abs. 2 Satz 3 AktG schlicht übersehen hat. Dies liegt mit Blick auf das besonders in der Schlussphase überhastete und durch die Einführung der Gesamterfüllung sehr chaotische Gesetzgebungsverfahren[942] nahe. Dagegen lässt sich einwenden, dass auch die Mitglieder der Arbeitnehmer von nach dem MontanMitbestG mitbestimmten Aufsichtsräten in der Hauptversammlung gewählt werden und die Regelung dementsprechend nicht vollständig seitenbezogen ist.

Dem ist jedoch entgegenzuhalten, dass die Regelung, wie aufgezeigt, inhaltlich bereits zu dem Zeitpunkt existierte, als das Gesetz ausschließlich die Getrennterfüllung vorsehen sollte. Zum anderen sollte die Regelung sich bereits im damaligen Kontext nicht auf die nach § 8 MontanMitbestG von der Hauptversammlung zu wählenden Arbeitnehmervertreterinnen und -vertreter beziehen. Dies ergibt

940 In die Richtung andeutend auch *Herb* DB 2015, 946, 967.

941 RefE vom 9.9.2014, S. 31.

942 *Seibert* NZG 2016, 16, 19.

sich daraus, dass der Gesetzgeber einen Verstoß gegen die Quote durch die Regelung des § 6 Abs. 6 MontanMitbestG bereits im Vorfeld verhindern wollte. Andererseits erschöpft sich der eigentliche Sinn des § 6 Abs. 6 MontanMitbestG ebenfalls in der Getrennterfüllung, weil nur dann klar ist, wie viele Mitglieder der Arbeitnehmerseite welchem Geschlecht angehören müssen. Einen dagegen verstoßenden Wahlvorschlag kann das Wahlorgan jedoch ablehnen, sodass es bereits deshalb nicht zu einer quotenwidrigen Wahl kommt.[943] Im Hinblick auf die Gesamterfüllung ist diese Regelung hingegen nicht von Bedeutung, weil die Vorschläge wegen ihrer Bindungswirkung und zeitlichen Reihenfolge stets den Vorgaben des § 5a MontanMitbestG entsprechen. Eine Ablehnung durch die Hauptversammlung kommt schon deshalb nicht in Betracht. Im Einzelfall muss die Anteilseignerseite die Quote sodann durch ihre Mitglieder vollständig erfüllen. Für die Gesamterfüllung würde § 96 Abs. 2 Satz 6 AktG seinem Wortlaut nach eine Lösung im Sonderfall der Montanmitbestimmung bieten. Es bliebe dann allerdings weiterhin offen, wie die nicht gewählten Mitglieder aus dem Aufsichtsrat zu ermitteln sind und ob eine auf den Gesamtaufsichtsrat bezogene Nichterfüllung hinsichtlich ihrer Rechtsfolge die Bindungswirkung der Vorschläge durchbrechen kann.

Das Anwendungspotenzial des § 96 Abs. 2 Satz 6 AktG ist angesichts seines Ursprungs im Konzept der Getrennterfüllung demnach ein zufälliger Reflex. Dieser kann nicht darüber hinweghelfen, dass § 96 Abs. 2 Satz 6 AktG in allen anderen Fällen eine seitenbezogene Rechtsfolge bedeutet und deshalb nicht für die Gesamterfüllung gelten kann. Auch § 250 Abs. 1 Nr. 5 AktG ändert nichts daran, weil diese Vorschrift sich ebenfalls nur auf die Wahlen der Hauptversammlung bezieht. Demzufolge existiert *de lege lata* für die Gesamterfüllung keine unmittelbar anwendbare Rechtsfolge. Das Gesetz ist in dieser Hinsicht eine *lex imperfecta*.[944]

Die in § 96 Abs. 2 Satz 6 AktG vorgesehene Rechtsfolge bezieht sich dementsprechend nicht auf den Gesamtaufsichtsrat. Ihre unmittelbare Anwendbarkeit beschränkt sich auf die Getrennterfüllung. Gleichzeitig klärt diese Erkenntnis immerhin die Frage, ob für den Fall der Gesamterfüllung nur die Wahl der Anteilseigner von der Nichtigkeit betroffen sei. Überdies hat bereits die durch jene Frage aufgeworfene Unklarheit verdeutlicht, dass eine konsequente

943 ErfK/*Oetker* § 6 MontanMitbestG Rn. 13.

944 In die Richtung auch *Seibert* NZG 2016, 16, 19, allerdings in der Annahme, das Fehlen der Gesamterfüllung beziehe sich ausschließlich auf die Arbeitnehmerseite.

Gesamtbetrachtung schon wegen der unterschiedlichen Wahlverfahren und Zusammensetzungen der Seiten praktisch nicht umsetzbar ist.

2. *Sanktionierung der Quotenverfehlung durch analoge Anwendung der §§ 96 Abs. 2 Satz 6 AktG, 18a Abs. 1 MitbestG, 10f MitbestErgG*

Es entspricht indes weder der Intention des Gesetzgebers, noch dem Zweck der Quotenregelung, dass eine Verfehlung des Mindestanteilsgebots unter Geltung der Gesamterfüllung folgenlos bleibt. In dem Fall hätte das gesamte Regelungswerk keine Daseinsberechtigung mehr. Die sich aus einer rechtlichen Würdigung des Normtextes ergebende Lücke ist vielmehr auf eine mangelhafte Gesetzgebung zurückzuführen, die augenscheinlich das Ergebnis des überstürzten Systemwechsels und dem politischen Handlungsdruck geschuldet ist.[945]

Da keine der vorhandenen Rechtsfolgenregelungen eine unmittelbare Anwendung im Fall der Gesamterfüllung zulässt, verbleibt nur der Weg über eine rechtsfortbildende Analogie mit der Folge, dass die für die Getrennterfüllung geltenden Vorschriften stets im Falle eines Verstoßes gegen das Mindestanteilsgebot anzuwenden sind. Dies bedeutet *de facto* einen Wechsel zur Getrennterfüllung. Dass dies zulässig und sinnvoll ist, wird im Folgenden aufgezeigt. Für die Regelungen des § 18a MitbestG und § 10f MitbestG wurde diese Folge bereits von Teilen der Literatur vorgeschlagen.[946] Gleiches muss auch für den irrtümlich für unmittelbar anwendbar gehaltenen § 96 Abs. 2 Satz 6 AktG bzw. § 250 Abs. 1 Nr. 5 AktG gelten, dessen Wortlaut sich jedenfalls auf § 96 Abs. 2 insgesamt bezieht.[947]

a) Vergleichbare Interessenlage

Die Vergleichbarkeit der Interessenlagen ist offensichtlich. In beiden Szenarien verstößt die Zusammensetzung des Gesamtaufsichtsrats gegen das von § 96 Abs. 2 Satz 1 AktG geforderte Geschlechterverhältnis. Nach dem für das Verhältnis zwischen Wahl der Anteilseignervertreter und Entsendungen geltenden Grundsatz, dass eine Wahl die andere präjudiziert,[948] wäre ausschließlich die

---

945 S. dazu *Seibert* NZG 2016, 16, 19, der die Ohnmacht des BMAS anspricht, wenngleich er ebenfalls von einer Sanktionierung auf Anteilseignerseite ausgeht.

946 So auch NK-GA/*Heither/von Morgen* § 7 MitbestG Rn. 37 und § 18a MitbestG Rn. 2; *Röder/Arnold* NZA 2015, 279, 283; Spindler/Stilz/*Spindler* § 96 AktG Rn. 38.

947 So auch Hüffer/Koch/*Koch* § 96 AktG Rn. 25.

948 S. dazu Begr. RegE, BT-Drucks. 18/3784, S. 127 f.; *Oetker* ZHR 179 (2015) 707, 726; Spindler/Stilz/*Spindler* § 96 AktG Rn. 32.

zeitlich spätere Wahl von der Rechtsfolge betroffen. Stellt man auf die zeitliche Reihenfolge ab, wird das Risiko unbesetzter Aufsichtsratssitze jedoch im Regelfall einseitig auf die Anteilseignerseite verlagert. Wenn die Rechtsfolge dementsprechend nur die Anteilseigner trifft, liegt *de facto* eine Getrenntbetrachtung vor. Dadurch wird zudem das leichte Stimmenübergewicht der Anteilseignerseite im Aufsichtsrat erheblich gefährdet. Die Risikoverlagerung begegnet deshalb auch verfassungsrechtlichen Bedenken. Das leichte Stimmübergewicht war eines der wesentlichen Argumente des BVerfG zur Verfassungsmäßigkeit der paritätischen Mitbestimmung.[949]

Die einseitige Rechtsfolge ist überdies systemwidrig.[950] Eine konsequente Gesamtbetrachtung bei Erfüllung der Quote muss zugleich eine Gesamtbetrachtung bei Verfehlung des Mindestanteilsgebots bedeuten. Zusammensetzung bedeutet Zusammensetzung nach Amtsantritt.[951] Dementsprechend müssten die nicht gewählten Personen auch aus dem Gesamtaufsichtsrat ausgewählt werden. Da dies in seitenunabhängiger Form wegen der unterschiedlichen Wahl-, Abstimmungs- und Ergebnisermittlungsverfahren faktisch unmöglich und rechtlich nicht vertretbar ist, kann die Rechtsfolge auf die Gesamterfüllung schon ihrem Wesen nach nicht angewendet werden.

Überdies ist Sinn und Zweck der Gesamterfüllung der Ausgleich einer Untererfüllung der einen Seite durch eine Übererfüllung der anderen Seite. Ist dieser jedoch gescheitert, weil die Quote bei Gesamtbetrachtung des Aufsichtsrats nicht erfüllt wird, wurde der Zweck der Gesamtbetrachtung verfehlt. Die einzige systemkonforme Möglichkeit, dieses Problem rechtlich zu lösen ist ein Wechsel zur Getrennterfüllung. Er erfolgt mittels analoger Anwendung der Rechtsfolgenregelungen für die jeweilige Seite sobald sich herausstellt, dass die Quote bezogen auf dem Gesamtaufsichtsrat nicht erfüllt ist. Diese Lösung bietet die einzige Möglichkeit, die nicht Gewählten rechtssicher und ausgeglichen auszuwählen. Bei Heranziehung des § 96 Abs. 2 Satz 6 AktG erfolgt dies bereits nach bisherigem Verständnis, aber im Regelfall einseitig zulasten der Anteilseignerseite.

b) Planwidrigkeit der Regelungslücke

Erforderlich ist jedoch außerdem die Planwidrigkeit der vom Gesetzgeber hinterlassenen Regelungslücke. Hiergegen wird teilweise eingewendet, dass die Beschränkung der Rechtsfolgenregelungen in den Mitbestimmungsgesetzen

949 BVerfGE 50, 290, 316.

950 IE auch ErfK/*Oetker* § 96 AktG Rn. 9.

951 Zutreffend *Schulz/Ruf* BB 2015, 1155, 1158; so auch *Seibt* ZIP 2015, 1193, 1200.

bewusst erfolgte und die Lücke dementsprechend nicht planwidrig sei.[952] Vielmehr trete der ausdrückliche Wille des Gesetzgebers an mehreren Stellen zum Vorschein, dass die Regelungen in den Mitbestimmungsgesetzen nur für die Getrennterfüllung gelten sollen.[953]

Unterstützend wird darauf hingewiesen, dass wegen der zeitlichen Reihenfolge der Wahlen das Problem für die Arbeitnehmerseite in der Regel nicht bestehen würde, sodass eine Regelung schon nicht erforderlich sei.[954] Für die Anteilseignerseite gelten sodann dieselben Rechtsprobleme, die sich auch aus der Getrennterfüllung ergeben.[955] Dem ist jedoch zu entgegnen, dass der Ablauf des Gesetzgebungsverfahrens für eine Planwidrigkeit spricht. Notwendige Anpassungen waren – vermutlich auch wegen der beschriebenen Schwierigkeiten, eine Gesamtregelung zu finden – aus Zeitgründen nicht mehr möglich. Der Gesetzgeber hat sich erst spät für die Gesamtlösung entschieden, sodass zweifelhaft ist, ob die Lücke tatsächlich beabsichtigt war.[956] Das BMAS soll sich jedenfalls nicht imstande gesehen haben, rechtzeitig auf den „überhasteten Konzeptionswechsel" zu reagieren.[957]

Darüber hinaus hat der Gesetzgeber das Problem der gänzlich fehlenden Rechtsfolge ebenso übersehen wie die Literatur. Er unterlag der Fehlvorstellung, dass das Problem sich zum einen wegen der zeitlichen Abfolge der Wahlen nicht stellen würde und außerdem eine Rechtsfolge für die Anteilseignerseite vorhanden wäre. Dass er damit sein geschaffenes System durchbrach und *de facto* jedenfalls zu einer einseitigen Getrennterfüllung überging, blieb unerkannt. Dementsprechend ist die Regelungslücke planwidrig. Selbst wenn § 96 Abs. 2 Satz 6 AktG anwendbar wäre, würde die planwidrige Regelungslücke auf Arbeitnehmerseite umso offensichtlicher, weil dann den Maßstäben der Getrennterfüllung entsprechend gehandelt wird, die allerdings für die Arbeitnehmerseite folgenlos bleibt. Im Fall des Nichterreichens des Mindestanteilsgebots unter

952 *Junker/Schmidt-Pfitzner* NZG 2015, 929, 931; UHH/*Henssler* § 18a MitbestG Rn. 5; *Schulz/Ruf* BB 2015, 1155, 1159; *Seibt* ZIP 2015, 1193, 1201; *Schulz/Ruf* BB 2015, 1155, 1159; Hohenstatt/Seibt/*Seibt/Kraack* Geschlechterquoten, Rn. 228; richtigerweise a.A. *Herb* DB 2015, 964, 967; Hüffer/Koch/*Koch* § 96 AktG Rn. 25.

953 *Schulz/Ruf* BB 2015, 1155, 1159, dies ist aber tatsächlich nur an einer Stelle der Fall: Begr. RegE, BT-Drucks. 18/3784, S. 148.

954 *Oetker* ZHR 179 (2015) 707, 726 „Scheinproblem".

955 *Oetker* ZHR 179 (2015) 707, 726.

956 *Herb* DB 2015, 964, 967; Hüffer//Koch/*Koch* § 96 AktG Rn. 25; *Röder/Arnold* NZA 2015, 279, 282; Herbvgl. auch *Seibert* NZG 2016, 16, 19.

957 *Seibert* NZG 2016, 16, 19.

Geltung der Gesamterfüllung sind deshalb die Rechtsfolgenregelungen der § 96 Abs. 2 Satz 6 AktG, § 250 Abs. 1 Nr. 5 AktG, § 18a MitbestG und § 10f MitbestErgG analog anzuwenden. Faktisch bedeutet dies einen Wechsel in die Getrennterfüllung, der vor dem Hintergrund des Zwecks der Gesamterfüllung aber vertretbar ist.[958]

Lehnt man eine analoge Anwendung der für die Getrennterfüllung geltenden Rechtsfolgenregelungen ab, ist die quotenwidrige Wahl dennoch wegen Verstoßes gegen § 96 Abs. 2 Satz 1 AktG gem. § 134 BGB als nichtig anzusehen.[959] Eine zur Quotenwidrigkeit führende Wahl ist nämlich wegen der Wertentscheidung des § 96 Abs. 2 Satz 6 AktG ein so schwerwiegender Gesetzesverstoß, dass er die Nichtigkeit der Wahl zur Folge hat.[960] Dies muss unabhängig von der Gruppenzugehörigkeit des jeweiligen Mitglieds gelten, wenngleich vertreten wird, dass die Regelungen der Mitbestimmungsgesetze als gesetzliches Gebot dennoch zu beachten seien.[961] Eine Lösung bietet diese Ansicht jedoch auch nur im ersten Schritt. Es fehlt weiterhin ein Instrumentarium zur Ermittlung der ausscheidenden Personen, da diese aus der Gesamtheit der Mitglieder nicht einfach so ermittelt werden können. Auch dann wäre im Ergebnis auf die bei Getrennterfüllung geltenden Regeln zurückzugreifen. Eine vollständige Analogie der Rechtsfolgenregelungen für jede Seite ist demgegenüber konsequenter.

3. *Bezugszeitpunkt für die Nichtigkeitsfeststellung bei Geltung der Gesamterfüllung*

Um die Betrachtung der Gesamtzusammensetzung für die Feststellung der Wirksamkeit oder der Unwirksamkeit der Wahlen zu gewährleisten, muss der Bezugspunkt für die Ermittlung der Nichterfüllung derjenige Zeitpunkt sein, an dem die Ergebnisse beider Wahlen ermittelt wurden. Problematisch ist dabei der unterschiedliche Zeitpunkt des Abschlusses der Wahl. Gem. § 19 Abs. 1 MitbestG obliegt es dem Vorstand, die Mitglieder nach ihrer Bestellung an den genannten Stellen bekannt zu geben. Auch das Aktienrecht sieht die Bekanntmachung der Ergebnisse vor (§ 106 AktG). Schwierigkeiten bereiten jedoch die Wahlordnungen, die vorsehen, dass die Gewählten unmittelbar zu benachrichtigen und die Wahlergebnisse im Unternehmen bekannt zu machen sind (§§ 48, 80 1. WO

---

958 Eher krit. ErfK/*Oetker* § 96 AktG Rn. 9.

959 HWK/*Seibt* § 7 MitbestG, Rn. 8 und § 18a MitbestG, Rn. 1; Hohenstatt/Seibt/*Seibt/Kraack* Geschlechterquoten, Rn. 228; *Seibt* ZIP 2015, 1193, 1201.

960 *Oetker* ZHR 179 (2015) 707, 726.

961 *Seibt* ZIP 2015, 1193, 1201.

MitbestG, §§ 52 und 86 2. und 3. WO MitbestG). Der Abschluss der Wahlen fällt demnach mit Ermittlung der Gewählten, jedenfalls jedoch mit Bekanntmachung der Wahlergebnisse und Benachrichtigung der Gewählten zusammen.

Dies liegt allerdings auch daran, dass die Wahlordnungen zum MitbestG vorsehen, dass so viele Personen gewählt sind, wie Sitze zur Verfügung stehen. Dem Charakter der Gesamterfüllung wird jedoch nur entsprochen, wenn die Wahlergebnisse des Gesamtaufsichtsrats abgewartet werden und erst dann ermittelt wird, ob die Quote erfüllt ist oder ob die Rechtsfolgen der §§ 96 Abs. 2 Satz 6, 250 Abs. 1 Nr. 5 AktG, § 18a MitbestG sowie § 10f MitbestErgG analog gelten und damit auch die für die Gesamterfüllung maßgeblichen Personenzahlen. Teile der Literatur gehen davon aus, dass die Wirksamkeit der Bestellung von Arbeitnehmer- und Anteilseignervertreterinnen und -vertretern bis zum Ende der Hauptversammlung aufschiebend bedingt sei.[962]

Nach dieser Ansicht müssen die Wahlordnungen angepasst werden. Da sie von der Folgenlosigkeit eines Verstoßes gegen das Mindestanteilsgebot unter Geltung der Gesamterfüllung ausgehen, ist dies aber in jedem Fall notwendig. Um größtmögliche Klarheit zu schaffen, sollte das vorläufige Wahlergebnis bekannt geben, wer bei Gesamt- und wer bei Getrennterfüllung gewählt wäre. Zwar entsteht für diesen Fall eine Art Schwebezustand und *de facto* würde die Getrennterfüllung *ex tunc* wirken, anders als beim Widerspruch ist dies jedoch im Vorhinein bekannt und anhand der Wahlergebnisse auch rechtssicher nachvollziehbar. Darüber hinaus liegt es nicht in der Hand einer Seite, eine rückwirkende Änderung des Erfüllungsmodus hervorzurufen. Der Eintritt dieser tatsächlichen Folgen ist notwendiger Reflex der Gesamtbetrachtung, die andererseits nicht umgesetzt werden kann.

Da die Amtszeit außerdem regelmäßig auch für die Arbeitnehmerseite erst mit der Beendigung der Hauptversammlung beginnt, ist im Hinblick auf die Funktionsfähigkeit des Aufsichtsrats hinreichende Rechtsklarheit gewährleistet. Der Aufsichtsrat steht zu Beginn der Amtszeit so, wie er stehen würde, wenn die Getrennterfüllung gelten würde und die Quote nicht erreicht wäre. In der Gesamtschau ist die analoge Anwendung der §§ 96 Abs. 2 Satz 6, 250 Abs. 1 Nr. 5 AktG, § 18a MitbestG, § 10f MitbestErgG die Lösung, welche die bestmögliche Umsetzung der insgesamt als verfehlt anzusehenden[963] Gesamterfüllung gewährleistet.

---

962 *Seibt* ZIP 2015, 1193, 1200.

963 Zu einem Änderungsvorschlag s. unten Kap. 5 § 11.

4. Zusammenfassung

Bei Gesamterfüllung gelten im Fall des Nichterreichens der Quote die Regelungen über die Getrennterfüllung hinsichtlich der Ermittlung der nicht gewählten Kandidatinnen und Kandidaten sowie für die Nachbesetzung analog. Dies findet seine Begründung in den unterschiedlich ablaufenden Wahlverfahren, die die Durchsetzung einer Gesamtlösung für Auswahl der Nichtigkeit und Nachbesetzung verhindern. Die Regelungen zur Getrennterfüllung werden in den vorhandenen Lösungsansätzen bereits jetzt hinzugezogen. Das Problem lässt sich im Wege der analogen Anwendung der für die Getrennterfüllung vorhandenen Regelungen lösen. Eine Verlagerung des Erfüllungsrisikos auf die Anteilseignerseite ist überdies verfassungsrechtlich nicht zulässig. Dadurch würde die Wahlfreiheit der Hauptversammlung unverhältnismäßig eingeschränkt. Es besteht auch keine sachliche Rechtfertigung für eine derartige Ungleichbehandlung der verschiedenen Gruppen von Aufsichtsratsmitgliedern. Da die Verfehlung der Quote also zum Wechsel in die Getrennterfüllung führt, gilt das Folgende in allen Fällen.

II. Nichterfüllung unter Geltung der Getrennterfüllung

1. Nichtigkeitsfolge der §§ 18a MitbestG und 10f MitbestErgG

Hat eine Seite der Gesamterfüllung widersprochen oder wird die Quote bei Gesamterfüllung verfehlt, treffen § 18a MitbestG und § 10 f Abs. 2 MitbestErgG[964] (analog) für die Aufsichtsratssitze der Arbeitnehmer eine Sonderregelung zur Auswahl der nicht gewählten Personen und zur Nachbesetzung der „leeren Stühle". Diese Regelungen gelten jedoch nur für den Fall des Nichterreichens der Quote durch eine Wahl. Scheidet ein Mitglied aus oder vollzieht eine Geschlechtsumwandlung, soll § 18a Abs. 1 MitbestG nicht eingreifen.[965]

a) Auswahl der nicht Gewählten und Vorgaben zur Nachbesetzung

Bei Verfehlung der Quote durch die Wahlergebnisse wird die dem Mindestanteilsgebot entsprechende Besetzung in zwei Schritten sichergestellt. Zunächst müssen diejenigen Kandidatinnen bzw. Kandidaten ermittelt werden, deren Wahl nichtig ist (§ 18a Abs. 2 MitbestG). Für die Neubesetzung richtet sich die Verteilung nach § 18a Abs. 1 MitbestG. Das Nichterreichen der Geschlechterquote

---

964 Wegen des weitgehenden Gleichlaufs der Regelungen beschränken sich die Ausführungen auf § 18a MitbestG. Sie gelten jedoch ebenfalls für § 10f MitbestErgG.

965 So zutreffend jedenfalls ErfK/*Oetker* § 18a MitbestG Rn. 1.

führt dabei zu einer Unterteilung der Arbeitnehmerbank in unternehmensangehörige Arbeitnehmer ohne die leitenden Angestellten und Gewerkschaftsvertreter (vgl. § 18a Abs. 1 MitbestG). Diese Unterteilung muss auch bei der Ermittlung der nicht Gewählten gelten, da ansonsten das gesetzlich festgelegte Geschlechterverhältnis nicht eingehalten wird.[966]

Gemäß § 18a Abs. 2 MitbestG wird die Unwirksamkeit der Wahl in Abhängigkeit zum jeweiligen Stimmverteilungsverfahren ermittelt. Für die Mehrheitswahl gilt gemäß § 18a Abs. 2 Nr. 1 MitbestG, dass diejenigen Personen des überrepräsentierten Geschlechts nicht gewählt sind, die „in dem jeweiligen Wahlgang nach der Reihenfolge auf die Bewerber entfallenden Stimmzahlen die niedrigsten Stimmzahlen erhalten haben". Im Fall der Verhältniswahl trifft die Unwirksamkeit die Wahl derjenigen, die „in dem jeweiligen Wahlgang nach der Reihenfolge der auf die Bewerber entfallenden Höchstzahlen die niedrigsten Höchstzahlen erhalten haben". Die Kandidatinnen bzw. Kandidaten des unterrepräsentierten Geschlechts sind dementsprechend stets wirksam gewählt (s. auch § 46c Abs. 3 Satz 1 1. WO MitbestG, § 50c Abs. 3 Satz 1 2. WO MitbestG, § 50c Abs. 3 3. WO MitbestG).[967] Die im ersten Schritt ermittelten, nicht besetzten Aufsichtsratssitze werden entsprechend der Maßgabe des § 18a Abs. 1 MitbestG „im Wege der gerichtlichen Ersatzbestellung nach § 104 des Aktiengesetzes oder der Nachwahl besetzt" (§ 18a Abs. 2 Satz 2 MitbestG).

§ 18a Abs. 1 MitbestG schreibt vor, dass in Aufsichtsräten mit 12 bzw. 16 Mitgliedern (gem. § 7 Abs. 2 Nr. 1 und 2 MitbestG) unter den Aufsichtsratsmitgliedern der unternehmensangehörigen Arbeitnehmer (§ 3 Abs. 1 Nr. 1 MitbestG) und der Gewerkschaftsvertreter jeweils mindestens ein Mitglied jeden Geschlechts (wörtlich ein Mann und eine Frau)[968] vertreten sein muss. In Aufsichtsräten mit 20 Mitgliedern müssen in beiden Gruppen jeweils zwei Mitglieder eines jeden Geschlechts vertreten sein (§ 18a Abs. 1 Nr. 2 MitbestG). Daraus, dass § 18a Abs. 1 MitbestG ausdrücklich auf § 3 Abs. 1 Nr. 1 MitbestG Bezug nimmt, ergibt sich, dass der oder die leitende Angestellte nicht berücksichtigt wird.[969] Für die in § 18a Abs. 1 MitbestG quotengerechte Nachbesetzung

---

966 S. ErfK/*Oetker* § 18a MitbestG Rn. 2 f.; GroßKomm AktG/*Oetker* § 18a Rn. 13 f.

967 S. zB. NK-GA/*Heither/v. Morgen* § 18a MitbestG Rn. 6 ff.; UHH/*Henssler* § 18a MitbestG Rn. 3; ErfK/*Oetker* § 18a MitbestG Rn. 4; GroßKomm AktG/*Oetker* § 18a Rn. 13; *Oetker* ZHR 179 (2015) 707, 730; *Röder/Arnold* NZA 2015, 279, 282.

968 Zu den Angehörigen des neutralen Geschlechts s. oben Kap. 3 § 8 B. V.

969 So auch Begr. RegE, BT-Drucks. 18/3784, S. 45 und 130; dem folgend ErfK/*Oetker* § 18a MitbestG Rn. 3; *Röder/Arnold* NZA 2015, 279, 281; Spindler/Stilz/*Spindler* § 96 AktG Rn. 34.

nach Gruppen ist diese Maßgabe sinnvoll, da die leitenden Angestellten in paritätisch mitbestimmten Aufsichtsräten meistens nur durch eine Person vertreten werden, die allein keine Quote erfüllen kann (vgl. § 15 Abs. 1 Satz 2 MitbestG). Wird die Quote erfüllt, sind leitende Angestellte ebenfalls und ohne Einschränkungen in die Berechnung einzubeziehen, da sich § 7 Abs. 3 MitbestG auf § 3 Abs. 1 MitbestG insgesamt bezieht.[970]

b) Problem der zwingenden Übererfüllung

Die stringente Anwendung von § 18a Abs. 1 MitbestG führt im Einzelfall jedoch dazu, dass das Gesetz eine Übererfüllung erzwingt. Dieses Phänomen tritt auf, wenn das Mitglied der leitenden Angestellten dem unterrepräsentierten Geschlecht angehört[971] oder im 20-köpfigen Aufsichtsrat zwei Gewerkschaftsvertreter des unterrepräsentierten Geschlechts, jedoch keine unternehmensangehörigen Kandidatinnen bzw. Kandidaten gewählt werden.[972] In letzterem Fall müssen aufseiten der Arbeitnehmer zwei weitere Mitglieder aus dem Bereich der unternehmensangehörigen Arbeitnehmer bestellt werden, sodass schließlich gegebenenfalls fünf Personen des unterrepräsentierten Geschlechts (2 gewählte Gewerkschaftsmitglieder, 2 gem. § 18a Abs. 1 Nr. 2 MitbestG nachzubestellende unternehmensangehörige Mitglieder und gegebenenfalls noch Mitglied der leitenden Angestellten) im Aufsichtsrat vertreten sein müssen. Dies entspricht auf Arbeitnehmerseite einer zwingend einzuhaltenden Quote von 50 Prozent.

Die Problematik wurde für die leitenden Angestellten bereits im Rahmen der Berechnung der zur Einhaltung des Mindestanteils erforderlichen Personenzahl aufgezeigt.[973] Im Ergebnis ist § 18a Abs. 1 MitbestG dahin gehend teleologisch zu reduzieren, dass ein Mitglied der leitenden Angestellten passenden Geschlechts im Einklang mit § 7 Abs. 2 MitbestG zu den unternehmensangehörigen Arbeitnehmern zugerechnet werden kann.[974] Somit muss, wenn der oder die leitende Angestellte das passende Geschlecht aufweist, nur noch ein Mitglied

---

970 *Herb* DB 2015, 964, 965; NK-GA/*Heither/von Morgen* § 18a MitbestG Rn. 6; ErfK/*Oetker* § 7 MitbestG Rn. 2; *Oetker* ZHR 179 (2015) 707, 731; Röder/*Arnold* NZA 2015, 279, 281.

971 Ebenso NK-GA/*Heither/von Morgen* § 18a MitbestG Rn. 6; UHH/*Henssler* § 18a MitbestG Rn. 8 f.; ErfK/*Oetker* § 18a MitbestG Rn. 3; *Röder/Arnold* NZA 2015, 279, 281; dazu bereits oben Kap. 3 § 8 B IV 2.

972 So auch NK-GA/*Heither/von Morgen* § 18a MitbestG Rn. 7; *Röder/Arnold* NZA 2015, 279, 281 f.

973 S. oben Kap. 3 § 8 B. IV. 2. b).

974 S. oben Kap. 3 § 8 B. IV. 2.

der unternehmensangehörigen Arbeitnehmervertreter bestellt werden. Die erforderliche Anzahl läge dann bei vier. Die zwingende Übererfüllung beträgt dennoch zehn Prozent.

c) Lösung durch eine teleologische Reduktion des § 18a Abs. 1 MitbestG

Denkbar ist es deshalb, die im Rahmen der Berechnung erforderliche teleologische Reduktion des § 18a Abs. 1 MitbestG auch auf den Fall zu beziehen, dass im 20-köpfigen Aufsichtsrat bereits zwei Gewerkschaftsvertreterinnen bzw. -vertreter passenden Geschlechts vorhanden sind. Einerseits bewirkt die Trennungslösung innerhalb der Bank klare Verhältnisse, andererseits erzwingt sie eine Übererfüllung, die allein auf dieser Trennung beruht. Im Vergleich zu den leitenden Angestellten trennt auch der für die Auslegung herangezogene § 7 Abs. 2 MitbestG zwischen unternehmensangehörigen Arbeitnehmern und Gewerkschaftsangehörigen. Man könnte deshalb annehmen, der Gesetzgeber habe nicht nur die Besetzung der Seite insgesamt mit ausreichend Mitgliedern beider Geschlechter vorgesehen, sondern wolle erreichen, dass jede der Gruppen dazu beiträgt. Ein weiteres Indiz dafür ist die an § 7 Abs. 2 MitbestG angenäherte verhältnismäßige Verteilung auf die Gruppen. Wortlaut und Systematik sprechen deshalb dafür, die Verteilung streng zu beachten. Dem steht allerdings entgegen, dass es bei Erfüllung der Quote unter Geltung der Getrennterfüllung ausweislich § 7 Abs. 3 MitbestG nicht darauf ankommt, welcher Gruppe die erforderlichen Personen angehören.

Die Trennungslösung soll verhindern, dass zwischen den Gruppen ein Konflikt darüber entsteht, welche Gruppe für die Erfüllung verantwortlich ist. Ziel ist es demnach, die Einhaltung des Mindestanteilsgebots zu gewährleisten. Dementsprechend ist – ähnlich wie bei den leitenden Angestellten – davon auszugehen, dass der eigentliche Zweck in einer effizienten, konfliktfreien Verteilung innerhalb der Arbeitnehmerseite für den Fall besteht, dass den gewählten Mitgliedern beider Gruppen keine oder zu wenige Mitglieder des unterrepräsentierten Geschlechts angehören. Dieser Zweck wird allerdings ebenfalls erreicht, wenn alle Mitglieder passenden Geschlechts einbezogen werden und dementsprechend die noch erforderlichen Mitglieder aus der Gruppe generiert werden müssen, die nach dem Verteilungsschlüssel zu wenige Mitglieder des passenden Geschlechts aufweist. § 18a Abs. 1 MitbestG gibt demnach ein Verteilungsprinzip vor, welches unter Einbeziehung der vorhandenen Mitglieder die Ersatzbesetzung regeln soll, jedoch aus teleologischen Gründen keine zwingende Besetzung der Sitze nach diesem Konzept vorsieht. Dementsprechend ist die Vorschrift unter Berücksichtigung der weiteren oben genannten Argumente entsprechend teleologisch zu reduzieren.[975] Andernfalls würde zudem eine bedeutende Ungleichbehandlung gegenüber der Anteilseignerseite bestehen, da das Gesetz dort überhaupt nicht zwischen Gruppen der gewählten und entsandten Mitglieder differenziert.

2. *Nichtigkeitsfolge im Geltungsbereich des MontanMitbestG*

Das MontanMitbestG enthält keinerlei Regelungen zur Sanktionierung eines Quotenverstoßes. Gem. § 6 Abs. 6 MontanMitbestG gilt jedoch: „Bei börsennotierten Unternehmen kann im Fall des § 96 Abs. 2 Satz 3 des Aktiengesetzes ein Vorschlag an das Wahlorgan nur erfolgen, wenn die Vorgaben des § 5a durch eine Wahl nach den Absätzen 1 und 5 erfüllt worden sind." Die Betriebsräte dürfen den Wahlvorschlag bei Getrennterfüllung also nur dann an die Hauptversammlung weiterleiten, wenn er der Quote entspricht. Deshalb legt der Gesetzgeber die Erfüllung des Mindestanteilsgebots für die Arbeitnehmerseite in diesem Fall in die Hände der Betriebsräte, die unter Beteiligung von Spitzenorganisationen und Gewerkschaften die Aufsichtsratsmitglieder wählen (§ 4 Abs. 1 Satz 2 und 6 sowie § 9 MontanMitbestG). Diese müssten dementsprechend so lange neu wählen, bis der Wahlvorschlag den Anforderungen entspricht.[976] Der Gesetzgeber ging wegen der gesetzlich für den Auswahlprozess vorgesehenen Vorschlags- und Einspruchsrechte sowie Beratungspflichten von einem auf Konsens ausgerichteten Prozess aus, der die Maßgabe des § 6 Abs. 6 MontanMitbestG rechtfertigt.[977]

Die Aufsichtsratsmitglieder werden in der Hauptversammlung gewählt, welche gem. § 6 Abs. 7 MontanMitbestG an den Wahlvorschlag gebunden ist und deshalb keine Möglichkeit hat, ihn abzuändern. Der Versammlungsleiter wäre somit gezwungen, einen offensichtlich gesetzeswidrigen Vorschlag zur Abstimmung zu stellen. Dies stellt ihn vor ein unauflösliches Problem, da er offensichtlich gesetzeswidrige Vorschläge nicht zur Abstimmung stellen darf.[978] Mit der Vorschrift des § 6 Abs. 6 MontanMitbestG soll eine solche Situation verhindert

---

975 Diese Lösung schlagen i.E. auch vor *Röder/Arnold* NZA 2015, 279, 281 f.; in die Richtung, aber ergebnisoffen: NK-GA/*Heither/von Morgen* § 18a Rn. 8; i.E. ebenso, aber auf den gesetzgeber. Willen abstellend: UHH/*Henssler* § 18a MitbestG Rn. 9 f.

976 Begr. RegE, BT-Drucks. 18/3784, S. 46 und 125; so auch NK-GA/*Heither/v. Morgen* §§ 5-8 MontanMitbestG Rn. 15b; *Rotsch/Weninger* Der Konzern 2015, 298, 301; *Seibt* ZIP 2015, 1193, 1201.

977 Begr. RegE, BT-Drucks. 18/3784, S. 125.

978 Vgl. bereits oben Kap. 3 § 9 B. II. 2) a.

werden. Es ist jedoch nicht auszuschließen, dass ein gegen die Quote verstoßender Vorschlag an die Hauptversammlung weitergeleitet wird. In diesem Fall stellt sich die Frage, ob die Hauptversammlung weiterhin an den Wahlvorschlag gebunden ist und wie im Fall der Wahl des quotenwidrigen Vorschlags zu verfahren ist.

a) *Bindung der Hauptversammlung an den Wahlvorschlag*

Ein Wahlvorschlag, der die Vorgaben des § 5a MontanMitbestG missachtet, darf nicht an die Hauptversammlung weitergeleitet werden. Vorgeschlagen wird deshalb, dass eine dennoch erfolgte Weiterleitung die Bindungswirkung aufhebt.[979] Würde die Hauptversammlung über den Vorschlag beschließen, ordnet § 96 Abs. 2 Satz 6 AktG die Nichtigkeit der Wahl an. Es wäre jedoch widersinnig, die Hauptversammlung zu zwingen, sehenden Auges eine zur Nichtigkeit führende Wahl durchzuführen. Richtig ist deshalb die Lösung über eine teleologische Reduktion der Norm.[980] Im Fall der Weiterleitung eines Vorschlags, der gegen § 5a MontanMitbestG verstößt, wäre die Hauptversammlung an diesen deshalb nicht gebunden.

b) *Rechtsfolgen einer Wahl trotz quotenwidrigen Wahlvorschlags*

Sofern die Hauptversammlung die Arbeitnehmervertreter dennoch wählt, kann dies nicht folgenlos bleiben. Da die Hauptversammlung wegen der Bindungswirkung voraussichtlich wie bei einer Blockwahl über den Vorschlag insgesamt abstimmt, ist die gesamte Wahl nichtig.[981] Dies entspricht auch der Vorgabe von § 6 Abs. 6 MontanMitbestG, der eine Weiterleitung des gesamten Vorschlags verbietet.

c) *Auswahl der nicht gewählten Personen*

Für die von der dann eintretenden Nichtigkeit betroffenen Personen hält § 6 MontanMitbestG keine Regelung bereit. Es bietet sich jedoch eine analoge Anwendung von § 10f MitbestErgG an. Die Planwidrigkeit der Lücke ergibt sich, wie dargelegt, aus dem Umstand, dass der Gesetzgeber vom Nichteintritt eines solchen Falles ausging.[982] Es deutet nichts darauf hin, dass der Gesetzgeber für

---

979 *Oetker* ZHR 179 (2015) 707, 735; GroßKomm AktG § 6 MontanMitbestG Rn. 17; WKS/Wißmann § 6 MontanMitbestG Rn. 22.

980 *Oetker* ZHR 179 (2015) 707, 737.

981 Differenzierend *Oetker* ZHR 179 (2015) 707, 738.

982 In die Richtung auch *Oetker* ZHR 179 (2015) 707, 735.

den Fall einer Weiterleitung und Wahl des Vorschlags entgegen der Vorgabe des § 6 Abs. 6 MontanMitbestG das Fehlen einer Rechtsfolge beabsichtigte.

Dagegen spricht der eindeutige Wortlaut der §§ 96 Abs. 2 Satz 6 und 250 Abs. 1 Nr. 5 AktG. Erforderlich ist zudem die Vergleichbarkeit der Interessenlagen. Dies bedeutet, dass die Übertragung der für einen Tatbestand (A) [...] gegebenen Regel auf einen vom Gesetz nicht geregelten, ihm ‚ähnlichen' Tatbestand (B) [...]sich darauf gründet, dass infolge ihrer Ähnlichkeit in den für die gesetzliche Bewertung maßgebenden Hinsichten beide Tatbestände gleich zu bewerten sind, also auf die Forderung der Gerechtigkeit, Gleichartiges gleichzubehandeln.[983] In beiden Fällen besteht die Arbeitnehmerseite aus unternehmensangehörigen Mitgliedern und Gewerkschaftsangehörigen. Das MontanMitbestG sieht auf der Arbeitnehmerseite allerdings ebenfalls ein neutrales Mitglied vor und die kleinste Aufsichtsratsgröße umfasst 15 Mitglieder. Dennoch würde eine Anwendung des § 10f MitbestErgG sich auch auf den elfköpfigen Aufsichtsrat übertragen lassen, da dort zwei Gewerkschaftsvertreterinnen bzw. -vertreter und zwei unternehmensangehörige Mitglieder zu wählen sind, von denen bei Getrennterfüllung zwei dem unterrepräsentierten Geschlecht angehören müssen.

Dementsprechend liegt eine im Wesentlichen vergleichbare Interessenlage vor. § 10f MitbestErgG dient wie § 18a MitbestG der ausgleichenden Verteilung der quotierten Sitze auf die Mitgliedergruppen. Aus diesem Grund ist eine Übertragung der Auswahl- und Besetzungsmechanismen zweckmäßig und erforderlich, um nicht im Wesentlichen Gleiches durch eine planwidrige Lücke des Gesetzgebers ungleich zu behandeln. Hinsichtlich der Einbeziehung bereits gewählter Mitglieder des unterrepräsentierten Geschlechts kann auf die Ausführungen zu § 18a MitbestG verwiesen werden.[984]

d) Problem der Gesamterfüllung

Schwieriger ist die Auflösung der Situation, wenn die Gesamterfüllung gilt. Dass die Hauptversammlung an den Wahlvorschlag gebunden ist, erschwert eine Gesamtbetrachtung. § 6 Abs. 2 Satz 6 MontanMitbestG ist nicht unmittelbar anwendbar. Darüber hinaus würde ein in die Hauptversammlung eingebrachter Wahlvorschlag, der sich auf den vor der Wahl vorhandenen Status quo bezieht, dem Mindestanteilsgebot stets entsprechen.

---

983 *Larenz/Canaris* Methodenlehre, S. 202.

984 S. oben Kap. 3 § 9 B. II. 1.

Eine Möglichkeit bestünde darin, dass die Hauptversammlung den Wahlvorschlag wegen Gesetzesverstoßes ablehnt, sofern sie die Quote auf seiner Grundlage nicht allein erfüllen kann. Dies würde jedoch zu einer missbräuchlichen Umgehung der Bindungswirkung beitragen. Die einseitige Handlungsfähigkeit der Hauptversammlung wäre dementsprechend unverhältnismäßig stark. Aus diesem Grund sollten die oben genannten Grundsätze zur Gesamterfüllung auch hier herangezogen werden, sodass bei Nichterreichen der Quote in der Gesamtschau auf die Getrennterfüllung zurückgegriffen wird. Grundsätzlich steht § 6 Abs. 6 MontanMitbestG dem zwar entgegen, die vorstehend dargelegte analoge Anwendung des § 10f MitbestErgG bietet jedoch eine Lösung.

3. *Nichtigkeitsfolge auf Anteilseignerseite*

Für die Anteilseignerseite findet sich die Rechtsfolge in § 96 Abs. 2 Satz 6 AktG. Wegen § 250 Abs. 1 Nr. 5 AktG wäre eine gesonderte Regelung nicht erforderlich gewesen.[985] Demnach ist eine Wahl der Mitglieder des Aufsichtsrats durch die Hauptversammlung und eine Entsendung in den Aufsichtsrat unter Verstoß gegen das Mindestanteilsgebot nichtig. Anders als § 18a MitbestG und § 10f MitbestErgG sieht § 96 Abs. 2 Satz 6 AktG jedoch keine Regelungen für die Auswahl der nicht gewählten Kandidatinnen bzw. Kandidaten vor. Der Grund liegt darin, dass die Hauptversammlung verschiedene Abstimmungsmöglichkeiten hat und auch die Ermittlung der Ergebnisse, anders als in den Wahlordnungen zu den Mitbestimmungsgesetzen, nicht normiert ist. Darüber hinaus sind für die Anteilseignerseite keine Personen verschiedener Mitgliedergruppen zu wählen.

a) *Ermittlung der von der Nichtigkeit betroffenen Wahlen*

Welche Wahlen im Fall des Nichterreichens des Mindestanteils unwirksam sind, richtet sich nach dem jeweiligen Abstimmungsverfahren. Die Wahl kann in drei Verfahren erfolgen: Einzel-, Block- und Simultanwahl. Früher vorherrschend waren Simultan- und Blockwahl.[986] Den Empfehlungen des DCGK in Ziff. 5.4.3 Satz 1 folgend, wählt die Hauptversammlung neuerdings verbreitet in Einzelwahlen.[987] Im Rahmen dieser stimmen die Aktionäre einzeln und in

---

985 Hüffer/Koch/*Koch* § 250 AktG Rn. 11a; Hohenstatt/Seibt/*Seibt/Kraack* Geschlechterquoten, Rn. 223; Hölters/*Simons* § 250 AktG Rn. 18a.

986 MünchKomm AktG/*Habersack* § 101 AktG Rn. 19.

987 *Herb* DB 2015, 964, 966; *Hoppe* NZG 2017, 361, 367; *Stüber* DStR 2014, 960, 961; *Wasmann/Rothenburg* DB 2015, 291 293; immer noch a.A. *Grobe* AG 2015, 289, 296; KBLW/*Kremer* Ziff. 5 Rn. 1399.

chronologischer Reihenfolge über die Wahlvorschläge ab.[988] Bei einer Listen- bzw. Blockwahl kann ausschließlich die gesamte jeweilige Vorschlagsliste *en bloc* gewählt oder abgelehnt werden. Dieses Wahlverfahren ist grundsätzlich anerkannt, wird aber nicht mehr empfohlen.[989] Die Simultanwahl fasst mehrere Einzelwahlen dergestalt zusammen, dass die Wahlvorschläge auf einer Stimmkarte stehen und einzeln angekreuzt werden können.[990] Die Wahlen folgen dem Grundsatz der einfachen Mehrheit (§ 133 Abs. 1 AktG). Für den Fall, dass mehr Personen zur Wahl stehen, als Sitze zu vergeben sind, kann die Hauptversammlung auch eine Verhältniswahl durchführen.[991] Es bedarf dazu allerdings einer Satzungsbestimmung, die festlegt, wie die Gewählten zu ermitteln sind.[992]

aa) Einzelwahl

Einzelwahlen erfolgen in chronologischer Abfolge, sodass die Nichtigkeit stets das zuletzt gewählte quotenwidrige Mitglied trifft. Die vorher gewählten anderen Mitglieder bleiben wirksam gewählt.[993] Wird im späteren Verlauf die Quote doch erreicht, tritt für die zuvor nicht Gewählten allerdings keine Heilungswirkung ein, weil die Anordnung der Wahlnichtigkeit der dafür erforderlichen schwebenden Unwirksamkeit entgegensteht.[994] Diese Sitze würden dann entsprechend der Sanktion „leer" bleiben, wenn keine weitere Person zur Wahl steht, oder mit der

---

988 MünchKomm/*Habersack* § 101 AktG Rn. 19.

989 HM BGHZ 180, 9 Rn. 29; *Bollweg* Die Wahl des Aufsichtsrats, 1997, S. 186 ff.; Bürgers/Körber/*Israel* § 101 AktG Rn. 7; MünchKomm AktG/*Habersack* § 101 AktG Rn. 21; GroßKomm AktG/*Hopt/Roth* § 101 AktG Rn. 44; KölnKomm AktG/*Mertens/Cahn* § 101 AktG Rn. 16; Semler/v. Schenck/*Mutter* § 101 AktG Rn. 36.

990 Hüffer/Koch/*Koch* § 101 AktG Rn. 6; Semler/v. Schenck/*Mutter* § 101 AktG Rn. 38.

991 HM MünchKomm AktG/*Habersack* § 101 AktG Rn. 27; GroßKomm AktG/*Hopt/Roth* § 101 AktG Rn. 64; Hüffer/Koch/*Hüffer* § 133 AktG Rn. 33; Semler/v. Schenck/*Mutter* § 101 AktG Rn. 52; Spindler/Stilz/*Rieckers* § 133 AktG Rn. 56; K.Schmidt/Lutter/*Spindler* § 133 AktG Rn. 54; a.A. KölnKomm AktG/*Mertens/Cahn* § 101 AktG Rn. 22 f.

992 Hüffer/Koch/*Koch* § 101 AktG Rn. 4.

993 Begr. RegE, BT-Drucks. 18/3784, S. 128; *DAV* NZG 2014, 1214, 1223; ErfK/*Oetker* § 96 AktG Rn. 9; *Grobe* AG 2015, 289, 296; *Herb* DB 2015, 964, 965; Hüffer/Koch/*Koch* § 96 AktG Rn. 24; *Junker/Schmidt-Pfitzner* NZG 2015, 929, 931; *Mense/Klie* GWR 2015, 1, 3; NK-GA/*Heither/von Morgen* § 7 MitbestG Rn. 39; *Ohmann-Sauer/Langemann* NZA 2014, 1120, 1121; *Schulz/Ruf* BB 2015, 1155, 1158; K.Schmidt/Lutter/*Drygala* § 96 AktG Rn. 55; *Seibt* ZIP 2015, 1193, 1199; *Spielberger/Röthlingshofer* AuA 2015, 337, 338; Spindler/Stilz/*Spindler* § 96 AktG Rn. 38; *Stüber* CCZ 2014, 261, 263; *dies.* DStR 2015, 947, 949; *Teichmann/Rüb* BB 2015, 259, 261; *dies.* BB 2015, 898, 901.

994 Zutreffend Spindler/Stilz/*Spindler* § 96 Rn. 38.

in der Wahlreihenfolge nächsten Person besetzt.[995] Ob dann die zunächst wegen Nichtigkeit der Wahl nicht gewählte Person nach Abstimmung über die übrigen Vorschläge nachgewählt werden kann, wird noch erörtert. Bei einer vollständigen Erst- oder Neubesetzung der Anteilseignerseite wäre zudem stets die erste Abstimmung quotenwidrig, da sie vorübergehend zu einem Geschlechteranteil von 100 Prozent führen würde.[996] Eine Wahl in chronologischer Reihenfolge wirft noch weitere Probleme auf.

(1) Abstimmungsreihenfolge

Für die Festlegung der Reihenfolge der Abstimmung zur Besetzung der vakanten Sitze zuständig sein könnten der Aufsichtsrat bei Erstellung seines Beschlussvorschlags, der Leiter der Hauptversammlung oder die Hauptversammlung selbst. Es liegt zunächst nahe, dass der Aufsichtsrat in seinem Vorschlag eine Abstimmungsreihenfolge festlegt, da er die von ihm vorgeschlagenen Personen ausgewählt hat und somit voraussichtlich am besten über deren jeweilige Eigenschaften und Erfolgsaussichten informiert ist.[997] Er muss zudem gemäß § 124 Abs. 2 Satz 2 Nr. 2 AktG bereits in seinem Beschlussvorschlag angeben, wie viele Sitze zur Erreichung des Mindestanteilsgebots mit Mitgliedern des unterrepräsentierten Geschlechts zu besetzen sind. Insbesondere wenn mehr Wahlvorschläge aufgestellt werden, als Sitze zur Verfügung stehen, kann die Reihenfolge der Abstimmung Einfluss auf die Einhaltung des Mindestanteilsgebots haben. Der Aufsichtsrat ist, anders als die Aktionäre, bei Aufstellung der Wahlvorschläge an das Unternehmensinteresse gebunden.[998] Er ist schon deshalb verpflichtet, die Abstimmungsreihenfolge unter Berücksichtigung spezieller Fähigkeiten, Erfolgsaussichten und Geschlechtszugehörigkeit festzulegen.

Die Hauptversammlung ist an die Wahlvorschläge des Aufsichtsrats jedoch nicht gebunden.[999] Grundsätzlich ist zudem anerkannt, dass es in die

---

995 Begr. RegE, BT-Drucks. 18/3784, S. 121; Henssler/Strohn/*Henssler* § 96 AktG Rn. 14.

996 So jedenfalls Henssler/Strohn/*Henssler* § 96 AktG Rn. 14.

997 *Stüber* CCZ 2014, 960, 961.

998 *Dreher* FS Hoffmann-Becking 2013, S. 313, 316 ff.; *Götz* AG 1995, 337, 345 f.; MünchKomm AktG/*Habersack* § 101 AktG Rn. 8, 17; *Lutter* ZIP 2003, 417, 418; Hölters/*Simons* § 101 AktG Rn. 10; Spindler/Stilz/*Spindler* § 101 AktG Rn. 41; krit. *Sünner* ZIP 2003, 834; *Wirth* ZGR 2005, 327, 342 f.

999 Bürgers/Körber/*Israel* § 101 AktG Rn. 4; Grigoleit/*Grigoleit/Tomasic* § 101 AktG Rn. 2; MünchKomm AktG/*Habersack* § 101 AktG Rn. 7 f.; Henssler/Strohn/*Henssler* § 101 AktG Rn. 2; Hölters/*Hirschmann* § 130 Rn. 7; GroßKomm AktG/*Hopt/Roth* § 101 Rn. 20; Hüffer/Koch/*Koch* § 101 AktG Rn. 4; Spindler/Stilz/*Spindler* § 101 AktG Rn. 16.

Kompetenz des Versammlungsleiters fällt, die Beschlussanträge zu stellen.[1000] Er entscheidet somit über den Wahlmodus und in dem Zuge gleichfalls über die Abstimmungsreihenfolge.[1001] In der Regel gibt es hierzu eine entsprechende Satzungsbestimmung.[1002] Darüber hinaus wird dem Versammlungsleiter auch ohne Satzungsregelung die Kompetenz zur Festlegung der Abstimmungsreihenfolge nach pflichtgemäßem Ermessen als Teil seiner Leitungsaufgabe zugestanden.[1003] Die Hauptversammlung hingegen kann die Abstimmungsreihenfolge – abgesehen von den Fällen des § 127 AktG – nur dann bestimmen, wenn die Satzung diese Kompetenz nicht dem Versammlungsleiter zuweist.[1004] Vorgeschlagen wird auch, die Aktionärsvorschläge in jedem Fall vorzuziehen und diese nach Einfluss des vorschlagenden Aktionärs zu gewichten.[1005] Auch dies stellt aber einen Eingriff in die Kompetenz des Versammlungsleiters dar und konterkariert die Regelung des § 137 AktG, der eine Reihenfolge für bestimmte Fälle vorschreibt und sie *e contrario* in allen anderen Fällen freistellt. Aus diesem Grund liegt die Entscheidung über die Abstimmungsreihenfolge beim Versammlungsleiter, weshalb der Aufsichtsrat sie im Wahlvorschlag nicht zwingend festlegen muss.

(2) Die Rolle des Versammlungsleiters

Der Versammlungsleiter hat dadurch eine mit erheblichem Einfluss verbundene Rolle. Von Bedeutung ist seine Kompetenz zur Festlegung der Abstimmungsreihenfolge und zur Beschlussverkündung insbesondere dann, wenn zu befürchten ist, dass das Mindestanteilsgebot nicht erfüllt werden kann. Seine genauen Kompetenzen sind gesetzlich nicht geregelt. Er wird lediglich in § 118 Abs. 4, § 123 Abs. 3 Satz 2 und § 130 Abs. 2 AktG erwähnt. Es ist allerdings

---

1000 Hölters/*Hirschmann* § 133 AktG Rn. 6; Hüffer/Koch/*Koch* § 133 AktG Rn. 9; zu den Einzelheiten s. sogleich unter b).

1001 Semler/v. Schenck/*Mutter* § 101 AktG Rn. 39; KölnKomm AktG/*Zöllner* § 119 Rn. 59; s. dazu ausf. sogleich unter b).

1002 MünchKomm AktG/*Kubis* § 119 AktG Rn. 156; Semler/v. Schenck/*Mutter* § 101 Rn. 39.

1003 Hüffer/Koch/*Koch* § 134 AktG Rn. 34; MünchKomm AktG/*Kubis* § 119 AktG Rn. 156; *Max* AG 1991, 77, 87; GroßKomm AktG/*Mülbert* vor §§ 118 – 147 AktG Rn. 123; *U. H. Schneider* FS Peltzer 2001, S. 432; *Stützle/Wagenbach* ZHR 155 (1991) 516, 534 f.; KölnKomm AktG/*Zöllner* § 119 AktG Rn. 59 und § 133 AktG Rn. 44; s. dazu auch sogleich unter b).

1004 BGH AG 2009, 285, 289; Hölters/*Simons* § 101 AktG Rn. 12; Hüffer/Koch/*Koch* § 101 AktG Rn. 5; a.A. *Max* AG 1991, 77, 87: Die Hauptversammlung kann die Kompetenz durch einstimmigen Beschluss aufheben.

1005 *Stüber* CCZ 2014, 960, 962.

gewohnheitsrechtlich anerkannt, dass eine Versammlung einen Versammlungsleiter benötigt.[1006] Allgemein anerkannt ist weiter, dass er nach pflichtgemäßem Ermessen über das anzuwendende Wahlverfahren und gegebenenfalls über die Reihenfolge der Abstimmung über die Personen zu entscheiden hat.[1007]

Das pflichtgemäße Ermessen, das der Versammlungsleiter seinen Handlungen zugrunde legen muss, ergibt sich aus verschiedenen Faktoren. Er muss die Hauptversammlung ordnungs- und sachgemäß leiten und bei seinen Entscheidungen sowohl das Neutralitätsgebot als auch den Gleichbehandlungs- und Verhältnismäßigkeitsgrundsatz einhalten.[1008] Er darf dementsprechend die Wahlvorschläge nicht grundlos ungleich behandeln. Der Versammlungsleiter muss seine Kompetenzen zudem so ausüben, dass die Hauptversammlung effizient und sachgerecht abläuft. Er muss demnach sachdienliche Entscheidungen treffen.[1009] Hierzu gehört es zunächst, dass der Hauptversammlungsleiter offensichtlich mangelhafte Beschlussanträge nicht zur Abstimmung zulassen darf.[1010] Darunter soll ein offensichtlich gegen das Mindestanteilsgebot verstoßender Wahlvorschlag des Aufsichtsrats fallen, der zum Beispiel keine Person des unterrepräsentierten Geschlechts enthält, obwohl nur diese gewählt werden können, damit das Mindestanteilsgebot eingehalten wird.[1011] Sofern der Wahlvorschlag nur zu wenige Personen des unterrepräsentierten Geschlechts vorsieht, kann der

---

1006 MünchKomm AktG/*Habersack* § 119 AktG Rn. 105.

1007 *Austmann/Rühle* AG 2011, 805, 805; *DAI* Stellungnahme. S. 15; Hüffer/Koch/*Koch* § 129 AktG Rn. 23; so auch *Seibt* ZIP 2015, 1193, 1203; Hölters/*Simons* § 101 AktG Rn. 12 (Sachdienlichkeit).

1008 BGH AG 1966, 28 (LS); Henssler/Strohn/*Liebscher* § 129 AktG Rn. 25; Hölters/*Simons* § 101 AktG Rn. 12; Hüffer/Koch/*Koch* § 129 AktG Rn. 22; MünchKomm AktG/*Kubis* § 129 AktG Rn. 6; Spindler/Stilz/*Wicke* § 129 AktG Rn. 7; zustimmend für die Quote *Seibt* ZIP 2015, 1193, 1203.

1009 Hölters/*Simons* § 101 AktG Rn. 12.

1010 Hüffer/Koch/*Koch* § 129 AktG Rn. 25; MünchKomm AktG/*Kubis* § 119 AktG Rn. 151; *Martens* WM 1981, 1010, 1015; GroßKomm AktG/*Mülbert* vor §§ 118 – 147 AktG Rn. 114; MünchHdb AG/*Semler* § 39 Rn. 9; *Stützle/Walgenbach* ZHR 155 (1991), 516, 531 f.

1011 Begr. RegE, BT-Drucks. 18/3784, S. 121; zustimmend Hüffer/Koch/*Koch* § 96 AktG Rn. 26; *Mense/Klie* GWR 2015, 1, 2; *Ohmann-Sauer/Langemann* NZA 2014, 1120, 1122; *Stüber* DStR 2015, 947, 949; zur a.A. tendierend *Seibt* ZIP 2015, 1193, 1203 der es in das Ermessen des Versammlungsleiters stellt, einen solchen Vorschlag wegen der verfassungsrechtlichen Bedenken für den Sonderfall zuzulassen, dass der Aufsichtsrat nach redlichem Bemühen keinen den Anforderungen entsprechenden Wahlvorschlag unterbreiten kann.

Versammlungsleiter ihn trotzdem zulassen, da Personen beider Geschlechter gewählt werden dürfen, solange das Mindestanteilsgebot eingehalten wird.

Da die Quote zwingend erfüllt werden muss, ist es zudem sachdienlich, dass der Versammlungsleiter zunächst die erforderliche Anzahl Personen des unterrepräsentierten Geschlechts zur Wahl stellt. Sind genügend Personen passenden Geschlechts vorgeschlagen, hat er sich dabei an die allgemeinen Grundsätze zu halten. Stehen zu wenige Kandidatinnen bzw. Kandidaten des unterrepräsentierten Geschlechts zur Wahl, gebietet die Maßgabe einer sachdienlichen Abstimmungsreihenfolge, dass der Versammlungsleiter zunächst diejenigen Personen des überrepräsentierten Geschlechts aufstellt, die die besten Erfolgsaussichten haben. Von ihnen werden so viele gewählt, bis für die nächste Abstimmung eine Person des unterrepräsentierten Geschlechts vorgeschlagen werden muss.

Beispiel:

In einem bisher rein männlich besetzten Aufsichtsrat mit 16 Mitgliedern entfallen bei Getrennterfüllung auf die achtköpfige Anteilseignerseite zwei „Quotensitze" für Frauen. Nun sind drei Sitze neu zu besetzen. Es müssen also mindestens zwei Frauen und es kann ein Mann gewählt werden. Besteht der Wahlvorschlag aus einer Frau und zwei Männern, darf der Versammlungsleiter den Wahlvorschlag nur zur Einzelwahl zulassen. Sind drei Frauen und zwei Männer vorgeschlagen und der Versammlungsleiter entscheidet sich für die Einzelwahl, da die Satzung keine Verhältniswahl vorsieht, stellt sich die Frage, in welcher Reihung der Versammlungsleiter die Vorschläge zur Wahl stellen muss. Seine Entscheidung muss sowohl sachdienlich sein, als auch insbesondere das Gleichbehandlungsgebot und den Verhältnismäßigkeitsgrundsatz wahren.
Grundsätzlich muss der Versammlungsleiter sich nach den Erfolgsaussichten und Kompetenzen richten. Da die Einhaltung der Quote jedoch zwingend ist und es keine Vorschriften zur Reihung der Kandidaten gibt, muss die Abstimmungsreihenfolge unter den ersten drei Personen zwei Frauen vorsehen, da nur drei Personen gewählt werden können. Angenommen die drei Bewerberinnen haben unterschiedliche Erfolgsaussichten (+/o/-) und die Männer relativ gute (+/o). Der Versammlungsleiter könnte die Reihung folgendermaßen vornehmen: $F_{1\,(+)}\ M_{1\,(+)}\ F_{2\,(o)}$. *Für den Fall, dass* F_1 *oder* F_2 *nicht gewählt wird, muss an vierter Stelle* F_3 *stehen, auch wenn ihre Erfolgsaussichten geringer sind als diejenigen von* M_2. *Würde nämlich* M_2 *gewählt, führt dies zur Verfehlung der Quote.*
Sachdienlich ist es wegen der strikten Rechtsfolge, wenn der Versammlungsleiter die Reihung im ersten Schritt an der Erfüllung der Quote und im zweiten Schritt an den allgemeinen Grundsätzen orientiert. Er muss jedoch nicht zwingend zunächst über sämtliche Personen des unterrepräsentierten Geschlechts abstimmen lassen, da dies den Gleichbehandlungsgrundsatz verletzen und unverhältnismäßig sein kann.

Der Ermessensspielraum des Versammlungsleiters ist folglich dahin gehend zu reduzieren, dass er zunächst ausreichend Vorschläge zur Wahl stellen muss, die zum Erreichen der Quote erforderlich sind. Im Anschluss daran hat er sich an den allgemeinen Grundsätzen wie Wahlerfolg, spezifischen Fähigkeiten und Ähnlichem zu orientieren.

Allerdings ist der Versammlungsleiter nicht zwingend zugleich Aufsichtsratsmitglied und kann seine Funktion noch wechseln, sodass die Übertragung der Entscheidungsbefugnis an ihn auch zweckwidrig sein kann. Nach den Grundsätzen der inhaltlichen Funktionsadäquanz[1012] könnte deshalb der Aufsichtsrat die chronologische Abfolge festlegen. Seine Verpflichtung zur Einreichung eines quotengerechten Vorschlags umfasst konsequenterweise auch die Pflicht, einen Vorschlag einzureichen, der genau in dieser Reihenfolge beschlossen werden kann.[1013] Die größtmögliche Rechtssicherheit ließe sich erreichen, wenn der Zeitpunkt der Beschlussverkündung für die Abfolge relevant ist. Im Fall der Einzelwahl dürfte diese Problemstellung selten auftreten, da die Wahl beendet ist, wenn die vakanten Aufsichtsratsplätze neu besetzt sind. Darüber hinaus unterliegt eine Abweichung der Beschlussverkündungs- von der Wahlreihenfolge noch strengeren Anforderungen als eine Abweichung vom Beschlussvorschlag.[1014] Sie ist jedoch nicht zwingend notwendig, wenn die Abstimmungsreihenfolge zur Einhaltung des Mindestanteilsgebots beiträgt.[1015] Sieht der Beschlussvorschlag ersichtlich keine an sachdienlichen Gesichtspunkten wie der Einhaltung der Quote orientierte Reihenfolge vor, liegt ein „erheblicher sachlicher Grund" zur abweichenden Abstimmung vor. Dementsprechend muss eine erkennbar bloß alphabetische Reihung des Vorschlags dem Versammlungsleiter eine Abweichungskompetenz verleihen.[1016]

Dies wirft indes eine weitere Frage auf: Darf die Hauptversammlung in dem Fall, dass die Wahl eine Verfehlung des Mindestanteilsgebots verursachen wird (s. Beispiel oben: F2 wird nicht gewählt, dafür aber M2, weil er vor F3 auf der Liste stand), entweder die Wahl von F3 vorziehen oder bei Wahl von M2 auch F3 wählen und muss der Versammlungsleiter dann bei Beschlussverkündung F3 vor M2 nennen? Aus Gründen der Sachdienlichkeit i.S.v. Zweckmäßigkeit muss dies im Hinblick auf eine vollständige Besetzung des Aufsichtsrats vor allem vor dem Hintergrund der Wahrung des leichten Stimmenübergewichts möglich sein. Der Gleichbehandlungsgrundsatz wird wegen des zwingenden Charakters

1012 *Seibt* ZIP 2015, 1193, 1200.
1013 So auch *Seibt* ZIP 2015, 1193, 1200.
1014 So jedenfalls *Seibt* ZIP 2015, 1193, 1200.
1015 *Seibt* ZIP 2015, 1193, 1200.
1016 So auch *Herb* DB 2015, 964, 967.

des Mindestanteilsgebots (§ 250 Abs. 1 Nr. 5 AktG) verdrängt. Eine Ungleichbehandlung wegen des Geschlechts ist in diesem Fall erforderlich.

(3) Bezugszeitpunkt für die Nichtigkeitsfeststellung

Darüber hinaus ist der Zeitpunkt für die Nichtigkeitsfeststellung von Bedeutung. Dem Wortlaut der §§ 96 Abs. 2 Satz 6, 250 Abs. 1 Nr. 5 AktG zufolge ist erst die Wahl unwirksam und nicht schon die Abstimmungsreihenfolge. Deshalb muss der maßgebliche Feststellungszeitpunkt nach der Abstimmung liegen. Infrage kommen der konstitutive Zeitpunkt der Beschlussfeststellung[1017], sowie die Protokollierung.[1018] Die Beschlussverkündung soll sich an der Reihenfolge der Abstimmung orientieren.[1019] Der Zeitpunkt der Beschlussverkündung als Anknüpfungspunkt bietet sich vor allem deshalb an, weil die Wahl damit grundsätzlich wirksam wird und deshalb abgeschlossen ist.[1020]

Allerdings bezieht sich § 96 Abs. 2 Satz 3 AktG auf die Abstimmung.[1021] Die Anknüpfung an den Zeitpunkt der Beschlussverkündung erscheint darüber hinaus auf den ersten Blick zu spät, da der Versammlungsleiter somit nach Beendigung der Wahl im technischen Sinne und für die Aktionäre nicht vorher erkennbar darüber entscheiden könnte, welche Person die Nichtigkeitsfolge trifft.[1022] Dem ist jedoch entgegenzuhalten, dass den Versammlungsleiter gleichermaßen die Pflicht trifft, im Rahmen seiner Leitungskompetenz sachgerechte Entscheidungen zu treffen.[1023] Er muss sein Ermessen deshalb wie bei Festlegung der Abstimmungsreihenfolge dahin gehend ausüben, dass die Beschlussverkündung nicht

---

1017 *Altmeppen* DB 1998, 49, 54; MünchKomm BGB/*Arnold* § 32 BGB Rn. 46; Hölters/*Drinhausen* § 130 AktG Rn. 34; *v. Falkenhausen* BB 1966, 337, 341; Hüffer/Koch/*Koch* § 130 AktG Rn. 22; MünchKomm AktG/*Kubis* § 119 AktG Rn. 158, § 130 AktG Rn. 62; KölnKomm AktG/*Noack/Zetzsche* § 130 AktG Rn. 197; *Schulte* AG 1985, 33, 38; Spindler/Stilz/*Wicke* § 130 Rn. 52; *Wilhelmi* BB 1987, 1331, 1334; *Zöllner* Schranken, S. 393 f.

1018 *DAV* NZG 2014, 1214, 1224; Hüffer/Koch/*Koch* § 96 AktG Rn. 24; NK-GA/*Heither/von Morgen* § 7 MitbestG Rn. 39; *Röder/Arnold* NZA 2015, 279, 280; *Stüber* CCZ 2014, 261, 263; *Wasmann/Rothenburg* DB 2015, 291, 293.

1019 Hüffer/Koch/*Koch* § 96 AktG Rn. 24; *Röder/Arnold* NZA 2015, 279, 280; *Seibt* ZIP 2015, 1193, 1200; *Stüber* CCZ 2014, 261, 263; *Wasmann/Rothenburg* DB 2015, 291, 293.

1020 Zur Wirksamkeit s. Nachw. in Fn. 644.

1021 S. oben Kap. 3 § 8 B II. 2. b).

1022 So *Herb* DB 2015, 964, 965: legt den Inhalt fest; MünchKomm AktG/*Kubis* § 130 AktG Rn. 62.

1023 MünchKomm AktG/*Kubis* § 119 AktG Rn. 122.

zur Gesetzeswidrigkeit des Beschlusses führt. Somit wird er sich bei der Reihenfolge vor allem an der Einhaltung des Mindestanteilsgebots orientieren. Darüber hinaus darf er, wie oben dargelegt, nur im Ausnahmefall von der an der Einhaltung des Mindestanteilsgebots auszurichtenden Abstimmungsreihenfolge abweichen.[1024] Im Wege der Einzelwahl wird die Beschlussreihenfolge sowieso selten von der Abstimmungsreihenfolge abweichen, da jeder Sitz einzeln besetzt wird und die Wahl beendet ist, sobald alle Sitze besetzt sind. Eine Änderung der Beschlussverkündungsreihenfolge nimmt demzufolge keinen Einfluss mehr. Entscheidender ist demnach die Festlegung der Abstimmungsreihenfolge. Etwas anderes kann sich bei der Simultanwahl ergeben.

Die Legitimation für die Festlegung der Beschlussreihenfolge wird aus der Legitimation für die Festlegung der Wahlreihenfolge abgeleitet.[1025] Eine andere Alternative wäre die Festlegung der Reihenfolge durch die Hauptversammlung. Dies ist jedoch nur dann zulässig, wenn die Satzung keine Kompetenzzuweisung an den Versammlungsleiter vorsieht.[1026]

bb) Blockwahl

Wird *en bloc* abgestimmt und das Mindestanteilsgebot verfehlt, sollen nach herrschender Meinung alle Sitze des überrepräsentierten Geschlechts leer bleiben; der oder die Mitglieder des unterrepräsentierten Geschlechts sollen hingegen wirksam gewählt sein.[1027] Teils wird kritisiert, dass diese Annahme im Wortlaut keine Unterstützung findet.[1028] Demgemäß müsste die gesamte Wahl nichtig sein.[1029] Da bei einer Blockwahl nur die Möglichkeit besteht, für oder gegen den gesamten Vorschlag zu stimmen, ist diese Auffassung richtig. Eine teilweise

---

1024 S. bereits oben. Kap. 3 § 8 B II. 2. a).

1025 *Herb* DB 2015, 964, 966; Hüffer/Koch/*Koch* § 96 AktG Rn. 24.

1026 Vgl. bereits oben zur Abstimmungsreihenfolge.

1027 So Begr. RegE, BT-Drucks. 18/3784, S. 122; zustimmend *DAV* NZG 2014, 1214, 1223; ErfK/*Oetker* § 96 AktG Rn. 9; *Grobe* AG 2015, 289, 296; Henssler/Strohn/*Henssler* § 96 AktG Rn. 14; *Herb* DB 2015, 964, 965; Hüffer/Koch/*Koch* § 96 Rn. 24; *Junker/Schmidt-Pfitzner* NZG 2015, 929, 931; *Mense/Klie* GWR 2015, 1, 3; NK-GA/*Heither/von Morgen* § 7 MitbestG Rn. 39; *Ohmann-Sauer/Langemann* NZA 2014, 1120, 1121; Schmidt/Lutter/*Drygala* § 96 Rn. 55; *Seibt* ZIP 2015, 1193, 1199; *Spielberger/Röthlingshöfer* AuA 2015, 337, 338; Spindler/Stilz/*Spindler* § 96 Rn. 38; *Stüber* CCZ 2014, 261, 263; *Dies.* DStR 2015 947, 949; *Teichmann/Rüb* BB 2015, 259, 261; *dies.* BB 2015, 898, 901; mit Einschr. *Mayer* Stellungnahme DAV, S. 4; a.A. *DAV* NZG 2014, 1214, 1224: Nichtigkeit der gesamten Wahl.

1028 Spindler/Stilz/*Spindler* § 96 Rn. 38.

1029 Spindler/Stilz/*Spindler* § 96 Rn. 38; i.E. so: *DAV* NZG 2014, 1214, 1224.

eintretende Unwirksamkeit widerspräche dem Prinzip der Abstimmung *en bloc.* Für die Nichtigkeit der gesamten Wahl spricht auch, dass anders als zum Beispiel bei Wahlen nach dem Mitbestimmungsgesetz, bei denen auch nur ganze Listen gewählt werden können, die Ergebnisse nicht nach dem *d'Hondtschen* Höchstzahlenverfahren (oder einem anderen Verfahren) ermittelt werden.

Es wird auch vertreten, dass die Nichtigkeit nur solange Personen des überrepräsentierten Geschlechts trifft, wie ihr Anteil 30 Prozent nicht unterschreitet.[1030] Dies stimmt auch mit der Maßgabe überein, dass der Mindestanteil für beide Geschlechter gilt. Der Vorschlag missachtet jedoch das Prinzip der Blockwahl. Bei einer Abstimmung *en bloc* existiert weder eine Reihenfolge noch ein anderes Kriterium, wie die Anzahl der absoluten oder relativen Stimmen. Die Personen deren Wahl nichtig ist, können demnach nicht ermittelt werden. Dementsprechend ist eine gegen die Quote verstoßende Blockwahl insgesamt nichtig. Dies entspricht sowohl dem Wortlaut als auch dem Willen des Gesetzgebers, der ausdrücklich kein „Frauenförderungsgesetz", sondern ein Gesetz für die „gleichberechtigte Teilhabe" erlassen hat und klarstellte, dass Wahlen, die auf die eine oder andere Weise gegen die Quote verstoßen, nichtig sind, damit das Gesetzesziel erreicht wird.[1031] Ließe man die von der herrschenden Meinung bevorzugte Folge zu, würde die 30 Prozent Vorgabe zugunsten eines – vorübergehenden – Anteils i.H.v. 100 Prozent zum Vorteil des zuvor unterrepräsentierten Geschlechts unterlaufen.

Wegen des hohen Risikos, dass auf diese Weise viele Plätze unbesetzt bleiben, wird die Praxis sich in kritischen Fällen wohl nicht für eine Blockwahl entscheiden.[1032] Dies ist unbedingt empfehlenswert. Zudem steht vor der Abstimmung endgültig fest, wie viele Mitglieder dem unterrepräsentierten Geschlecht angehören und sonst gewählt werden müssen. Da der Versammlungsleiter offensichtlich quotenverstoßende Wahlvorschläge nicht zur Wahl stellen darf, kann er die Blockwahl nicht zulassen, wenn dann die Nichterfüllung droht. Die Blockwahl ist folglich nur dann eine Option, wenn sichergestellt ist, dass der zu beschließende Wahlvorschlag die Erfüllung der Quote gewährleistet.

1030 *Mayer* Stellungnahme DAV, S. 4.

1031 Begr. RegE, BT-Drucks. 18/3784, S. 121.

1032 Dahin gehend auch *Grobe* AG 2015, 289, 296; *Herb* DB 2015, 964, 965; Hüffer/Koch/*Koch* § 96 AktG Rn. 24.

cc) Simultanwahl

Eine Alternative bietet die Simultanwahl. Die Hauptversammlung stimmt hierbei auf Stimmkarten über alle Personen gleichzeitig ab. Jeder Aktionär kann jedoch für oder gegen jeden einzelnen Wahlvorschlag stimmen oder sich der Stimme enthalten.[1033] Gewählt sind diejenigen, die die Mehrheit der Stimmen auf sich vereinen.[1034] Durch den einheitlichen Abstimmungsvorgang entfällt die Gefahr einer willkürlich festgelegten oder versehentlich zur Nichterfüllung führenden Abstimmungsreihenfolge. Zugleich lässt sich für jede einzelne Person ein Wahlergebnis ermitteln.[1035] Im Fall der Quotenverfehlung ließen sich diejenigen Personen ermitteln, deren Wahl nichtig ist, indem man sich an den Wahlergebnissen orientiert. Dieses Wahlverfahren vereint somit die positiven Aspekte der anderen beiden Verfahren, um eine bestmögliche Gleichbehandlung der Wahlvorschläge zu gewährleisten.[1036] Schwierigkeiten bereitet nur die Situation, dass sämtliche oder jedenfalls mehrere Personen die gleiche Stimmzahl erreicht haben. In diesem Fall kann aber im Unterschied zur Blockwahl gelten, dass die Kandidatinnen bzw. Kandidaten des unterrepräsentierten Geschlechts gewählt sind, da alle Personen einzeln zur Wahl stehen und nur organisatorisch zusammengefasst werden. Die Personen des überrepräsentierten Geschlechts sind hingegen bei Stimmgleichheit nicht gewählt. Über diese kann in einem zweiten Wahlgang erneut abgestimmt werden, um Vakanzen zu vermeiden.[1037]

Teilweise wird vertreten, dass es auch im Fall einer Simultanwahl auf die Verkündungsreihenfolge der Beschlüsse ankäme, welche sich ebenfalls an der vom Versammlungsleiter festgelegten Wahlreihenfolge orientieren soll.[1038] Dem liegt jedoch ein Fehlverständnis der Simultanwahl zugrunde. Charakteristisch ist für diesen Wahlmodus gerade die fehlende Chronologie im Sinne einer Abstimmungsreihenfolge. Führt man die Wahl mit Stimmkarten durch, befinden sich auf jeder Stimmkarte sämtliche Wahlvorschläge und die Aktionäre stimmen für diejenigen, die ihnen zusagen.

1033 *Grobe* AG 2015, 289, 297.

1034 K. Schmidt/Lutter/*Drygala* § 101 AktG Rn. 9.

1035 Nicht zu verwechseln mit der Verhältniswahl! Es gibt nur gewählt oder nicht gewählt. Bei der Ermittlung der nichtgewählten ist es aber sinnvoll, die Stimmzahlen heranzuziehen.

1036 Zustimmend *Austmann/Rühle* AG 2011, 805, 811.

1037 Allg. zur erneuten Öffnung der Abstimmung zur Vermeidung von Vakanzen *Austmann/Rühle* AG 2011, 805, 810 f.; *Hoppe* NZG 2017, 361, 367.

1038 *Herb* DB 2015, 964, 966.

Wegen der fehlenden Abstimmungsreihung wird die Reihenfolge der Beschlussverkündung außerdem deshalb als unbefriedigendes Ergebnis angesehen, weil der Versammlungsleiter darüber bestimmen würde.[1039] Das ist grundsätzlich zutreffend. Der Versammlungsleiter ist jedoch an die oben genannten Grundsätze gebunden. Eine missbräuchliche Ausübung seiner Kompetenzen bleibt zudem nicht folgenlos.[1040] Der Versammlungsleiter kann sich deshalb an den Ergebnissen orientieren und hat die Beschlüsse so zu verkünden, dass das Mindestanteilsgebot eingehalten wird.

Gleichwohl ist das Verfahren ungeeignet, wenn mehr Personen vorgeschlagen sind, als Aufsichtsratssitze besetzt werden müssen. Es kann in diesem Fall passieren, dass mehr Bewerber die notwendige Stimmzahl erreichen, als erforderlich. Dann müsste ebenfalls ermittelt werden, welche der vorgeschlagenen Personen gewählt sind und welche nicht. Überwiegend wird deshalb gefordert, dass eine Simultanwahl nur zulässig sein darf, wenn die Satzung eine relative Mehrheit vorsieht.[1041] Argumentiert wird mit § 133 Abs. 2 AktG, der die Festlegung anderer Bestimmungen nur durch die Satzung ermöglicht. Durch eine Verhältniswahl kommt es zur Verwässerung des Mehrheitseinflusses,[1042] sodass dieser Einwand berechtigt ist. Vorgeschlagen wird deshalb entweder die Nichtigkeit der gesamten Wahl bei Quotenverstoß[1043] oder eine analoge Anwendung von § 18a Abs. 2 MitbestG.[1044] Der Versammlungsleiter ist jedoch auch dann verpflichtet, seine Aufgabe sachgerecht wahrzunehmen und darf eine Simultanwahl nicht zulassen, sofern die Gefahr der Verwässerung des Mehrheitseinflusses besteht. Im Gegensatz zu dem Vorschlag, die wegen einer Quotenverfehlung nicht Gewählten so auszusortieren, geht es hier grundsätzlich um alle Vorgeschlagenen. Eine Orientierung an den Stimmzahlen ist deshalb nicht zulässig. Sofern man dies auch für die Quotensitze für unzulässig hält, sollte der

---

1039 Hüffer/Koch/*Koch* § 96 AktG Rn. 24.

1040 Ausführlich dazu MünchKomm AktG/*Kubis* § 119 Rn. 177 ff.

1041 *Bollweg* S. 235 ff.; *Grobe* AG 2015, 289, 297; MünchKomm AktG/*Habersack* § 101 AktG Rn. 25; *Ramm* NJW 1991, 2753, 2755; *Werner* AG 1972, 137, 139; in die Richtung auch Hölters/*Simons* § 101 AktG Rn. 19; a.A. *Austmann/Rühle* AG 2011, 805, 811 f.; K.Schmidt/Lutter/*Drygala* § 101 AktG Rn. 9; Großkomm AktG/*Hopt/Roth* § 101 AktG Rn. 43.

1042 Grigoleit/*Grigoleit/Tomasic* § 101 AktG Rn. 12; MünchKomm AktG/*Habersack* § 101 AktG Rn. 27; Hüffer/Koch/*Koch* § 133 AktG Rn. 33; KölnKomm AktG/*Zöllner* § 133 AktG Rn. 94; GroßKomm AktG/*Hopt/Roth* § 101 AktG Rn. 64 ff.; a.A. KölnKomm/*Mertens/Cahn* § 101 AktG Rn. 14; vgl. auch *Bollweg* Wahl, S. 472 f.

1043 NK-GA/*Heither/von Morgen* § 7 MitbestG Rn. 39.

1044 NK-GA/*Heither/von Morgen* § 7 MitbestG Rn. 39.

Versammlungsleiter eine zweite Abstimmung anregen. Andernfalls verbleibt nur die Nichtigkeit der gesamten Wahl.

dd) Ergebnis

Die Simultanwahl ist das zweckmäßigste und auch das gerechteste Wahlverfahren, da bei Nichterreichen der Quote die Stimmverteilung als Anhaltspunkt für die Ermittlung der von der Nichtigkeit betroffenen Abstimmungsergebnisse dient. Gegebenenfalls kann ein zweiter Wahlgang stattfinden. Sofern jedoch Schwierigkeiten auftreten könnten, ist es Aufgabe des Versammlungsleiters, diese im Vorwege zu erkennen und sich entsprechend für ein anderes Wahlverfahren zu entscheiden. Die Einzelwahl ist ebenfalls zweckmäßig. Zwar besteht die Gefahr einer nicht sachgerechten Reihung oder der Ungleichbehandlung von Kandidatinnen bzw. Kandidaten, dieser wird jedoch durch die Einschränkung des Ermessens des Versammlungsleiters und das Missbrauchsverbot begegnet. Eine Blockwahl ist hingegen nur dann zulässig, wenn der Wahlvorschlag den Vorgaben des Mindestanteilsgebots entspricht. Andernfalls ist die gesamte Wahl nichtig.

b) Alternative zur Auswahl der nicht Gewählten

Alternativ könnte die Auswahl der von der Nichtigkeit betroffenen Kandidatinnen bzw. Kandidaten mittels teleologischer Reduktion den Kriterien des Mitbestimmungsrechts anzupassen sein. Auf den ersten Blick ist diese Idee sowohl sinnvoll, als auch gerecht. Sie würde jedoch eine Verhältniswahl voraussetzen, die ohne entsprechende Satzungsbestimmung nicht zulässig ist. Darüber hinaus bestünde für die Mehrheitsaktionäre die Gefahr, dass ihr favorisierter Kandidat nicht gewählt wird. Aus diesem Grund fehlt es bereits an einer vergleichbaren Interessenlage. Damit sind die Grundsätze nicht übertragbar.

c) Entsandte Aufsichtsratsmitglieder

Für Entsendungen hält § 96 Abs. 2 Satz 6 AktG eine ausdrückliche und eindeutige Lösung bereit: Entsendungen, die gegen das Mindestanteilsgebot verstoßen, sind nichtig. Für das Verhältnis von Anteilseignerwahl und Entsendung existiert zwar keine Regelung, allerdings geht die Gesetzesbegründung im Einklang mit der Literatur von einer präjudiziellen Wirkung des zeitlich vorangehenden Bestellungsakts aus.[1045] Da das Entsendungsrecht dem Aktionär zudem

---

1045 Begr. RegE, BT-Drucks. 18/3784, S. 127 f.; dem folgend Henssler/*Strohn/Henssler* § 101 AktG Rn. 10; *Oetker* ZHR 179 (2015) 707, 727; Spindler/Stilz/*Spindler* § 96 AktG Rn. 32.

gewährt werden kann, aber nicht muss, sind Beschränkungen leichter möglich. Eine Abstimmung mit den Entsendungsberechtigten zur Verteilung innerhalb der Bank ist möglich und geboten. Außerdem kann höchstens ein Drittel der Sitze mit Entsendungsrechten versehen werden (§ 101 Abs. 2 Satz 4 AktG). Die Hauptversammlung kann also zwei Drittel der Sitze stets durch Wahl besetzen. Sie kann die Quote demnach auch unabhängig von Entsendungen erfüllen.

d) Verfassungsrechtlich gebotene Reduktion der Nichtigkeitssanktion?

Das Mindestanteilsgebot ist, wie dargelegt,[1046] entgegen der Kritik an seiner strikten Rechtsfolge auch ohne Ausnahmeklausel grundsätzlich mit dem Grundgesetz vereinbar. Im Einzelfall kann die Sanktionierung eines Verstoßes gegen das Mindestanteilsgebot die betroffenen Grundrechte allerdings unverhältnismäßig einschränken. Dies ist immer dann der Fall, wenn die Wahlfreiheit der Hauptversammlung übermäßig eingeschränkt ist und das Unternehmensinteresse nicht hinreichend gewahrt werden kann. Einzelfälle können insbesondere in den ersten Wahlperioden nach Inkrafttreten des Gesetzes auftreten, wenn jeder freiwerdende Sitz mit einer Frau besetzt werden muss und sich ausnahmsweise überhaupt keine oder keine für das konkrete Mandat geeignete Person finden sollte. Für diese Fälle ist eine verfassungsrechtliche Reduktion der Rechtsfolge geboten. Als Bezugszeitpunkt kommen die Wahl und die gerichtliche Ergänzungsbestellung in Betracht.

Einige Gesetzesvorschläge aus vergangenen Legislaturperioden[1047] sahen Regelungen vor, die es der Hauptversammlung ermöglichen sollten, auf eine drohende Verfehlung der Quote unmittelbar zu reagieren. Sie sollte einen Härtefall feststellen und eine Person wählen können, die dem überrepräsentierten Geschlecht angehört. Dementsprechend könnte die Hauptversammlung im Wege einer verfassungskonformen Reduktion das Recht erhalten, im Ausnahmefall eine Person wirksam zu bestellen, die zu einer fehlerhaften Zusammensetzung des Aufsichtsrats führt. Die Folge des sogenannten „leeren Stuhls" würde damit verhindert. Prozessual hätte dies zur Folge, dass die Wahl nicht von vornherein nichtig ist, sondern dass das Mitglied zunächst gewählt werden kann und anschließend eine/-s der gem. § 250 Abs. 2 und 3 AktG berechtigten Personen(-gruppen) bzw. Organe die Nichtigkeit feststellen lassen muss. Die Beschlussfähigkeit des Aufsichtsrats wäre dadurch gewährleistet.

1046 S. oben Kap. 2 § 5 G.
1047 S. oben Kap. 1 § 2 D.

Die Grenze der verfassungskonformen Auslegung ist jedoch jedenfalls bei einer Überschreitung des Willens des Gesetzgebers erreicht, also dann, wenn die Regelung in den Augen des Gesetzgebers so weit verzerrt ist, dass er sie nicht mehr wiedererkennt.[1048] Der Gesetzgeber hat sich in Kenntnis der vorangegangenen Entwürfe gegen eine Regelung entschieden, die der Hauptversammlung die Kompetenz zuweist, eine Einzelfallausnahme festzustellen. Die Sanktion des „leeren Stuhls" ist in den Augen des Gesetzgebers ein wesentliches Element des Mindestanteilsgebots. Die Verfehlung der Quote soll nach Vorstellung des Gesetzgebers spürbare Folgen haben. Könnte die Hauptversammlung über Ausnahmen entscheiden, würden diese Folgen umgangen. Vor dem Hintergrund der geäußerten Bedenken ist davon auszugehen, dass die Hauptversammlung die Quote häufig umgehen würde, weil angeblich keine geeignete Person zur Verfügung steht. Gründe dafür wird sie im Zweifel finden. Auch das Engagement der Aufsichtsräte, nach geeigneten Personen auch außerhalb der bekannten Pools zu suchen, wäre dadurch nicht mehr zwingend notwendig. Der vom Gesetzgeber beabsichtigte Kulturwandel und die tatsächliche Durchsetzung von Gleichberechtigung würden demnach nur verzögert oder nicht eintreten. Zwar besteht die Möglichkeit, die Nichtigkeit der Wahl wegen Nichtvorliegens einer Ausnahme im Nachhinein feststellen zu lassen, allerdings ist zweifelhaft, ob dieser Weg beschritten würde. Da diese Auslegung die Ziele des Gesetzgebers erheblich gefährden würde, ist eine verfassungskonforme Reduktion abzulehnen, nach der es der Hauptversammlung gestattet wäre, eine Einzelfallausnahme bzw. einen Härtefall festzustellen.

III. Beschlüsse des fehlerhaft besetzten Aufsichtsrats

Wurde das Mindestanteilsgebot verfehlt, sind die entsprechend den oben herausgearbeiteten Grundsätzen nicht Gewählten wegen der *ex tunc*-Wirkung der Rechtsfolgen rechtlich nicht Teil des Aufsichtsrats geworden. Für den Fall, dass diese dennoch die Arbeit im Aufsichtsrat auf- und an der Beschlussfassung teilnehmen, ist zu klären, welche Folgen dies für die gefassten Beschlüsse des Aufsichtsrats hat.

Dazu ist eine gesetzliche Spezialregelung unterblieben. Deshalb muss auf die allgemeinen Grundsätze zurückgegriffen werden. Die Beschlussfähigkeit des Aufsichtsrats regelt § 108 AktG. Der Aufsichtsrat ist gem. § 108 Abs. 2 Satz 2 AktG beschlussfähig, wenn mindestens die Hälfte seiner Mitglieder an der Beschlussfassung teilnimmt. Die Beschlussfähigkeit ist in der Regel wegen der

---

1048 *Steiner* FS Leisner 1999, S. 573.

Größe der betreffenden Aufsichtsräte jedenfalls sichergestellt, wenn der Quotenverstoß durch Einzelwahlen zustande gekommen ist. Im Fall einer Blockwahl kann dies wegen der Nichtigkeit der gesamten Wahl anders sein.[1049] Ist dadurch die gesamte Wahl aller Vertreter der Anteilseigner nichtig, ist der Aufsichtsrat nicht beschlussfähig. Im Übrigen kommt es darauf an, wie viele Sitze neu besetzt werden mussten. Aus diesem Grund ist die Einzelwahl in schwierigen oder unklaren Konstellationen unbedingt vorzugswürdig.

Ist die Beschlussfähigkeit gegeben, führt die Stimmabgabe einer Person, deren Wahl nichtig ist, zu einem Beschlussmangel. Mangelbehaftete Aufsichtsratsbeschlüsse werden grundsätzlich als nichtig angesehen.[1050] Handelt es sich jedoch um einen Mangel in der Beschlussfassung, also hinsichtlich der Stimmabgabe, wird nach der sogenannten Relevanztheorie differenziert: Grundsätzlich sind nicht gewählte Mitglieder nicht berechtigt, an der Beschlussfassung teilzunehmen.[1051] Das Aufsichtsratsmitglied, dessen Wahl nichtig ist oder für nichtig erklärt wird, ist deshalb für die Stimmabgabe und Beschlussfassung wie ein Nichtmitglied zu behandeln.[1052] Nimmt es dennoch an der Beschlussfassung teil, hat dies nach Auffassung des BGH aber nicht zwingend die Nichtigkeit des Beschlusses zur Folge.[1053] Die unwirksam abgegebene Stimme ist nur von Belang, wenn sie rechnerisch für das Beschlussergebnis kausal geworden ist.[1054] Neben

---

1049 So auch K.Schmidt/Lutter/*Drygala* § 96 AktG Rn. 55; *Herb* 2015, 964, 966; *Jung* DStR 2014, 960, 963; *Ohmann-Sauer/Langemann* NZA 1120, 1123; *Stüber* CCZ 2014, 261, 264.

1050 Spindler/Stilz/*Spindler* § 108 AktG Rn. 69.

1051 Heidel/*Breuer/Fraune* § 101 AktG Rn. 24; Bürgers/Körber/*Israel* § 101 AktG Rn. 3; GroßKomm AktG/*Hopt/Roth* § 101 AktG Rn. 220; KölnKomm AktG/*Mertens/Cahn* § 101 AktG Rn. 111; Spindler/Stilz[1]/*Spindler* § 101 AktG Rn. 109.

1052 RGZ 106, 258, 263; BGHZ 12, 327, 331 f.; *Baums* ZGR 1983, 300, 320; MünchKomm AktG/*Habersack* § 108 AktG Rn. 75; Hüffer/*Koch* § 108 AktG Rn. 25; *Lutter/Krieger/Verse* Rechte und Pflichten, Rn. 739; *Meilicke* FS Schmidt 1959, S. 71, 90 f.; KölnKomm AktG/*Mertens/Cahn* § 108 AktG Rn. 91; eingehend *Lemke* Aufsichtsratsbeschluss, S. 140 ff.

1053 BGHZ 41, 282, 284; BGHZ 47, 341, 345 f.; BGH AG 2013, 387, 388; BGH AG 2013, 562 Tz. 25 f.

1054 BGHZ 47, 341, 346 die bloße Beeinflussung ist nicht ausschlaggebend; *Baums* ZGR 1983, 300, 320; GroßKomm AktG/*Hopt/Roth* § 108 AktG Rn. 145; Hüffer/Koch/*Koch* § 108 AktG Rn. 27; *Lemke* Aufsichtsratsbeschluss, S. 141; Spindler/Stilz/*Spindler* § 108 AktG Rn. 70; a.A. *Meilicke* FS Schmidt 1959, S. 90 f.

diesen Grundsätzen wird die Problematik teils über die Lehre vom fehlerhaften Organ gelöst.[1055]

Der Gesetzgeber ging davon aus, dass die Wahlnichtigkeit wegen § 108 Abs. 2 Satz 2 AktG keine Auswirkungen auf die Handlungsfähigkeit des Aufsichtsrats habe. Darüber hinaus folgte er der Rechtsprechung des BGH, dass die Wirksamkeit eines unter Beteiligung der unwirksam gewählten Aufsichtsratsmitglieder gefassten Beschlusses nur dann berührt wird, wenn die Stimme eines solchen für die Beschlussfassung ausschlaggebend war.[1056] Dem folgt ein Großteil der Literatur mit Blick auf die Quote.[1057] *Weller* ist hingegen der Ansicht, dass diese Rechtsprechung im Falle eines Quotenverstoßes nicht zur Anwendung kommen kann, da das Mindestanteilsgebot als Instrument zur Erreichung gesellschaftspolitischer Ziele stets höherrangige Interessen der Allgemeinheit betreffe.[1058] Demnach könne ein unter Beteiligung von unter Verstoß gegen das Mindestanteilsgebot bestellten Personen gefasster Beschluss nur nichtig sein.

Sofern Unklarheit über die Wirksamkeit eines Widerspruchs gegen die Gesamterfüllung besteht, ist unsicher, wie viele und welche gewählten Mitglieder von der Nichtigkeit betroffen sind.[1059] Kritisiert wird zudem, dass die Wirkung der Nichtigkeit *ex tunc* ein unverhältnismäßig scharfer Eingriff in den Bestand unternehmerischer Beschlüsse sei.[1060] Dies führe zu einer Rechtsunsicherheit, die nicht akzeptabel sei. Dem ist jedoch für den Regelfall entgegenzuhalten, dass sich sowohl der Quotenverstoß als auch die Wirksamkeit des Beschlusses wegen des zwingenden Charakters der Quote durch einfache Rechenschritte feststellen lassen. Eine Rechtsunsicherheit besteht insoweit

---

1055 Ausf. dazu *Lieder* ZHR 178 (2014) 282 ff.

1056 Begr. RegE, BT-Drucks. 18/3784, S. 122.

1057 Begr. RegE, BT-Drucks. 18/3784, S. 122; dem folgen ErfK/*Oetker* § 96 AktG Rn. 7; Henssler/Stroh/*Henssler* § 96 AktG Rn. 17; Hüffer/Koch/*Koch* § 96 Rn. 26; *Kothe-Heggemann* GmbHR 2015, R. 145 f.; *Junker/Schmidt-Pfitzner* NZG 2015, 929, 932; *Mense/Klie* GWR 2015, 1, 3; NK-GA/*Heither/v. Morgen* § 7 MitbestG Rn. 41; UHH/*Henssler* § 18a MitbestG Rn. 12; *Ohmann-Sauer/Langemann* NZA 2015, 1120, 1123; *Rotsch/Weininger* Der Konzern 2015, 298, 301; K.Schmidt/Lutter/*Drygala* § 96 Rn. 54; *Schulz/Ruf* BB 2015, 1155, 1159; Spindler/Stilz/*Spindler* § 96 Rn. 41; *Stüber* CCZ 2014, 261, 264; *dies.* DStR 2015, 947, 950; *Teichmann/Rüb* BB 2015, 898, 901; krit. *DAI* Stellungnahme, S. 16; a.A. *Weller* Stellungnahme, S. 4 f.

1058 *Weller* Stellungnahme, S. 4 f.

1059 *BDA/BDI* Stellungnahme, S. 7; *Herb* 2015, 964, 966; *Lutter* BB 2014, Heft 50, Die erste Seite.

1060 *BDA/BDI* Stellungnahme, S. 8.

nicht, als das Gericht die Nichtigkeit bei Verstoß gegen das Mindestanteilsgebot feststellen muss. Zudem sind die nicht gewählten Kandidatinnen bzw. Kandidaten einwandfrei ermittelbar.[1061]

Schwierigkeiten bereitet außerdem die Tatsache, dass das leichte Übergewicht der Anteilseignerseite durch die vorübergehend „leeren" Stühle gefährdet sein kann. Bereits § 108 Abs. 2 Satz 4 AktG ordnet jedoch an, dass eine Unterbesetzung selbst dann nicht zur Beschlussunfähigkeit des Aufsichtsrats führt, wenn das für seine Zusammensetzung maßgebende zahlenmäßige Verhältnis zwischen Anteilseigner- und Arbeitnehmervertretern nicht gewahrt ist. Gestützt wird dies durch § 104 Abs. 3 AktG, der auch für die Anteilseignerseite gilt.[1062] Darüber hinaus bleibt das Ausnutzen der Unterbesetzung für nachteilige Beschlüsse zulasten dieser Seite nicht folgenlos. Es kann zum Beispiel sittenwidrig sein und zur Nichtigkeit des Beschlusses führen.[1063]

Eine Sonderbehandlung der Wahlnichtigkeit wegen Quotenverstoßes ist zudem wegen fehlender Systemkonformität abzulehnen.[1064] Der vorwiegend gesellschaftspolitische Hintergrund der Regelung zum Mindestanteilsgebot kann eine systemwidrige Sonderbehandlung nicht begründen. Daneben hat der Gesetzgeber bei der Wahl der Rechtsfolge von seinem Entscheidungsspielraum Gebrauch gemacht. Darüber hinaus würde die Effektivität der Regelung durch eine Ausnahmeregelung deutlich vermindert. Sind die Beschlüsse des fehlerhaft besetzten Aufsichtsrats uneingeschränkt wirksam, läuft die Rechtsfolge bis zur Feststellung der Wahlnichtigkeit leer und verliert somit ihre verhaltenssteuernde Wirkung.[1065]

IV. Gerichtliche Ersatzbestellung (§ 104 AktG)

Die Nichtigkeitsanordnung führt dazu, dass der jeweilige Aufsichtsratssitz zunächst nicht besetzt ist. Die Besetzung des freibleibenden Sitzes erfolgt entweder durch Nachwahl oder im Wege der gerichtlichen Ersatzbestellung gem. § 104 AktG. Da Nachwahlen sehr zeit- und kostenaufwendig sind, geht unter

---

1061 S. im Detail oben. Kap. 3 § 9 B. II.

1062 LG Frankfurt a.M. AG 2006, 593, 594; *Herb* DB 2015, 964, 967; Hüffer/Koch/*Koch* § 96 AktG Rn. 23; Hohenstatt/Seibt/*Seibt/Kraack* Geschlechterquoten, Rn. 234.

1063 *Canaris* DB 1981, Beil. 14, S. 9; MünchKomm AktG/*Habersack* § 108 AktG Rn. 46; Henssler/Strohn/*Henssler* § 108 AktG Rn. 12; GroßKomm AktG/*Hopt/Roth* § 108 AktG Rn. 85; KölnKomm AktG/*Mertens/Cahn* § 108 AktG Rn. 75; UHH/*Habersack* § 28 MitbestG Rn. 3; dazu auch OLG München AG 2011, 840, 842.

1064 So aber *DAI* Stellungnahme, S. 16.

1065 Dahin gehend auch *Mayer* Stellungnahme DAV, S. 5.

anderem der Gesetzgeber davon aus, dass die Praxis sich in der Regel für die gerichtliche Ersatzbestellung entscheiden wird.[1066] Eine Ersatzbestellung setzt grundsätzlich voraus, dass die Vakanz länger als drei Monate andauert (§ 104 Abs. 2 Satz 1 AktG). Allerdings hat das Gericht den Aufsichtsrat in dringenden Fällen auf Antrag auch vor Ablauf der Frist zu ergänzen (§ 104 Abs. 2 Satz 2 AktG). Diese Regelung ist auf paritätisch mitbestimmte Aufsichtsräte mit der Maßgabe anzuwenden, dass stets ein dringender Fall vorliegt, wenn dem Aufsichtsrat [...] nicht alle Mitglieder angehören, aus denen er nach Gesetz oder Satzung zu bestehen hat (§ 104 Abs. 3 Nr. 2 AktG). Zweck ist dabei die Wiederherstellung der Gruppenparität.[1067] Die dreimonatige Frist des § 104 Abs. 2 AktG gilt demnach für die Besetzung des „leeren Stuhls" nicht.[1068]

1. *Auswahl der zu bestellenden Mitglieder durch das Gericht - Grundsatz*

Wird die gerichtliche Ergänzung des Aufsichtsrats beantragt, entscheidet das Gericht nach freier Überzeugung über die Ergänzung (§ 37 FamFG) und ist vorbehaltlich der Regelung in § 104 Abs. 4 Satz 4 AktG weder bei Ergänzungen auf Arbeitnehmer-, noch auf Anteilseignerseite an Vorschläge der jeweiligen Wahlgremien gebunden.[1069] Im Rahmen seiner Entscheidung hat das Gericht nach pflichtgemäßem Ermessen jedoch gesetzliche und satzungsgemäße Wählbarkeitsvoraussetzungen ebenso zu beachten wie das Unternehmensinteresse.[1070] In

---

1066 Begr. RegE, BT-Drucks. 18/3784, S. 138; zustimmend *DAI* Stellungnahme, S. 18; NK-GA/*Heither/von Morgen* § 18a MitbestG Rn. 4; *Ohmann-Sauer/Langemann* NZA 2014, 1120, 1122; *Röder/Arnold* NZA 2015, 279, 281; *Stüber* CCZ 2014, 261, 263; noch schärfer *BDA/BDI* Stellungnahme, S. 8: Nachwahl auf Kosten des Unternehmens sei nicht angemessen.

1067 GroßKomm AktG/*Hopt/Roth* § 104 AktG Rn. 8; Hüffer/Koch/*Koch* § 104 AktG Rn. 1.

1068 So auch in Bezug auf die Quote *Mense/Klie* GWR 2015, 1, 3; *Stüber* CCZ 2014, 261, 263; *Teichmann/Rüb* BB 2015, 898, 901.

1069 BayObLG AG 2005, 350, 351; OLG Hamm AG 2011, 384, 386; LG Frankfurt a.M. AG 2006, 593, 594; LG Hannover AG 2009, 341, 342; MünchKomm AktG/*Habersack* § 104 AktG Rn. 31; MünchHdB AG/*Hoffmann-Becking* § 30 Rn. 37; GroßKomm AktG/*Hopt/Roth* § 104 AktG Rn. 83 f.; Hüffer/Koch/*Koch* § 104 AktG Rn. 3, 5, 9; KölnKomm AktG/*Mertens/Cahn* § 104 AktG Rn. 21; Hölters/*Simons* § 104 AktG Rn. 27; Spindler/Stilz/*Spindler* § 104 AktG Rn. 21.

1070 Zum Ermessen BayObLGZ 1997, 262, 264; OLG Hamm NZG 2013, 1099; OLG München AG 2009, 747; MünchKomm AktG/*Habersack* § 104 AktG Rn. 31; Hüffer/Koch/*Koch* § 104 AktG Rn. 3; zu den Kriterien des pflichtgemäßen Ermessens: LG Frankfurt AG 2006, 593, 594; MünchKomm AktG/*Habersack* § 104 AktG Rn. 26,

der Regel unterbreiten die Antragsteller einen Vorschlag für die Ergänzung.[1071] Der Vorschlag muss Angaben dazu enthalten, dass die vorgeschlagene Person die persönlichen Mindestvoraussetzungen erfüllt.[1072]

Während des Gesetzgebungsverfahrens schlugen der *DGB* und das *DAI* vor, die Verantwortung der Besetzung des „leeren Stuhls" auf Arbeitnehmerseite den Wahlvorständen zu überlassen. Sie sollten diejenigen Personen auswählen, die die nächsthöchsten Stimmen auf der Liste der wegen Geschlechts nicht Gewählten erreicht haben.[1073] Der Aufwand des Gerichts würde sich dadurch vermindern und der Wille der Wählerinnen und Wähler würde hinreichend berücksichtigt. Eine gerichtliche Entscheidung solle nur dann erfolgen, wenn sich auf der entsprechenden Liste kein Mitglied des unterrepräsentierten Geschlechts befindet.[1074] Diese Vorschläge hat der Gesetzgeber nicht übernommen. Seine Entscheidung war konsequent, da er keine den §§ 15 Abs. 5 und § 22 WO BetrVG vergleichbaren Regelungen geschaffen hat.[1075] Die Nachbesetzung darf deshalb nicht durch einen einfachen Rückgriff auf den oder die nicht gewählte Person des unterrepräsentierten Geschlechts erfolgen. Allerdings kann sich das Gericht natürlich an den Wertentscheidungen der §§ 15 Abs. 5 und 22 WO BetrVG orientieren.[1076]

Der Verweis von § 104 Abs. 5 AktG auf § 96 Abs. 2 Satz 1 bis 5 AktG hat allerdings zur Folge, dass das Gericht für eine Ergänzungsbestellung in seinem Ermessen beschränkt ist. Es ist sowohl an das Mindestanteilsgebot an sich als auch an den Erfüllungsmodus der vorangegangenen Wahlen gebunden.[1077]

---

31 ff.; Henssler/Strohn/*Henssler* § 104 AktG Rn. 7; GroßKomm AktG/*Hopt*/*Roth* § 104 AktG Rn. 84; KölnKomm AktG/*Mertens*/*Cahn* § 104 AktG Rn. 19 mwN.

1071 MünchKomm AktG/*Habersack* § 104 Rn. 34; Hüffer/Koch/*Koch* § 104 AktG Rn. 5; so auch *Redenius-Hövermann*/*Strenger* Der Konzern 2014, 373, 377.

1072 *Semmler* FS K. Schmidt 2009, S. 1489, 1497; Hüffer/Koch/*Koch* § 104 AktG Rn. 5, 13; *Redenius-Hövermann*/*Strenger* Der Konzern 2014, 373, 377.

1073 *DAI* Stellungnahme, S. 18; *DGB* Stellungnahme, S. 38.

1074 *DGB* Stellungnahme, S. 38.

1075 Zutreffend ErfK/*Oetker* § 18a MitbestG Rn. 3; GroßKomm AktG/*Oetker* § 18a MitbestG Rn. 18.

1076 So auch Begr. RegE, BT-Drucks. 18/3784, S. 138; *Fuchs*/*Köstler*/*Pütz* Aufsichtsratswahl Rn. 62; UHH/*Henssler* § 18a MitbestG Rn. 15; ErfK/*Oetker* § 18a MitbestG Rn. 3; GroßKomm AktG/*Oetker* § 18a MitbestG Rn. 18; *Oetker* ZHR 179 (2015) 707, 733; *Röder*/*Arnold* NZA 2015 279, 281; zustimmend *DGB* Stellungnahme, S. 38.

1077 Beschl. Empf., BT-Drucks. 18/4227, S. 25; *Junker*/*Schmidt-Pfitzner* NZG 2015, 929, 933; Hüffer/Koch/*Koch* § 104 AktG Rn. 14a; *Oetker* ZHR 179 (2015) 707, 729; *Seibt* ZIP 2015, 1193, 1198; Hölters/*Simons* § 104 AktG Rn. 30c; Spindler/Stilz/*Spindler*

Dies muss im oder zusammen mit dem Antrag angeben werden. Ansonsten ist das Gericht ermittlungspflichtig.[1078] Für eine wegen Verfehlung des Mindestanteilsgebots erforderliche Nachwahl gilt nach den vorstehend[1079] ermittelten Grundsätzen indes stets die Getrennterfüllung. Dies muss entsprechend für die gerichtliche Nachbesetzung gelten.

Die Gesetzesbegründung geht darüber hinaus von einer Erweiterung der Bindungswirkung aus. Das Gericht muss wegen § 10f MitbestErgG bzw. § 18a MitbestG den Kandidaten oder die Kandidatin passenden Geschlechts bestellen, der oder die zunächst nicht gewählt wurde, aber unter den übrigen nicht gewählten Personen das beste Wahlergebnis erzielte.[1080] Dies entspricht auch den Grundgedanken der §§ 15 Abs. 5, 22 WO BetrVG und würde den Wählerwillen berücksichtigen. Die in § 18a Abs. 1 MitbestG und 10f Abs. 1 MitbestErgG vorgesehene Verteilung nach Gruppen ist indes nicht von Bedeutung.[1081] Das ergibt sich bereits aus dem Wortlaut von § 104 Abs. 5 AktG, der sich nur auf § 96 Abs. 2 Sätze 1 bis 5 AktG bezieht. Die Verteilung quotierter Aufsichtsratssitze auf die in § 18a Abs. 1 MitbestG genannten Gruppen gilt hingegen nur für den Fall einer Verfehlung bei selbstständig gewählter Getrennterfüllung.[1082] Bei nach dem MontanMitbestG mitbestimmten Unternehmen muss § 5a MontanMitbestG beachtet werden.[1083]

Da eine Verhältniswahl auf Anteilseignerseite in der Regel nicht möglich ist, kann sich das Gericht nicht an den Wahlergebnissen orientieren. Dennoch wird es vermutlich zunächst auf die übrigen Wahlvorschläge des Aufsichtsrats zurückgreifen und kann sich an weiteren Vorschlägen der Anteilseignerseite orientieren. Dies berücksichtigt zum einen die Interessen der Beteiligten und ist zum anderen aus Gründen der Verfahrenseffizienz sinnvoll.

---

§ 104 AktG Rn. 47a; *Stüber* CCZ 2014, 261, 263; WKS/*Wißmann* § 6 MitbestG Rn. 86; krit. dazu *Teichmann/Rüb* BB 2015, 259, 261.

1078 *Junker/Schmidt-Pfitzner* NZG 2015, 929, 933; Hohenstatt/Seibt/*Seibt/Kraack* Geschlechterquoten, Rn. 212; Hölters/*Simons* § 104 AktG Rn. 30c.

1079 Kap. 3 § 9 B. I. 2.

1080 Begr. RegE, BT-Drucks. 18/3784, S. 127, 130; dem folgend Hüffer/Koch/*Koch* § 104 AktG Rn. 14a; *Röder/Arnold* NZA 2015, 279, 281; Hölters/*Simons* § 104 AktG Rn. 30b; Spindler/Stilz/*Spindler* § 104 AktG Rn. 47a.

1081 Hölters/*Simons* § 104 AktG Rn. 30e; WKS/*Wißmann* § 6 MitbestG Rn. 86.

1082 So WKS/*Wißmann* § 6 MitbestG Rn. 86.

1083 ErfK/*Oetker* § 6 MontanMitbestG Rn. 15.

2. *Fehlen geeigneter Personen passenden Geschlechts*

Schwierigkeiten bereitet der Fall, dass sich unter den verbleibenden Personen überhaupt keine oder keine für das konkrete Mandat geeignete Person des passenden Geschlechts findet. Ein Alternativvorschlag der Antragsteller ist bereits deshalb sinnvoll.[1084] Sofern diese sich jedoch ebenfalls nicht in der Lage sehen, eine geeignete Person passenden Geschlechts vorzuschlagen, ist es Aufgabe des Gerichts, die Suche nach geeigneten Personen zu betreiben. Dies wurde und wird vielfältig kritisiert, da zum einen dessen Kompetenz zweifelhaft ist und zum anderen unklar ist, wie die Suche erfolgen soll.[1085] Es wird teilweise damit argumentiert, dass, wenn schon die zuständigen Organe nicht in der Lage seien, geeignete Personen ausfindig zu machen, dies für das Gericht eine schwierige bis unlösbare Aufgabe darstellt.[1086] Der Gesetzgeber ging indes davon aus, dass dieses Problem nicht eintreten wird.[1087] *Grobe* teilt diese Ansicht und stützt sich auf eine Berechnung, der zufolge nur relativ wenige Frauen gefunden werden müssten, um die Quote zu erfüllen.[1088] Dennoch bleibt offen, wie und nach welchen Kriterien das Gericht die zu bestellende Personen auswählen muss und was in dem Fall passiert, dass das Gericht sie nicht für geeignet erachtet. Hier gewinnt die eingangs erwähnte Kritik an der Schärfe der Rechtsfolge und an der fehlenden Härtefallregelung an Bedeutung.

Noch während des Gesetzgebungsverfahrens wurde der Vorschlag geäußert, jedenfalls in § 104 Abs. 5 AktG eine Ausnahmeklausel einzubringen, die es dem Gericht ermöglichen sollte, von der Quote abzuweichen.[1089] Auch vorangehende Gesetzesentwürfe sahen eine solche Regelung vor.[1090] Sie würde jedoch das Risiko einer missbräuchlichen Umgehung des Mindestanteilsgebots erheblich vergrößern.

Darüber hinaus kennt das Gesetz nur rudimentäre Eignungsvoraussetzungen für Aufsichtsratsmitglieder. Auch Rechtsprechung und Literatur sowie die Praxis haben bisher keine konkreten Anforderungsprofile entwickelt.[1091]

1084 Hölters/*Simons* § 104 AktG Rn. 30d.

1085 *Redenius-Hövermann/Strenger* Der Konzern 2014, 373, 377; *Teichmann/Rüb* BB 2015, 259, 261.

1086 *Redenius-Hövermann/Strenger* Der Konzern 2014, 373, 377; *Teichmann/Rüb* BB 2015, 259, 261.

1087 Begr. RegE, BT-Drucks. 18/3784, S. 122; zustimmend *Oetker* ZHR 179 (2015) 707, 729.

1088 *Grobe* AG 2015, 289, 295 f.; ähnl. auch *Wertmüller* Staatliche Eingriffe, S. 158.

1089 *Teichmann/Rüb* BB 2015, 259, 261; dies aufgreifend *Grobe* AG 2015, 289, 297.

1090 S. oben die Entwürfe in Kap. 1 § 2 D.

1091 S. dazu ausf. oben Kap. 2 § 5 B II. 2. a).

Dementsprechend ist der Pool an potenziellen Kandidatinnen größer als angenommen bzw. befürchtet. Vorgeschlagen wurde bereits, dass das Bundesjustizministerium eine „Notfallliste“ mit geeigneten Personen führen müsse, die an die Gerichte vermittelt werden könnten.[1092] Diese Idee ist jedoch bedenklich und kaum praktikabel. Einerseits könnte so die richterliche Unabhängigkeit gefährdet sein und es ist zweifelhaft, ob das Bundesjustizministerium die Funktion eines „Personalberaters“ ausfüllen kann und darf.[1093] Vor dem Hintergrund der Gewaltenteilung sind diese Zweifel berechtigt. Es ist zudem unwahrscheinlich, dass das Ministerium über eine so breit gestreute Anzahl an persönlichen Kontakten zu möglichen Kandidatinnen verfügt. Sinnvoller ist es deshalb, dass zunächst der Aufsichtsrat und sonst das Gericht auf entsprechende Organisationen und Verbände wie den *djb, FiDAR* oder das *Deutsche Aktieninstitut* zugehen. Teilweise haben diese Organisationen im Vorfeld der Diskussion um das gesetzliche Mindestanteilsgebot entsprechende Listen erstellt und verfügen zudem über ein weit gestreutes Netzwerk zu potenziellen Mandatsträgerinnen. Insofern ist es sinnvoll, dass das Gericht sich an die großen Verbände wendet und sich nach geeigneten Kandidatinnen erkundigt. Im ersten Schritt müssen die Antragsteller dies jedoch selbst tun, um ihrer Pflicht zur Einhaltung der Quote nachzukommen und nachweisen zu können, dass keine geeignete Person gefunden werden konnte. Es kann jedoch sein, dass das Gericht die objektive Geeignetheit einer potenziellen Kandidatin anders beurteilt als das Unternehmen.

Das Gericht wird sodann anhand der ihm vorliegenden Vorschläge und auf Grundlage der allgemein anerkannten rudimentären Anforderungen eine Entscheidung treffen. Es kann in der Abwägung bisweilen anders entscheiden, als die Aktionäre es tun würden. Die Gefahr, dass das Gericht eine aus Sicht der Aktionäre ungeeignete Person bestellt, besteht jedoch bei jeder gerichtlichen Ergänzungsbestellung. Solange es keinen objektiven, allgemein anerkannten Kriterienkatalog für die persönliche Eignung als Aufsichtsratsmitglied gibt, sind alle Personen als geeignet anzusehen, die die Mindestanforderungen erfüllen und unter Berücksichtigung der verfassungsrechtlich geschützten Unternehmens- wie Aktionärsinteressen geeignet sind. Des Weiteren bleiben die Interessen dadurch hinreichend gewahrt, dass die Entscheidung des Registergerichts durch Beschwerde an das OLG und gegebenenfalls durch Rechtsbeschwerde an den BGH überprüfbar bleibt.[1094] Insbesondere kann die hinreichende

1092 *Redenius-Hövermann/Strenger* Der Konzern 2014, 373, 377, die dies jedoch sogleich wieder verwerfen.

1093 Zutreffend *Redenius-Hövermann/Strenger* Der Konzern 2014, 373, 377.

1094 *Redenius-Hövermann/Strenger* Der Konzern 2014, 373, 377.

Berücksichtigung des Unternehmensinteresses im Rahmen dieser Beschwerden überprüft werden.[1095]

Dennoch ist nicht gänzlich auszuschließen, dass auch diese Suche erfolglos bleibt, weil sich keine geeignete Person findet oder weil niemand bereit ist, das Mandat zu übernehmen. Sofern auch das Gericht alles Erforderliche getan hat, eine geeignete Kandidatin zu finden, muss es die Möglichkeit haben, den Sitz anderweitig zu besetzen.

a) Verfassungskonforme Auslegung

Hat das Unternehmen für den Aufsichtsrat Anforderungsprofile erstellt oder fehlt in der aktuellen Zusammensetzung des Aufsichtsrats jemand mit einer bestimmten Fähigkeit, können im Einzelfall trotz des Vorliegens der Mindestanforderungen und weiterer Qualifikationen bzw. Fähigkeiten ausschließlich ungeeignete Kandidatinnen bzw. Kandidaten vorhanden sein. Dieses Problem muss im Wege einer verfassungskonformen Auslegung von § 96 Abs. 2 Sätze 1 und 6 AktG gelöst werden. Die Verhältnismäßigkeitsprüfung der einzelnen Grundrechte hat ergeben, dass die Grenze stets dann erreicht ist, wenn die Quotierung dazu führt, dass eine völlig ungeeignete Person gewählt werden muss, um eine Nichtigkeit der Wahl gem. § 250 Abs. 1 Nr. 5 AktG zu vermeiden. Dies wird höchstens in Fällen auftreten, in denen für die konkret zu besetzende Position eine ganz spezielle Qualifikation bzw. Fähigkeit benötigt wird, die keine der zur Verfügung stehenden und zur Amtsübernahme bereiten Kandidatinnen erfüllt, und sich im Aufsichtsrat keine weitere Person mit diesen speziellen Fähigkeiten befindet. Dass der „leere Stuhl" dann bis zur nächsten Wahl unbesetzt bleiben muss, ist im Hinblick auf die Unternehmens- und Aktionärsinteressen an der effektiven Überwachung des Vorstands nicht verhältnismäßig.

Mit Blick auf das Diskriminierungsverbot von Art. 3 Abs. 3 GG haben die unternehmensspezifischen Anforderungen vor dem Hintergrund eine untergeordnete Bedeutung, dass das Aufsichtsratsmitglied ein nebenberufliches Wahlamt bekleidet. Ein unverhältnismäßiger Eingriff liegt ausschließlich dann vor, wenn keine Person vorhanden ist, die jedenfalls den Mindestanforderungen entspricht. Allerdings muss vor dem Hintergrund der Organisationshoheit des Unternehmens und der Wahlfreiheit der Anteilseigner in engen Grenzen auch dann eine Ausnahme möglich sein, wenn wirklich keine bzw. keiner der Kandidatinnen oder Kandidaten den für die zu besetzende Position Anforderungen

---

1095 MünchKomm/*Habersack* § 104 AktG Rn. 40 ff.; Hüffer/Koch/*Koch* § 104 AktG Rn. 7; *Redenius-Hövermann/Strenger* Der Konzern 2014, 373, 377.

entsprechen. So könnte im Ausnahmefall auch bei Ausscheiden des einzigen Familienmitglieds im Aufsichtsrat von der Quote abgewichen werden, wenn die Familie ein berechtigtes Interesse daran hat, ein Mitglied im Aufsichtsrat zu haben. Die Wahlfreiheit der Aktionäre und ihr Interesse an einem gewissen Einfluss im Aufsichtsrat darf, ebenso wie die Organisationshoheit der Gesellschaft mit Blick auf das Interesse am Erfolg des Unternehmens, nicht darauf beschränkt sein, eine oder einen vor dem Hintergrund der unternehmensspezifischen Interessen völlig ungeeignete Kandidatin oder ungeeigneten Kandidaten in den Aufsichtsrat berufen zu müssen. Die Anordnung in § 96 Abs. 2 Satz 6 AktG mit der Folge des § 250 Abs. 1 Nr. 5 AktG ist dementsprechend verfassungskonform einzuschränken.

Auch in diesem Fall spricht der vordergründige Wille des Gesetzgebers, die Effektivität unter Hinnahme maximaler Einschränkung betroffener Rechte durchzusetzen, zunächst gegen eine einschränkende Auslegung von § 96 Abs. 2 Sätze 1 und 6 AktG. Wie bereits an anderer Stelle erwähnt,[1096] hat der Gesetzgeber den unwahrscheinlichen Sonderfall jedoch nicht bedacht, dass tatsächlich keine geeigneten Kandidatinnen bzw. Kandidaten vorhandenen sind. Durch eine Lösung des Problems auf Ebene der gerichtlichen Ersatzbestellung wird das primäre Ziel erreicht. Die Gefahr des missbräuchlichen Umgehens der Quote wird aber gleichzeitig deutlich verringert. Der Gesetzgeber wird nicht beabsichtigt haben, gerichtlich festzustellende Härtefälle völlig unberücksichtigt zu lassen. Aus diesem Grund ist die Regelung im Hinblick auf die gerichtliche Ergänzungsbestellung als Möglichkeit zur Nachbesetzung des Aufsichtsrats einer verfassungskonformen Auslegung zugänglich.

aa) Voraussetzungen für die aus Gründen der verfassungskonformen Auslegung gebotene Einschränkung

Allerdings darf die Einschränkung nur in engen Grenzen erfolgen, um eine Aushöhlung der Quote zu vermeiden. Es muss nachgewiesen sein, dass tatsächlich nur jemand mit diesen speziellen Kenntnissen, Fähigkeiten, Qualifikationen oder sonstigen sachbezogenen Merkmalen zur Funktionsfähigkeit des Aufsichtsrats beitragen kann und dass trotz intensiver Anstrengungen keine einzige geeignete Person zu finden oder zur Übernahme des Mandats bereit war.

Der erste Nachweis könnte auf Grundlage eines Anforderungs- bzw. Kompetenzprofils erfolgen. Dieses muss begründet sein und objektiv nachvollziehbar auf sachlichen Erwägungen beruhen. Die Anforderungen müssen sich an den

---

1096 S. oben Kap. 3 § 9 B. II. 3. d).

geforderten oder tatsächlichen Kompetenzen vergleichbarer Aufsichtsräte messen lassen und dürfen nicht den Anschein erwecken, das Profil sei seinerseits für diesen Fall und mittelbar diskriminierend ausgestaltet worden. Indizien dafür sind Anforderungen, die zum Beispiel auf eine bestimmte Person zugeschnitten oder so ausgestaltet sind, dass sämtliche in Erwägung gezogenen Kandidatinnen bzw. Kandidaten das Profil nicht erfüllen.

Für die erfolglose Suche nach geeigneten Personen muss das Unternehmen ebenfalls intensive Bemühungen nachweisen. Die Suche sollte aus diesem Grund dokumentiert werden. So können auch mögliche Absagen geeigneter Kandidatinnen nachgewiesen werden. Neben der Ausschreibung des Postens und der Einschaltung von Personaldienstleistern ist auch die Kontaktaufnahme zu den bereits im Vorfeld des Gesetzgebungsverfahrens aktiven Netzwerken und Organisationen sinnvoll, da diese zum einen über weitreichende Kontakte verfügen sollten und sich seit Langem für mehr weibliche Beteiligung in Führungsgremien einsetzen.[1097] Dies indiziert, dass sie Kenntnis von potenziellen Kandidatinnen haben. Wie viele erfolglose Anfragen für hinreichend intensive Bemühungen erforderlich sind, ist einzelfallabhängig. Die Dokumentation darf jedenfalls nicht den Anschein erwecken, dass die Suche nur *pro forma* erfolgte.

Dass ein solcher Einzelfall nach Berücksichtigung der vorstehend herausgearbeiteten Voraussetzungen für die Aufsichtsratsmitgliedschaft überhaupt eintritt, ist unwahrscheinlich. Dies liegt zum einen daran, dass selbst die vorhandenen Profile für Aufsichtsratsmitglieder sehr allgemein gehalten sind[1098] und betreffend die Qualifikationen abgesehen vom *financial expert* immer auf den Aufsichtsrat in Summe seiner Mitglieder abgestellt werden muss. Darüber hinaus müssen *de lege lata* lediglich 120–150 (432–634 bei vollständiger Neubesetzung) Frauen nach und nach in den Aufsichtsrat bestellt werden.[1099]

bb) Zwischenergebnis

§ 104 Abs. 5 AktG ist aus verfassungsrechtlichen Gründen dahin gehend zu reduzieren, dass das Gericht im Einzelfall von der zwingenden Vorgabe in § 96 Abs. 2 Satz 1 AktG abweichen darf. Dies kann nur unter engen Voraussetzungen

---

1097 Zu nennen sind zB. der Deutsche Juristinnen Bund e.V. (djb) und der Frauen in die Aufsichtsräte e.V. (FidAR).

1098 S. zB. *Merck* Ziele des Aufsichtsrats für seine Zusammensetzung aus 2014, s. oben Fn. 376.

1099 *Grobe* AG 2015, 289, 295; *Seibert* NZG 2016, 16, 19.

und erst nach gescheiterten ernsthaften Bemühungen erfolgen, geeignete Personen zu finden.

b) Zwischenergebnis

Sofern sich also nachweislich keine geeignete Person des passenden Geschlechts findet oder bereit erklärt, ein Aufsichtsratsmandat zu übernehmen, darf das Gericht im Rahmen der Ergänzungsbestellung eine Person des anderen Geschlechts bestellen, auch wenn die Aufsichtsratszusammensetzung dann gegen das Mindestanteilsgebot des § 96 Abs. 2 Satz 1 AktG verstößt.

3. Ausscheiden von Mitgliedern des überrepräsentierten Geschlechts

Scheidet ein Mitglied des überrepräsentieren Geschlechts aus dem Aufsichtsrat aus, kann das Gericht eine Person ohne Rücksicht auf das Geschlecht bestellen, solange das Mindestanteilsgebot durch diese Bestellung nicht verletzt wird. Sofern das Mindestanteilsgebot bei Bestellung einer Person des überrepräsentierten Geschlechts nicht mehr eingehalten würde, muss das Gericht in den Grenzen der verfassungskonformen Anwendung des Mindestanteilsgebots ein Mitglied des unterrepräsentierten Geschlechts bestellen. Ansonsten würde der Sinn und Zweck von § 96 Abs. 2 AktG unterlaufen und das Gericht sein pflichtgemäßes Ermessen fehlerhaft ausüben.

V. Nichtigkeit einer Wahl aus anderen Gründen als der Quotenverfehlung

Wird eine Aufsichtsratswahl aus anderen Gründen als der Verfehlung des Mindestanteilsgebots im Klageweg für nichtig erklärt, wirkt sich dies gegebenenfalls so auf das Geschlechterverhältnis aus, dass die Quote nicht mehr eingehalten wird. Es liegt eine Art „weiterfressender Mangel“[1100] vor. Gemäß § 96 Abs. 2 Satz 7 AktG gilt in diesem Fall, dass zwischenzeitlich erfolgte Wahlen insoweit nicht gegen das Mindestanteilsgebot verstoßen. Umfasst werden entsprechend des Wortlauts, „zwischenzeitlich erfolgte Wahlen“, jedenfalls im Vertrauen auf die Erfüllung der Quote durchgeführte Wahlen. Sinn und Zweck der Regelung ist es, die Zusammensetzung des Aufsichtsrats und die Wirksamkeit der Wahlen der übrigen Mitglieder in dem Fall zu gewährleisten, dass die Quotenerfüllung durch andere Nichtigkeitsgründe entfällt.

1100 Begriff: K.Schmidt/Lutter/*Drygala* § 96 AktG Rn. 56; zustimmend Hohenstatt/Seibt/*Seibt/Kraack* Geschlechterquoten, Rn. 231.

Die Vorschrift bietet dem Wahlorgan für Wahlen von Mitgliedern des unterrepräsentierten Geschlechts somit sowohl Rechtssicherheit als auch Vertrauensschutz. Sie erweitert die Wirksamkeit der Zusammensetzung des Aufsichtsrats in Situationen, in denen sie aufgrund der Anfechtung der Aufsichtsratswahl aus anderen Gründen jedenfalls unsicher ist.[1101] Die Norm soll zudem die Rechtsfolge abmildern.[1102] Aus diesem Grund muss auch der Fall erfasst sein, dass der Aufsichtsrat das Mindestanteilsgebot zunächst erfüllt und dies durch das spätere Ausscheiden eines für die Erfüllung relevanten Mitglieds aus anderen Gründen nicht mehr tut.[1103] Die Wahlen der übrigen Mitglieder bleiben wirksam.

Gefordert wird teilweise, dass das Mindestanteilsgebot zum Zeitpunkt der Wahl des ausscheidenden Mitglieds erfüllt sein musste.[1104] Zu fragen ist indes, ob dies auch gelten muss, wenn die Quote bedingt durch ein anderes Mitglied zu dem Zeitpunkt nicht erfüllt wurde und dementsprechend eine gerichtliche Ersatzbestellung erforderlich war.

Dies lässt sich anhand eines Beispiels im 16-köpfigen Aufsichtsrat bei Getrennterfüllung verdeutlichen: Das Mindestanteilsgebot fordert ein Verhältnis von 6:2. Laut Wahlergebnis der Anteilseignerseite wären jedoch sieben Frauen und ein Mann gewählt. Durch gerichtliche Ersatzbestellung wird die nicht gewählte Frau durch einen Mann ersetzt. Allerdings scheidet der gewählte Mann wegen Überschreitung der Höchstmandatszahl aus, sodass das Mindestanteilsgebot ebenfalls nicht erfüllt ist. Es erscheint unschlüssig, warum dies die Wahlwirksamkeit der übrigen 6 Frauen berühren soll. Jene wären auch in dem Fall wirksam gewählt, in dem 8 Frauen und 0 Männer gewählt worden wären. Allerdings ist dies in einem engeren Kontext zu verstehen.[1105] Wird im oben genannten Beispiel folgende Reihenfolge gewählt: F_1-F_2-F_3-M_1-M_2-F_4-F_5-F_6 und stellt sich dann heraus, dass M_2 aus anderen Gründen ausscheidet, ist die folgende Frau (F_4) trotzdem wirksam gewählt.[1106]

In dem genannten Fall schützt § 96 Abs. 2 Satz 7 AktG den guten Glauben an die Wirksamkeit der Wahl des zuletzt gewählten Mitglieds des überrepräsentierten Geschlechts.[1107] Wurden aber sechs Frauen, ein Mann und eine Frau gewählt

---

1101 *Grobe* AG 2015, 289, 295; Hohenstatt/Seibt/*Seibt/Kraack* Geschlechterquoten, Rn. 232; a.A. *Lutter* BB 2014 BB 2014, Heft 50, Die erste Seite.

1102 So auch *Teichmann/Rüb* BB 2015, 898, 900.

1103 Zustimmend für die Blockwahl: Henssler/Strohn/*Henssler* § 96 AktG Rn. 15.

1104 Spindler/Stilz/*Spindler* § 96 AktG Rn. 38.

1105 So auch *Seibt* ZIP 2015, 1193, 1199; ferner *Herb* DB 2015, 964, 966.

1106 S. auch *Seibt* ZIP 2015, 1193, 1199; ferner *Herb* DB 2015, 964, 966.

1107 *Seibt* ZIP 2015, 1193, 1199.

und der Mann scheidet aus anderen Gründen aus, ist die Wahl der siebten Frau so oder so nichtig, weil sie nicht zur Erfüllung der Quote beitragen konnte. Dies ist vor allem deshalb schwierig, weil die Nichtigkeit aus anderen Gründen bzw. Anfechtbarkeit im zeitlichen Zusammenhang mit der Wahl steht. Allerdings konnte die siebte Frau auch bei Wirksamkeit der Wahl des Mannes nicht wirksam gewählt werden. Insoweit ist der Einwand als unbedeutend anzusehen. In dem Fall, in dem das Mindestanteilsgebot bereits nicht erfüllt wurde, genießt das zuletzt gewählte Mitglied des überrepräsentierten Geschlechts keinen Vertrauensschutz, da dessen Wahl jedenfalls wegen Verstoßes gegen das Geschlechterverhältnis nichtig ist.

Der Wortlaut von § 96 Abs. 2 Satz 7 AktG erfasst nur die Wahlen der Anteilseignerseite. Seinem Sinn und Zweck entsprechend muss dieser Teil der Vorschrift jedoch ebenfalls für Entsendungen in den Aufsichtsrat gelten. Es wird deshalb zutreffend von einer offenen Regelungslücke ausgegangen, die wegen der Interessengleichheit mittels einer Analogie zu schließen ist.[1108] Dies ist insbesondere wegen der in § 256 ZPO nicht vorgesehenen Monatsfrist zur Geltendmachung von Bedeutung.[1109] Vertreten wird darüber hinaus, dass diese Vorschrift ebenfalls für die Wahlen der Arbeitnehmerseite gelten müsse. Dies sei bei der Gesamterfüllung von Bedeutung, da sich die eine Seite auf die Übererfüllung der anderen verlassen dürfen müsse.[1110] Dem steht allerdings das oben ermittelte Konzept der Anwendung der für die Getrennterfüllung vorhandenen Regelungen im Fall des Nichterreichens der Quote entgegen.

VI. Folgen der Sanktion für die Bestellung von Ersatzmitgliedern

Gem. § 101 Abs. 3 AktG sowie § 17 Abs. 1 MitbestG und § 10e Abs. 1 MitbestErgG können für die Aufsichtsratsmitglieder zugleich Ersatzmitglieder bestellt werden. Diese rücken nach, wenn das ordentlich gewählte Mitglied aus dem Aufsichtsrat ausscheidet.[1111]

1108 Hohenstatt/Seibt/*Seibt/Kraack* Geschlechterquoten, Rn. 233.

1109 Hohenstatt/Seibt/*Seibt/Kraack* Geschlechterquoten, Rn. 233.

1110 Hohenstatt/Seibt/*Seibt/Kraack* Geschlechterquoten, Rn. 234.

1111 Grigoleit/*Grigoleit/Tomasic* § 101 AktG Rn. 23; MünchKomm AktG/*Habersack* § 101 AktG Rn. 75; Henssler/Strohn/*Henssler* § 101 AktG Rn. 14; UHH/*Henssler* § 17 MitbestG Rn. 25; Hüffer/Koch/*Koch* § 101 AktG Rn. 14 f.; NK-GA/*Heither/v. Morgen* § 17 MitbestG Rn. 7; ErfK/*Oetker* § 101 AktG Rn. 4; *Ders.* § 17 MitbestG Rn. 12.

Aufgrund der Verweisung des § 101 Abs. 3 Satz 4 AktG gilt das Mindestanteilsgebot auch für die Ersatzmitglieder der Anteilseigerseite. Dies hat zur Folge, dass ein Ersatzmitglied nicht nachrücken kann, wenn dadurch die Quote nicht (mehr) eingehalten wird. Auch § 17 Abs. 3 Hs. 1 MitbestG sieht vor, dass im Fall des § 96 Abs. 2 Satz 3 AktG das Nachrücken eines Ersatzmitgliedes ausgeschlossen ist, wenn dadurch der Anteil von Frauen und Männern unter den Aufsichtsratsmitgliedern der Arbeitnehmer nicht mehr den Vorgaben des § 7 Abs. 3 MitbestG entspricht. Die entsprechende Anwendung von § 18a Abs. 2 Satz 2 MitbestG wird in § 17 Abs. 3 2. HS MitbestG angeordnet. Bedeuten könnte dies, dass ein Ersatzmitglied stets das gleiche Geschlecht wie das ordentliche Mitglied aufweisen muss.[1112] Ansonsten liefe die Wahl zum Ersatzmitglied leer, wenn das ausscheidende Mitglied zum Erhalt der Geschlechterquote erforderlich ist.

Dem ist jedoch bereits der Wortlaut des § 17 Abs. 3 MitbestG entgegenzuhalten, der ausdrücklich auf das Nachrücken und nicht schon die Wahl abstellt. Aus teleologischen Gründen könnte dennoch ein anderes Ergebnis erforderlich sein. Die Funktion des Ersatzmitglieds in paritätisch besetzten Aufsichtsräten liegt neben der Kostenminderung[1113] im Erhalt des Gleichgewichts (bzw. des leichten Stimmüberhangs auf Anteilseignerseite), also der Wahrung der Parität.[1114] Kann aber das Ersatzmitglied wegen seines Geschlechts nicht nachrücken, füllt es diese Funktion nicht aus.

Denkbar ist es deshalb, das passende Geschlecht als eine zwingende persönliche Voraussetzung sowohl des ordentlichen als auch des Ersatzmitglieds anzusehen.[1115] Da an die Ersatzmitglieder gem. § 17 MitbestG i.V.m. § 101 Abs. 3 AktG dieselben persönlichen Anforderungen zu stellen sind wie an die ordentlichen Aufsichtsratsmitglieder, richten sich diese nach § 100 AktG. Das Geschlecht ist jedoch, wie oben erläutert, in § 100 AktG nicht erwähnt und den anerkannten Anforderungen an Aufsichtsratsmitglieder nicht immanent. Dagegen, dass der Gesetzgeber das Geschlecht als zwingende persönliche Voraussetzung ansieht, spricht auch die systematische Position der Quotenregelung. Anders als in einem Vorschlag aus dem Jahr 2010[1116] ist die Quote nicht in § 101 AktG, sondern in § 96 AktG verankert. Die Geschlechter sind demnach, wie die Bänke, als

1112 So auch *Mense/Klie* GWR 2015, 1, 2.

1113 Dazu MünchKomm AktG/*Habersack* § 101 AktG Rn. 75–76.

1114 Henssler/Strohn/*Henssler* § 101 AktG Rn. 15; MünchKomm AktG/*Habersack* § 101 AktG Rn. 75.

1115 Dafür *Oetker* ZHR 179 (2015) 707, 730; in die Richtung aus praktischen Erwägungen auch *Hohenstatt/Willemsen/Naber* ZIP 2014, 2220, 2225.

1116 Gesetzesentwurf Bündnis 90/Die Grünen Oktober 2010.

Gruppen von Aufsichtsratsmitgliedern anzusehen. Einzig der DCGK führt in Ziff. 5.4.1. die Geschlechterquote im Zusammenhang mit den übrigen persönlichen Voraussetzungen auf.

Gleichwohl sieht § 100 Abs. 3 AktG vor, dass sich weitere Wählbarkeitsvoraussetzungen aus den Mitbestimmungsgesetzen ergeben können. Die Regelung in § 17 Abs. 1 Satz 2 ist eine solche bezogen auf die Gruppenzugehörigkeit. Da § 17 Abs. 3 MitbestG jedoch ausdrücklich auf das Nachrücken abstellt, ist dies entweder nicht als Wählbarkeitsvoraussetzung aufzufassen oder die Bezeichnung „Nachrücken" hat lediglich klarstellenden Charakter, so wie auch die persönlichen Wählbarkeitsvoraussetzungen gem. § 100 Abs. 1 und 2 AktG erst zum Zeitpunkt des Amtsantritts und nicht schon der Beschlussfassung vorliegen müssen.[1117] Sie werden dennoch als Wählbarkeits- und nicht als Nachrückvoraussetzungen bezeichnet.

Unabhängig davon stellt sich die Frage, ob das jeweils passende Geschlecht als persönliche Voraussetzung geeignet ist, auf die es erst zum Zeitpunkt des Nachrückens ankommt. Für die ordentlichen Mitglieder gilt, dass sie im Einzelfall aufgrund ihres Geschlechts nicht wirksam in den Aufsichtsrat gewählt werden können. Liegt eine Wählbarkeitsvoraussetzung i.S.d. § 100 Abs. 1 und 2 AktG zum Wahlzeitpunkt nicht vor, ist die Wahl des Ersatzmitglieds bis zum Beginn der Amtszeit schwebend unwirksam und wird gegebenenfalls nichtig, wenn die Voraussetzungen dann auch nicht oder nicht mehr vorliegen.[1118] Die Bestellung eines Ersatzmitglieds ist dementsprechend in dieser Hinsicht stets mit einem Risiko verbunden. Wenn das Bestellungshindernis jedoch nicht behebbar ist, soll der Beschluss *ex tunc* nichtig sein.[1119] Die Bestellung des unpassenden Geschlechts könnte ein dauerhaftes, unüberwindbares Bestellungshindernis sein, da sich das Geschlecht in der Regel nicht verändert.

Dagegen spricht allerdings, dass zwar die Voraussetzung „Geschlecht" einer Person in der Regel gleich bleibt[1120], sich die äußeren Umstände jedoch verändern können. Die höchstzulässige Amtszeit beträgt gem. § 102 AktG in Abhängigkeit vom Termin der Hauptversammlung ca. 5 Jahre. Da in der Regel nicht alle Mitglieder gleichzeitig bestellt werden, kann die Geschlechterzusammensetzung in diesem Zeitraum erheblichen Veränderungen unterliegen. Darüber

1117 S. oben Kap. 2 § 5 B II. 2. b).

1118 MünchKomm AktG/*Habersack* § 100 AktG Rn. 55.

1119 MünchKomm AktG/*Habersack* § 100 AktG Rn. 55; GroßKomm AktG/*Hopt/Roth* § 100 AktG Rn. 112.

1120 Dies soll Änderungen der Geschlechteridentität nicht ausschließen.

hinaus ist der etwaige Zeitpunkt des Ausscheidens des ordentlichen Mitglieds ebenfalls nicht vorhersehbar. Zum Zeitpunkt der Bestellung kann dementsprechend keine zuverlässige Aussage über das zum Zeitpunkt des eventuellen Nachrückens erforderliche Geschlecht getätigt werden. Es kann im Gegenteil nicht ausgeschlossen werden, dass im Laufe dieser Zeit sogar eine Umkehr der Geschlechterverhältnisse eintritt und selbst ein Ersatzmitglied, welches das Geschlecht des ordentlichen Mitglieds hat, nicht nachrücken kann.

Aus diesem Grund kann einzig der Zeitpunkt des Nachrückens maßgeblich sein. Somit ist sogar die Empfehlung, ein Mitglied gleichen Geschlechts als Ersatzmitglied zu bestellen[1121], nicht zwingend zielführend. Das in diesem Zusammenhang mit der Zusammensetzung bestehende Geschlechtererfordernis ist außerdem auch nicht als persönliche Voraussetzung i.S.v. § 100 AktG geeignet. Dies muss wegen des Gleichlaufs der Voraussetzungen sowohl für die Ersatzmitglieder als auch die ordentlichen Mitglieder gelten. Aus diesem Grund hat der Gesetzgeber die Frauenquote auch systematisch nicht in § 100 AktG verankert, sondern § 96 AktG als Anknüpfungspunkt gewählt. Insoweit ist § 17 Abs. 3 MitbestG nicht als Sonderbestimmung zu § 100 Abs. 3 AktG, also zur Wählbarkeit von Arbeitnehmervertretern anzusehen, sondern als thematisch dort verankerte Zusammensetzungsvorschrift.

Für die Anteilseignervertreter existiert keine entsprechende Regelung. Da das Geschlecht des Ersatzmitglieds ebenfalls keine persönliche Voraussetzung i.S.v. § 100 Abs. 1, 2 AktG sein kann, muss sich die Nichtigkeit aus § 101 Abs. 3 Satz 4 i.V.m. §§ 250 Abs. 1 Nr. 5, 96 Abs. 2 Satz 6 AktG ergeben. Gleichwohl soll es entgegen dem Wortlaut „Wahl" nach Intention des Gesetzgebers auf den Nachrückzeitpunkt ankommen.[1122] Anderes führt nicht zu einer erhöhten Rechtssicherheit.[1123] Der Gedanke, Mitglieder gleichen Geschlechts vorzuschlagen[1124], erscheint auf den ersten Blick für viele Konstellationen zwar sinnvoll, bewahrt das betreffende Ersatzmitglied jedoch nicht zuverlässig vor einem dauerhaften Hindernis.

C. Zusammenfassung

Die Wahlnichtigkeit bei Verstoß gegen das Mindestanteilsgebot ist zugleich Kernstück und einer der größten Streitpunkte der aktien- und

---

1121 *Oetker* ZHR 179 (2015) 707, 730; *Röder/Arnold* NZA 2015, 279, 281.

1122 Begr. RegE, BT-Drucks. 18/3784, S. 122.

1123 So auch *Oetker* ZHR 179 (2015) 707, 730.

1124 Henssler/Strohn/*Henssler* § 101 AktG Rn. 14; *Mense/Klie* GWR 2015, 1, 2.

mitbestimmungsrechtlichen Regelungen. Sie erscheint zunächst als Fremdkörper im System fehlerhafter Hauptversammlungsbeschlüsse. Die Prüfung zeigt jedoch, dass der Gesetzgeber die Verfehlung der Quote als besonders schweren Verstoß wertet und deshalb systemkonform in § 250 Abs. 1 Nr. 5 AktG verankert hat.

Anders als vielfach vertreten, hat der Gesetzgeber für die Nichterfüllung der Quote bei Gesamterfüllung überhaupt keine Rechtsfolge vorgesehen. Auch § 96 Abs. 2 Satz 6 AktG bezieht sich aufgrund seines historischen Ursprungs in Verbindung mit seiner systematischen Stellung allein auf die Anteilseignerseite und damit auf die Getrennterfüllung. Natürlich entsprach dies keinesfalls der Intention des Gesetzgebers. Aus diesem Grund müssen sämtliche Nichtigkeitsfolgen der Getrennterfüllung analog auf die Gesamterfüllung erstreckt werden. Die Planwidrigkeit der Regelungslücke ergibt sich aus dem chaotischen und überhasteten Gesetzgebungsverfahren. Im Ergebnis findet damit ein Wechsel zur Getrennterfüllung statt. Dies ist zugleich die einzige Möglichkeit, um die nicht gewählten Personen rechtssicher ermitteln zu können. Dafür muss der Bezugszeitpunkt für die Rechtsfolge auf den Zeitpunkt der Beschlussfeststellung des letzten Wahlakts verlegt werden. Die zuerst gewählten Mitglieder sind bis zu diesem Zeitpunkt aufschiebend bedingt gewählt. Dies ist zwar aus Gründen der Rechtssicherheit schwierig, sie erfahren aber vor Beginn der Amtszeit von ihrer Wahl. Die aufschiebend bedingte Wahl ist zudem kein absoluter Fremdkörper im Aktienrecht, da sie ebenfalls für Ersatzmitglieder gilt.

Auf Anteilseignerseite hängt die Auswahl der nicht Gewählten vom Wahlverfahren ab. Das Blockwahlverfahren ist unbedingt zu vermeiden, wenn nicht sicher ist, dass die Quote eingehalten wird. Sinnvoll sind deshalb Einzelwahlen. Der Versammlungsleiter hat dabei ein erhebliches Einflusspotenzial. Er kann so aber auch auf späte Widersprüche noch angemessen reagieren oder die Abstimmungsreihenfolge so festlegen, dass möglichst viele Mitglieder beider Geschlechter wirksam gewählt werden. Eine missbräuchliche Einflussnahme ist zwar denkbar, allerdings würde diese nicht ungestraft bleiben. Gut geeignet wäre auch eine Verhältniswahl; allerdings ist diese in den meisten Satzungen nicht vorgesehen, weil sie den Einfluss der Anteile verwässert. Im Fall der in der Praxis verbreiteten Simultanwahl ergibt sich das Problem, dass der chronologisch erste gegen die Quote verstoßende Wahlbeschluss nicht ermittelt werden kann. Es verbleibt dennoch die Möglichkeit, sich an den Wahlergebnissen zu orientieren. Sofern Unsicherheiten bestehen, muss der Versammlungsleiter die Wahl als Einzelwahl wiederholen.

Unter Geltung der Getrennterfüllung stellt sich auf Arbeitnehmerseite das Problem, dass eine Seite die Quote in bestimmten Konstellationen zwingend übererfüllen muss. Den Ergebnissen zur Berechnung folgend ist § 18a Abs. 1 MitbestG deshalb teleologisch zu reduzieren, um eine Ungleichbehandlung der Seiten zu vermeiden. Im Geltungsbereich des MontanMitbestimmungsgesetzes existiert keine Nichtigkeitsregelung aufgrund der besonderen Umstände, dass der Hauptversammlung ein bindender Wahlvorschlag unterbreitet wird. Sofern ein gegen § 6 Abs. 6 MontanMitbestG verstoßender Wahlvorschlag an die Hauptversammlung weitergegeben wird, ist diese nicht daran gebunden. Für die Auswahl der nicht gewählten Personen gilt § 10f Abs. 1 MitbestErgG analog.

Im Fall einer gerichtlichen Ergänzungsbestellung wird das Gericht in der Regel auf die vorhandenen Wahlvorschläge zurückgreifen. Sofern diese keine geeigneten Personen enthalten, muss das Gericht im Zweifel geeignete Kandidatinnen bzw. Kandidaten finden. Allerdings müssen die Unternehmen dabei mitwirken und sich ernsthaft bemühen, den (Mindest-)Anforderungen entsprechende Personen zu finden. Im Einzelfall ist eine Ausnahme vom Mindestanteilsgebot jedoch verfassungsrechtlich geboten. Allerdings kann die Abweichung nicht bereits von der Hauptversammlung beschlossen werden, da dies zum einen dem Willen des Gesetzgebers widerspricht und zum anderen die Zweckerreichung des Gesetzes gefährdet. Einen Härtefall kann nur das Gericht feststellen.

4. Kapitel: Die Geltung des Mindestanteilsgebots für die Societas Europaea (SE)

§ 10 Offene Fragen zum Mindestanteilsgebot in der SE (§ 17 Abs. 2 SEAG, § 24 Abs. 3 SEAG)

Das Mindestanteilsgebot für die SE ist in § 17 Abs. 2 Satz 1 SEAG und § 24 Abs. 3 Satz 1 SEAG geregelt. Demnach muss auch der Aufsichtsrat in der paritätisch mitbestimmten SE mindestens zu 30 Prozent je Geschlecht besetzt sein. Wegen der im Vergleich zur Aktiengesellschaft anderen Struktur und der internationalen Ausrichtung dieser Gesellschaftsform bestehen dabei zahlreiche Probleme. Schwierigkeiten bereitet neben der Gesetzgebungskompetenz und der Vereinbarkeit mit dem Europarecht vor allem die Anwendbarkeit der originär aktienrechtlichen Regelungen im Einzelfall sowie die inhaltliche Ausgestaltung der Quote. Da sich die Arbeit im Kern mit der deutschen Aktiengesellschaft und den nationalen aktien- und mitbestimmungsrechtlichen Problemfeldern auseinandersetzt, beschränken sich die Ausführungen an dieser Stelle allerdings auf einzelne Aspekte unter Einbeziehung der bisherigen Erkenntnisse.

A. Regelungskompetenz des deutschen Gesetzgebers

Als Rechtsgrundlage kommt die Kollisionsnorm Art. 9 Abs. 1 lit. c. i. SE-VO[1125] in Betracht.[1126] Darin ist das auf die SE anzuwendende Recht im vertikalen Regelungskonflikt zwischen der vorrangigen supranationalen SE-VO und dem nachrangigen Recht der einzelnen Mitgliedsstaaten geregelt. Dementsprechend beinhaltet die SE-VO das primäre, das SEAG und das AktG das sekundäre Personalstatut für die SE mit Sitz im Inland.[1127] Die SE-VO sieht keine Geschlechterquote vor, sodass der Weg für eine Regelung auf Ebene des Sekundärrechts durch die dynamische Verweisung[1128] in Art. 9 Abs. 1 lit. c. ii. SE-VO eröffnet ist.[1129] Auch die Beteiligungsrichtlinie[1130] sieht keine geschlechtsspezifischen Regelungen vor. Die in Art. 4 Abs. 2 SE-RL genannten Inhalte stehen stets unter dem Vorbehalt des nationalen Rechts des Sitzungsstaates sowie der Privatautonomie

1125 Verordnung (EG) Nr. 2157/2001, ABl. Nr. L. 294.

1126 *Weller* Stellungnahme, S. 6; *Weller/Harms/Rentsch/Thomale* ZGR 2015, 361, 367.

1127 *Casper/Weller* NZG 2009, 681, 683; *Weller* Stellungnahme, S. 6.

1128 LHT/*Hommelhoff/Teichmann* Art. 9 SE-VO, Rn. 55.

1129 *Weller* Stellungnahme, S. 7.

1130 Richtlinie 2001/86/EG, ABl. EG Nr. L 249, 22 v. 10.11.2011; im Folgenden SE-RL.

der Parteien. Teilweise wird vertreten, dass der Gesetzgeber keine Befugnis zur Erstreckung der §§ 17 Abs. 2, 24 Abs. 3 SEAG auf die Arbeitnehmerseite hatte, weil die Normen nicht zur Umsetzung der SE-RL dienen.[1131] Dem ist jedoch zutreffend entgegenzuhalten, dass die in Art. 4 Abs. 2 SE-RL aufgeführten Inhalte der Mitbestimmungsvereinbarung stets unter dem Vorbehalt des Rechts des Mitgliedstaats stehen, in dem die SE ihren Satzungssitz haben wird (Art. 6 SE-RL). Darüber hinaus ist die Autonomie der Parteien vorrangig zu beachten (Art. 4 Ab. 2 Satz 1 SE-RL). Das sekundäre Personalstatut der SE ist deshalb einer Regelung zum Mindestanteilsgebot zugänglich.[1132] Anders als die SE-RL würde eine Quotenregelung durch den europäischen Gesetzgeber außerdem jedenfalls nicht auf Art. 352 AEUV (ex Art. 308 EGV) gestützt. Somit spricht auch die vom europäischen Gesetzgeber gewählte Kompetenzgrundlage dagegen, dass die Mitbestimmungsrichtlinie einer Quote entgegensteht.[1133]

B. Problemstellungen zum Anwendungsbereich

Ist der Aufsichtsrat bzw. das Verwaltungsorgan paritätisch besetzt, gilt grundsätzlich die Geschlechterquote gem. § 17 Abs. 2 Satz 1 und § 24 Abs. 3 Satz 1 SEAG.

I. Organisationsstruktur der SE

Die SE kann jedoch in zwei Organisationsmodellen strukturiert werden (Art. 38 lit. b SE-VO). Während die dualistische Ausgestaltung der nationalen Aktiengesellschaft vergleichbar ist, werden Leitung und Überwachung der Gesellschaft im monistischen System von einem gemeinsamen Verwaltungsgremium übernommen. Der sogenannte Verwaltungsrat besteht aus geschäftsführenden und nicht geschäftsführenden Direktoren (§ 40 Abs. 1 SEAG). Funktional ist er mit dem Vorstand der Aktiengesellschaft zu vergleichen (Art. 43 Abs. 1 Satz 1 SE-VO, § 22 Abs. 1 SEAG).[1134] Für eine monistisch organisierte SE bedeutet die Anwendung des Mindestanteilsgebots auf das Verwaltungsgremium deshalb, dass nicht (nur) das Aufsichts-, sondern (auch) das Leitungsorgan ein bestimmtes Geschlechterverhältnis einhalten muss. In der deutschen Aktiengesellschaft ist hingegen der die Gesellschaft leitende Vorstand gem. § 111 Abs. 5 AktG lediglich zur Einhaltung einer Zielgröße für den Geschlechteranteil verpflichtet. Somit ist die

1131 *Sagan* RdA 2015, 255, 259.

1132 *Weller/Harms/Rentsch/Thomale* ZGR 2015, 361, 368.

1133 *Weller/Harms/Rentsch/Thomale* ZGR 2015, 361, 368; a.A. *Sagan* RdA 2015, 255, 259.

1134 So auch LHT/*Teichmann* Anh. Art. 43 SE-VO (§ 24 SEAG) Rn. 4.

monistisch organisierte SE im Verhältnis zur deutschen AG schlechtergestellt.[1135] Das ist im Hinblick auf Art. 38 Abs. 1 und Art. 10 SE-VO problematisch, weil sowohl die Systeme untereinander gleichwertig als auch die SE der deutschen Aktiengesellschaft weitgehend gleichgestellt sein soll. Dadurch soll eine sachwidrige Ungleichbehandlung der SE gegenüber der nationalen AG verhindert werden, ebenso wie eine Ungleichbehandlung der verschiedenen Organisationsmodelle untereinander. Insbesondere Letzteres könnte die Wahl des monistischen Systems unattraktiv werden lassen.[1136]

Die 30-Prozent-Quote könnte deshalb entgegen dem Wortlaut nicht für die monistische SE gelten oder ihr Anwendungsbereich könnte auf die nicht geschäftsführenden Direktoren beschränkt werden, um Art. 38 Abs. 1 und Art. 10 SE-VO gerecht zu werden.[1137] Die Beschränkung auf die nicht geschäftsführenden Direktoren würde das Problem entschärfen. Zwar bleibt für die Leitung der Gesellschaft trotzdem weiterhin der Verwaltungsrat zuständig (§ 40 Abs. 2 Satz 3 SEAG i.V.m. § 22 SEAG), allerdings läge darin zumindest eine Annäherung des Anwendungsbereichs der Quote an das dualistische System. Auch Art. 4 Abs. 1 des EU-Richtlinienvorschlags für eine Geschlechterquote sieht eine Beschränkung auf die nicht geschäftsführenden Direktoren vor. Eine solche Beschränkung steht folglich mit dem bisher erkennbaren Willen des europäischen Gesetzgebers in Einklang.[1138] Eine vollständige Angleichung an die aktienrechtlichen Regelungen ist außerdem bereits deshalb nicht möglich, weil die Systeme in ihrem Wesen verschieden sind.[1139] Die Beschränkung des Anwendungsbereichs könnte auch durch eine verordnungskonforme Auslegung mittels teleologischer Reduktion erfolgen.[1140] Sie ist Ausfluss des von der Rechtsprechung des EuGH geprägten Grundsatzes der richtlinienkonformen

---

1135 S. dazu ausführlich *Teichmann/Rüb* BB 2015, 259, 265 f.; so auch Hohenstatt/Seibt/*Hohenstatt/Wendler* Geschlechterquoten Rn. 351; *Seibt* ZIP 2015, 1193, 1202; LHT/*Teichmann* Anh. Art. 43 SE-VO (§ 24 SEAG) Rn. 4; *Stüber* DStR 2015, 947, 951; Habersack/Drinhausen/*Verse* § 24 SEAG Rn. 5.

1136 Habersack/Drinhausen/*Verse* § 24 SEAG Rn. 5.

1137 Zu letzterem *Teichmann/Rüb* BB 2015, 259, 266; Habersack/Drinhausen/*Verse* § 24 SEAG Rn. 5.

1138 COM (2012) 614, S. 14; zwar ist die SE davon bisher nicht erfasst, LHT/*Oetker* vor § 1 SEBG Rn. 30 aE, der Grundgedanke ist jedoch aus Gleichbehandlungsgründen übertragbar.

1139 Zur Unvermeidbarkeit der ungleichen Wirkung Habersack/Drinhausen/*Verse* § 24 SEAG Rn. 5.

1140 Habersack/Drinhausen/*Verse* § 24 SEAG Rn. 5.

Auslegung und damit zulässig.[1141] Dieser verlangt über eine Gesetzesauslegung im engeren Sinne hinaus auch, das nationale Recht richtlinienkonform fortzubilden, wo dies nötig und möglich ist.[1142] Eine teleologische Reduktion erfordert, wie im nationalen Recht, eine verdeckte Lücke. Diese liegt jedenfalls vor, wenn „der Gesetzgeber ausdrücklich seine Absicht bekundet hat, eine richtlinienkonforme Regelung zu schaffen, die Annahme des Gesetzgebers, die Regelung sei richtlinienkonform, aber falsch ist."[1143] Für Verordnungen gilt dasselbe.[1144] Der Gesetzgeber geht in seiner Begründung jedenfalls davon aus, dass die in § 17 und § 24 eingefügten Regelungen „den Besonderheiten des europäischen Rechts Rechnung" tragen.[1145] Dies bezieht sich unter anderem auf das Erfordernis einer speziellen Regelung anstatt einer Einbeziehung über die Verweisung in Art. 9 Abs. 1 lit. c ii. SE-VO. Damit ist anzunehmen, dass der Gesetzgeber davon ausging, die Regelungen verordnungskonform ausgestaltet zu haben. Deshalb muss der Anwendungsbereich auf die nicht geschäftsführenden Direktorinnen und Direktoren beschränkt werden.

Angesichts dieser verordnungskonformen Möglichkeit der Rechtsfortbildung ist für einen vollständigen Ausschluss der monistischen SE aus dem Anwendungsbereich der Quote kein Raum. Allerdings kann § 96 Abs. 2 Sätze 3 bis 7 AktG nicht über Art. 9 Abs. 1 lit. c ii. SE-VO angewendet werden.[1146] Auch die Regelungen in anderen Ländern zeigen, dass die Quote grundsätzlich im monistischen System für den Verwaltungsrat gelten kann. Gleichwohl stellt sich dort die Frage der Ungleichbehandlung wegen eines fehlenden dualistischen Systems nicht. Praktisch ist diese Frage momentan jedoch nicht von Bedeutung, da es keine paritätisch mitbestimmte monistische SE gibt.[1147] Es wird zudem angenommen, dass paritätische Mitbestimmung im monistischen System höchstens unter den nicht geschäftsführenden Direktoren vereinbart werden würde,[1148] sodass die Frage auch in Zukunft nicht relevant wird.[1149]

1141 *Baldus/Becker* ZEuP 1997, 873, 883; *Canaris* FS Bydlinski 2002, S. 47, 81; *Franzen* Privatrechtsangleichung, S. 358; *Herresthal* Rechtsfortbildung, S. 317 f.

1142 BGHZ 179, 27 (LS).

1143 BGH NZG 2009, 954, 95 Tz. 18.

1144 Vgl. BGH NZG 2009, 954, 95 Tz. 18.

1145 Begr. RegE, BT-Drucks. 18/3784, S. 134; auch in Beschl. Empf., BT-Drucks. 18/4227, S. 22 geht der Ausschuss auf die Besonderheiten der SE als europäischer Rechtsform ein.

1146 Zutreffend Teichmann/Rüb BB 2015, 905; UHH/*Henssler* § 21 SEBG Rn. 54h.

1147 *Oetker* ZHR 179 (2015) 707, 740; *Teichmann/Rüb* BB 2015, 898, 905.

1148 Zur Zulässigkeit *Bachmann* ZGR 2008, 779, 800 ff.

1149 *Rotsch/Weninger* Der Konzern 2015, 298, 300.

II. Art der Mitbestimmung

Darüber hinaus kann die Mitbestimmung in der SE auf zwei Wegen erreicht werden. Sie kann durch eine Beteiligungsvereinbarung nach § 21 SEBG festgelegt werden oder sich bei Abbruch oder Scheitern der Verhandlungen dazu aus den §§ 34–38 SEBG (sog. Auffangregelung) ergeben.

Es ist umstritten, ob die Geschlechterquote auch anwendbar ist, wenn die Besetzung des Verwaltungsorgans ausschließlich auf einer Beteiligungsvereinbarung beruht bzw. ob sie durch eine Beteiligungsvereinbarung „abgewählt" werden kann.[1150] Art. 4 Abs. 2 lit. b SE-RL bestimmt, dass die Beteiligten auch über die Zusammensetzung des Vertretungsorgans verhandeln können. Teilweise wird angenommen, dass es sich bei der Quote um eine Regelung mit Mitbestimmungsbezug handelt und sie deshalb auch in einer Beteiligungsvereinbarung ausgeschlossen werden kann.[1151] § 2 Abs. 12 SEBG definiert Mitbestimmung allerdings als Einflussnahme der Arbeitnehmer auf die Angelegenheiten der Gesellschaft durch Wahl oder Bestellung bzw. Empfehlung oder Ablehnung eines Teils der Mitglieder des Aufsichts- oder Verwaltungsorgans der Gesellschaft. Die Quote betrifft zwar auch die Arbeitnehmervertreterinnen und -vertreter. Dies gilt jedoch nicht ausschließlich und zwar unabhängig davon, ob die Gesamterfüllung gilt oder auch die Getrennterfüllung gelten kann. Das Mindestanteilsgebot durch eine Beteiligungsvereinbarung vollständig auszuschließen oder der Höhe nach zu verändern, würde deshalb den Rahmen von § 2 Abs. 12 SEBG überschreiten.[1152] Aus diesem Grund können die Regelungen der § 17 Abs. 3 und § 24 Abs. 3 SEAG nicht durch eine Beteiligungsvereinbarung umgangen werden.[1153]

III. Internationale Besetzung der Arbeitnehmerbank

Die Arbeitnehmerseite der SE ist international besetzt, was die Einhaltung der Quote erschwert. Zum einen ist offen, welche Mitglieder in die Berechnung mit einbezogen werden, und zum anderen ist die Erfüllung des Mindestanteilsgebots im Einzelfall nicht sichergestellt. Der Anwendungsbereich von § 17 SEAG

1150 Dazu *Seibt* ZIP 2015, 1193, 1202; *Stüber* DStR 2015, 947, 951; *Teichmann/Rüb* BB 2015, 259, 266; zur „Abwahl" LHT/*Drygala* Art. 40 SE-VO (§ 17 SEAG) Rn. 16; *Teichmann/Rüb* BB 2015, 898, 905; abl. LHT/*Oetker* § 21 SEBG Rn. 54.

1151 LHT/*Drygala* Art. 40 SE-VO (§ 17 SEAG) Rn. 16; *Teichmann/Rüb* BB 2015, 259, 266.

1152 Zutreffend LHT/*Oetker* § 21 SEBG Rn. 54; ebenso UHH/*Henssler* § 21 SEBG Rn. 54f.

1153 IE auch Habersack/Drinhausen/*Verse* § 24 SEAG Rn. 1; LHT/*Oetker* § 21 SEBG Rn. 54.

könnte sich deshalb auf die aus Deutschland stammenden Mitglieder der Arbeitnehmer beschränken. Gesetzlich geregelt dies nicht. Der Gesetzgeber sah zudem im Regierungsentwurf von Änderungen des § 36 Abs. 3 SEBG ab, der nach dem Referentenentwurf noch eine Beschränkung auf die inländischen Arbeitnehmervertreterinnen und -vertreter vorsah.[1154] Die Sitze der Arbeitnehmer im Aufsichtsorgan werden im Rahmen der Auffangregelung entsprechend dem jeweiligen Anteil der in den einzelnen Mitgliedsstaaten beschäftigten Arbeitnehmer der SE, ihrer Tochtergesellschaften und Betriebe verteilt (§ 36 Abs. 1 Satz 2 SEBG). Im Umkehrschluss zu § 36 Abs. 2 SEBG sind die Regelungen der einzelnen Mitgliedsstaaten über die Besetzung der ihnen zugewiesenen Sitze vorrangig. Dies steht im Einklang mit dem Anhang zur SE-RL Teil 3 lit. b Untersatz. Demnach kann die Zusammensetzung nach Geschlechtern auch nach geltender Regelung ausschließlich die deutschen Arbeitnehmervertreterinnen und -vertreter treffen.[1155] Allerdings gilt auch dieser Teil der Richtlinie nur für die Auffangregelung. Sofern die Mitbestimmung über eine Beteiligungsvereinbarung geregelt ist, steht die Verteilung zur Disposition der Parteien. Dies sah auch der Referentenentwurf vor.[1156]

C. Inhaltliche Ausgestaltung

Wesentliche Regelungen, die der Gesetzgeber in § 96 Abs. 2 AktG zur Quote getroffen hat, fehlen in § 17 und § 24 SEAG. Dies betrifft die Berechnung nach den Rundungsregeln, die Getrennterfüllung und die Rechtsfolge bei Nichterreichen der vorgeschriebenen Quote. Der Rechtsausschuss ging davon aus, dass die Vorschriften des § 96 Abs. 2 Satz 4 AktG und der §§ 96 Abs. 2 Satz 6-7, 250 Abs. 1 Nr. 5 AktG über die Verweisung in Art. 9 Abs. 1 lit. c ii. SE-VO Anwendung finden.[1157] Für das monistische System hat er indes keine Besonderheiten vorgesehen.[1158] Er hat deshalb übersehen, dass die nationalen aktienrechtlichen Regelungen für die monistisch ausgestaltete SE wegen Art. 43 Abs. 4 SE-VO i.V.m. § 20 SEAG nicht gelten können.[1159] Angenommen wird hier jedoch eine analoge

1154 RefE 9.9.2014, S. 116.

1155 So auch *BDA/BDI* Stellungnahme, S. 6.

1156 RefE 9.9.2014, S. 116.

1157 Beschl. Empf., BT-Drucks. 18/4227, S. 18; zustimmend LHT/*Drygala* Art. 40 SE-VO (§ 17 SEAG) Rn. 13; Habersack/Drinhausen/*Seibt* Art. 40 SE-VO Rn. 44c; *Teichmann/Rüb* BB 2015, 898, 903; Habersack/Drinhausen/*Verse* § 24 SEAG Rn. 6.

1158 LHT/*Teichmann* Anh. Art. 43 SE-VO (§ 24 SEAG) Rn. 5; Habersack/Drinhausen/*Verse* § 24 SEAG Rn. 6.

1159 Zutreffend Habersack/Drinhausen/*Verse* § 24 SEAG Rn. 6.

Anwendung.[1160] Der Widerspruch gegen die Gesamterfüllung und damit die Möglichkeit der Getrennterfüllung sollen hingegen nicht anwendbar sein.[1161]

I. Berechnung

Im Unterschied zum Aktiengesetz ist im SEAG nicht geregelt, wie die erforderliche Anzahl an Personen des jeweiligen Geschlechts zu berechnen ist. Der Gesetzgeber ging davon aus, dass sich dies aus der Generalverweisung des Art. 9 Abs. 1 lit. c. SE-VO ergebe.[1162] Ausgangspunkt muss jedenfalls die Multiplikation mit dem Faktor 0,3 sein, da dieser der Vorgabe von 30 Prozent entspricht.

Die Beschränkung auf inländische Arbeitnehmervertreterinnen und -vertreter führt bei einem einzelnen deutschen Mitglied zu einem Problem, da dieses naturgemäß keine Quote erfüllen kann.[1163] Darüber hilft jedoch die allgemeine Berechnung mit dem Faktor 0,3 hinweg: Die Multiplikation von 1 mit dem Faktor 0,3 ergibt 0,3. Es ist in jedem Fall abzurunden, sodass dann keine Pflicht zur Besetzung mit einer Person eines bestimmten Geschlechts gilt, wenn es nur auf die deutschen Arbeitnehmer ankommt. Dies entspricht auch den aktienrechtlichen Vorgaben im Hinblick auf einzeln auftretende Arbeitnehmer im Aufsichtsrat.[1164] Auf zwei deutsche Mitglieder der Arbeitnehmer kann die Quote zwar angewendet werden, allerdings führt dies zu einer unverhältnismäßigen Einschränkung, da die Quote dann bei 50 Prozent liegt. Auch im Hinblick auf den Grundgedanken des Art. 4 Abs. 2 der geplanten Richtlinie zur Quote[1165] liegt eine Nichtanwendung nahe. Dieser sieht vor, dass börsennotierte Gesellschaften nicht durch Berechnungsergebnisse zu einer Erfüllung in Höhe von 50 Prozent oder mehr gezwungen werden sollen.[1166] Das Mindestanteilsgebot kann daher erst ab drei deutschen Vertreterinnen bzw. Vertretern der Arbeitnehmer Anwendung finden.

1160 Hohenstatt/Seibt/*Hohenstatt/Wendler* Geschlechterquoten, Rn. 352 f.; LHT/*Teichmann* Anh. Art. 43 SE-VO (§ 24 SEAG) Rn. 6; Habersack/Drinhausen/*Verse* § 24 SEAG Rn. 6; dahin gehend auch Habersack/Drinhausen/*Hohenstatt/Müller-Bonanni* § 21 SEBG Rn. 28b.

1161 Beschl. Empf., BT-Drucks. 18/4227, S. 22.

1162 Beschl. Empf., BT-Drucks. 18/4227, S. 22.

1163 *BDA/BDI* Stellungnahme, S. 6.

1164 S. oben Kap. 3 § 7 B. 2.

1165 S. dazu oben Kap. 2 § 3 B.

1166 COM (2012) 614, S. 14.

II. Erfüllungsmodus

Vertreten wird vielfach, dass in der SE nur die Gesamterfüllung gelten könne.[1167] Begründet wird dies vor allem damit, dass ein einseitiger Widerspruch gegen die Gesamterfüllung nicht mit einer zweiseitigen Beteiligungsvereinbarung vereinbar wäre.[1168] Dem ist jedoch entgegenzuhalten, dass die Beteiligungsvereinbarung unterschiedlich ausgestaltet sein kann. Sofern die Verteilung der dem Mindestanteilsgebot unterfallenden Sitze darin festgelegt ist, ist ein einseitiges Abweichen durch einen Widerspruch damit unvereinbar.[1169] Für alle anderen Fälle könnte man jedoch eine Widerspruchsmöglichkeit zulassen. Zum einen könnten die Parteien ein solches Recht ausdrücklich vereinbaren, zum anderen könnte sich Anwendbarkeit des Widerspruchsrechts bereits aus fehlenden Vorgaben zur Einhaltung der Quote ergeben.[1170] Andernfalls könnte die Regelung gegen Art. 10 SE-VO verstoßen, weil die SE der nationalen Aktiengesellschaft in diesem Punkt nicht gleichgestellt ist.[1171] Es darf jedoch nicht übersehen werden, dass das deutsche Aktienrecht keine Beteiligungsvereinbarung kennt. Aus diesem Grund sind die beiden Sachverhalte bereits nicht wesentlich gleich.[1172] Darüber hinaus ist zweifelhaft, ob die Beteiligungsvereinbarung die Zusammensetzung nach den Geschlechtern abändern und einen Widerspruch vorsehen darf. Die Änderung des Erfüllungsmodus hat Einfluss auf die Anteilseignerseite, weil diese dann in jedem Fall Mitglieder des passenden Geschlechts bestellen muss, wohingegen dies im Rahmen der Gesamterfüllung nicht zwingend der Fall ist. Die Parteien können jedoch nicht die Verteilung der Geschlechter für *beide* Seiten regeln. Dies würde über den von § 2 Abs. 12 SEBG gewährten Kompetenzrahmen hinauszugehen, da zwangsläufig nicht nur die Arbeitnehmerseite betroffen wäre.[1173] Deshalb können die Parteien auch keine einseitige

---

1167 Beschl. Empf., BT-Drucks. 18/4227, S. 22; *Junker/Schmidt-Pfitzner* NZG 2015, 929, 932; *Rotsch/Weninger* Der Konzern 2015, 298, 300; *Seibt* ZIP 2015, 1193, 1202; *Stüber* CCZ 2015, 38, 39.

1168 Beschl. Empf., BT-Drucks. 18/4227, S. 22; dem folgend *Grobe* AG 2015, 289, 298; *Oetker* ZHR 179 (2015) 707, 739 ff.; *Seibt* ZIP 2015, 1193, 1202; a.A. *Rotsch/Weninger* Der Konzern 2015, 298, 300.

1169 Habersack/Drinhausen/*Verse* § 24 SEAG Rn. 7.

1170 Für Letzteres LHT/*Teichmann* Anh. Art. 43 SE-VO (§ 24 SEAG) Rn. 6; *Teichmann/Rüb* BB 2015, 898, 904; Habersack/Drinhausen/*Verse* § 24 SEAG Rn. 7.

1171 LHT/*Teichmann* Anh. Art. 43 SE-VO (§ 24 SEAG) Rn. 6 dort in Fn. 13; *Teichmann/Rüb* BB 2015, 898, 904.

1172 In die Richtung auch LHT/*Drygala* Art. 40 SE-VO (§ 17 SEAG) Rn. 14.

1173 A.A. oder jedenfalls ungenau: Habersack/Drinhausen/*Hohenstatt/Müller-Bonanni* § 21 SEBG Rn. 28a; Hohenstatt/Seibt/*Hohenstatt/Wendler* Geschlechterquoten,

Widerspruchsmöglichkeit für beide Seiten in die Vereinbarung aufnehmen. Folglich sind beide Regelungsansätze ebenso unzulässig wie ein Ausschluss der Quote oder eine Modifikation der Höhe nach.[1174]

Allerdings lässt die Beteiligungsvereinbarung jedenfalls für die Getrennterfüllung eine Hintertür offen: Zwar darf keine Regelung für *beide* Seiten erfolgen, indirekt kann die Gesamterfüllung jedoch durch eine Festlegung des Geschlechterproporzes allein für die Arbeitnehmerseite im Zusammenspiel mit der Vorgabe von § 17 Abs. 2 Satz 1 und § 24 Abs. 3 Satz 1 SEAG aufgehoben werden.[1175] Es wäre zwar gleichfalls denkbar, der Arbeitnehmerseite auf diesem Wege ein Widerspruchsrecht im Rahmen einer Beteiligungsvereinbarung einzuräumen, dies ist jedoch wegen des Gebots der Gleichbehandlung mit der nationalen Aktiengesellschaft unzulässig.

1. *Auffangregelung*

Die Auffangregelungen (§§ 22–38 SEBG) greifen ein, wenn die Verhandlungen über eine Beteiligungsvereinbarung scheitern, und ordnen dann eine Beteiligung der Arbeitnehmer in der SE kraft Gesetzes an. Hier gilt der Einwand der Unvereinbarkeit mit der Beteiligungsvereinbarung indes nicht. Da das SEBG keine Regelung zum Mindestanteilsgebot und damit zum Erfüllungsmodus vorsieht, greift die Verweisung des Art. 9 Abs. 1 lit. c. ii. auf § 96 Abs. 2 AktG ein.[1176] Dementsprechend ist die Möglichkeit der Getrennterfüllung gem. § 96 Abs. 2 Satz 3 AktG auf die SE zu erstrecken. Im Hinblick auf Art. 10 SE-VO könnte dies auch geboten sein. Wegen der sich durch die internationale Sitzverteilung ergebenden Schwierigkeiten[1177] ist jedoch äußerste Vorsicht und genaue Beachtung der möglichen Konsequenzen für die Wahl- bzw. Vorschlagsmöglichkeiten geboten. Letztlich ist die Folge vor allem verhandlungsbezogen, da die Verhandlungen zur Beteiligungsvereinbarung in der Regel auf den Modalitäten der Auffanglösung beruhen. Ist der Widerspruch gegen die Gesamterfüllung im Wege der Auffanglösung anwendbar, wird die Verhandlungsposition der Anteilseigner

---

Rn. 347; Habersack/Drinhausen/*Seibt* Art. 40 SE-VO Rn. 44b aE; Habersack/Drinhausen/*Verse* § 24 SEAG Rn. 7.

1174 A.A. *BDA/BDI* Stellungnahme, S. 6; *Rotsch/Weninger* Der Konzern 2015, 298, 300; Habersack/Drinhausen/*Seibt* Art. 40 SE-VO Rn. 44b; Habersack/Drinhausen/*Verse* § 24 SEAG Rn. 7.

1175 Ausführlich dazu und überzeugend *Oetker* ZHR 179 (2015) 707, 742.

1176 In die Richtung wohl *Teichmann/Rüb* BB 2015, 898, 904 f.

1177 S. dazu zB. LHT/*Drygala* Art. 40 SE-VO (§ 17 SEAG) Rn. 15.

gestärkt, die eine Beteiligungsvereinbarung von einer Verteilung der Sitze zwischen den Seiten abhängig machen kann. Im Hinblick auf den Zeitpunkt eines möglichen Widerspruchs kann auf die Grundgedanken der Ausführungen zum Widerspruch gegen die Gesamterfüllung in der deutschen Aktiengesellschaft verwiesen werden.[1178]

2. *Gleichklang mit der Beteiligungsvereinbarung*

Die Beteiligungsvereinbarung räumt den Seiten so jedoch weniger Flexibilität ein als die Wahl der Auffanglösung, da sie eine Getrennterfüllung lediglich in der Beteiligungsvereinbarung und auch dann nur auf Umwegen erreichen können. Dies widerspricht aber dem der Vereinbarung zugrunde liegenden Autonomiegedanken. Denkbar ist es deshalb, auch angesichts des wohl weiteren europäischen Autonomieverständnisses,[1179] jedenfalls von einer Kompetenzerweiterung auszugehen, die in der Natur der Sache begründet ist, weil die Parteien keine originäre Regelungskompetenz[1180] haben. Die Zuständigkeit kraft Natur der Sache gehört zu den sogenannten *resulting powers.*[1181] Wegen der Wirkung des Widerspruchs für beide Seiten muss daraus ein beiderseitiges Widerspruchsrecht resultieren. Eine Kompetenz der Parteien, ein beiderseitiges Widerspruchsrecht zu vereinbaren, muss sich deshalb jedenfalls aus der Natur der grundsätzlich vorhandenen Kompetenz zur Vereinbarung eines Widerspruchs auf Arbeitnehmerseite ergeben.

III. Rechtsfolge

In der deutschen Aktiengesellschaft ist die Wahl unter Verstoß gegen das Mindestanteilsgebot gem. § 96 Abs. 2 Satz 6 AktG nichtig. Diese Rechtsfolge ist im SEAG indes nicht geregelt. Es stellt sich dementsprechend die Frage, ob eine Wahl, die den Anforderungen des Mindestanteilsgebots nicht gerecht wird, mit einer Rechtsfolge wie der Nichtigkeit behaftet ist oder ob sie folgenlos bleibt. Für den Fall, dass die Wahl nichtig sein soll, ist zu klären, wie sich diese Rechtsfolge dogmatisch sicher herleiten lässt.

1178 S. oben Kap. 3 § 8 C. V. 2.

1179 Dazu ausführlich zB. *Teichmann* AG 2008, 797, 803 f.

1180 Dafür LHT/*Drygala* Art. 40 SE-VO (§ 17 SEAG) Rn. 15; Habersack/Drinhausen/*Seibt* Art. 40 SE-VO Rn. 44b; *Teichmann/Rüb* BB 2015, 898, 905; Habersack/Drinhausen/*Verse* § 24 SEAG Rn. 7.

1181 Ausführlich zur Abgrenzung *Stettner* Grundfragen, S. 426 mwN.

1. *Wahl in der Hauptversammlung*

Teilweise wird bereits aus dem Verweis von § 17 Abs. 4 Satz 2 SEAG auf § 250 AktG auf die Wahlnichtigkeit geschlossen. Dies ergebe sich daraus, dass § 250 Abs. 1 Nr. 5 AktG die Wahlnichtigkeit bei einem Verstoß gegen das Mindestanteilsgebot vorsehe.[1182] Ob dies indes vom Gesetzgeber so beabsichtigt war, ist unklar. Der Verweis auf § 250 AktG existierte bereits vor der Einführung zur Geschlechterquote, sodass der Gesetzgeber eine entsprechende Einschränkung der Anwendbarkeit auch übersehen haben könnte. Denkbar ist deshalb, wie eingangs erwähnt, dass sich die Nichtigkeitsfolge aus der Generalverweisung des Art. 9 Abs. 1 lit. c. SE-VO ergibt.[1183]

Die Begründung des Gesetzgebers zu § 17 SEAG geht davon aus, dass sämtliche Mitglieder in der Hauptversammlung bestellt werden. Dies ist von der SE-VO auch grundsätzlich so vorgesehen. Jedenfalls, sofern die Auffangregelungen gelten, erfolgt die Wahl mittels eines bindenden Wahlvorschlags an die Hauptversammlung (§ 36 Abs. 4 Satz 2 SEBG). Sofern die Getrennterfüllung gilt, bietet es sich an, die Lösung in § 6 Abs. 6 Montan-MitbestG heranzuziehen. Der Wahlvorschlag muss dann entsprechend ausgestaltet werden.[1184] Dass dies für die Gesamterfüllung problematisch werden kann, wird weitgehend übersehen.[1185] Hier könnten die im dritten Kapitel herausgearbeiteten Grundsätze zur Verfehlung bei Gesamterfüllung übertragen werden. Andernfalls wird man der vorgeschlagenen Lösung folgen müssen, nach der die Nichtigkeitsfolge des § 96 Abs. 2 Satz 6 AktG[1186] nur für die Anteilseignerseite gilt und § 6 Abs. 6 Montan-MitbestG für die Arbeitnehmerseite analog gilt. Ein unzureichender Wahlvorschlag kann dann wegen eines Gesetzesverstoßes abgelehnt werden.[1187]

2. *Anderes Wahlverfahren aufgrund einer Beteiligungsvereinbarung*

Nach Art. 40 Abs. 2 Satz 3 SE-VO bleibt eine Beteiligungsvereinbarung davon unberührt. Diese könnte auch die Bestellung der Arbeitnehmervertreterinnen und -vertreter durch den Betriebsrat vorsehen,[1188] was aber zu weiteren

1182 *Seibt* ZIP 2015, 1193, 1202.
1183 Dahin gehend Beschl. Empf., BT-Drucks. 18/4227, S. 22.
1184 So auch *Oetker* ZHR 179 (2015) 707, 743, der aber nicht weiter darauf eingeht, da die Getrennterfüllung dort nicht berücksichtigt wird; im Einzelnen zu § 6 Abs. 6 MontanMitbestG s. oben Kap. 3 § 9 B. II. 2.
1185 Lediglich *Oetker* ZHR 179 (2015) 707, 743 äußert sich dazu.
1186 Nach hier vertretener Auffassung analog.
1187 *Oetker* ZHR 179 (2015) 707, 743 f.
1188 So auch LHT/*Oetker* § 21 SEBG Rn. 68 mwN in Fn. 168.

Problemen hinsichtlich der Nichtigkeit führt. Die Rechtsfolge ist im AktG nur für den Fall der Wahl in der Hauptversammlung geregelt.[1189] Somit könnte allein die Anteilseignerseite mit der Nichtigkeitsfolge belastet sein.[1190] Für die Arbeitnehmerseite existiert keine Regelung, da die Mitbestimmungsgesetze nicht anwendbar sind (§ 47 Abs. 1 SEBG) und das SEBG selbst keine Regelung enthält. Eine solche sah § 36 Abs. 3 Satz 3 SEBG n.F. RefE noch vor. Die Beteiligungsvereinbarung sollte deshalb unbedingt eine entsprechende Reglung treffen.

D. Zusammenfassung

Die Übertragung des Mindestanteilsgebots auf die SE wirft diverse Fragen auf und bereitet zudem erhebliche Probleme, die sich aus den Besonderheiten der Gesellschaftsform sowie der lückenhaften Gesetzgebung ergeben. Diese Lücken können nur teilweise unter Zuhilfenahme methodischer Vehikel geschlossen werden. Insbesondere die Problematik des Erfüllungsmodus und eines möglichen Widerspruchs gegen die Gesamterfüllung ist von Bedeutung, aber kaum zufriedenstellend lösbar. Die Gesetzgebung zum Mindestanteilsgebot ist auch bezogen auf die SE mangelhaft.

1189 *BDA/BDI* Stellungnahme, S. 7; zur Nichtigkeitsfolge jedenfalls *Junker/Schmidt-Pfitzner* NZG 2015, 929, 932.

1190 Dahin gehend auch *Sagan* RdA 2015, 255, 259 wegen der Beschränkung der Geltung des Mindestanteilsgebots allein auf die Anteilseignerseite.

5. Kapitel: Ausblick und Ergebnisse

§ 11 Änderungsvorschläge

Die vorstehenden Untersuchungen haben gezeigt, dass der Gesetzgeber im Laufe des Gesetzgebungsverfahrens einige vermeidbare Verkomplizierungen verursacht hat. Diese lassen sich jedoch durch relativ einfache Änderungen beheben.

A. Anwendungsbereich

Der Intention des Gesetzes folgend und wegen der verfassungsrechtlichen Gebotenheit ist der Anwendungsbereich ausdrücklich auf Aufsichtsräte sämtlicher paritätisch mitbestimmter Unternehmen zu erweitern. Andernfalls werden bekannte, große Gesellschaften vom Anwendungsbereich nur ausgenommen, weil sie nicht börsennotiert sind. Das Wort „börsennotierten" ist daher zu streichen.

Vorgeschlagene Neufassung von § 96 Abs. 2 Satz 1 AktG

> *Bei Gesellschaften, für die das Mitbestimmungsgesetz, das Montan-Mitbestimmungsgesetz oder das Mitbestimmungsergänzungsgesetz gilt, setzt sich der Aufsichtsrat zu mindestens 30 Prozent aus Frauen und zu mindestens 30 Prozent aus Männern zusammen.*

Darüber hinaus muss der Gesetzgeber entsprechende Regelungen in das GmbHG und das GenG einfügen und die Regelungen zu den Zielvorgaben anpassen.

B. Rundungsregelung

Der Gesetzgeber sollte die Rundungsregel aus Gründen der Rechtssicherheit klarstellen.

Vorgeschlagene Neufassung von § 96 Abs. 2 Satz 4 AktG

> *Es ist in allen Fällen auf volle Personenzahlen den kaufmännischen Rundungsregeln folgend auf- beziehungsweise abzurunden.*

C. Erfüllungsmodus

Wegen der erheblichen Divergenz der beiden Wahlsysteme sollte die Getrennterfüllung als Grundsatz und die Gesamterfüllung als Option eingeführt werden. So wäre für beide Seiten von vornherein klar, wie viele Personen des unterrepräsentierten Geschlechts sie wählen muss. Sofern eine Seite mehr Mitglieder des unterrepräsentierten Geschlechts gewählt hat, kann sie der anderen den Ausgleich bis zum Zeitpunkt der Abstimmung antragen, wenn die Quote dadurch gewahrt wird.

Vorgeschlagene Neufassung von § 96 Abs. 2 Sätze 2 und 3 AktG

[2] *Der Mindestanteil ist grundsätzlich von jeder Seite getrennt zu erfüllen.*

[3] *Wählt eine Seite mehr Mitglieder des unterrepräsentierten Geschlechts als zur Erfüllung notwendig, kann sie der anderen durch einen mit Mehrheit gefassten Beschluss eine Anrechnung der überschüssigen Mandate auf deren Anteil antragen, sofern das Mindestanteilsgebot insgesamt gewahrt wird.*

§ 12 Ausblick: Zwingendes Mindestanteilsgebot für den Vorstand börsennotierter oder paritätisch mitbestimmter Unternehmen

Nachdem die Zielgrößen, die die Unternehmen sich selbst setzen können, in einigen Unternehmen bei „Null" angesetzt wurden, hat die damalige Familienministerin *Katarina Barley* im August 2017 in der Presse verlauten lassen, sie gedenke, eine zwingende Quote auch für Vorstände einzuführen, weil nur eine solche zur effektiven Förderung von Frauen beitrage.[1191] Dieses Vorhaben wird die Debatte um die Zulässigkeit von zwingenden Geschlechterquoten für Aktiengesellschaften erneut aufflammen lassen. Teile der Diskussion um die zwingende Geschlechterquote für Aufsichtsräte werden auch die Debatte um eine Quote im Vorstand begleiten, da die Fragen der Qualifikation, Ausnahmemöglichkeiten und Verfassungsmäßigkeit[1192] für den Vorstand als eigenverantwortliches Leitungsorgan der Gesellschaft mindestens ebenso bedeutsam sind.

Das Aktiengesetz stellt auch für Vorstandsmitglieder keine ausdrücklichen Qualifikationsanforderungen. § 76 Abs. 2 und 3 AktG beschränken sich auf einige formale Voraussetzungen. Gleichwohl kann die Satzung persönliche Eignungsvoraussetzungen für Vorstandsmitglieder vorsehen, sofern die Auswahl für den Aufsichtsrat dadurch nicht übermäßig beschränkt wird.[1193] Die Eignungsvoraussetzungen müssen jedoch sachlich gerechtfertigt und durch das Gesellschaftsinteresse legitimiert sein.[1194] Unter anderem werden Berufsqualifikationen als zulässig angesehen.

1191 https//www.swr.de/swraktuell/frauenquote-in-der-wirtschaft-ministerin-droht-firmen-mit-vorstands-quote/-/id=396/did=20112962/nid=396/lbvwxn/index.html, zuletzt aufgerufen am 30.6.2018.

1192 S. dazu bereits Maunz/Dürig/*Langenfeld* Art. 3 Abs. 2 GG Rn. 118 „strikt qualifikationsabhängig".

1193 HM *Geßler* FS Luther 1976, S. 69, 82; Spindler/Stilz/*Fleischer* § 76 AktG Rn. 129; Hüffer/Koch/*Koch* § 76 AktG Rn. 60; GroßKomm AktG/*Kort* § 76 AktG Rn. 225; K.Schmidt/Lutter/*Seibt* § 76 AktG Rn. 37 f.; MünchKomm AktG/*Spindler* § 84 AktG Rn. 28; a.A. KölnKomm AktG/*Mertens/Cahn* § 76 AktG Rn. 116.

1194 Spindler/Stilz/*Fleischer* § 76 AktG Rn. 128.

Umstritten ist, ob dies auch für mitbestimmte Gesellschaften gelten kann.[1195] Sofern aber die Arbeitnehmerseite im Aufsichtsrat durch die Satzungsregelung nicht soweit beschränkt wird, dass sie ihre Interessen bei der Auswahl der Vorstandsmitglieder nicht mehr einbringen kann, wird dies für zulässig gehalten.[1196] Im Hinblick auf die etwaigen Mindestvoraussetzungen ist die gesellschaftsrechtliche Debatte sehr zurückhaltend. Teilweise wird mit einem erst-recht-Schluss auf die Mindestqualifikationen für den Aufsichtsrat verwiesen.[1197] Aus diesem Grund ist auf den ersten Blick eine dem Mindestanteilsgebot im Aufsichtsrat ähnliche Ergebnisquote ohne ausdrücklichen Qualifikationsvorbehalt denkbar.

Der Vorstand muss sämtliche erforderlichen unternehmerischen Entscheidungen jedoch planen und treffen und sie nicht nur hauptsächlich im Nachhinein nachvollziehen und bewerten können. Die Ausrichtung der Unternehmenspolitik liegt in seiner Hand.[1198] Zu seinen Aufgaben gehören weiterhin die Unternehmensstrukturierung (Organisation und Koordination der mit Führungsaufgaben ausgestatteten Teilbereiche des Unternehmens und Festlegung der Leitlinien der Markt-, Produkt-, Finanz-, Investitions- und Personalpolitik), die Unternehmenskontrolle (laufende und nachträgliche Kontrolle von Durchführung und Erfolg delegierter Geschäftsführungsaufgaben), die Überwachung von Geschäfts- und Ergebnisentwicklung sowie Maßnahmen und Geschäfte von außergewöhnlicher Bedeutung oder mit außergewöhnlich hohem Risiko und die Besetzung der oberen Führungspositionen.[1199] Das Maß an Verantwortung für das Wohl und Wehe der Gesellschaft ist dementsprechend enorm hoch. Das Erfordernis spezifischer vertiefter Qualifikationen liegt deshalb nahe.

Aus diesem Grund sind die Anforderungen an die verfassungsrechtliche Verhältnismäßigkeit einer Geschlechterquote für die Vorstandsbesetzung strenger. Das liegt auch daran, dass der Aufsichtsrat die Vorstandsmitglieder selbst

---

1195 Dafür hM GroßKomm AktG/*Kort* § 76 AktG Rn. 274; K.Schmidt/Lutter/*Seibt* § 76 AktG Rn. 39; MünchKomm AktG/*Spindler* § 76 AktG Rn. 111; UHH/*Habersack* § 31 MitbestG Rn. 9 ff.; a.A. *Säcker* DB 1977, 1792 f.

1196 GroßKomm AktG/*Kort* § 76 AktG Rn. 274; K.Schmidt/Lutter/*Seibt* § 76 AktG Rn. 39; MünchKomm AktG/*Spindler* § 76 AktG Rn. 111; UHH/*Habersack* § 31 MitbestG Rn. 9 ff.

1197 MünchKomm AktG/*Spindler* § 84 AktG Rn. 39.

1198 KölnKomm AktG/*Mertens/Cahn* § 76 AktG Rn. 4 ff.; Hölters/*Weber* § 76 AktG Rn. 8.

1199 Hölters/*Weber* § 76 AktG Rn. 10; GroßKomm AktG/*Kort* § 76 AktG Rn. 36; Hüffer/Koch/*Koch* § 76 AktG Rn. 9; MünchKomm AktG/*Spindler* § 76 AktG Rn. 16; Spindler/Stilz/*Fleischer* § 76 AktG Rn. 18.

auswählt und bestellt. Er erarbeitet also nicht nur Wahlvorschläge, die von einem anderen Gremium, und zwar aus eigennützigen Gründen der Aktionäre, angenommen oder abgelehnt werden können, sondern beschließt ebenfalls über die ausgewählten Personen. Dies ist mit den Eins-zu-Eins Auswahlsituationen vergleichbar, die den Urteilen des EuGH zugrunde lagen. Im Vorfeld zu einer solchen Regelung muss deshalb eingehend untersucht werden, wie weit sie die Auswahlmöglichkeiten des Aufsichtsrats beschränken würde, das heißt, wie viele geeignete Kandidatinnen[1200] vorhanden sind.

Eine mit der in dieser Arbeit untersuchten vergleichbaren Quote könnte je nach Größe des Kandidatinnenpools trotzdem angemessen sein. Wegen der spezifischeren Anforderungen und der in der Regel geringeren Größe der Gremien muss der Gesetzgeber sich jedoch eingehend mit den verfassungsrechtlichen Anforderungen und einer ggf. erforderlichen, eng zu fassenden Ausnahmeklausel auseinandersetzen.

1200 Da die Vorstände vorwiegend männlich besetzt sind, wird sich die Qualifikationsdebatte wieder auf Frauen beschränken.

§ 13 Zusammenfassung der Ergebnisse

1. Der Gesetzgeber hat mit dem Mindestanteilsgebot für paritätisch mitbestimmte Aufsichtsräte börsennotierter Unternehmen versucht, ein gesellschaftspolitisches Thema in den gesellschaftsrechtlichen Kontext einzubetten. Gelungen ist ihm dies in Teilen.
2. Das zwingende Mindestanteilsgebot greift in seiner konkreten Ausgestaltung neben anderen Grundrechtspositionen in die Organisationsfreiheit der Unternehmen gem. Art. 12 Abs. 1 GG und in die von Art. 14 Abs. 1 GG geschützten Rechte der Anteilseignerinnen und Anteilseigner ein. Es verstößt zudem gegen das Diskriminierungsverbot in Art. 3 Abs. 3 GG. Zwar sind alternative Förderungsmöglichkeiten vorhanden, diese sind jedoch nicht gleich effektiv. Das bestätigt insbesondere der ausbleibende Erfolg der Zielgrößen für Vorstände, Aufsichtsräte und die oberen Führungsebenen.
3. Grundsätzlich werden sogenannte starre Quoten als mit dem Staatsziel des Art. 3 Abs. 2 Satz 2 GG unvereinbar angesehen. Das Mindestanteilsgebot ist jedoch keine starre Ergebnisquote in diesem Sinne. Es ist auf substantielle Chancengleichheit ausgerichtet und verfolgt den Zweck der tatsächlichen Durchsetzung von Gleichberechtigung. Dementsprechend sind die genannten Grundrechtseingriffe als Maßnahme im Sinne von Art. 3 Abs. 2 GG verhältnismäßig. Das Mindestanteilsgebot ist daher grundsätzlich verfassungsmäßig.
4. Für die Aufsichtsratstätigkeit sind derzeit keine nachvollziehbar abgrenzbaren, sachlichen (Mindest-)Kriterien vorhanden, die den Kreis der wählbaren Personen auf vorwiegend männliche Kandidaten mit jahrelanger „Führungserfahrung" im Vorstand oder *senior management* beschränken. Die konkreten Anforderungen an die Aufsichtsratstätigkeit sind von der Größe und Struktur des Unternehmens abhängig. Ein allgemeingültiges Idealprofil gibt es deshalb nicht. Solange die Unternehmen jedoch keine Profile erstellen, fehlt es an einer Grundlage für die Argumentation, dass zu wenige geeignete Frauen vorhanden wären. Die Unternehmen müssen sich deshalb im Zweifel auf die von Rechtsprechung und Literatur anerkannte Mindestqualifikation für das einzelne Mitglied und eine den Aufgaben gerecht werdende Gesamtkompetenz des Aufsichtsrats beschränken. Aus diesem Grund ist der Kandidatinnenpool deutlich größer als von den Kritikern angenommen. Dementsprechend überwiegt das dem Auftrag aus Art. 3 Abs. 2 Satz 2 GG entsprechende Interesse des Gesetzgebers an der

Angleichung der tatsächlichen Verhältnisse die Belange der untersuchten Grundrechtspositionen. Dies gilt jedoch nur, solange nicht völlig ungeeignete Kandidatinnen um jeden Preis gefördert werden. Für diese Einzelfälle ist die Rechtsfolge des Mindestanteilsgebots im Rahmen der gerichtlichen Ergänzungsbestellung verfassungskonform zu reduzieren.

5. Der EuGH hat in seinen Entscheidungen eine Bevorzugung nach Geschlecht bei hinreichender Eignung nicht grundsätzlich abgelehnt. Darüber hinaus werden in der Person von Gegenkandidatinnen bzw. -kandidaten liegende Gründe nach derzeitigen Auswahlkriterien ihrerseits nicht diskriminierend sein, sodass das zwingende Mindestanteilsgebot auch aus unionsrechtlicher Sicht angemessen ist. Die Regelungen sind zudem im Einzelfall einer richtlinienkonformen Auslegung zugänglich und somit grundsätzlich als zulässige positive Maßnahme i.S.v. Art. 3 Gleichbehandlungsrichtlinie anzusehen.
6. Der Gesetzgeber hat den Anwendungsbereich des Gesetzes deutlich zu weit eingeschränkt. Der persönliche Anwendungsbereich muss trans- und intersexuelle Personen schon aus verfassungsrechtlichen Gründen erfassen. Dies gilt insbesondere im Lichte der jüngsten Entscheidung des Bundesverfassungsgerichts zur positiven Eintragung eines dritten Geschlechts in das Personenstandsregister. Der Gesetzgeber wird seinem fortschrittlichen Ziel deshalb nur bedingt gerecht. Darüber hinaus ist die Kumulation von Börsennotierung und paritätischer Mitbestimmung sachlich nicht zu rechtfertigen. Die sich daraus ergebende Unvereinbarkeit mit Art. 3 Abs. 1 GG hat zur Folge, dass der Anwendungsbereich auch auf nicht börsennotierte, aber paritätisch mitbestimmte Gesellschaften zu erstrecken ist. Das Mindestanteilsgebot muss folglich auch für paritätisch mitbestimmte GmbHs und Genossenschaften gelten. Es ist Aufgabe des Gesetzgebers, die gesellschaftsrechtlichen Normen entsprechend anzupassen.
7. Im Hinblick auf sogenannte Scheinauslandsgesellschaften kann die Frage des Anwendungsbereichs nur bei einem eindeutigen Ergebnis zu der lebhaft geführten Debatte um die Erstreckung der Unternehmensmitbestimmung auf kollisionsrechtlicher Ebene entschieden werden. Nach derzeitigem Erkenntnisstand haben jedoch weder die paritätische Mitbestimmung noch das Mindestanteilsgebot einen unbedingten internationalen Geltungswillen. Darüber hinaus wäre die Zahl der Fälle gering, in denen eine Erstreckung der Quote in ihrer konkreten Form auf Scheinauslandsgesellschaften möglich ist, weil Mitgliedsstaaten wie die Niederlande eine eigene Quotenregelung haben, die vorrangig anzuwenden ist.

8. Im Rahmen der umfassenden Auslegung der aktien- und mitbestimmungsrechtlichen Regelungen haben sich weitere Schwächen des Gesetzes gezeigt, die sich unter Zuhilfenahme der juristischen Methodik aber beheben lassen. Dennoch sind partielle Änderungen des Gesetzes sinnvoll und geboten, um der Praxis die notwendige Rechtssicherheit und entsprechende Handlungsspielräume zu gewähren. Insbesondere die Einfügung der Gesamterfüllung als Regelfall hat sowohl für die Erfüllung als auch für die Verfehlung der Quote zahlreiche Folgefragen aufgeworfen. Sie ist mit dem System der Aufsichtsratszusammensetzung und den damit einhergehenden unterschiedlichen Wahlverfahren nicht kompatibel. Aus diesem Grund ist die gesetzgeberische Entscheidung für diesen Erfüllungsmodus als Regelfall verfehlt. Der Gesetzgeber sollte § 96 Abs. 2 AktG deshalb entsprechend den im 5. Kapitel vorgeschlagenen Änderungen entsprechend anpassen.
9. Auch die auf den ersten Blick einfache, weil mathematischen Gesetzen folgende Berechnung des Mindestanteilsgebots bringt zahlreiche Probleme mit sich, die der Gesetzgeber durch seine Ausführungen in der Gesetzesbegründung noch vertieft hat. Entgegen dem vermeintlich eindeutigen Wortlaut gelten die kaufmännischen Rundungsregeln bei Berechnung der zur Erfüllung der Quote erforderlichen Personenzahlen. Aus den rechnerischen Ergebnissen folgen zudem einige Inkonsistenzen und viele Fälle einer zwingenden Untererfüllung der Quote sowie teils eine erhebliche Übererfüllung. Diese sind jedoch im Ergebnis hinzunehmen. Eine denkbare Alternative wäre die Mindestbesetzung des Aufsichtsrats zu je einem Drittel pro Geschlecht. Diese Quote würde zum einen den Streit um die Rundungsregeln entfallen lassen und zum anderen die inkonsistenten Ergebnisse und Fälle von Untererfüllung des Mindestanteilsgebots vermindern.
10. Im Hinblick auf die verschiedenen Gruppen von Mitgliedern innerhalb der Bänke werfen die vom Gesetzgeber eingeführten oder im Gesetz vorhandenen Mechanismen weitere Fragen auf. Die aufgrund von Entsendungsrechten bestellten Mitglieder müssen in jedem Fall in die Berechnung der je Geschlecht erforderlichen Personenzahlen mit einbezogen werden. Auch leitende Angestellte sind nicht nur – wie anerkannt – im Rahmen der Gesamterfüllung zu berücksichtigen. Sie sind mittels einer teleologischen Reduktion von § 18a Abs. 1 MitbestG auch bei den Verteilungsregelungen zur Nachbestellung im Fall der Nichterfüllung zu berücksichtigen, wenn sie das passende Geschlecht aufweisen.
11. Das sogenannte neutrale Mitglied lässt sich aufgrund seiner Sonderstellung schwieriger einordnen. Klar liegt der Fall im Hinblick auf die Getrennterfüllung: Eine Einbeziehung kommt wegen der neutralen Stellung nicht in

Betracht. Dieses Aufsichtsratsmitglied kann zudem dem ursprünglichen Ausgleichszweck der Gesamterfüllung eigentlich nicht gerecht werden, stellt aber dennoch eine eigene „Gruppe“ dar. Auch wenn vor allem die Wahlberechtigten der Arbeitnehmerseite nur mittelbaren Einfluss auf sein Geschlecht ausüben können, sind die Argumente schwächer, die gegen eine Einbeziehung des neutralen Mitglieds unter Geltung der Gesamterfüllung sprechen. Es kann daher zur Erfüllung der Quote beitragen.

12. Die Widerspruchsmöglichkeit bereitet wegen ihrer missverständlichen Ausgestaltung mehr Probleme, als sie löst, weil die Wahlverfahren weder inhaltlich noch zeitlich einheitlich verlaufen. Die Natur des Widerspruchs erlaubt jedoch ausschließlich eine Wirkung *ex nunc*. Beide Wahlverfahren müssen dementsprechend als Einheit betrachtet werden. Ein Widerspruch kann deshalb grundsätzlich nur vor der zeitlich zuerst stattfindenden Wahl erfolgen. Der konkrete Zeitpunkt muss jedoch, anders als vielfach angenommen, vor der Abstimmung liegen. Ein späterer Zeitpunkt würde eine Rückwirkung erfordern, wohingegen ein früherer Zeitpunkt zu einem erheblichen Risiko der Nichterfüllung führt. Zwar bietet ein Widerspruch bis zur Bekanntmachung der Wahlen größtmögliche Rechtssicherheit für alle Beteiligten, allerdings ist dann eine Reaktion auf die bis zur Abstimmung noch möglichen Veränderungen der Wahlvorschläge nicht mehr möglich. Zur Vermeidung einer eventuell eintretenden Verfehlung der Quote muss es jedoch gestattet sein, den Erfüllungsmodus noch bis zur Abstimmung an die Gegebenheiten anzupassen.
13. Anders als in der Literatur angenommen, hat § 96 Abs. 2 Satz 3 AktG keine selbstständige Rechtsstellung der Bänke zur Folge. Insbesondere hat der Gesetzgeber davon abgesehen, die in früheren Entwürfen vorgesehene Teilorganstellung in das Gesetz zu übernehmen. Darüber hinaus existieren in anderen aktien- und mitbestimmungsrechtlichen Normen vereinzelt Sonderbeschlussrechte, ohne dass daraus eine autonome Rechtsstellung abgeleitet wird. Daran ändert auch die Tatsache nichts, dass beide Seiten des Aufsichtsrats selbstständig über den Widerspruch entscheiden können. Dies ist eine rein organisatorische Notwendigkeit, die keine weitere rechtliche Bedeutung hat.
14. Durch seine Wirkung *ex nunc* kann ein verspäteter Widerspruch keine Folgen für den laufenden Wahlgang haben. Dieser Grundsatz wird auch durch die Regelung des § 96 Abs. 2 Satz 5 AktG gestützt, der den Bestandsschutz gewählter Mitglieder bezweckt, sofern die Wahlperiode eines der übererfüllenden Seite angehörenden Mitglieds endet oder es aus anderen Gründen ausscheidet. In diesem Fall kann die betreffende Seite für die Nachbestellung

der Gesamterfüllung widersprechen, ohne dass dies Auswirkungen auf die Wirksamkeit der Besetzung der – nach der Getrennterfüllung – nicht erfüllenden Seite hat.

15. Die Nichtigkeit der Wahl als Sanktion für einen Verstoß gegen das Mindestanteilsgebot ist zugleich Herzstück und einer der größten Streitpunkte der gesetzlichen Regelung. Anders als vielfach vertreten, sieht § 96 Abs. 2 Satz 6 AktG überhaupt keine Rechtsfolge für den Fall der Gesamterfüllung vor. Diese Norm bezieht sich aufgrund ihres historischen Ursprungs in Verbindung mit ihrer systematischen Stellung ausschließlich auf die Anteilseignerseite und ist der Getrennterfüllung zuzuordnen.
16. Die in § 96 Abs. 2 Satz 6 AktG, § 18a MitbestG und § 10f MitbestErgG normierten Folgen eines Verstoßes sind jedoch im Wege der rechtsfortbildenden Analogie auf die Gesamterfüllung zu erstrecken. Im Ergebnis führt dies bei Nichterreichen der Quote zu einem Wechsel in die Getrennterfüllung. Dies ist jedoch auch die einzige Möglichkeit, um die nicht gewählten Kandidatinnen bzw. Kandidaten rechtssicher zu ermitteln. Bezugszeitpunkt der Rechtsfolge muss daher der Zeitpunkt der Beschlussfeststellung des letzten Wahlakts sein. Die Wahlordnungen zu den Mitbestimmungsgesetzen sind entsprechend anzupassen. Die zuerst gewählten Mitglieder sind bis zu diesem Zeitpunkt aufschiebend bedingt gewählt.
17. Auf Anteilseignerseite hängt die Auswahl der nicht Gewählten vom Wahlverfahren ab. Das Blockwahlverfahren ist abzulehnen, weil danach die gesamte Wahl bei Verfehlung der Quote ungültig ist. Sinnvoll sind deshalb Einzelwahlen. Der Versammlungsleiter hat dabei zwar ein erhebliches Einflusspotenzial. Er kann somit aber auf späte Widersprüche angemessen reagieren oder die Abstimmungsreihenfolge so festlegen, dass möglichst viele Mitglieder beider Geschlechter wirksam gewählt werden. Eine missbräuchliche Einflussnahme ist ihm zwar möglich, diese würde jedoch nicht ungestraft bleiben. Sinnvoll wäre auch eine Verhältniswahl, allerdings ist diese in den meisten Satzungen nicht vorgesehen, weil sie den Einfluss der Anteile verwässert.
18. Im Geltungsbereich des Montan-Mitbestimmungsgesetzes existiert keine Nichtigkeitsregelung aufgrund des besonderen Umstands, dass der Hauptversammlung ein bindender Wahlvorschlag unterbreitet wird. Sofern ein gegen § 6 Abs. 6 MontanMitbestG verstoßender Wahlvorschlag an die Hauptversammlung weitergegeben wird, ist diese nicht daran gebunden. Für die Auswahl der Kandidatinnen bzw. Kandidaten gilt § 10f Abs. 1 MitbestErgG analog. Unter Geltung der Gesamterfüllung findet ebenfalls der Grundsatz Anwendung, dass bei Nichterreichen der Quote die Rechtsfolgen der Getrennterfüllung eingreifen.

19. Im Rahmen der gerichtlichen Ergänzungsbestellung wird das Gericht in der Regel auf die vorhandenen Wahlvorschläge zurückgreifen. Sofern diese keine geeigneten Personen vorsehen, muss das Gericht im Zweifel selbst aktiv werden. Allerdings haben die Unternehmen schon im Vorfeld den Mindestanforderungen entsprechende Personen zu suchen. Von der grundsätzlich ohne Ausnahmeregelung versehenen Rechtsfolge der Wahlnichtigkeit bzw. des „leeren Stuhls" bei Verfehlung des Mindestanteils darf das Gericht jedoch im Einzelfall abweichen, wenn wirklich keine geeignete Person zu finden ist oder das Amt übernehmen würde. Diese Ausnahme ist verfassungsrechtlich geboten. Voraussetzung ist allerdings, dass sowohl das Unternehmen, als auch das Gericht alle Möglichkeiten ausgeschöpft haben, eine geeignete Person zu finden.
20. Die gesetzlichen Regelungen zum Mindestanteilsgebot in der SE sind unvollständig. Eine Schließung der Lücken ist jedoch mit methodischen Vehikeln nur teilweise möglich. Die Gesetzgebung ist daher als mangelhaft zu bewerten.
21. Eine dem Mindestanteilsgebot des § 96 Abs. 2 Satz 1 AktG vergleichbare Quotenregelung für den Vorstand könnte je nach Größe des Kandidatinnenpools zulässig sein. Wegen der spezifischeren Anforderungen und der in der Regel geringeren Größe der Gremien, die durch eine Auswahlentscheidung besetzt werden, muss der Gesetzgeber sich aber mit einer eng gefassten Ausnahmeklausel auseinandersetzen.
22. In der Gesamtschau beschreibt die in der Einleitung gewählte Wendung „gut gedacht, aber nicht gut gemacht" das Gesetz sehr treffend. Der Gesetzgeber verfolgt ein zeitgemäßes und gesellschaftspolitisches Ziel. Er bewegt sich dabei aber über dem Abgrund der Verfassungs- und Unionsrechtswidrigkeit. In materieller Hinsicht kann das Regelwerk zum zwingenden Mindestanteilsgebot nicht überzeugen. Die Normen sind nicht hinreichend durchdacht und zeugen deutlich davon, dass die Gesetzgebung unter erheblichem politischen Druck erfolgte. Da die staatliche Regulierung der Privatwirtschaft jedoch stets kritisch gesehen wird, hätte der Gesetzgeber bei der konkreten Ausgestaltung der Normen über mögliche Folgen und gleichermaßen effektive, aber praktikablere Lösungen nachdenken müssen. Die Änderungsvorschläge zeigen, dass einige der schwerwiegenden Problemstellungen durch leichte Modifikationen behoben werden können und daher im Vorfeld hätten vermieden werden müssen. Das Mindestanteilsgebot für Aufsichtsräte ist rechtstechnisch als in weiten Teilen misslungen zu bewerten.

Literaturverzeichnis

Alexy, *Robert*, Theorie der Grundrechte, 5. Aufl., Frankfurt a.M. 2006

Altmeppen, *Holger*, Ausgliederung zwecks Organschaftsbildung gegen die Sperrminorität?, DB 1998, S. 49–54 (zit.: *Altmeppen* Ausgliederung)

Annuß, *Georg u.a.*, Europäisches Betriebsräte-Gesetz. Kommentar, München 2014 (zit.: AKRR/*Bearbeiter*)

Arbeitsrechtsausschuss, Genderausschuss, Handelsrechtsausschuss und Verwaltungsrechtsausschuss des Deutschen Anwaltvereins (DAV), Stellungnahme zum Referentenentwurf eines Gesetzes für die gleichberechtigte Teilhabe von Frauen und Männern an Führungspositionen in der Privatwirtschaft und im öffentlichen Dienst, NZG 2014, 1214–1229

Arlt, *Marie-Agnes*, Französische Aktiengesellschaft, Wien 2006

Arnold Michael, *Steffen*, *Peter Carl*, *Götze*, *Cornelius*, Aktuelle Fragen bei der Durchführung der Hauptversammlung, AG 2011, 349–362

Augstein, *Maria Sabine*, Transsexuellengesetz, Baden-Baden 2012 (zit.: *Augstein* §)

Austmann, *Andreas*/*Rühle*, *Thomas*, Wahlverfahren bei mehreren für einen Aufsichtsratssitz vorgeschlagenen Kandidaten, AG 2011, 805–813

Bachmann, *Gregor*, Der „Deutsche Corporate Governance Kodex“: Rechtswirkungen und Haftungsrisiken, WM 2002, 2137–2143

Bachmann, *Gregor*, Der Verwaltungsrat der monistischen SE, ZGR 2008, 779–808

Bachmann, *Gregor*, Zur Umsetzung einer Frauenquote im Aufsichtsrat ZIP 2011, 1131–1139

Baldus, *Christian*/*Becker*, *Rainer*, Haustürgeschäfte und richtlinienkonforme Auslegung. Probleme bei der Anwendung angeglichenen europäischen Privatrechts. Vorlagebeschluß des BGH vom 11. Januar 1996 - IX ZR 56/95, ZEuP 1997, 873–889

Bauer, *Jobst-Hubertus*/*Arnold*, *Christian*, AGG-Probleme bei vertretungsberechtigten Organmitgliedern, ZIP 2008, 993–1003

Bauer, *Jobst-Hubertus*/*Krieger*, *Steffen*/*Günther*, *Jens*, Allgemeines Gleichbehandlungsgesetz und Entgelttransparenzgesetz: AGG. EntgTranspG, 5. Aufl., München 2018 (zit.: Bauer/Krieger/Günther/*Bearbeiter*)

Baumbach, *Adolf*/*Hueck*, *Alfred* (Begr.), GmbHG, Gesetz betreffend die Gesellschaften mit beschränkter Haftung, 21. Aufl., München 2017 (zit.: Baumbach/Hueck/*Bearbeiter*)

Baums, Theodor, Der fehlerhafte Aufsichtsratsbeschluß, ZGR 1983, 300–345

Bayer, Walter, Grundsatzfragen der Regulierung der aktienrechtlichen Corporate Governance NZG 2013, 1–16

Bayer, Walter/Hoffmann, Thomas, "Totalverweigerer" der Empfehlungen des Deutschen Corporate Governance Kodex, AG 2012, R291–R293

Bayer, Walter/Schmidt, Jessica, BB-Gesetzgebungs- und Rechtsprechungsreport Europäisches Unternehmensrecht 2015/2016, BB 2016, 1923–1934

BDA, Rundschreiben Nr. II/141/16

BDA/BDI, Geschlechterquote: Richtiges Ziel, falscher Weg. Stellungnahme zum Regierungsentwurf eines „Gesetzes zur gleichberechtigten Teilhabe von Frauen und Männern an Führungspositionen in der Privatwirtschaft und im öffentlichen Dienst", 28. Januar 2015, https://www.arbeitgeber.de/www/arbeitgeber.nsf/res/D844E8E9DC6FC67EC1257DDC00554C43/$file/Stn-Frauenquote.pdf, zuletzt aufgerufen am: 30.6.2018 (*BDA/BDI* Stellungnahme)

Benda, Ernst, Die Notwendigkeit und Möglichkeit positiver Aktionen zugunsten von Frauen im öffentlichen Dienst, Hamburg 1986 (zit.: *Benda* Notwendigkeit)

Berkl, Melanie, Personenstandsrecht, Frankfurt a.M. 2015

Bernhardt, Wolfgang, Aufsichtsrat – die schönste Nebensache der Welt?, ZHR 159 (1995) 310–321

Bernhardt, Wolfgang, Sechs Jahre Deutscher Corporate Governance Kodex – Eine Erfolgsgeschichte?, BB 2008, 1686–1692

Bihr, Dietrich/Blättchen, Wolfgang, Aufsichtsräte in der Kritik: Ziele und Grenzen einer ordnungsgemäßen Aufsichtsratstätigkeit – Ein Plädoyer für den Profi-Aufsichtsrat, BB 2007, 1285–1291

Bihr, Dietrich/Philippsen, Martin Josef, Qualitätsaspekte bei der Arbeit von Aufsichtsratsgremien – Grundsätze ordnungsgemäßer Überwachung für Aufsichtsräte, DStR 2011, 1133–1137

BMFSFJ/BMJV, Erste Zwischenbilanz: Gesetz zur gleichberechtigten Teilhabe von Frauen und Männern an Führungspositionen, 7. Juli 2016, http://www.bmjv.de/SharedDocs/Downloads/DE/PDF/Berichte/Faktenpapier_Zwischenbilanz_Frauenquote.pdf?__blob=publicationFile&v=1, zuletzt aufgerufen am: 30.6.2018

Böcking, Hans-Joachim/Böhme, Jana/Gros, Marius, Wissenschaftliche Studien zum DCGK und die Notwendigkeit der qualitativen Analyse von Abweichungsbegründungen, AG 2012, 615–625

Bockstette, Rainer, Das Personenstandsrechts-Änderungsgesetz StAZ 2013, 169–177

Boecken, Winfried/Düwell, Franz-Josef, Diller, Martin, Gesamtes Arbeitsrecht, Band 2: BGB – JarbSchG, Baden-Baden 2016, Band 3: KSchG – ZPO, Baden-Baden 2016 (zit.: NK-GA/*Bearbeiter*)

Bollweg, Hans Georg, Die Wahl des Aufsichtsrats in der Hauptversammlung der Aktiengesellschaft, Köln u.a. 1997 (zit.: *Bollweg* Wahl)

Brandt, Kathrin, Gleichstellungsquote im Aufsichtsrat der Aktiengesellschaft, Frankfurt a.M. u.a. 2012 (zit.: *Brandt* Gleichstellungsquote)

Brandt, Kathrin/Thiele, Alexander, Zulässigkeit einer Gleichstellungsquote im Aufsichtsrat unter Berücksichtigung der Rechtsprechung des EuGH, AG 2011, 580–586

Brouwer, Tobias, Unternehmensrechtliche Herausforderungen der 18. Legislaturperiode aus Sicht der Realwirtschaft, NZG 2014, 201–206

Burg, Indra, Positive Maßnahmen zwischen Unternehmerfreiheit und Gleichbehandlung, Berlin 2009 (zit.: *Burg* Positive Maßnahmen)

Bürgers, Tobias/Körber, Torsten, Kommentar zum Aktiengesetz, 6. Aufl., Heidelberg 2017 (zit.: Bürgers/Körber/*Bearbeiter*)

Buschmann, Marco, EU-Grünbuch zur Corporate Governance: Alter Wein in neuen Schläuchen?, NZG 2011, 87–91

Cahn, Andreas, Professionalisierung des Aufsichtsrats, in: Veil, Rüdiger, Unternehmensrecht in der Reformdiskussion, Tübingen 2013, S. 139–160 (zit.: *Cahn* Professionalisierung)

Calliess, Christian/Ruffert, Matthias (Hrsg.), EUV/AEUV. Das Verfassungsrecht der Europäischen Union. Kommentar, 5. Aufl., München 2016 (zit.: Calliess/Ruffert/*Bearbeiter*)

Canaris, Claus-Wilhelm, Die richtlinienkonforme Auslegung und Rechtsfortbildung im System der juristischen Methodenlehre, in: Koziol, Helmut/Rummel, Peter, Festschrift für Franz Bydlinski, Wien/New York 2002, S. 47–103 (zit.: *Canaris* FS Bydlinski 2003)

Canaris, Claus-Wilhelm, Mitbestimmungsgesetz und innergesellschaftliche Organisationsautonomie der Aktiengesellschaft, DB 1981, Beilage Nr. 14, S. 1–16

Casper, Matthias/Weller, Marc-Philippe, Mobilität und grenzüberschreitende Umstrukturierung der SE, NZG 2009, 681–686

Conreder, Christian, Verfassungsrechtlicher Schutz von Aktionärsrechten, Frankfurt a.M. 2011 (zit.: *Conreder* Verfassungsrechtlicher Schutz)

DAI, Verfassungsfeste Regelung Dient allen Seiten – Deutsches Aktieninstitut setzt sich für Härtefallregelung Eine Stellungnahme zum Referentenentwurf des Bundesministeriums für Familie, Senioren, Frauen und Jugend und des Bundesministeriums der Justiz und für Verbraucherschutz „Entwurf eines Gesetzes für die gleichberechtigte Teilhabe von Frauen und Männern an Führungspositionen in der Privatwirtschaft und im öffentlichen Dienst" Stellungnahme vom 15. Oktober 2015, https://www.dai.de/files/dai_usercontent/dokumente/positionspapiere/2014-10-15%20Stellungnahme%20 Geschlechterquote.pdf, zuletzt abgerufen am 30.6.2018 (zit.: *DAI* Stellungnahme vom 15. Oktober 2014)

Däubler, Wolfgang/Bertzbach, Martin (Hrsg.), Allgemeines Gleichbehandlungsgesetz, Handkommentar, 4. Aufl., Baden-Baden 2018 (zit.: Däubler/Bertzbach/*Bearbeiter*)

Däubler-Gmelin, Herta u.a. (Hrsg.), Mehr als nur gleicher Lohn!, Hamburg 1985

Deilmann, Barbara/Albrecht, Frauke, Corporate Governance und Diversity – was empfiehlt der neue Kodex?, AG 2010, 727–734

Deutscher Ethikrat, Intersexualität. Stellungnahme vom 23.02.2012, Berlin 2012, http://www.ethikrat.org/dateien/pdf/stellungnahme-intersexualitaet.pdf, zul. aufgerufen am: 30.6.2018 (zit.: *Ethikrat* Stellungnahme)

DGB, Gleichberechtigte Teilhabe von Frauen in Führungspositionen in der Privatwirtschaft und im öffentlichen Dienst – auf allen Hierarchieebenen. Stellungnahme des Deutschen Gewerkschaftsbundes zum Entwurf eines Gesetzes für die gleichberechtigte Teilhabe von Frauen und Männern an Führungspositionen in der Privatwirtschaft und im öffentlichen Dienst vom 12.01.2015, http://www.dgb.de/themen/++co++158daee0-c7d4-11e4-89fd-52540023ef1a, zuletzt aufgerufen am 30.6.2018 (zit.: *DGB* Stellungnahme)

Dreher, Meinrad, Die Gesamtqualifikation des Aufsichtsrats – Die Rechtslage in der Normal-AG und bei beaufsichtigten Versicherungsunternehmen sowie Kreditinstituten, in: Krieger, Gerd u.a., Festschrift für Michael Hoffmann-Becking zum 70. Geburtstag, München 2012, S. 313–330 (zit.: *Dreher* FS Hoffmann-Becking 2012)

Dreher, Meinrad, Die Qualifikation der Aufsichtsratsmitglieder – Rechtliche Anforderungen und Folgerungen unter besonderer Berücksichtigung der Aufsichtsratsausschüsse der Aktiengesellschaft, in: Ebenroth, Carsten T. u.a., Festschrift für Karlheinz Boujong, München 1996, S. 71–97 (zit.: *Dreher* FS Boujong 1996)

Dreier, Horst (Hrsg.), Grundgesetz. Kommentar, Bd. 1: Präambel, Artikel 1 – 19, 3. Aufl., Tübingen 2013 (zit.: Dreier/*Bearbeiter*)

Duden, Die deutsche Rechtschreibung: Das umfassende Standardwerk auf der Grundlage der amtlichen Regeln – online Ausgabe, Stand 2018 (zit.: Duden, Stichwort)

Düwell, Franz Josef, Gleichberechtigte Teilhabe von Frauen und Männern an Führungspositionen, FA 2015, 100–105

Engels, Nicole, Chancengleichheit und Bundesstaatsprinzip, Berlin 2001 (zit.: *Engels* Chancengleichheit)

Engler, Nina, Strukturelle Diskriminierung und substantielle Chancengleichheit, Frankfurt a.M. 2004 (zit.: *Engler* Diskriminierung)

Epping, Volker/Hillgruber, Christian (Hrsg.), Beckscher Online-Kommentar Grundgesetz, 37. Ed., München 2018 (zit.: BeckOK GG/*Bearbeiter*)

Eßer, Walter/Baluch, Christina, Bedeutung des Allgemeinen Gleichbehandlungsgesetzes für Organmitglieder, NZG 2007, 321–332

Falkenhausen, K. von, Die nächste Hauptversammlung, BB 1966, 337–341

Fitting, Karl/Engels, Gerd/Schmidt, Ingrid/Trebinger, Yvonne/Linsenmaier, Wolfgang (Begr./Bearb.), Betriebsverfassungsgesetz, Handkommentar, 29. Aufl., München 2018 (zit.: *Fitting*)

Fleischer, Holger/Goette, Wulf (Hrsg.), Münchener Kommentar zum Gesetz betreffend die Gesellschaften mit beschränkter Haftung (GmbHG), Band 2: §§ 35–52, 2. Aufl., München 2016 (zit.: MünchKomm GmbHG/*Bearbeiter*)

François-Poncet, Raphaele/Deilmann, Barbara/Otte, Sabine, Frauenquote in französischen Aufsichts- und Verwaltungsräten – ist eine Quote auch in Deutschland zulässig?, NZG 2011, 450–454

Franzen, Martin, Privatrechtsangleichung durch die Europäische Gemeinschaft, Berlin 1999 (zit.: *Franzen* Privatrechtsangleichung)

Franzen, Martin/Gallner, Inken/Oetker, Hartmut (Hrsg.), Kommentar zum europäischen Arbeitsrecht, 2. Aufl., München 2018 (zit.: EUArbR/*Bearbeiter*)

Frost, Ina Anne/Linnainmaa, Leena, Corporate Governance – Frauen im Aufsichtsrat – Können wir von unseren skandinavischen Nachbarn lernen?, AG 2007, 601–610

Fuchs, Harald/Köstler, Roland/Pütz, Lasse, Handbuch zur Aufsichtsratswahl, Frankfurt a.M. 2016 (zit.: *Fuchs/Köstler/Pütz* Aufsichtsratswahl)

Geßler, Ernst, Bedeutung und Auslegung des § 23 Abs. 5 AktG in: Glossner, Ottoarndt (Hrsg.), Festschrift für Martin Luther, München 1976, S. 69–84 (zit.: *Geßler* FS Luther 1976)

Goette, Wulf/Habersack, Mathias (Hrsg.), Münchener Kommentar zum Aktiengesetz, Band 1: §§ 1–75, 4. Aufl., München 2016, Band 2: §§ 76–117 AktG, MitbestG, DrittelbG, 4. Aufl., München 2014, Band 3: §§ 118–178, 4. Aufl.,

München 2018, Band 4: §§ 179–277, 4. Aufl. 2016, Band 7: Europäisches Aktienrecht, SE-VO, SEBG, Europäische Niederlassungsfreiheit, 4. Aufl., München 2017 (zit.: MünchKomm AktG/*Bearbeiter*)

Goette, Wulf/*Habersack, Mathias* (Hrsg.), Münchener Kommentar zum BGB, Band 1: §§ 1 - 240 BGB, ProstG, AGG, 7. Aufl., München 2015, Band 11: IPR I, Europ. Kollisionsrecht, Art. 1 - 26 EGBGB, 7. Aufl. München 2018, Band 12: Art. 50 - 253 EGBGB, IPR II, Internat. Wirtschaftsrecht, 7. Aufl., München 2018 (zit.: MünchKomm BGB/*Bearbeiter*)

Gössl, Susanne L., Die Eintragung im Geburtenregister als „inter" oder „divers", StAZ 2015, 171–174

Götz, Heinrich, Die Überwachung der Aktiengesellschaft im Lichte jüngerer Unternehmenskrisen, AG 1995, 337–353

Grabitz, Eberhard/*Hilf, Meinhard*/*Nettesheim, Martin*, EUV/AEUV, 64. EL, München Mai 2018 (zit.: GHN/*Bearbeiter*)

Grigoleit, Hans Christoph (Hrsg.), Aktiengesetz. Kommentar, 2013 (zit.: Grigoleit/*Bearbeiter*)

Grobe, Tony, Die Geschlechterquote für Aufsichtsrat und Vorstand, AG 2015, 289–303

Habersack, Mathias, Gutachten E. Grundlagen der Corporate Governance-Regulierung in: Ständige Deputation des Deutschen Juristentages (Hrsg.), Verhandlungen des 69. Deutschen Juristentages, Band 1 - Gutachten, München 2012 (zit. *Habersack* Gutachten E)

Habersack, Mathias, Mitwirkungsrechte der Aktionäre nach Macotron und Gelatine, AG 2005, 137–149

Habersack, Mathias/*Drinhausen, Florian* (Hrsg.), SE-Recht mit grenzüberschreitender Verschmelzung. Kommentar, 2. Aufl. München 2016 (zit.: Habersack/Drinhausen/*Bearbeiter*)

Habersack, Mathias/*Kersten, Jens*, Chancengleiche Teilhabe an Führungspositionen in der Privatwirtschaft - Gesellschaftsrechtliche Dimensionen und verfassungsrechtliche Anforderungen, BB 2014, 2819–2830

Hecker, Andreas/*Peters, Marc*, Die Änderungen des DCGK im Jahr 2010, BB 2010, 2251–2257

Heidel, Thomas, Kommentar zum Aktienrecht, 4. Aufl., Baden-Baden 2014 (zit.: Heidel/*Bearbeiter*)

Hellwig, Hans-Jürgen/*Behme, Caspar*, Gemeinschaftsrechtliche Probleme der deutschen Unternehmensmitbestimmung, AG 2009, 261–278

Henssler, Martin, Die Unternehmensmitbestimmung, in: Canaris Claus-Wilhelm/Heldrich, Andreas (Hrsg.), Festschrift 50 Jahre BGH, München 2000, S. 387–424 (zit.: *Henssler* FS 50 Jahre BGH 2000)

Henssler, Martin/Strohn, Lutz (Hrsg.), Gesellschaftsrecht, 3. Aufl., München 2016 (zit.: Henssler/Strohn/*Bearbeiter*)

Henssler, Martin/Willemsen, Heinz-Josef/Kalb, Heinz-Jürgen (Hrsg.), Arbeitsrecht. Kommentar, 8. Aufl., Köln 2018 (zit.: HWK/*Bearbeiter*)

Herb, Anja, Gesetz für die gleichberechtigte Teilhabe an Führungspositionen – Umsetzung in der Praxis, DB 2015, 964–970

Herresthal, Carsten, Rechtsfortbildung im europarechtlichen Bezugsrahmen, München 2006 (zit.: *Herresthal* Rechtsfortbildung)

Hessische Landesregierung (Hrsg.), Quotierung – Reizwort oder Lösung? Expertenanhörung der Hessischen Landesregierung am 2. Mai 1985. Wortprotokoll, Gießen 1985. (zit.: *Hessische Landesregierung* (Hrsg.), Quotierung)

Hirte, Heribert/Mülbert, Peter O./Roth, Markus, Aktiengesetz, Großkommentar Vierter Band, Teil 1: §§ 76–91, 5. Aufl., Berlin 2015 (zit.: GroßKomm AktG/*Bearbeiter*)

Hoffmann, Dietrich/Lehmann, Jürgen/Weinmann, Heinz, Mitbestimmungsgesetz. Kommentar, München 1978 (zit.: *HLW* §)

Hoffmann, Hans, Die tatsächliche Durchsetzung der Gleichberechtigung in dem neuen Art 3 II S 2 GG, FamRZ 1995, 257–263

Hoffmann-Becking, Michael (Hrsg.), Münchener Handbuch Aktiengesellschaft, 4. Aufl., München 2015 (zit.: MünchHdb AG/*Bearbeiter*)

Hoffmann-Becking, Michael, Organe: Strukturen und Verantwortlichkeiten, insbesondere im monistischen System, ZGR 2004, 355–382

Hohenstatt, Klaus-Stefan/Seibt, Christoph H. (Hrsg.), Geschlechter- und Frauenquoten in der Privatwirtschaft, Köln 2015 (zit.: Hohenstatt/Seibt/*Bearbeiter* Geschlechterquoten)

Hohenstatt, Klaus-Stefan/Willemsen, Heinz Josef/Naber, Sebastian, Zum geplanten Gesetz für die gleichberechtigte Teilhabe an Führungspositionen. Gut gemeint – aber auch gut gemacht?, ZIP 2014, 2220–2226

Hohmann-Dennhardt, Christine, Ungleichheit und Gleichberechtigung. Zur kompensatorischen Funktion von Frauenquoten in Rechts- und Sozialpolitik, Heidelberg 1982 (zit.: *Hohmann-Dennhardt* Ungleichheit)

Holst, Elke/Busch, Anne, DIW Führungskräftemonitor 2010, Berlin 2010 (zit.: *Holst/Busch* Führungskräftemonitor 2010)

Hölters, Wolfgang, Aktiengesetz. Kommentar, 3. Aufl., München 2017 (zit.: Hölters/*Bearbeiter*)

Hommelhoff, Peter, Die Autarkie des Aufsichtsrats, ZGR 1983, 551–580

Hoppe, Axel, Hauptversammlungssaison 2017: Rechte und Pflichten des Versammlungsleiters bei Wahlentscheidungen der Hauptversammlung, NZG 2017, 361–367

Hopt, Klaus, Workshop 3: Professionalisierung des Aufsichtsrats. Diskussionsbericht 5. Hamburger Forum, in: Veil, Rüdiger, Unternehmensrecht in der Reformdiskussion, Tübingen 2013, S. 175–178 (zit.: *Hopt* Professionalisierung)

Hopt, Klaus J./Wiedemann, Herbert (Hrsg.), Aktiengesetz, Großkommentar, Vierter Band: §§ 95–117, Berlin 2006, Fünfter Band: Mitbestimmungsgesetz; §§ 118–149, 4. Aufl., Berlin 1999–2008, Sechster Band: § 117; Unternehmensmitbestimmung ..., 5. Aufl. 2018, Siebter Band, Teil 2: §§ 241–277, Berlin 2013 (zit.: GroßKomm AktG/*Bearbeiter*)

Horstmeier, Gerrit, Geschäftsführer und Vorstände als Beschäftigte, GmbHR 2007, 125–129

Hougardy, Stefan/Vygen, Jens, Algorithmische Mathematik, Berlin, Heidelberg 2016

Hüffer, Uwe, Die Ausgleichsklausel des § 243 Abs. 2 S. 2 AktG – mißlungene Privilegierung der Mehrheitsherrschaft oder Grundlage für bloßen Vermögensschutz des Kapitalanlegers? in: Forster, Karl-Heinz u.a. (Hrsg.), Festschrift für Bruno Kropff, Düsseldorf 1997, S. 128–144 (zit.: *Hüffer* FS Kropff 1997)

Hüffer, Uwe (Begr.)/*Koch, Jens*, Aktienrecht, 13. Aufl., München 2018 (zit.: Hüffer/Koch/*Bearbeiter*)

Hüffer, Uwe/Schmidt-Aßmann, Eberhard/Weber, Martin, Anteilseigentum, Unternehmenswert und Börsenkurs, München 2005 (zit.: Hüffer/Schmidt-Aßmann/Weber/*Bearbeiter* Anteilseigentum)

Ihrig, Hans-Christoph/Meder, Manuel M., Die Zuständigkeitsordnung bei Benennung der Ziele für die Zusammensetzung des Aufsichtsrats gem. Ziff. 5.4.1 DCGK n.F. in mitbestimmten Gesellschaften, ZIP 2010, 1577–1578

Ihrig, Hans-Christoph/Meder, Manuel M., Zweifelsfragen bei der Zielbenennung zur Zusammensetzung des Aufsichtsrats nach dem Kodex, ZIP 2012, 1210–1216

Isensee, Josef, Mit blauem Auge davongekommen – das Grundgesetz, NJW 1993, 2583–2587

Jung, Stefanie, Herausforderung Frauenquote, DStR 2014, 960–965

Jung, Stefanie, Eine Frauenquote für die EU?, BB 2013, 387–392

Junker, Claudia/Schmidt-Pfitzner, Jan, Quoten und Zielgrößen für Frauen (und Männer) in Führungspositionen, NZG 2015, 929–938

Kempter, Michael/Koch, Jochen, Frauenquote im Arbeitsrecht – Verfassungsrechtliche und AGG-rechtliche Aspekte, BB 2012, 3009–3014

Kersten, Birgit, Projektauswertung, in: Deutscher Juristinnenbund e.V., Aktionärinnen fordern Gleichberechtigung, Berlin 2010, S. 21–50, https://www.bmfsfj.de/blob/93220/c3eb25aa1f97a1845c434f8fc42fbcbf/aktionaerinnen-fordern-gleichberechtigung-data.pdf, zuletzt aufgerufen am 30.6.2018 (zit.: *Kersten* Projektauswertung)

Kindler, Peter, Keine Flucht aus der Unternehmensmitbestimmung durch Einsatz von EU-Scheinauslandsgesellschaften, in: Deinert, Olaf (Hrsg.), Symposium Winkler von Mohrenfels 2013, S. 147–162 (zit.: *Kindler* Symposium von Mohrenfels)

Koch, Jens, EU-Kompetenz für eine Frauenquote für die Führungsgremien von Aktiengesellschaften, ZHR 175 (2011) S. 827–850

Kocher, Dirk, Zur Bedeutung von Beschlussvorschlägen der Verwaltung für die Fassung und Anfechtung von Hauptversammlungsbeschlüssen, AG 2013, 406–414

Kocher, Dirk, Die Diversity-Empfehlung des neuen Corporate-Governance-Kodex, BB 2010, 264–266

Körner, Marita, Frauen in die Aufsichtsräte – die skandinavischen Regelungen verbindlicher Teilhabe als Modell für Deutschland, in: Hohmann-Dennhardt, Christine u.a. (Hrsg.), Festschrift für Heide Pfarr, Baden-Baden 2010, S. 218–234 (zit.: *Körner* FS Pfarr 2010)

Kothe-Heggemann, Claudia, Frauenquote für Führungspositionen, GmbHR 2015, R145–R146

Kraft, Julia/Redenius-Hövermann, Julia, Zur Einführung einer gesetzlichen Geschlechterquote im Aufsichts- oder Verwaltungsrat einer SE, AG 2012, 28–33

Krause, Nils, Auswirkungen des Allgemeinen Gleichbehandlungsgesetzes auf die Organbesetzung, AG 2007, 392–397

Kremer, Thomas u.a. (Hrsg.), Deutscher Corporate Governance Kodex. Kodex-Kommentar, 7. Aufl., München 2018 (zit.: KBLW/*Bearbeiter*)

Kruchen, Carsten, „Sachkunde" von Aufsichtsratsmitgliedern im Spannungsfeld zwischen Aufsichtsrecht, Aktienrecht und DCGK, in: ZCG 2011, S. 21–24

Lange, Katrin, Die „Vereinbarung zwischen der Bundesregierung und den Spitzenverbänden der deutschen Wirtschaft zur Förderung der Chancengleichheit von Frauen und Männern in der Privatwirtschaft" und ihre Bilanzierung. Expertise im Rahmen des Zweiten Gleichstellungsberichts der Bundesregierung, (2017), https://www.gleichstellungsbericht.de/de/article/51.expertisen.html, zuletzt aufgerufen am 30.6.2018 (zit.: *Lange* Gleichstellungsbericht 2017)

Langenbucher, Katja, Professionalisierung des Aufsichtsrats, Diversität und Frauen. Gender Diversity – eine internationale Herausforderung, DB 2010, S43–S44

Larenz, Karl/Canaris, Claus-Wilhelm, Methodenlehre der Rechtswissenschaft, 3. Aufl., Heidelberg, 1995 (zit.: *Larenz/Canaris* Methodenlehre)

Latzel, Clemens, Gleichheit in der Unternehmensmitbestimmung, 2010 (zit.: *Latzel* Gleichheit)

Laubinger, Hans-Werner, Die „Frauenquote" im öffentlichen Dienst – Teil 2, VerwArch 87 (1996) 473–533

Lemke, Christian Peter, Der fehlerhafte Aufsichtsratsbeschluss, Baden-Baden 1994 (zit.: *Lemke* Aufsichtsratsbeschluss)

Lieder, Jan, Die Rechtsstellung von Aufsichtsratsmitgliedern bei fehlerhafter Wahl, ZHR 178 (2014) 282–325

Limbach, Jutta/Eckertz-Höfer, Marion, Frauenrechte im Grundgesetz des geeinten Deutschlands, Baden-Baden 1993 (zit.: *Limbach/Eckertz-Höfer* Frauenrechte)

Lutter, Marcus, Rechtsfragen zum Entwurf für ein Gesetz zur Einführung der Frauenquote, BB 2014, Heft 50, Die erste Seite

Lutter, Marcus, Professionalisierung des Aufsichtsrats, DB 2009, 775–779

Lutter, Marcus, Anwendbarkeit der Altersbestimmungen des AGG auf Organpersonen, BB 2007, 725–731

Lutter, Marcus, Interessenkonflikte und Business-Judgement-Rule, in: Heldrich, Andreas u.a. (Hrsg.), Festschrift für Claus-Wilhelm Canaris zum 70. Geburtstag, München 2007, S. 245–256 (zit.: *Lutter* in FS Canaris 2007, S.)

Lutter, Marcus, Auswahlpflichten und Auswahlverschulden bei der Wahl von Aufsichtsratsmitgliedern, ZIP 2003, 417–419

Lutter, Marcus, Defizite für eine effiziente Aufsichtsratstätigkeit und gesetzliche Möglichkeiten der Verbesserung, ZHR 159 (1995) 287–309

Lutter, Marcus, Der Aufsichtsrat: Konstruktionsfehler, Inkompetenz seiner Mitglieder oder normales Risiko? AG 1994, 176–177

Lutter, Marcus/Hommelhoff, Peter/Teichmann, Christoph (Hrsg.), SE-Kommentar, 2. Aufl., Köln 2015 (zit.: LHT/*Bearbeiter*)

Lutter, Marcus/Krieger, Gerd/Verse, Dirk A., Rechte und Pflichten des Aufsichtsrats, 6. Aufl., Köln 2014 (zit.: Lutter/Krieger/Verse/*Bearbeiter* Rechte und Pflichten)

Maidowski, Ulrich, Umgekehrte Diskriminierung, Berlin 1989

Mangoldt, Hermann von (Begr.)/*Klein, Friedrich/Starck, Christian*, Kommentar zum Grundgesetz, Band 1: Artikel 1–19, 6. Aufl., München 2010 (zit.: v. Mangoldt/Klein/Starck/*Bearbeiter*)

Manz, Gerhard/Mayer, Barbara/Schröder, Albert (Hrsg.), Die europäische Aktiengesellschaft, 2. Aufl., Baden-Baden 2010 (zit.: MMS/*Bearbeiter*)

Martens, Klaus-Peter, Die Leitungskompetenzen auf der Hauptversammlung einer Aktiengesellschaft, WM 1981, 1010–1021

Maunz, Theodor/Dürig, Günter (Begr.), Grundgesetz. Kommentar, 82. EL, München Januar 2018 (zit.: Maunz/Dürig/*Bearbeiter*)

Max, Dietrich H., Die Leitung der Hauptversammlung, AG 1991, 77–94

Mayer, Barbara, Stellungnahme für die Öffentliche Anhörung vom 23. Februar 2015 zum Entwurf eines Gesetzes für die gleichberechtigte Teilhabe von Frauen und Männern an Führungspositionen in der Privatwirtschaft und im öffentlichen Dienst, Ausschussdrucks. 18(13)43o, https://www.bundestag.de/blob/361274/c33439fafcd0fdc56bc6d7d5204b99bb/18-13-43o-data.pdf, zuletzt abgerufen am 30.6.2018 (zit.: *Mayer* Stellungnahme DAV)

Meilicke, Heinz, Fehlerhafte Aufsichtsratsbeschlüsse, in: Samson, Bevenuto (Hrsg.), Festschrift für Walter Schmidt, Berlin 1959, S. 71–114 (zit.: *Meilicke* FS W. Schmidt 1959)

Mense, Christian/Klie, Marcus, Die Quote kommt – aber wie? Konturen der geplanten Neuregelungen zur Frauenquote, GWR 2015, 1–6

Mense, Christian/Rosenhäger, Erik, Mehr Vielfalt wagen – Zu den jüngsten Änderungen des Deutschen Corporate Governance Kodex, GWR 2010, 311–314

Merkt, Hanno, US-amerikanisches Gesellschaftsrecht, 3. Aufl., Frankfurt a.M. 2013

Monz, Jonathan/Wendler, Patrick, Anmerkung zu EuGH Urt. v. 18.07.2017 - C-566/15, BB 2017, 1785–1788

Mülbert, Peter O. (Hrsg.), Aktiengesetz, Großkommentar, Siebter Band, Teil 1: §§ 118–130, 5. Aufl., Berlin/Boston 2017 (zit.: GroßKomm AktG/*Bearbeiter*)

Mülbert, Peter O., Abschwächungen des mitgliedschaftlichen Bestandsschutzes im Aktienrecht in: Habersack, Mathias u.a. (Hrsg.), Festschrift für Peter Ulmer, Berlin/New York 2003, S. 433–450 (zit.: *Mülbert* FS Ulmer 2003)

Müller-Glöge, Rudi/Preis, Ulrich/Schmidt, Ingrid (Hrsg.), Erfurter Kommentar zum Arbeitsrecht, 18. Aufl., München 2018 (zit.: ErfK/*Bearbeiter*)

Müller-Glöge, Rudi/Preis, Ulrich/Schmidt, Ingrid (Hrsg.), Erfurter Kommentar zum Arbeitsrecht, 17. Aufl., München 2017 (zit.: ErfK/*Bearbeiter*[17])

Mutter, Stefan, Vermeidbare Europarechtswidrigkeit der Geschlechterquote?, AG 2015, R60–R61

Mutter, Stefan, Hauptversammlungsleitung unter dem Gesetz für die gleichberechtigte Teilhabe von Frauen und Männern an Führungspositionen, AG 2014, R218

Nowak Eric/Rott Roland/Mahr, Till, Wer den Kodex nicht einhält, den bestraft der Kapitalmarkt?, ZGR 2005, 252–279

Oetker, Hartmut, Die zwingende Geschlechterquote für den Aufsichtsrat - vom historischen Schritt zur Kultivierung einer juristischen terra incognita, ZHR 179 (2015) 707–749

Ohmann-Sauer, Ingrid/Langemann, Moritz, Der Referentenentwurf zur Einführung einer „gesetzlichen Frauenquote", NZA 2014, 1120–1126

Olbrich, Hanna/Krois, Christopher, Das Verhältnis von „Frauenquote" und AGG, NZA 2015, 1288–1293

Ossenbühl, Fritz, Frauenquoten für Leitungsorgane von Privatunternehmen, NJW 2012, 417–422

Osterloh, Margit/Littmann-Wernli, Sabina, Die „gläserne Decke" — Realität und Widersprüche in: Peters, Sibylle/Bensel, Norbert (Hrsg.), Frauen und Männer im Management, Diversity in Diskurs und Praxis, 2002, S. 259–275 (zit.: *Osterloh/Littmann-Wernli* „Gläserne Decke")

Papier, Hans-Jürgen/Heidebach, Martin, Die Einführung einer gesetzlichen Frauenquote für die Aufsichtsräte deutscher Unternehmen unter verfassungsrechtlichen Aspekten, ZGR 2011, 305–333

Peltzer, Martin, Der Bericht der Corporate Governance Kommission an die Bundesregierung, NZG 2011, 281–286

Peltzer, Martin, Die Unvereinbarkeit des Mitbestimmungsgesetzes 76 mit guter Corporate Governance und darauf zielende Verbesserungsvorschläge, in: Grundmann, Stefan u.a., Festschrift für Eberhard Schwark, München 2009, S. 707–727 (zit.: *Peltzer* FS Schwark 2009)

Pfarr, Heide, Ein Gesetz zur Gleichstellung der Geschlechter in der Privatwirtschaft, Düsseldorf 2001, https://www.boeckler.de/pdf/p_edition_057.pdf, zuletzt aufgerufen am: 30.6.2018 (zit.: *Pfarr* Gesetz zur Gleichstellung)

Pfarr, Heide, Quoten sind nicht alles, aber ohne Quoten ist alles Nichts, in: Arioli Kathrin (Hrsg.), Quoten und Gleichstellung von Frau und Mann, Frankfurt a.M. 1998, S. 3–22

Pfarr, Heide, Die Frauenquote, NZA 1995, 809–813

Pfarr, Heide, Quoten und Grundgesetz, Baden-Baden 1988 (zit.: *Pfarr* Quoten)

Pirstner, Renate, Anmerkung zu EuGH, Urteil vom 28. März 2000 - C-158/97 - Badeck, EuZW 2000, 474–480

Pirstner, Renate, Bedingte Quotenregelung entspricht dem Gemeinschaftsrecht, DRdA 1998, 153–159

Prühs, Hagen, Der Sachverstand im Aufsichtsrat, AG 1970, 347–353

Pütz, Lasse/Weckes, Marion, Geschlechterquote, Report Mitbestimmungsförderung, Nr. 1/2014

Raasch, Sibylle, Erhöhung der Frauenrepräsentanz in Aufsichtsräten – Norwegen – ein Modell?, ZfRV 2009, 216–223

Raasch, Sibylle, Frauenquoten und Männerrechte, Baden-Baden 1991 (zit.: *Raasch* Frauenquoten)

Raasch, Sibylle, Chancengleichheit für Frauen auf dem Arbeitsmarkt, DuR 1985, 319–334

Raiser, Thomas/Veil, Rüdiger/Jacobs, Matthias, Mitbestimmungsgesetz und Drittelbeteiligungsgesetz, 6. Aufl., Berlin/Boston 2015 (zit.: RVJ/*Bearbeiter*)

Ramm, Joachim, Gegenantrag und Vorschlagsliste – Zur Gestaltung des aktienrechtlichen Verfahrens für die Wahlen zum Aufsichtsrat, NJW 1991, 2753–2755

Redenius-Hövermann, Julia, Zur Frauenquote im Aufsichtsrat, ILF Frankfurt, WORKING PAPER SERIES NO. 112 (01/2010), www.ilf-frankfurt.de/fileadmin/_migrated/content_uploads/ILF_WP_112_03.pdf, zuletzt aufgerufen am: 30.6.2018 (zit.: *Redenius-Hövermann* Frauenquote)

Redenius-Hövermann, Julia, Zur Frauenquote im Aufsichtsrat, ZIP 2010, 660–666

Redenius-Hövermann, Julia/Strenger, Christian, Frauenquote »reloaded« – Kritische Würdigung des Referentenentwurfs zur Einführung einer Geschlechterquote im Aufsichtsrat, Der Konzern 2014, 373–381

Regierungskommission Deutscher Corporate Governance Kodex, Pressemittelung vom 27. Mai 2010, http://www.dcgk.de/de/presse/deteilansicht/pressemitteilung-25.html?file=files/dcgk/usercontent/de/download/2010/PM_Plenarsitzung_20100526.pdf, zuletzt aufgerufen am 04.10.2017 (zit.: *Regierungskommission DCGK* Pressemitteilung)

Reufels, Martin/Molle, Karl, Diskriminierungsschutz von Organmitgliedern, NZA-RR 2011, 281–286

Richardi, Reinhard, Betriebsverfassungsgesetz mit Wahlordnung, Kommentar, 16. Aufl., München 2018 (zit.: Richardi/*Bearbeiter*).

Rieder, Marcus S./Holzmann, Daniel, Brennpunkte der Aufsichtsratsregulierung in Deutschland und den USA, AG 2010, 570–580

Ringleb, Henrik-Michael/Kremer, Thomas/Lutter, Marcus/v. Werder, Axel, Die Kodex-Änderungen vom Mai 2010, NZG 2010, 1161–1166

Röder, Gerhard/Arnold, Christian, Geschlechterquoten und Mitbestimmungsrecht–Offene Fragen der Frauenförderung, NZA 2015, 279–285

Roth, Wulf-Henning, Eingriffsnormen und Rom-I Verordnung, in: Baur, Jürgen F. u.a. (Hrsg.) Festschrift für Gunther Kühne, Frankfurt a.M. 2009, S. 859–879 (zit.: *Roth* FS Kühne 2009)

Rotsch, Friederike, Stellungnahme zum Regierungsentwurf eines Gesetzes für die gleichberechtigte Teilhabe von Frauen und Männern an Führungspositionen in der Privatwirtschaft und im öffentlichen Dienst, 17. Februar 2015, (zit.: *Rotsch* Stellungnahme)

Rotsch, Friederike/Weninger, Heike, Geschlechterquote – Umsetzungsfragen für die Praxis, Der Konzern 2015, 298–306

Sachs, Michael (Hrsg.), Grundgesetz. Kommentar, 8. Aufl., München 2018 (zit.: Sachs/*Bearbeiter*)

Sachs, Michael, Quotenregelungen für Frauen im staatlichen und im gesellschaftlichen Bereich, insbesondere für die Wirtschaft, ZG 2012, 52–67

Säcker, Franz Jürgen, Rechtliche Anforderungen an die Qualifikation und Unabhängigkeit von Aufsichtsratsmitgliedern, AG 2004, 180–186

Säcker, Franz Jürgen, Die Anpassung der Satzung der Aktiengesellschaft an das Mitbestimmungsgesetz DB 1977, 1791–1799

Sackofsky, Ute, Das Grundrecht auf Gleichberechtigung, 2. Aufl., Baden-Baden 1996 (zit.: *Sackofsky* Gleichberechtigung)

Sagan, Adam, Eine deutsche Geschlechterquote für die europäische Aktiengesellschaft, RdA 2015, 255–260

Savigny, Friedrich Carl von, System des heutigen Römischen Rechts. Bd. 3., Berlin, 1840 (zit.: *Savigny* System)

Scheffler, Eberhard, Der Aufsichtsrat – nützlich oder überflüssig?, ZGR 1993, 63–76

Scherer, Stephan, Familienunternehmen: Zivil- und steuerrechtliche Besonderheiten bei der Gestaltung des Gesellschaftsvertrags, BB 2010, 323–329

Schiessl, Maximilian, Deutsche Corporate Governance post Enron, AG 2002, 593–604

Schindeldecker, Karl, Die paritätisch mitbestimmte GmbH, Frankfurt a.M. 2014

Schladebach, Marcus/Stefanopolou, Georgia, Frauenquote in Aufsichtsräten, BB 2010, 1042–1049

Schmidt, Karsten/Lutter, Marcus, Aktiengesetz. Kommentar, 3. Aufl., Köln 2015 (zit.: K.Schmidt/Lutter/*Bearbeiter*)

Schmidt-Bleibtreu, Bruno/Hofmann, Hans, Kommentar zum Grundgesetz. GG, 14. Aufl., Köln 2017 (zit.: Schmidt-Bleibtreu/*Bearbeiter*)

Schneider, Uwe H., Geheime Abstimmung in der Hauptversammlung einer Aktiengesellschaft, in: Lutter, (Hrsg.), Festschrift für Martin Peltzer, Köln 2001, S. 425–435 (zit.: *Schneider* FS Peltzer 2001)

Schoppe, Bastian, Aktieneigentum: Verfassungsrechtliche Strukturen und gesellschaftsrechtliche Ausprägungen der Aktie als Gegenstand des Art. 14 GG, Köln 2011 (zit.: *Schoppe* Aktieneigentum)

Schubert, Claudia/Jacobsen, Gönke, Personelle Vielfalt als Element guter Unternehmensführung – die Empfehlung des Corporate Governance Kodex und die Rechtsfolgen ihrer unzureichenden Berücksichtigung, WM 2011, 726–734

Schubert, Renate/Littmann-Wernli, Sabina, Stereotype in Unternehmen – Barrieren für Frauen, in: Assig, Dorothea, Frauen in Führungspositionen, München 2001, S. 23–47 (zit.: *Schubert/Littmann-Wernli* Stereotype)

Schulte, Helmut, Die Niederschrift über die Verhandlung der Hauptversammlung einer Aktiengesellschaft, AG 1985, 33–40

Schulz, Stephan, Die Zielbenennung zur Zusammensetzung des Aufsichtsrats nach dem DCGK 2010, BB 2010, 2390–2392

Schulz, Stephan/Ruf, Christian, Zweifelsfragen der neuen Regelungen über die Geschlechterquote im Aufsichtsrat und die Zielgrößen für die Frauenbeteiligung, BB 2015, 1155–1163

Schulz-Strehlow, Monika/Falkenhausen, Jutta von, Stellungnahme zum Gesetzentwurf der Bundesregierung „Entwurf eines Gesetzes für die gleichberechtigte Teilhabe von Frauen und Männern an Führungspositionen in der Privatwirtschaft und im öffentlichen Dienst" (BT-Drucksache 18/3784) und dem Gesetzentwurf der Fraktion von BÜNDNIS 90/DIE GRÜNEN „Entwurf eines Gesetzes zur geschlechtergerechten Besetzung von Aufsichtsräten, Gremien und Führungsebenen" (BT-Drucksache 18/1878) vom 16.02.2015, https://www.bundestag.de/blob/360966/3019419e0d89e97c6468 1625ef037c17/schulz-strelow-data.pdf, zuletzt aufgerufen am 30.6.2018 (zit.: *Schulz-Strehlow/Falkenhausen* Stellungnahme)

Schumann, Jutta, Faktische Gleichberechtigung, Frankfurt a.M. u.a. 1997

Schürnbrand, Jan, Normadressat der Pflicht zur Abgabe einer Entsprechenserklärung, in: Burgard, Ulrich v., u.a. (Hrsg.), Festschrift für Uwe. H. Schneider, Köln 2011, S. 1197–1210 (zit.: *Schürnbrand* FS Schneider 2011)

Schweizer, Kerstin, Gleichberechtigungssatz – neue Form, alter Inhalt? Berlin 1998 (zit.: *Schweizer* Gleichberechtigungssatz)

Seibert, Ulrich, Frauenförderung durch Gesellschaftsrecht – Die Entstehung des Frauenfördergesetzes, NZG 2016, 16–20

Seibt, Christoph H., Geschlechterquote im Aufsichtsrat und Zielgrößen für die Frauenbeteiligung in Organen und Führungsebenen in der Privatwirtschaft, ZIP 2015, 1193–1208

Seibt, Christoph H., Interessenkonflikte im Aufsichtsrat, in: Grundman, Stefan u.a. (Hrsg.), Festschrift für Klaus J. Hopt, Berlin/New York 2010, S. 1363–1390 (zit.: *Seibt* FS Hopt 2010)

Semler, Johannes, Anforderungen an die Befähigung eines Aufsichtsratsmitglieds, in: Bitter, Georg. u.a. (Hrsg.), Festschrift für Kasten Schmidt, Köln 2009, S. 1489–1505 (*Semler* FS K. Schmidt 2009)

Semler, Johannes, Leitung und Überwachung der Aktiengesellschaft, 2. Aufl., Köln 1996.

Semler, Johannes/Schenk, Kersten v. (Hrsg.), Der Aufsichtsrat: §§ 95–116, 161, 170–172, 394 und 395 AktG. Kommentar, München 2015 (zit.: Semler/v. Schenck/*Bearbeiter*)

Semler, Johannes/Volhard, Rüdiger/Reichert, Jochem, Arbeitshandbuch für die Hauptversammlung, 4. Aufl., München 2017 (Semler/Volhard/Reichert/*Bearbeiter*).

Sick, Sebastian, Der deutschen Mitbestimmung entzogen: Unternehmen mit ausländischer Rechtsform nehmen zu, Report Mitbestimmungsförderung Nr. 8/2015, https://www.boeckler.de/pdf/p_mbf_report_2015_8.pdf, zuletzt aufgerufen am 30.6.2018

Slupik, Vera, Die Entscheidung des Grundgesetzes für Parität im Geschlechterverhältnis, Berlin 1988 (zit.: *Slupik* Parität)

Sohn, Klaus-Dieter/Czuratis, Sebastian, CEP Standpunkt - Keine Frauenquote aus Europa, 2012, www.cep.eu/fileadmin/user_upload/cep.eu/Analysen/COM_2012_614_Frauenquote/cepAnalyse_COM_2012-614_Frauenquote.pdf, zuletzt aufgerufen am 30.6.2018 (zit.: *Sohn/Czuratis* CEP Analyse)

Spahlinger, Andreas/Wegen, Gerhard, Internationales Gesellschaftsrecht in der Praxis, München 2005 (zit.: *Spahlinger/Wegen* Internationales Gesellschaftsrecht)

Spielberger, Marc/Röthlingshöfer, Claudia, Praxisfolgen der Geschlechterquote, AuA 2015, 337–339

Spindler, Gerald/Brandt, Kathrin, Verfassungsrechtliche Zulässigkeit einer Gleichstellungsquote im Aufsichtsrat der börsennotierten AG, NZG 2011, 401–405

Spindler, Gerald/Stilz, Eberhard, Kommentar zum Aktiengesetz, Band 1: §§ 1–149, 3. Aufl., München 2015, Band 2: §§ 150–410, IntGesR, SpruchG, SE-VO, 3. Aufl., München 2015 (zit.: Spindler/Stilz/*Bearbeiter*)

Staudinger, Julius von (Begr.), Kommentar zum Bürgerlichen Gesetzbuch mit Einführungsgesetz und Nebengesetzen, Einführungsgesetz zum Bürgerlichen Gesetzbuche/IPR: Internationales Gesellschaftsrecht, Berlin 1998; Einleitung zur Rom I-VO; Art 1–10 Rom I-VO (Internationales Vertragsrecht 1), Berlin 2016 (zit.: Staudinger/*Bearbeiter*)

Steiner, Udo, Zum Entscheidungsausspruch und seinen Folgen bei der verfassungsgerichtlichen Normenkontrolle, in: Isensee, Josef, Lecheler, Helmut (Hrsg.), Festschrift für Walter Leisner zum 70. Geburtstag, Berlin 1999, S. 569–581 (zit.: *Steiner* FS Leisner 1999)

Stettner, Rupert, Grundfragen einer Kompetenzlehre, Berlin 1983 (zit.: *Stettner* Grundfragen)

Stöbener, Patricia Sarah/Böhm, Annika, Kompetenzen ohne Grenzen – Der Vorschlag der EU-Kommission zur Frauenquote für Aufsichtsräte, EuZW 2013, 371–377

Storvik, Aagoth/Teigen, Mari, Das norwegische Experiment – eine Frauenquote für Aufsichtsräte in: Friedrich-Ebert-Stiftung (Hrsg.), Internationale Politikanalyse, Berlin Juni 2010, http://library.fes.de/pdf-files/id/ipa/07310.pdf, zuletzt aufgerufen am: 30.6.2018 (zit.: *Storvik/Teigen* Experiment)

Stüber, Katharina, Die Frauenquote ist da – Das Gesetz zur gleichberechtigten Teilhabe und die Folgen für die Praxis, DStR 2015, 947–954

Stüber, Katharina, Regierungsentwurf zur sog. „Frauenquote" – Eine Übersicht der Neuerungen, CCZ 2015, 38–41

Stüber, Katharina, Der Referentenentwurf zum Gesetz für die gleichberechtigte Teilhabe von Frauen und Männern an Führungspositionen in der Privatwirtschaft und im öffentlichen Dienst im Überblick, CCZ 2014, 261–268

Stumpf, Christoph A., Grundrechtsschutz im Aktienrecht, NJW 2003, 9–15

Stützle, Rudolf/Walgenbach, Joachim, Leitung der Hauptversammlung und Mitspracherechte der Aktionäre in Fragen der Versammlungsleitung, ZHR 155 (1991) 516–544

Sudhoff, Heinrich (Begr.), Familienunternehmen, 2. Aufl., München 2005

Sünner, Eckart, Diversity bei den Organen einer Aktiengesellschaft, CCZ 2009, 185–190

Sünner, Eckart, Auswahlpflichten und Auswahlverschulden bei der Wahl von Aufsichtsratsmitgliedern, ZIP 2003, 834–837

Teichmann, Christoph, Mitbestimmungserstreckung auf Auslandsgesellschaften, ZIP 2016, 899–907

Teichmann, Christoph, Gestaltungsfreiheit in Mitbestimmungsvereinbarungen, AG 2008, 797–808

Teichmann, Christoph/Rüb, Carolin, Der Regierungsentwurf zur Geschlechterquote in Aufsichtsrat und Vorstand, BB 2015, 259–267

Teichmann, Christoph/Rüb, Carolin, Die gesetzliche Geschlechterquote in der Privatwirtschaft, BB 2015, 898–906

Theilen, Jens T., Intersexualität, Personenstandsrecht und Grundrechte, StAZ 2014, 1–7

Thienel, Albert, Teamplayer. Kommunikation und Qualifikation des Aufsichtsrats, in: *Dehnen, Peter H.*, Der professionelle Aufsichtsrat, Frankfurt a.M. 2014, S. 119–136 (zit.: *Thienel* Teamplayer)

Tödtmann, Ulrich/Schauer, Michael, Der Corporate Governance Kodex zieht scharf, ZIP 2009, 995–1000

Ulmer, Peter/Habersack, Mathias/Henssler, Martin, Mitbestimmungsrecht, Kommentierung des MitbestG, des DrittelbG, des SEBG und des MgVG, 4. Aufl., München 2018 (zit.: UHH/*Bearbeiter*)

Verse, Dirk A./Wiersch, Rachid René, Die Entwicklung des europäischen Gesellschaftsrechts im Jahr 2013, EuZW 2013, 375–382

Vogel, Hans-Jochen, Verfassungsreform und Geschlechterverhältnis, in: Klein, Eckart (Hrsg.), Festschrift für Ernst Benda, Heidelberg 1995, S. 395–420 (zit.: *Vogel* FS Benda 1995)

Vogel, Hans-Jochen, Die Reform des Grundgesetzes nach der deutschen Einheit, DVBl 1994, 497–506

Wardenbach, Frank, Interessenkonflikte und mangelnde Sachkunde als ungeregelte Bestellungshindernisse zum Aufsichtsrat der Aktiengesellschaft, Köln 1996 (zit.: *Wardenbach* Interessenskonflikte)

Wasmann, Dirk/Rothenburg, Vera, Praktische Tipps zum Umgang mit der Frauenquote, DB 2015, 291–296

Weber, Max, Grundriß der Sozialökonomik, III. Abteilung Wirtschaft und Gesellschaft, 2. Halbband, Tübingen 1922 (zit.: *Weber* Sozialökonomik)

Weber-Rey, Daniela, Professionalisierung des Aufsichtsrats, in: *Veil, Rüdiger*, Unternehmensrecht in der Reformdiskussion, Tübingen 2013, S. 161–174 (zit.: *Weber-Rey* Professionalisierung)

Weber-Rey, Daniela/Handt, Friederike, Vielfalt/Diversity im Kodex – Selbstverpflichtung, Bemühenspflicht und Transparenz, NZG 2011, 1–5

Weckes, Marion, Geschlechterverteilung in Vorständen und Aufsichtsräten, Report Mitbestimmungsförderung, Nr. 10/2015, https://www.boeckler.de/pdf/p_mbf_report_2015_10.pdf, zuletzt aufgerufen am 30.6.2018 (zit.: *Weckes* Report Mitbestimmungsförderung Nr. 10/2015)

Weller, Marc-Philipe, Stellungnahme zum Entwurf eines Gesetzes für die gleichberechtigte Teilhabe von Frauen und Männern an Führungspositionen in der Privatwirtschaft und im öffentlichen Dienst vom 20.01.2015, Ausschuss-Drucks. 18(13)43k, https://www.bundestag.de/blob/361122/677d56af9348d87bbba396abbc7a4dc3/18-13-43k-data.pdf, zuletzt aufgerufen am 30.6.2018 (zit.: *Weller* Stellungnahme)

Weller, Marc-Philipe/Harms, Charlotte/Rentsch, Bettina/Thomale, Chris, Der internationale Anwendungsbereich der Geschlechterquote für Großunternehmen, ZGR 2015, 361–395

Werder Axel v./Bartz Jenny, Corporate Governance Report 2014: Erklärte Akzeptanz des Kodex und tatsächliche Anwendung bei Vorstandsvergütung und Unabhängigkeit des Aufsichtsrats, DB 2014, 905–914

Werder Axel v./Bartz Jenny, Corporate Governance Report 2013: Abweichungskultur und Unabhängigkeit im Lichte der Akzeptanz und Anwendung des aktuellen DCGK, DB 2013, 885–895

Werner, Winfried, Ausgewählte Fragen zum Aktienrecht, AG 1972, 137–144

Werthmüller, Christian, Staatliche Eingriffe in die Aufsichtsratsbesetzung und die Geschlechterquote, Baden-Baden 2017 (zit.: *Werthmüller* Staatliche Eingriffe)

Wettich, Carsten, Aktuelle Entwicklungen und Trends in der Hauptversammlungssaison 2014 und Ausblick auf 2015, AG 2014, 534–542

Wieland, Joachim, Ist eine Quotenregelung zur Erhöhung des Anteils der Frauen in Aufsichtsräten mit dem Grundgesetz und Europarecht vereinbar?, NJW 2010, 2408–2410

Wienbracke, Mike, Deutsches Mitbestimmungsgesetz arbeitnehmerfreizügigkeitskonform, NZA 2017, 1036–1039

Wieneke, Laurenz, Beschlussfassung in der Hauptversammlung in Abweichung von den Vorschlägen der Verwaltung, in: Grundmann, Stefan u.a., Festschrift für Eberhard Schwark, München 2009, S. 305–330 (zit.: *Wieneke* FS Schwark 2009)

Wilhelmi, Carl-Heinz, Der Notar in der Hauptversammlung der Aktiengesellschaft, BB 1987, 1331–1338

Wilsing, Hans-Ulrich (Hrsg.), Deutscher Corporate Governance Kodex. DCGK, München 2012 (zit.: Wilsing/*Bearbeiter*)

Wilsing, Hans-Ulrich/Meyer, Daniel, Aktuelle Entwicklungen bei der Organberatung, DB 2011, 341–345

Windbichler, Christine, Frauenquote für Aufsichtsräte (börsennotierter) Unternehmen? – Überblick aus der Perspektive der gesellschafts- und kapitalmarktrechtlichen Rahmenbedingungen und der Corporate Governance für die öffentliche Anhörung des Rechtsausschusses des Deutschen Bundestages am 7.5.2008, http://cp27.xsadmin.de/download/Stellungnahme_Windbichler.pdf, zuletzt aufgerufen am 30.6.2018 (zit.: *Windbichler* Stellungnahme)

Windhorst, *Kay*, Stellungnahme zum Gesetzentwurf der Bundesregierung für die gleichberechtigte Teilhabe von Frauen und Männern an Führungspositionen in der Privatwirtschaft und im öffentlichen Dienst vom 20.01.2015 (BT-Dr. 18/3784), Ausschuss-Drucks. 18(13)43b, https://www.bundestag.de/blob/360922/b0321fd98681d4edace6b6c5f8e064a8/18-13-43b-data.pdf, zuletzt aufgerufen am 30.6.2018 (zit.: *Windhorst* Stellungnahme)

Wirth, *Gerhard*, Anforderungsprofil und Inkompatibilitäten für Aufsichtsratsmitglieder, ZGR 2005, 327–347

Wißmann, *Hellmut*, Geschlechterquoten im mitbestimmten Aufsichtsrat – Visionen, Nöte und Schwächen des Gesetzgebers, in: Kohte, Wolfhard u.a. (Hrsg.), Festschrift für Armin Höland, Baden-Baden 2015, S. 600–618 (zit.: *Wißmann* FS Höland 2015)

Wißmann, *Hellmut*/*Kleinsorge*, *Georg*/*Schubert*, *Claudia*, Mitbestimmungsrecht, Mitbestimmungsgesetz, Montan-Mitbestimmung, Drittelbeteiligungsgesetz, Mitbestimmung auf europäischer Ebene, 5. Aufl., München 2017 (zit.: WKS/*Bearbeiter*)

Zöllner, *Wolfgang* (Hrsg.), Kölner Kommentar zum Aktiengesetz, Band 2/1: §§ 76–94 AktG und Mitbestimmung im Aufsichtsrat, 3. Aufl., Köln u.a. 2010, Band 3 Teil 2: §§ 121–130 AktG, 3. Aufl., Köln u.a. 2010, Band 8/2: Art. 43–70 SE-VO, §§ 1–47 SEBG, Schlussanhänge, 3. Aufl., Köln u.a. 2010 (zit.: KölnKomm AktG/*Bearbeiter*)

Zöllner, *Wolfgang*, Die Schranken mitgliedschaftlicher Stimmrechtsmacht bei den privatrechtlichen Personenverbänden, München 1963

Zöllner, *Wolfgang*/*Noack*, *Ulrich* (Hrsg.), Kölner Kommentar zum Aktiengesetz, Band 2/2: §§ 95–117 AktG, 3. Aufl., Köln u.a. 2013, Band 6: §§ 15–22 AktG, §§ 291–328 AktG und Meldepflichten nach §§ 21 ff. WpHG, SpruchG, 3. Aufl., Köln u.a. 2004 (zit.: KölnKomm AktG/*Bearbeiter*)

Weitere digitale Quellenachweise

82. Justizministerkonferenz am 18. und 19. Mai 2011 in Halle (Saale), Beschluss zu TOP I.7 –Teilhabe von Frauen in Führungs- und Kontrollgremien der Wirtschaft, https://www.justiz.nrw/JM/jumiko/beschluesse/2011/fruehjahrskonferenz11/I_7.pdf, zuletzt aufgerufen am: 30.6.2018 (zit.: Beschluss 82. Justizministerkonferenz)

BMJV, „Die Quote wirkt", Pressemitteilung 26. Juni 2017, https://www.bmjv.de/SharedDocs/Pressemitteilungen/DE/2017/06262017_Frauenquote.html, zuletzt aufgerufen am 30.6.2018

Bundesanstalt für Finanzdienstleistungsaufsicht, Merkblatt zur fachlichen Eignung und Zuverlässigkeit von Mitgliedern von Verwaltungs- oder Aufsichtsorganen gemäß VAG, Bonn 23.11.2016, https://www.bafin.de/SharedDocs/Downloads/DE/Merkblatt/VA/dl_mb_161123_ar_va.pdf?__blob=publicationFile&v=4, zuletzt aufgerufen am 30.6.2018 (zit.: *BaFin* Merkblatt)

Catalyst (2004): The Bottom Line: Connecting Corporate Performance and Gender Diversity. New York: Catalyst, http://www.catalyst.org/system/files/The_Bottom_Line_Connecting_Corporate_Performance_and_Gender_Diversity.pdf, zuletzt aufgerufen am 30.6.2018

FidAR e.V., WoB 100 Index 2016, https://www.fidar.de/webmedia/documents/wob-index-100/2016-11/161102_Studie_WoB-Index_100_ VII_end.pdf, zuletzt aufgerufen am 30.6.2018 (zit.: WoB 100 Index 2016)

Frauen in Führungspositionen – Status quo und Zielsetzung der 30 Dax-Unternehmen von 2011, https://www.bmfsfj.de/blob/76392/0125e67650c41b54a0d978e699f818a3/frauen-in-fuehrungspositionen-status-quo-und-zielsetzungen-data.pdf, zuletzt aufgerufen am 30.6.2018

Gemeinsame Erklärung der DAX-30 Unternehmen „Intensivierung der Erhöhung ihrer Anstrengungen zur Erhöhung des Frauenanteils in Führungspositionen" 2011, http://www.arbeitgeber.de/www/arbeitgeber.nsf/res/DAX30.pdf/$file/DAX30.pdf, zuletzt aufgerufen: 30.6.2018 (zit.: Gemeins. Erkl. d. DAX 30- Unternehmen v. 30.03.2011)

Hans-Böckler-Stiftung, Zeitplan für die 2. und 3. WO MitbestG, https://www.boeckler.de/36182.htm, zuletzt aufgerufen am 30.6.2018 (zit.: Zeitplan 2. und 3. WO MitbestG)

Koalitionsvertrag zwischen CDU/CSU und SPD vom 16.12.2013, https://www.bundesregierung.de/Content/DE/_Anlagen/2013/2013-12-17-koalitionsvertrag.pdf?__blob=publicationFile, zuletzt aufgerufen am 30.6.2018

Koalitionsvertrag zwischen SPD und Bündnis 90/Die Grünen vom 20.09.1998, https://www.gruene.de/fileadmin/user_upload/Bilder/Redaktion/30_Jahre_-_Serie/Teil_21_Joschka_Fischer/Rot-Gruener_Koalitionsvertrag1998.pdf, zuletzt aufgerufen am: 30.6.2018

Leitlinien für das Gesetzgebungsverfahren des BMFSJF und BMJV vom 25.03.2014, https://www.bmfsfj.de/blob/84344/9f6306d0ae9281083e24e7779d762333/leitlinien-gesetz-fuer-gleichberechtigte-teilhabe-data.pdf, zuletzt aufgerufen am 30.6.2018

McKinsey (2008): Women Matter 2 – Female Leadership, a Competing Edge for the Future. Chicago: McKinsey, https://www.mckinsey.de/files/Women_Matter_2_brochure.pdf, zuletzt aufgerufen am 30.6.2018

Sinus Sociovision, Frauen in Führungspositionen. Barrieren und Brücken, https://www.bmfsfj.de/blob/93874/7d4e27d960b7f7d5c52340efc139b662/frauen-in-fuehrungspositionen-deutsch-data.pdf, zuletzt aufgerufen am 30.6.2018

World survey on the Role of Women in Development 2009, S. 23, http://www.un.org/womenwatch/daw/public/WorldSurvey2009.pdf, zuletzt aufgerufen am: 30.6.2018

Anhang

Tab. 1.1 MitbestG Gesamterfüllung

Anzahl der Aufsichtsratsmitglieder	Rechnerischer Wert	Gerundeter Wert = tatsächliche Anzahl Sitze zur Erfüllung des Mindestanteilsgebots	Tatsächliche Erfüllungsquote
12	3,60	4	33,33
16	4,80	5	31,25
20	6,00	6	30,00

Tab. 1.2 MitbestG Getrennterfüllung

Anzahl der Aufsichtsratsmitglieder	Sitze je Seite	Rechnerischer Wert	Gerundeter Wert = tatsächliche Anzahl Sitze zur Erfüllung des Mindestanteilsgebots je Bank	Tatsächliche Erfüllungsquote je Bank	Anzahl Sitze zu Erfüllung des Mindestanteilsgebots im gesamten AR	Tatsächliche Erfüllungsquote im gesamten AR
12	6	1,80	2	33,33	4	33,33
16	8	2,40	2	25,00	4	25,00
20	10	3,00	3	30,00	6	30,00

Tab. 1.3 MontanMitbestG Gesamterfüllung

Anzahl der Aufsichtsratsmitglieder	Rechnerischer Wert	Gerundeter Wert = tatsächliche Anzahl Sitze zur Erfüllung des Mindestanteilsgebots	Tatsächliche Erfüllungsquote
11	3,30	3	27,27
15	4,50	4/5[1]	26,67/33,33[1]
21	6,30	6	28,57

[1]Bei Anwendung der kaufmännischen Rundungsregeln.

Tab. 1.4 MontanMitbestG Getrennterfüllung

Anzahl der Aufsichtsratsmitglieder	Sitze je Seite	Rechnerischer Wert	Gerundeter Wert = tatsächliche Anzahl Sitze zur Erfüllung des Mindestanteilsgebots je Bank	Tatsächliche Erfüllungsquote je Bank (= GesamtAR ohne neutr. Mtgl.)	Anzahl Sitze zu Erfüllung des Mindestanteilsgebots im gesamten AR	Tatsächliche Erfüllungsquote im gesamten AR (inkl. neutr. Mtgl.)
11	5	1,50	2	40,00	4	36,36
15	7	2,10	2	28,57	4	26,67
21	10	3,00	3	30,00	6	28,57

Berechnung mit alter Rundung

Tab. 2.1 MitbestG Gesamterfüllung

Anzahl der Aufsichtsratsmitglieder	Rechnerischer Wert	Gerundeter Wert = tatsächliche Anzahl Sitze zur Erfüllung des Mindestanteilsgebots	Tatsächliche Erfüllungsquote
12	3,60	4	33,33
16	4,80	5	31,25
20	6,00	6	30,00

Tab. 2.2 MitbestG Getrennterfüllung

Anzahl der Aufsichtsratsmitglieder	Sitze je Seite	Rechnerischer Wert	Gerundeter Wert = tatsächliche Anzahl Sitze zur Erfüllung des Mindestanteilsgebots je Bank	Tatsächliche Erfüllungsquote je Bank	Anzahl Sitze zu Erfüllung des Mindestanteilsgebots im gesamten AR	Tatsächliche Erfüllungsquote im gesamten AR
12	6	1,80	2	33,33	4	33,33
16	8	2,40	3	37,5	6	37,50
20	10	3,00	3	30,00	6	30,00

Tab. 2.3 MontanMitbestG Gesamterfüllung

Anzahl der Aufsichtsratsmitglieder	Rechnerischer Wert	Gerundeter Wert = tatsächliche Anzahl Sitze zur Erfüllung des Mindestanteilsgebots	Tatsächliche Erfüllungsquote
11	3,30	4	36,36
15	4,50	5	33,33
21	6,30	7	33,33

Tab. 2.4 MontanMitbestG Getrennterfüllung

Anzahl der Aufsichtsratsmitglieder	Sitze je Seite	Rechnerischer Wert	Gerundeter Wert = tatsächliche Anzahl Sitze zur Erfüllung des Mindestanteilsgebots je Bank	Tatsächliche Erfüllungsquote je Bank	Anzahl Sitze zu Erfüllung des Mindestanteilsgebots im gesamten AR	Tatsächliche Erfüllungsquote im gesamten AR (inkl. neutr.)
11	5	1,50	2	40,00	4	36,36
15	7	2,10	3	42,86	6	40,00
21	10	3,00	3	30,00	6	28,57

Berechnung mit 33 % Quote

Tab. 3.1 MitbestG Gesamterfüllung

Anzahl der Aufsichtsratsmitglieder	Rechnerischer Wert	Gerundeter Wert = tatsächliche Anzahl Sitze zur Erfüllung des Mindestanteilsgebots	Tatsächliche Erfüllungsquote
12	3,99	4	33,33[2]
16	5,33	5	31,25[3]
20	6,67	**7 (+)**	**35,00 (+)**

[2]Erfüllungen sind unterstrichen.
[3]Abweichungen zum Status quo sind fett markiert und mit (+) und (–) für Abweichungen nach oben und unten gekennzeichnet.

Tab. 3.2 MitbestG Getrennterfüllung

Anzahl der Aufsichtsratsmitglieder	Sitze je Seite	Rechnerischer Wert	Gerundeter Wert = tatsächliche Anzahl Sitze zur Erfüllung des Mindestanteilsgebots je Bank	Tatsächliche Erfüllungsquote je Bank	Anzahl Sitze zu Erfüllung des Mindestanteilsgebots im gesamten AR	Tatsächliche Erfüllungsquote im gesamten AR
12	6	1,99	2	33,33	4	33,33
16	8	2,67	**3** (+)	**37,5** (+)	**6**	**37,50** (+)
20	10	3,33	3	30,00	6	30,00

Tab. 3.3 MontanMitbestG Gesamterfüllung

Anzahl der Aufsichtsratsmitglieder	Rechnerischer Wert	Gerundeter Wert = tatsächliche Anzahl Sitze zur Erfüllung des Mindestanteilsgebots	Tatsächliche Erfüllungsquote
11	3,67	4 (+)	**36,36** (+)
15	4,99	5	33,33[4]
21	6,99	**7** (+)	**33,33** (+)

[4]Keine Abweichung bei der hier vertretenen Anwendung der kaufmännischen Rundungsregeln.

Tab. 3.4 MontanMitbestG Getrennterfüllung

Anzahl der Aufsichtsratsmitglieder	Sitze je Seite	Rechnerischer Wert	Gerundeter Wert = tatsächliche Anzahl Sitze zur Erfüllung des Mindestanteilsgebots je Bank	Tatsächliche Erfüllungsquote je Bank	Anzahl Sitze zu Erfüllung des Mindestanteilsgebots im gesamten AR	Tatsächliche Erfüllungsquote im gesamten AR (inkl. neutr.)
11	5	1,67	2	40,00	4	36,36
15	7	2,33	2	28,57	4	26,67
21	10	3,00	3	30,00	6	28,57

www.ingramcontent.com/pod-product-compliance
Ingram Content Group UK Ltd.
Pitfield, Milton Keynes, MK11 3LW, UK
UKHW021835290926
8980IPUK00004B/462